JN116416

世　界　の　統　計

2024

総務省統計局

ま　え　が　き

　本書は、世界各国の人口、経済、社会、文化などの実情や世界における我が国の位置付けを知るための参考となる様々な統計を簡潔に編集したものです。

　国際連合などの国際機関では、各国に対して定期的に統計データの報告を求め、これを編集して国際比較の観点に立った統計書やデータを数多く提供しています。

　本書の編集に当たっては、これらの統計書などを出典資料として、できるだけ広範な分野の統計を体系的に収録するよう努めるとともに、国際機関のホームページを活用し、可能な限り最新のデータを掲載しました。また、各章の解説に出典を明示し、所在源情報として更に詳しい統計を必要とする方に参考としていただけるようにしています。

　本書の内容は総務省統計局のホームページにも掲載していますので、併せて御活用ください。

　本書が、日常の業務や研究・学習のための一助となることを願っております。今後も改善を重ねてまいりたいと考えておりますので、皆様からの御意見、御要望をお寄せいただければ幸いです。

　令和6年3月

総務省統計局長

岩　佐　哲　也

利 用 上 の 注 意

1．統計表

　　概念や定義が国（地域）により異なる場合があるため、御利用の際は各統計表の解説や脚注を参照してください。また、紙面の制約から出典資料の解説・脚注の全てを掲載することができないため、詳細については各章冒頭解説の〔出典〕を御覧ください。

　　原則として、1月から12月までの暦年のデータです。西暦の末尾2桁で表示している場合があります。

2．国及び地域

　　国名・地域名は、できる限り簡略な表記としました。なお、解説文中の「国」には、地域を含む場合があります。

　　「グレートブリテン及び北アイルランド連合王国」は、「イギリス」又は「英国」と表記しています。「アメリカ合衆国」は、「米国」と表記している場合があります。

　　中国のデータには、原則として、香港（1997年7月中国に返還）、マカオ（1999年12月中国に返還）及び台湾の数値は含まれません。

　　「スワジランド」は、2018年4月に国名を「エスワティニ」に、「マケドニア」は、2019年2月に国名を「北マケドニア」に変更しました。

3．データの表記

計量単位

　　原則としてメートル法によっています。

単位未満

　　原則として四捨五入していますので、合計欄と内訳の計が一致しない場合があります。

統計表の記号

0 又は 0.0	表章単位に満たないもの。
―	該当する数字がないもの（出典資料の"Not applicable"に該当）又は皆無のもの。
…	数字が得られないもの。数字が秘匿されているもの。（出典資料の"Not available"に該当）
＊	暫定値又は推計値。
＃	直前の数字との接続性がないもの。
↑ ↓	該当欄の数字が得られない場合に、その区分の数字が直近の上又は下の欄に含めて取り扱われていることを示す。
＜	記号の右にある数字未満であることを示す。

　　出典資料の記号は、可能な限り上記の記号に置き換えて用いていますが、不詳

の場合は、「…（数字が得られないもの）」として表記しました。

4．その他

- ・原則令和5年11月末日までに入手した出典資料により編集しました。
- ・国際機関の名称は、UN、FAO のように略称で示しました。正式名称については、付録「主要出典資料名一覧」を参照してください。
- ・EU（欧州連合）、OECD（経済協力開発機構）など地域経済機構に加盟している国については、付録「本書で掲載している地域経済機構加盟国一覧」を参照してください。
- ・出典資料については、洋書名はイタリック体で、和書名は「　」を付して示しました。また、ホームページの場合は、ダウンロードした年月を記載しました。
- ・本書の内容を著作物に引用（転載）する場合には、必ず下記のように書名を明記願います。

> （例）出典 総務省統計局「世界の統計 2024」

本書の統計局ホームページ掲載

　　https://www.stat.go.jp/data/sekai/index.html

正誤情報について

　　刊行後に誤りが判明した場合は、統計局ホームページに正誤情報を掲載します。

本書に関する問合せ先

　　総務省統計局統計情報利用推進課外国統計編集係

　　電話（03)5273-1015（直通）

目次

第16章　環境

表紙写真：チリ、ラパ・ヌイ国立公園
　　　　　　(c) TATSUYA OHINATA

第1章　地理・気象

1-1　主な高山
〔出典〕
　自然科学研究機構　国立天文台「理科年表」（2023年版）
〔解説〕
　アジアは標高上位20山、北アメリカ、南アメリカ、ヨーロッパ及びアフリカは上位5山、オセアニア・南極は上位3山までの高山を掲載。

1-2　主な河川
〔出典〕
　自然科学研究機構　国立天文台「理科年表」（2023年版）
〔解説〕
　流域面積80万平方キロメートル以上の河川を掲載。

1-3　森林の面積
〔出典〕
FAO, *Global Forest Resources Assessment 2020*
2020年10月ダウンロード
〔解説〕
森林：高さ5メートル以上の樹木で覆われた0.5ヘクタール以上の土地で、林地に対する樹冠面積が10パーセント以上のもの（現在幼木であっても、将来樹冠面積10パーセント、高さ5メートルに達すると予想されるものを含む。）。人工林を含む。国立公園、自然保護地域、各種保護地域、防風林、ゴム園などを含み、果樹林などのように、農林業としての利用目的が明確なものを除く。
陸地面積：内水面（主要な河川及び湖沼）を除いた総土地面積。

1-4　気象
〔出典〕
　自然科学研究機構　国立天文台「理科年表」（2023年版）
〔解説〕
　気温と降水量は、原則1991年から2020年までの30年平均値。
都市：各国の観測地点がある首都又は主要都市。
気温：月別の累年平均値のうち最高月及び最低月の数値。
年間降水量：1月〜12月の累年平均値。

1-1　主な高山

山 a	標高 (m)	所在	
		国（地域）	山地・島など
アジア			
エベレスト(チョモランマ、サガルマータ)	8,848	中国、ネパール	ヒマラヤ
ゴドウィンオースチン(K2)	8,611	（カシミール、シンチャン）	カラコルム
カンチェンジュンガ	8,586	インド、ネパール	ヒマラヤ
ローツェ	8,516	中国、ネパール	ヒマラヤ
マカルウ	8,463	中国、ネパール	ヒマラヤ
チョーオユ	8,201	中国、ネパール	ヒマラヤ
ダウラギリ I	8,167	ネパール	ヒマラヤ
マナスル	8,163	ネパール	ヒマラヤ
ナンガパルバット	8,126	（カシミール）	ヒマラヤ
アンナプルナ I	8,091	ネパール	ヒマラヤ
ガシャーブルム I	8,068	（カシミール）	カラコルム
シシャパンマ フェン	8,027	中国	ヒマラヤ
チリチュミール	7,690	パキスタン	ヒンドゥークシ
コングル	7,649	中国	パミール
ミニャコンカ(ゴンガシャン)	7,556	中国	チベット東南部
ムスターグアタ	7,509	中国	パミール
イスモイリソモニ	7,495	タジキスタン	パミール
ジェニチョクス(ポベジ)	7,439	キルギス、中国	テンシャン
ハンテンリ	6,995	キルギス	テンシャン
ムスターグ	6,973	中国	クンルン中部
北アメリカ			
デナリ(マッキンリー)	6,190	アメリカ合衆国（アラスカ）	アラスカ
ローガン	5,959	カナダ	セントエリアス
オリサバ b	5,610	メキシコ	トランスベルサル
セントエリアス	5,489	アメリカ合衆国（アラスカ）、カナダ	セントエリアス
ポポカテペトル b	5,452	メキシコ	トランスベルサル
南アメリカ			
アコンカグア	6,961	アルゼンチン	アンデス
オーホスデルサラド b	6,893	アルゼンチン、チリ	アンデス
ボネテ	6,872	アルゼンチン	アンデス
トゥプンガト b	6,800	アルゼンチン、チリ	アンデス
ピシス	6,793	アルゼンチン	アンデス
ヨーロッパ			
モン ブラン	4,810	イタリア、フランス	アルプス
モンテ ローザ	4,634	イタリア、スイス	アルプス
ドム	4,545	スイス	アルプス
バイスホルン	4,506	スイス	アルプス
マッターホルン	4,478	イタリア、スイス	アルプス
アフリカ			
キリマンジャロ b	5,895	タンザニア	
ケニヤ(キリニヤガ) b	5,199	ケニア	
スタンリー	5,109	ウガンダ、コンゴ民主共和国	ルウェンゾリ
ラスデジェン	4,620	エチオピア	エチオピア高原
メルー b	4,565	タンザニア	
オセアニア・南極			
ビンソン マッシーフ	4,892	-	南極
ジャヤ(カルステンツ)	4,884	インドネシア	ニューギニア島
トリコラ	4,730	インドネシア	ニューギニア島

a （　）内は別名。　b 火山。　※富士山（日本）は、標高3,776m。

1-2　主な河川

河川 a	流域面積 (1,000km²)	長さ (km)	河口の所在	
			国（地域）	海洋など
アジア				
長江（揚子江）	1,959	6,380	中国	東シナ海
ガンジス・ブラマプトラ	1,621		バングラデシュ	ベンガル湾
ブラマプトラ		2,840		
ガンジス（ガンガ）		2,510		
インダス	1,166	3,180	パキスタン	アラビア海
黄河	980	5,464	中国	渤海
メコン	810	4,425	ベトナム	南シナ海
北アメリカ				
ミシシッピ-ミズーリ	3,250	5,969	アメリカ合衆国	メキシコ湾
ミズーリ		4,086		
ミシシッピ		3,765		
マッケンジー	1,805	4,241	カナダ	ボーフォート海
セントローレンス	1,463	3,058	カナダ	セントローレンス湾
ネルソン-サスカチェワン	1,150	2,570	カナダ	ウィニペグ湖
ユーコン	855	3,185	アメリカ合衆国	ベーリング海
南アメリカ				
アマゾン	7,050	6,516	ブラジル	大西洋
マデイラ		3,200		
ラプラタ-パラナ	3,100	4,500	アルゼンチン、ウルグアイ	大西洋
パラグアイ		2,600		（パラナ川支流）
オリノコ	945	2,500	ベネズエラ	大西洋
ヨーロッパ				
オビ（オブ）-イルチシ	2,990	5,568	ロシア	オビ湾
エニセイ-アンガラ	2,580	5,550	ロシア	カラ海
レナ	2,490	4,400	ロシア	ラプテフ海
アムール（黒竜江）	1,855	4,416	ロシア	間宮海峡
ボルガ	1,380	3,688	ロシア	カスピ海
ドナウ（ダニューブ）	815	2,850	ルーマニア	黒海
アフリカ				
コンゴ（ザイール）	3,700	4,667	コンゴ民主共和国	大西洋
ナイル	3,349	6,695	エジプト	地中海
ニジェル	1,890	4,184	ナイジェリア	ギニア湾
ザンベジ	1,330	2,736	モザンビーク	モザンビーク海峡
オレンジ	1,020	2,100	南アフリカ	大西洋
オセアニア				
マーレー-ダーリング	1,058	3,672	オーストラリア	グレートオーストラリア湾

a（ ）内は別名。　※利根川（日本）は、流域面積16,840km²、長さ322km。

1-3　森林の面積(1)

国（地域）	陸地面積 (1,000ha)	森林面積（2020年）			森林面積の純変化 （2010年～2020年）	
		総面積 (1,000ha)	陸地に占める割合 (%)	人工林 (1,000ha)	年平均 (1,000ha)	年平均増減率 (%)
アジア						
日本	36,456	24,935	68.4	10,184	-3.1	-0.0
イラン	162,876	10,752	6.6	1,001	6.0	0.1
インド	297,319	72,160	24.3	13,269	266.4	0.4
インドネシア	187,752	92,133	49.1	4,526	-752.6	-0.8
ウズベキスタン	42,540	3,690	8.7	2,267	34.0	1.0
カザフスタン	269,970	3,455	1.3	421	37.3	1.2
韓国	9,745	6,287	64.5	2,263	-10.0	-0.2
カンボジア	17,652	8,068	45.7	604	-252.1	-2.7
北朝鮮	12,041	6,030	50.1	987	-21.2	-0.4
タイ	51,089	19,873	38.9	3,537	-20.0	-0.1
中国 a	942,470	219,978	23.3	84,696	1,936.8	0.9
トルクメニスタン	46,993	4,127	8.8	0	0.0	0.0
トルコ	76,963	22,220	28.9	717	113.7	0.5
ネパール	14,335	5,962	41.6	221	0.0	0.0
パキスタン	77,088	3,726	4.8	254	-36.8	-0.9
バングラデシュ	13,017	1,883	14.5	158	-0.5	-0.0
フィリピン	29,817	7,189	24.1	381	34.9	0.5
ブータン	3,812	2,725	71.5	21	2.0	0.1
ベトナム	31,007	14,643	47.2	4,349	125.5	0.9
マレーシア	32,855	19,114	58.2	1,697	16.6	0.1
ミャンマー	65,308	28,544	43.7	427	-289.7	-1.0
モンゴル	155,356	14,173	9.1	8	-1.1	-0.0
ラオス	23,080	16,596	71.9	1,771	-34.5	-0.2
北アメリカ						
アメリカ合衆国	914,742	309,795	33.9	27,521	107.5	0.0
カナダ	909,351	346,928	38.2	18,163	-39.4	-0.0
キューバ	10,402	3,242	31.2	533	31.0	1.0
コスタリカ	5,106	3,035	59.4	87	16.4	0.6
ニカラグア	12,034	3,408	28.3	66	-78.1	-2.0
パナマ	7,434	4,214	56.7	66	-11.4	-0.3
ベリーズ	2,281	1,277	56.0	2	-11.4	-0.9
ホンジュラス	11,189	6,359	56.8	0	-21.6	-0.3
メキシコ	194,395	65,692	33.8	100	-125.1	-0.2
南アメリカ						
アルゼンチン	273,669	28,573	10.4	1,436	-164.1	-0.6
エクアドル	24,836	12,498	50.3	111	-53.0	-0.4
ガイアナ	19,685	18,415	93.6	0	-10.4	-0.1
コロンビア	110,950	59,142	53.3	427	-166.6	-0.3
スリナム	15,600	15,196	97.4	14	-10.4	-0.1
チリ	74,353	18,211	24.5	3,185	148.5	0.9
パラグアイ	39,730	16,102	40.5	156	-346.8	-1.9
ブラジル	835,814	496,620	59.4	11,224	-1,496.1	-0.3
ベネズエラ	88,205	46,231	52.4	1,358	-127.4	-0.3
ペルー	128,000	72,330	56.5	1,088	-171.9	-0.2
ボリビア	108,330	50,834	46.9	63	-225.2	-0.4

1-3　森林の面積(2)

国(地域)	陸地面積 (1,000ha)	森林面積 (2020年)			森林面積の純変化 (2010年〜2020年)	
		総面積 (1,000ha)	陸地に占める割合 (%)	人工林 (1,000ha)	年平均 (1,000ha)	年平均増減率 (%)
ヨーロッパ						
イタリア	29,414	9,566	32.5	645	53.8	0.6
ウクライナ	57,929	9,690	16.7	4,848	14.2	0.2
オーストリア	8,252	3,899	47.3	1,672	3.6	0.1
ギリシャ	12,890	3,902	30.3	139	0.0	0.0
スウェーデン	40,731	27,980	68.7	13,912	-9.3	-0.0
スペイン	49,966	18,572	37.2	2,590	2.7	0.0
ドイツ	34,886	11,419	32.7	5,710	1.0	0.0
ノルウェー	30,413	12,180	40.0	108	7.8	0.1
フィンランド	30,391	22,409	73.7	7,368	16.7	0.1
フランス	54,756	17,253	31.5	2,434	83.4	0.5
ブルガリア	10,856	3,893	35.9	777	15.6	0.4
ベラルーシ	20,298	8,768	43.2	2,212	13.8	0.2
ポーランド	30,619	9,483	31.0	...	15.4	0.2
ポルトガル	9,161	3,312	36.2	2,256	6.0	0.2
ルーマニア	23,008	6,929	30.1	895	41.4	0.6
ロシア	1,637,687	815,312	49.8	18,880	17.6	0.0
アフリカ						
アンゴラ	124,670	66,607	53.4	807	-555.1	-0.8
エチオピア	111,972	17,069	15.2	1,203	-73.0	-0.4
ガーナ	22,754	7,986	35.1	297	4.3	0.1
ガボン	25,767	23,531	91.3	30	-11.9	-0.1
カメルーン	47,271	20,340	43.0	61	-56.0	-0.3
コートジボワール	31,800	2,837	8.9	14	-112.9	-3.3
コンゴ共和国	34,150	21,946	64.3	60	-12.9	-0.1
コンゴ民主共和国	226,705	126,155	55.6	58	-1,101.4	-0.8
ザンビア	74,339	44,814	60.3	52	-188.2	-0.4
ジンバブエ	38,685	17,445	45.1	108	-46.1	-0.3
スーダン	186,665	18,360	9.8	130	-172.2	-0.9
セネガル	19,253	8,068	41.9	32	-40.0	-0.5
ソマリア	62,734	5,980	9.5	3	-76.8	-1.2
タンザニア	88,580	45,745	51.6	553	-420.5	-0.9
チャド	125,920	4,313	3.4	20	-121.7	-2.5
中央アフリカ	62,298	22,303	35.8	2	-30.0	-0.1
ナイジェリア	91,077	21,627	23.7	216	-163.3	-0.7
ボツワナ	56,673	15,255	26.9	0	-118.3	-0.7
マダガスカル	58,180	12,430	21.4	312	-13.2	-0.1
マリ	122,019	13,296	10.9	568	0.0	0.0
南アフリカ	121,309	17,050	14.1	3,144	-36.4	-0.2
モザンビーク	78,638	36,744	46.7	74	-222.8	-0.6
オセアニア						
オーストラリア	768,230	134,005	17.4	2,390	445.9	0.3
ソロモン諸島	2,799	2,523	90.1	24	-0.7	-0.0
ニュージーランド	26,331	9,893	37.6	2,084	4.4	0.1
パプアニューギニア	45,286	35,856	79.2	61	-32.3	-0.1

a 香港、マカオ及び台湾を含む。

1-4　気象

国（地域）	都市	観測地点			気温（℃）			年間降水量 (mm)
		緯度 a	経度 b	高度(m)	最高(月)		最低(月)	
アジア								
日本	東京	35° 42′ N	139° 45′ E	25	26.9 (8)		5.4 (1)	1,598
インド	ニューデリー	28 35 N	77 12 E	211	33.3 (6)		13.9 (1)	782
韓国	ソウル	37 34 N	126 57 E	86	26.1 (8)		-1.9 (1)	1,418
サウジアラビア	リヤド	24 42 N	46 44 E	635	37.0 (8)		14.6 (1)	c 127
タイ	バンコク	13 43 N	100 33 E	3	30.8 (4)		27.4 (12)	1,718
中国	上海(シャンハイ)	31 25 N	121 27 E	9	28.8 (7)		5.0 (1)	1,212
	北京(ペキン)	39 56 N	116 17 E	32	27.2 (7)		-2.8 (1)	531
	香港	22 18 N	114 10 E	64	d 28.6 (7)		d 16.1 (1)	d 2,359
トルコ	アンカラ	39 57 N	32 53 E	891	24.4 (7)		0.9 (1)	412
パキスタン	カラチ	24 54 N	67 08 E	21	31.8 (6)		19.4 (1)	196
バーレーン	ムハッラク	26 16 N	50 39 E	2	35.2 (8)		17.5 (1)	91
フィリピン	マニラ	14 30 N	121 00 E	14	29.8 (5)		26.4 (1)	–
マレーシア	クアラルンプール	03 07 N	101 33 E	27	28.5 (5)		27.0 (12)	2,842
ラオス	ビエンチャン	17 57 N	102 34 E	171	29.7 (4)		23.3 (1)	1,641
北アメリカ								
アメリカ合衆国	サンフランシスコ	37° 37′ N	122° 23′ W	6	18.2 (8、9)		10.7 (1、12)	500
	ニューヨーク	40 46 N	73 54 W	7	26.0 (7)		1.2 (1)	1,149
カナダ	モントリオール	45 28 N	73 45 W	35	e 20.8 (7)		e -10.0 (1)	e 946
メキシコ	メキシコシティ	19 24 N	99 11 W	2,309	19.8 (5)		14.4 (1)	1,003
南アメリカ								
アルゼンチン	ブエノスアイレス	34° 35′ S	58° 29′ W	25	24.9 (1)		11.2 (7)	f 1,256
ブラジル	リオデジャネイロ	22 49 S	43 15 W	6	27.8 (2)		21.4 (7)	–
ペルー	リマ	12 01 S	77 07 W	12	23.6 (2)		16.5 (8)	g 2
ヨーロッパ								
イギリス	ロンドン	51° 28′ N	00° 27′ W	24	19.0 (7)		5.7 (1)	h 633
イタリア	ヴェローナ	45 23 N	10 52 E	73	24.7 (7)		3.0 (1)	j 746
オーストリア	ウィーン	48 14 N	16 21 E	198	21.4 (7)		0.8 (1)	672
ギリシャ	アテネ	37 44 N	23 44 E	28	29.0 (8)		10.1 (1)	376
スイス	チューリヒ	47 22 N	08 33 E	555	19.0 (7)		1.0 (1)	1,105
スペイン	マドリード	40 24 N	03 40 W	667	26.1 (7)		6.5 (1)	423
デンマーク	コペンハーゲン	55 41 N	12 32 E	7	18.4 (7)		1.8 (1)	606
ドイツ	ベルリン	52 28 N	13 24 E	48	20.1 (7)		1.2 (1)	570
ノルウェー	オスロ	60 12 N	11 04 E	202	16.5 (7)		-4.4 (1)	864
フランス	オルリー	48 43 N	02 23 E	89	20.4 (7)		4.6 (1)	k 623
ポーランド	ワルシャワ	52 09 N	20 57 E	106	19.7 (7)		-1.5 (1)	552
ポルトガル	リスボン	38 43 N	09 09 W	77	23.2 (8)		11.6 (1)	763
ルーマニア	ブカレスト	44 30 N	26 04 E	90	23.0 (7)		-1.5 (1)	653
ロシア	ウラジオストク	43 07 N	131 55 E	187	20.0 (8)		-11.9 (1)	856
	モスクワ	55 50 N	37 37 E	147	19.7 (7)		-6.2 (1)	713
アフリカ								
エジプト	カイロ	29° 51′ N	31° 20′ E	139	29.2 (7)		13.9 (1)	30
エチオピア	アディスアベバ	09 02 N	38 45 E	2,354	18.8 (5)		15.4 (12)	1,147
コートジボワール	アビジャン	05 15 N	03 56 W	7	28.4 (3、4)		24.6 (8)	1,750
南アフリカ	ケープタウン	33 58 S	18 36 E	46	21.7 (2)		12.5 (7)	493
オセアニア								
オーストラリア	キャンベラ	35° 18′ S	149° 12′ E	575	21.4 (1)		6.1 (7)	585
パラオ	コロール	07 20 N	134 29 E	30	28.3 (5)		27.6 (2)	3,620

a Nは北緯、Sは南緯。　b Wは西経、Eは東経。　c 1991年～2017年平均値。　d 1992年～2020年平均値。　e 1991年～2001年平均値。　f 1991年～2006年平均値。　g 1998年～2020年平均値。　h 1997年～2020年平均値。　j 1991年～2005年平均値。k 1996年～2020年平均値。

第2章　人口

2-1　世界人口の推移（1950～2050年）
〔出典〕
UN, *World Population Prospects: The 2022 Revision*
2022年9月ダウンロード
〔解説〕
世界の人口：各年7月1日現在の推計人口及び将来推計人口（中位推計値）。
先進国：日本、北アメリカ（中央アメリカ及びカリブ海諸国を除く）、オーストラリア、ニュージーランド及びヨーロッパの国。
開発途上国：先進国を除く全ての国。
日本の人口：10月1日現在の常住人口。1950～2022年のうち、国勢調査実施の年（西暦の末尾が0又は5の年）は国勢調査人口、それ以外の年は推計人口。2023～2050年は国立社会保障・人口問題研究所による将来推計人口（中位推計値）。外国の軍人・外交官及びその家族を除く。
年平均増減率：1955～2005年及び2030～2050年は5年間の幾何平均、その他は対前年により増減率を算出。

2-2　世界人口・年齢構成の推移（1950～2050年）
〔出典〕
UN, *World Population Prospects: The 2022 Revision*
2022年9月ダウンロード
〔解説〕
各年7月1日現在の推計人口及び将来推計人口（中位推計値）。2020年における人口が多い国を中心に掲載。
先進国、開発途上国、日本の人口：「2-1　世界人口の推移」の解説を参照。
年平均増減率：10年間の幾何平均により年平均増減率を算出。
中位年齢：人口を年齢順に並べ、その中央で全人口を2等分する境界点にある年齢。

2-3　主要国の人口の推移（2014～2023年）
〔出典〕
UN, *World Population Prospects: The 2022 Revision*
2022年9月ダウンロード
〔解説〕
各年7月1日現在の推計人口及び将来推計人口（中位推計値）。
日本の人口：「2-1　世界人口の推移」の解説を参照。

2-4　人口・面積
〔出典〕
UN, *Demographic Yearbook system, Demographic Yearbook 2022*
2023年11月ダウンロード
UN, *World Population Prospects: The 2022 Revision*
2022年9月ダウンロード
〔解説〕
センサス人口：原則として、「現在人口」（de facto population：居住者か非居住者かを

問わず、調査時現在その地域に存在する人数）。「常住人口」（de jure population：その地域に通常居住している人数。原則として、国外の自国民を除く。）等の場合は注記した。外国の軍人・外交官及びその家族を除いている国が多い。

推計人口：各年7月1日現在。

面積：内水面を含む全面積。極地及び居住不可能な島を除く。

人口密度：面積1平方キロメートル当たりの人口。なお、推計人口とは出典が異なるため、掲載値から算出すると、値が異なる場合がある。

2-5　主要都市人口
〔出典〕

UN, *Demographic Yearbook system, Demographic Yearbook 2009-2010, 2019, 2020, 2021, 2022*

2012年10月、2020年12月、2022年11月、2023年11月ダウンロード

〔解説〕

　原則として、人口100万人以上の都市を有する国について、人口100万人以上（インドは上位20位、中国及びトルコは首都を除く上位19位）の都市及び首都の人口（各国が実施した人口センサスによる「現在人口」）。原則として、近郊地域は含まない。首都は都市名の左に◎を付した。「推計人口」又は「常住人口」の場合は注記。

2-6　男女、年齢5歳階級別人口
〔出典〕

UN, *World Population Prospects: The 2022 Revision*

2022年9月ダウンロード

〔解説〕

　年齢は7月1日現在における満年齢。

2-7　男女、年齢、配偶関係別15歳以上人口
〔出典〕

UN, *Demographic Yearbook system, Population Censuses' Datasets (1995-Present)*

2023年10月ダウンロード

〔解説〕

　原則として、人口センサスによる。「15歳以上人口」に配偶関係不詳を含む場合がある。年齢は調査時点における満年齢。

　なお、フランスでは、2004年からローリングセンサス方式で人口調査を実施しており、全国の結果は推計結果。

ローリングセンサス方式：全国を一斉に調査する手法に代わり、一定期間をかけて順次地域ごとに調査を行う手法。

2-8　世帯
〔出典〕

UN, *Demographic Yearbook system, Population Censuses' Datasets (1995-Present)*

2023年10月ダウンロード

〔解説〕

　原則として、人口センサスによる。

世帯：住宅の有無にかかわらず生計を共にしている人の集まり又は独立して生計を立てている単身者。原則として、軍事施設、矯正施設、学校の寄宿舎、病院・療養所、

宗教施設などで生活している者を除く。

2-9　国籍別人口
〔出典〕

UN, *Demographic Yearbook system, Population Censuses' Datasets (1995-Present)*
2023年11月ダウンロード
〔解説〕

人口センサスによる「現在人口」(「2-4　人口・面積」の解説を参照)。国籍は調査時点における法律上の国籍。
自国籍：その国及び属領の国民。
外国籍：自国籍以外の者。

2-10　民族別人口
〔出典〕

UN, *Demographic Yearbook system, Population Censuses' Datasets (1995-Present)*
2023年10月ダウンロード
〔解説〕

人口センサスによる「現在人口」(「2-4　人口・面積」の解説を参照)。いわゆる民族のほか、国籍、人種、皮膚の色、言語、宗教、文化的起源などにより分類されており、その概念や用語は国により異なる。

2-11　言語別人口
〔出典〕

UN, *Demographic Yearbook system, Population Censuses' Datasets (1995-Present)*
2023年10月ダウンロード
〔解説〕

人口センサスによる「現在人口」(「2-4　人口・面積」の解説を参照)。(1)母語(通常、各人が幼少の頃話していた言語)、(2)主な言語(最も使いこなすことのできる言語)、(3)日常使用している言語、(4)公用語を含め話すことのできる言語を掲載しているが、国によりその取扱いが異なる。

2-12　人口動態
〔出典〕

UN, *Demographic Yearbook system, Demographic Yearbook 2022*
2023年12月ダウンロード
UN, *Population and Vital Statistics Report*
2023年12月ダウンロード
〔解説〕

調査の対象範囲は国により異なる。
出生率：人口1,000人に対する1年間の出生数(死産を除く。)。粗出生率(crude birth rate)又は普通出生率ともいう。
死亡率：人口1,000人に対する1年間の死亡数。粗死亡率(crude death rate)又は普通死亡率ともいう。
自然増減率：出生率と死亡率の差。
乳児死亡率：出生数1,000に対する1歳未満乳児の年間死亡数。

2-13　出生率の推移
〔出典〕
UN, *World Population Prospects: The 2022 Revision*
2022年10月ダウンロード
〔解説〕
　国連人口部による推計値（将来推計は中位推計値）。先進国及び開発途上国の区分については、「2-1　世界人口の推移」の解説を参照。
出生率：一定期間の出生数をその期間の人口で割ったもの。一般に、人口1,000人当たりの1年間の出生数で示される。

2-14　女性の年齢別出生率
〔出典〕
国立社会保障・人口問題研究所「人口統計資料集」（2023年改定版）
2023年10月ダウンロード
〔解説〕
　合計特殊出生率の低い順に掲載。
合計特殊出生率（total fertility rate）：1人の女性がその年次の年齢別出生率で一生の間に産むと仮定したときの平均子ども数で、年齢別出生率（age-specific fertility rate）の合計。
年齢別出生率：ある年齢の女性が1年間に産んだ子どもの数を、該当年齢の女性人口で除した数（1,000人当たり）。ただし、19歳以下は15〜19歳女性人口、45歳以上は45〜49歳女性人口により算出。

2-15　死亡率の推移
〔出典〕
UN, *World Population Prospects: The 2022 Revision*
2022年10月ダウンロード
〔解説〕
　国連人口部による推計値（将来推計は中位推計値）。先進国及び開発途上国の区分については「2-1　世界人口の推移」の解説を参照。
死亡率：一定期間の死亡数をその期間の人口で割ったもの。一般に、人口1,000人当たりの1年間の死亡数で示される。

2-16　男女別平均寿命・健康寿命
〔出典〕
WHO, *Global Health Observatory*
2022年12月ダウンロード
〔解説〕
平均寿命（life expectancy at birth）：出生時（0歳）の平均余命（その後生存できると期待される年数）。
健康寿命（healthy life expectancy at birth）：出生時の健康余命（健康に過ごせると期待される平均的な年数）。健康とは、肉体的・精神的及び社会的に健全な状態をいう。

2-17　婚姻率・離婚率
〔出典〕
　UN, *Demographic Yearbook system, Demographic Yearbook 2021, 2022*
　2023年11月ダウンロード
〔解説〕
　　調査の対象範囲は国により異なる。
　婚姻率：人口1,000人に対する１年間の婚姻数（住民登録による。）。再婚数を含む。
　離婚率：人口1,000人に対する１年間の離婚数（裁判記録又は住民登録による。）。

2-18　国籍別正規入国外国人数
〔出典〕
　出入国在留管理庁「出入国管理統計」（2018、2019、2020、2021、2022年）
　2023年10月ダウンロード
〔解説〕
　正規入国外国人：出入国管理及び難民認定法による正規の手続を経て、日本へ入国し
　　た外国人。軍人・軍属及びその家族を除く。

2-19　在留資格別在留外国人数
〔出典〕
　出入国在留管理庁「在留外国人統計」（2022年12月末）
　2023年10月ダウンロード
〔解説〕
　在留外国人：中長期在留者（出入国管理及び難民認定法上の在留資格をもって日本に
　　中長期間在留する外国人）及び特別永住者。
　永住者：法務大臣が永住を認める者。
　日本人の配偶者等：日本人の配偶者若しくは特別養子又は日本人の子として出生した
　　者。永住者の配偶者等を含む。在留期間は５年、３年、１年又は６か月。
　定住者：法務大臣が特別な理由を考慮し、一定の在留期間を指定して居住を認める者。
　留学：日本の大学、高等専門学校、高等学校若しくは特別支援学校の高等部、中学校
　　若しくは特別支援学校の中学部、小学校若しくは特別支援学校の小学部、専修学校
　　若しくは各種学校又はこれらに準ずる機関において教育を受ける者。在留期間は４
　　年３か月、４年、３年３か月、３年、２年３か月、２年、１年３か月、１年、６か
　　月又は３か月。
　就労：教授、芸術、宗教、報道、高度専門職、経営・管理、法律・会計業務、医療、
　　研究、教育、技術・人文知識・国際業務、企業内転勤、介護、興行、技能、特定技
　　能に係る業務に従事する者。在留期間はおおむね５年、３年、１年又は３か月。高
　　度専門職の在留期間は活動の種類により５年又は無期限。興行の在留期間は３年、
　　１年、６か月、３か月又は15日。特定技能の在留期間は活動の種類により異なる。
　その他：研修生、家族滞在者、特定活動に従事している者など。

1　人口の増減率の推移（地域別、2000〜2050年）

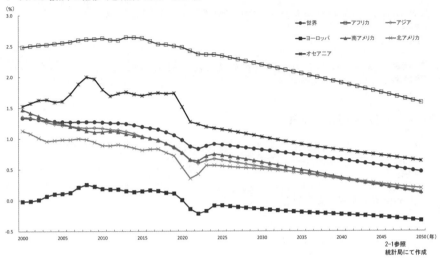

2-1参照
統計局にて作成

2 人口ピラミッド（年齢階級別割合、2020年）

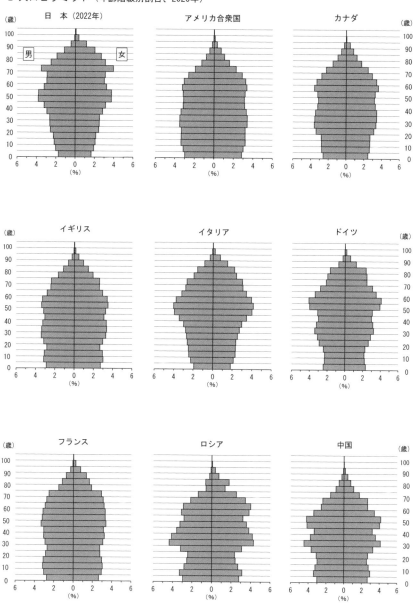

2-1　世界人口の推移（1950～2050年）

年次	世界 (100万人)	アジア	北アメリカ a	南アメリカ	ヨーロッパ	アフリカ	オセアニア	先進国 (%)	開発途上国 (%)	日本 b (1,000人)	年平均増減率(%) 世界	年平均増減率(%) 日本
1950	2,499	1,379	162	168	550	228	13	32.3	67.7	84,115	…	…
1955	2,746	1,533	177	192	576	254	14	31.1	68.9	90,077	1.9	1.4
1960	3,019	1,700	194	220	606	284	16	30.0	70.0	94,302	1.9	0.9
1965	3,337	1,902	209	252	634	321	18	28.7	71.3	99,209	2.0	1.0
1970	3,695	2,146	222	287	657	365	19	27.0	73.0	104,665	2.1	1.1
1975	4,069	2,396	235	323	677	418	22	25.6	74.4	111,940	1.9	1.4
1980	4,444	2,636	248	362	693	482	23	24.2	75.8	117,060	1.8	0.9
1985	4,862	2,911	261	402	708	556	25	22.8	77.2	121,049	1.8	0.7
1990	5,316	3,211	276	443	721	638	27	21.5	78.5	123,611	1.8	0.4
1995	5,743	3,484	295	483	727	724	29	20.4	79.6	125,570	1.6	0.3
2000	6,149	3,736	313	523	727	819	31	19.4	80.6	126,926	1.4	0.2
2005	6,558	3,980	329	558	729	928	34	18.5	81.5	127,768	1.3	0.1
2006	6,641	4,028	332	565	730	952	34	18.3	81.7	127,901	1.3	0.1
2007	6,726	4,076	336	571	731	976	35	18.1	81.9	128,033	1.3	0.1
2008	6,812	4,124	339	578	733	1,002	36	18.0	82.0	128,084	1.3	0.0
2009	6,898	4,172	342	584	735	1,028	36	17.8	82.2	128,032	1.3	-0.0
2010	6,986	4,221	345	591	736	1,055	37	17.7	82.3	128,057	1.3	0.0
2011	7,073	4,270	348	597	738	1,083	38	17.5	82.5	127,834	1.3	-0.2
2012	7,162	4,318	351	604	739	1,111	38	17.4	82.6	127,593	1.3	-0.2
2013	7,251	4,366	355	610	740	1,140	39	17.2	82.8	127,414	1.2	-0.1
2014	7,339	4,414	358	617	741	1,170	40	17.1	82.9	127,237	1.2	-0.1
2015	7,427	4,459	360	623	742	1,201	40	16.9	83.1	127,095	1.2	-0.1
2016	7,513	4,504	363	629	743	1,232	41	16.8	83.2	127,042	1.2	-0.0
2017	7,600	4,548	366	635	744	1,263	42	16.7	83.3	126,919	1.1	-0.1
2018	7,684	4,590	369	641	745	1,295	43	16.5	83.5	126,749	1.1	-0.1
2019	7,765	4,629	372	647	746	1,328	43	16.4	83.6	126,555	1.1	-0.2
2020	7,841	4,664	374	652	746	1,361	44	16.3	83.7	126,146	1.0	-0.3
2021	7,909	4,695	375	656	745	1,394	44	16.1	83.9	125,502	0.9	-0.5
2022	7,975	4,723	377	660	744	1,427	45	16.0	84.0	124,947	0.8	-0.4
2023	8,045	4,753	379	665	742	1,460	46	15.9	84.1	124,408	0.9	-0.4
2024	8,119	4,785	381	670	742	1,495	46	15.7	84.3	123,844	0.9	-0.5
2025	8,192	4,816	383	675	741	1,530	47	15.6	84.4	123,262	0.9	-0.5
2030	8,546	4,959	393	698	737	1,711	49	15.0	85.0	120,116	0.9	-0.5
2035	8,879	5,079	403	717	730	1,899	52	14.4	85.6	116,639	0.8	-0.6
2040	9,188	5,176	411	732	723	2,093	54	13.9	86.1	112,837	0.7	-0.7
2045	9,468	5,249	417	743	714	2,290	56	13.5	86.5	108,801	0.6	-0.7
2050	9,709	5,293	421	749	703	2,485	58	13.0	87.0	104,686	0.5	-0.8

a アメリカ合衆国、カナダ、グリーンランド、サンピエール島・ミクロン島及びバミューダ島のみの合計。
b 総務省統計局「国勢調査結果」、「人口推計」及び国立社会保障・人口問題研究所「日本の将来推計人口」による。

2-2　世界人口・年齢構成の推移（1950～2050年）（1）

年次	総人口 (1,000人)	女 (%)	年平均増減率 (%)	15歳未満人口 (%)	65歳以上人口 (%)	中位年齢 (歳)	総人口 (1,000人)	女 (%)	年平均増減率 (%)	15歳未満人口 (%)	65歳以上人口 (%)	中位年齢 (歳)
	世界						先進国					
1950	2,499,322	50.2	...	34.7	5.1	22.2	806,253	52.5	...	27.5	7.7	27.3
1960	3,019,233	50.0	1.9	37.4	5.0	21.5	906,940	52.0	1.2	28.1	8.5	28.6
1970	3,695,390	50.0	2.0	37.7	5.3	20.3	999,223	51.9	1.0	25.8	9.9	29.7
1980	4,444,008	49.9	1.9	35.4	5.9	21.5	1,076,676	51.7	0.7	22.4	11.7	30.9
1990	5,316,176	49.8	1.8	32.9	6.1	23.0	1,141,489	51.6	0.6	20.5	12.5	33.4
2000	6,148,899	49.7	1.5	30.2	6.9	25.3	1,189,851	51.5	0.4	18.2	14.4	36.3
2010	6,985,603	49.7	1.3	27.1	7.7	27.3	1,236,020	51.5	0.4	16.5	16.1	38.9
2020	7,840,953	49.7	1.2	25.7	9.4	29.7	1,276,158	51.3	0.3	16.3	19.3	41.0
2030	8,546,141	49.8	0.9	23.1	11.8	32.1	1,282,084	51.3	0.0	14.6	23.0	43.4
2040	9,188,250	49.9	0.7	21.6	14.5	34.0	1,280,353	51.2	-0.0	14.1	25.7	45.5
2050	9,709,492	50.0	0.6	20.7	16.5	35.9	1,266,332	51.0	-0.1	14.2	27.8	46.3
	開発途上国						日本 a					
1950	1,693,069	49.1	...	38.1	3.9	20.0	84,115	51.0	...	35.4	4.9	22.2
1960	2,112,294	49.2	2.2	41.3	3.5	18.8	94,302	50.9	1.1	30.2	5.7	25.6
1970	2,696,167	49.3	2.5	42.1	3.6	17.7	104,665	50.9	1.0	24.0	7.1	29.0
1980	3,367,331	49.3	2.2	39.6	4.0	18.8	117,060	50.8	1.1	23.5	9.1	32.5
1990	4,174,687	49.3	2.2	36.3	4.3	20.6	123,611	50.9	0.5	18.2	12.1	37.7
2000	4,959,048	49.3	1.7	33.1	5.1	23.0	126,926	51.1	0.3	14.6	17.4	41.5
2010	5,749,583	49.3	1.5	29.3	5.8	25.2	128,057	51.4	0.1	13.2	23.0	45.0
2020	6,564,795	49.4	1.3	27.5	7.5	27.9	126,146	51.5	-0.2	12.1	28.7	48.6
2030	7,264,058	49.6	1.0	24.6	9.9	30.2	120,116	51.5	-0.5	10.3	30.8	52.1
2040	7,907,898	49.7	0.9	22.8	12.7	32.4	112,837	51.5	-0.6	10.1	34.8	53.7
2050	8,443,160	49.9	0.7	21.7	14.8	34.5	104,686	51.5	-0.7	9.9	37.1	54.4
	イラン						インド					
1950	16,833	49.1	...	36.8	5.2	20.6	357,021	48.6	...	37.9	3.1	20.0
1960	21,389	48.7	2.4	43.0	4.3	18.3	445,955	48.4	2.2	40.5	3.3	19.2
1970	28,450	48.5	2.9	43.9	3.6	16.8	557,501	48.3	2.3	41.0	3.6	18.3
1980	38,521	48.5	3.1	43.3	3.3	17.2	696,828	48.2	2.3	39.5	4.0	19.0
1990	55,794	49.0	3.8	43.5	3.3	17.3	870,452	48.3	2.2	38.0	4.1	20.0
2000	65,544	49.3	1.6	33.1	4.1	20.7	1,059,634	48.3	2.0	35.0	4.5	21.6
2010	75,374	49.2	1.4	22.3	5.0	26.4	1,240,614	48.3	1.6	31.0	5.1	24.0
2020	87,290	49.4	1.5	24.0	7.1	31.4	1,396,387	48.4	1.2	26.1	6.7	27.3
2030	92,921	49.7	0.6	19.5	10.5	36.8	1,514,994	48.6	0.8	22.3	8.8	30.9
2040	96,519	50.0	0.4	15.7	14.9	40.5	1,611,676	48.8	0.6	20.1	11.6	34.6
2050	99,007	50.2	0.3	15.8	22.1	42.3	1,670,491	49.1	0.4	18.0	15.0	38.1
	インドネシア						韓国					
1950	69,568	50.3	...	41.3	1.7	17.8	20,104	49.0	...	42.9	2.7	17.6
1960	88,383	50.1	2.4	39.7	2.4	19.1	25,818	49.9	2.5	41.9	3.3	17.9
1970	115,228	50.1	2.7	42.5	3.1	17.9	32,601	49.7	2.4	42.3	3.5	17.6
1980	148,177	50.0	2.5	40.4	3.7	18.4	38,171	49.9	1.6	34.1	3.8	20.9
1990	182,160	49.8	2.1	35.8	4.0	20.7	44,120	49.8	1.5	25.9	4.9	25.8
2000	214,072	49.7	1.6	30.6	5.0	23.7	46,789	49.7	0.6	21.0	7.1	30.7
2010	244,016	49.6	1.3	27.9	5.9	26.7	48,813	50.2	0.4	16.4	11.0	36.6
2020	271,858	49.6	1.1	25.7	6.7	29.3	51,845	50.0	0.6	12.2	15.8	42.8
2030	292,150	49.7	0.7	22.5	9.0	31.7	51,290	50.3	-0.1	9.3	25.0	48.4
2040	308,165	49.9	0.5	20.7	12.0	34.0	49,320	50.7	-0.4	8.7	33.6	53.2
2050	317,225	50.1	0.3	19.4	15.0	36.5	45,771	51.1	-0.7	8.2	39.4	56.7

2-2　世界人口・年齢構成の推移（1950〜2050年）（2）

年次	総人口 (1,000人)	女 (%)	年平均増減率 (%)	15歳未満人口 (%)	65歳以上人口 (%)	中位年齢 (歳)	総人口 (1,000人)	女 (%)	年平均増減率 (%)	15歳未満人口 (%)	65歳以上人口 (%)	中位年齢 (歳)
	タイ						中国					
1950	20,412	49.8	...	42.2	3.2	17.5	543,979	48.5	...	34.8	5.0	22.2
1960	26,597	49.9	2.7	44.2	2.9	17.0	654,171	48.9	1.9	40.3	4.0	19.9
1970	35,792	49.8	3.0	44.7	3.0	16.4	822,534	49.0	2.3	40.9	3.7	18.0
1980	45,738	49.9	2.5	38.7	3.4	18.9	982,372	49.1	1.8	36.1	4.4	20.8
1990	55,228	50.0	1.9	30.0	4.3	23.3	1,153,704	49.1	1.6	28.9	5.3	23.7
2000	63,067	50.7	1.3	24.1	6.1	30.1	1,264,099	48.9	0.9	24.5	6.9	28.9
2010	68,270	50.9	0.8	19.3	8.8	34.5	1,348,191	48.8	0.6	18.5	8.6	34.1
2020	71,476	51.4	0.5	16.1	13.9	38.8	1,424,930	48.9	0.6	18.0	12.6	37.4
2030	72,060	51.7	0.1	13.3	21.3	43.4	1,415,606	49.2	-0.1	13.1	18.2	42.7
2040	70,916	52.0	-0.2	12.1	27.4	47.3	1,377,557	49.4	-0.3	10.9	26.2	48.0
2050	67,880	52.1	-0.4	11.5	31.6	50.7	1,312,636	49.4	-0.5	11.4	30.1	50.7
	トルコ						パキスタン					
1950	20,978	49.9	...	40.6	3.8	18.6	37,696	45.6	...	40.5	5.5	18.7
1960	27,511	49.0	2.7	42.1	4.2	18.4	45,954	46.0	2.0	40.6	3.7	18.4
1970	35,541	49.4	2.6	43.0	4.6	17.2	59,291	46.7	2.6	43.7	3.3	17.2
1980	44,089	49.3	2.2	40.1	4.7	18.6	80,624	47.5	3.1	43.0	3.4	17.2
1990	54,324	49.6	2.1	35.7	4.7	20.8	115,414	48.1	3.7	43.7	3.5	17.1
2000	64,114	49.7	1.7	31.1	5.4	23.6	154,370	48.3	3.0	42.9	3.5	17.2
2010	73,195	49.8	1.3	26.7	6.4	27.1	194,454	48.6	2.3	39.2	3.7	18.8
2020	84,135	49.9	1.4	23.7	8.2	30.6	227,197	49.5	1.6	37.3	4.2	20.0
2030	88,880	50.0	0.6	20.6	11.7	34.8	274,030	49.7	1.9	33.2	4.9	22.3
2040	93,058	50.1	0.5	17.4	16.4	38.5	322,596	49.9	1.6	30.4	5.5	24.9
2050	95,829	50.1	0.3	16.6	21.1	41.1	367,808	50.0	1.3	27.5	6.4	27.3
	バングラデシュ						フィリピン					
1950	39,729	47.8	...	41.2	3.9	18.3	18,470	50.3	...	44.0	3.6	16.8
1960	50,396	48.1	2.4	42.3	3.0	17.8	28,487	49.5	4.4	48.3	2.5	14.8
1970	67,542	48.2	3.0	44.8	3.2	16.6	37,436	50.0	2.8	46.8	2.7	15.3
1980	83,930	48.8	2.2	45.1	3.4	16.4	48,420	49.7	2.6	42.9	3.3	17.2
1990	107,148	48.8	2.5	42.9	3.5	17.2	61,559	49.6	2.4	40.6	3.3	18.4
2000	129,193	49.0	1.9	37.3	3.8	19.7	77,958	49.5	2.4	37.7	3.8	20.0
2010	148,391	50.0	1.4	33.4	4.4	22.2	94,637	49.5	2.0	34.5	4.3	21.8
2020	167,421	50.4	1.2	27.0	5.6	25.9	112,191	49.2	1.7	30.9	5.2	24.3
2030	184,424	50.7	1.0	23.4	7.9	29.9	129,453	49.2	1.4	28.0	6.9	26.8
2040	196,526	51.0	0.6	20.4	11.2	34.4	145,022	49.2	1.1	25.5	8.8	29.3
2050	203,905	51.2	0.4	17.9	15.4	38.3	157,892	49.3	0.9	23.1	10.8	31.8
	ベトナム						ミャンマー					
1950	25,109	50.6	...	32.8	4.1	23.1	17,732	50.0	...	36.3	3.2	20.7
1960	32,718	50.8	2.7	40.9	4.9	20.3	21,721	49.9	2.0	40.0	3.5	19.9
1970	41,929	51.0	2.5	42.7	5.5	17.4	27,284	49.9	2.3	40.9	3.8	18.4
1980	52,968	51.3	2.4	39.8	5.5	18.7	33,466	49.9	2.1	39.5	4.1	19.0
1990	66,913	51.2	2.4	38.3	5.6	19.8	40,100	49.9	1.8	36.3	4.4	20.5
2000	79,001	51.1	1.7	31.4	6.2	22.9	45,538	50.0	1.3	31.8	4.9	22.9
2010	87,411	50.8	1.0	24.3	6.5	27.7	49,391	50.1	0.8	28.3	5.2	25.7
2020	96,649	50.6	1.0	22.7	8.4	31.6	53,423	50.2	0.8	25.1	6.5	28.8
2030	102,700	50.5	0.6	20.4	12.3	35.6	56,988	50.4	0.6	22.9	8.7	31.6
2040	105,888	50.5	0.3	17.8	15.9	38.6	59,134	50.5	0.4	20.7	11.1	34.2
2050	107,013	50.4	0.1	16.9	20.0	40.7	59,929	50.7	0.1	19.3	13.6	36.2

2-2　世界人口・年齢構成の推移（1950～2050年）（3）

年次	総人口 (1,000人)	女 (%)	年平均増減率 (%)	15歳未満人口 (%)	65歳以上人口 (%)	中位年齢 (歳)	総人口 (1,000人)	女 (%)	年平均増減率 (%)	15歳未満人口 (%)	65歳以上人口 (%)	中位年齢 (歳)
	アメリカ合衆国						カナダ					
1950	148,282	50.4	...	27.0	8.2	29.3	13,743	49.3	...	29.8	7.7	26.7
1960	176,189	50.4	1.7	30.8	9.2	28.6	17,909	49.4	2.7	33.7	7.7	25.5
1970	200,328	51.1	1.3	28.3	9.8	27.2	21,435	49.9	1.8	30.1	8.0	25.0
1980	223,140	51.2	1.1	22.5	11.3	29.1	24,512	50.2	1.4	22.8	9.4	28.1
1990	248,084	51.0	1.1	21.6	12.3	31.8	27,657	50.4	1.2	20.7	11.2	31.9
2000	282,399	50.8	1.3	21.4	12.3	34.2	30,683	50.5	1.0	19.2	12.5	35.8
2010	311,183	50.7	1.0	19.9	13.0	36.1	33,963	50.4	1.0	16.6	14.1	38.7
2020	335,942	50.4	0.8	18.5	16.2	37.5	37,889	50.3	1.1	15.9	18.0	39.9
2030	352,162	50.5	0.5	16.4	20.5	39.7	41,009	50.3	0.8	14.6	22.8	42.0
2040	366,616	50.5	0.4	16.1	22.4	41.5	43,823	50.2	0.7	14.3	24.4	43.9
2050	375,392	50.4	0.2	15.6	23.6	43.1	45,891	50.2	0.5	14.0	25.5	45.3
	メキシコ						アルゼンチン					
1950	27,600	50.2	...	44.1	3.0	16.9	17,018	49.1	...	31.1	4.1	24.4
1960	36,268	49.7	2.8	46.6	2.9	15.6	20,350	49.9	1.8	31.1	5.2	25.5
1970	50,289	49.8	3.3	47.4	3.1	15.1	23,843	50.4	1.6	29.7	6.5	25.8
1980	67,705	50.4	3.0	44.6	3.7	16.3	28,025	50.7	1.6	30.6	7.7	25.9
1990	81,720	50.8	1.9	39.0	4.1	18.7	32,638	50.8	1.5	30.4	8.7	26.2
2000	97,873	51.1	1.8	34.2	5.0	21.8	37,071	50.7	1.3	28.2	9.7	26.8
2010	112,532	51.0	1.4	29.9	6.2	24.9	41,100	50.6	1.0	25.6	10.5	28.9
2020	125,998	51.1	1.1	25.3	8.0	28.7	45,036	50.5	0.9	23.7	11.7	31.0
2030	134,534	51.3	0.7	20.9	10.8	32.8	47,679	50.5	0.6	20.2	13.3	34.1
2040	141,055	51.5	0.5	18.5	14.8	36.8	50,014	50.4	0.5	18.4	15.5	37.1
2050	143,772	51.5	0.2	16.7	18.9	40.7	51,621	50.3	0.3	17.2	19.1	39.9
	コロンビア						ブラジル					
1950	11,770	50.3	...	43.7	3.2	16.9	53,955	49.6	...	42.5	2.4	17.5
1960	15,688	50.2	2.9	46.8	3.1	15.5	73,093	49.8	3.1	44.1	2.6	16.9
1970	20,905	50.0	2.9	46.0	3.0	15.7	96,370	50.1	2.8	42.7	3.2	17.3
1980	26,176	49.9	2.3	40.1	3.5	18.0	122,288	50.2	2.4	38.4	3.8	19.2
1990	32,601	50.1	2.2	36.3	3.9	20.7	150,706	50.3	2.1	35.2	4.5	21.5
2000	39,215	50.4	1.9	32.7	4.6	23.0	175,874	50.5	1.6	29.8	5.5	24.3
2010	44,816	50.5	1.3	27.1	5.9	26.4	196,353	50.7	1.1	24.8	6.9	28.2
2020	50,931	50.6	1.3	21.9	8.5	30.4	213,196	50.9	0.8	20.8	9.3	32.4
2030	54,130	50.8	0.6	19.4	12.6	35.1	223,909	51.0	0.5	18.2	13.0	36.5
2040	56,298	50.9	0.4	16.8	16.7	39.6	230,132	51.1	0.3	16.2	17.0	40.4
2050	56,988	50.8	0.1	15.2	20.9	43.2	230,886	51.1	0.0	14.9	21.9	43.6
	イギリス						イタリア					
1950	50,055	52.0	...	22.5	10.8	33.9	46,392	51.4	...	26.6	8.1	27.5
1960	52,543	51.7	0.5	23.4	11.7	34.5	49,518	51.5	0.7	25.0	9.3	30.5
1970	55,650	51.5	0.6	24.1	13.0	33.2	53,324	51.4	0.7	24.7	11.1	32.0
1980	56,326	51.4	0.1	21.0	14.9	33.3	56,329	51.4	0.5	22.2	13.3	33.1
1990	57,210	51.4	0.2	19.0	15.7	34.8	56,757	51.5	0.1	16.5	15.0	36.1
2000	58,850	51.3	0.3	19.1	15.7	36.6	56,966	51.6	0.0	14.3	18.3	39.2
2010	62,760	50.9	0.6	17.6	16.3	38.5	59,822	51.6	0.5	14.1	20.4	42.5
2020	67,059	50.6	0.7	17.8	18.7	39.5	59,501	51.3	-0.1	12.9	23.4	46.4
2030	69,176	50.5	0.3	15.4	22.0	41.6	57,544	51.0	-0.3	11.0	28.3	50.3
2040	70,689	50.3	0.2	14.6	24.8	43.8	55,258	50.9	-0.4	10.9	34.5	52.4
2050	71,685	50.1	0.1	14.7	26.1	44.9	52,250	50.8	-0.6	11.1	37.1	53.4

2-2　世界人口・年齢構成の推移（1950～2050年）（4）

年次	総人口(1,000人)	女(%)	年平均増減率(%)	15歳未満人口(%)	65歳以上人口(%)	中位年齢(歳)	総人口(1,000人)	女(%)	年平均増減率(%)	15歳未満人口(%)	65歳以上人口(%)	中位年齢(歳)
	ウクライナ						スペイン					
1950	37,303	57.1	…	27.1	7.5	26.4	28,070	51.9	…	26.5	7.2	26.5
1960	42,767	55.5	1.4	26.7	7.2	28.3	30,416	51.4	0.8	27.4	8.2	28.4
1970	47,279	54.8	1.0	24.7	9.3	31.3	33,793	51.2	1.1	27.9	9.7	29.2
1980	49,974	54.3	0.6	21.4	12.0	32.6	37,492	50.9	1.0	26.0	11.2	29.8
1990	51,590	53.8	0.3	21.4	12.1	34.0	38,890	51.0	0.4	19.9	13.7	32.6
2000	48,880	53.7	-0.5	17.5	14.0	36.8	40,742	51.0	0.5	14.7	16.7	36.4
2010	45,683	53.9	-0.7	14.2	15.5	38.3	46,573	50.6	1.3	15.0	16.9	39.1
2020	43,910	53.7	-0.4	15.3	17.2	40.5	47,364	51.0	-0.2	14.4	19.7	43.5
2030	38,295	54.0	-1.4	11.5	22.2	45.4	47,077	51.0	-0.1	11.6	24.7	48.1
2040	35,656	53.8	-0.7	11.6	25.4	49.3	46,048	51.1	-0.2	11.2	31.4	51.2
2050	32,868	53.3	-0.8	12.8	30.1	49.0	44,220	51.2	-0.4	11.3	36.6	52.8
	ドイツ						フランス					
1950	70,964	54.3	…	23.8	9.5	33.4	41,842	51.9	…	22.7	11.4	33.5
1960	73,064	53.3	0.3	21.1	11.5	33.7	45,660	51.5	0.9	26.2	11.7	32.0
1970	78,295	52.7	0.7	23.3	13.6	33.1	50,524	51.2	1.0	24.5	12.9	31.6
1980	77,787	52.5	-0.1	18.4	15.7	35.8	53,714	51.2	0.6	22.4	14.0	31.4
1990	79,370	51.9	0.2	16.1	14.9	36.4	56,413	51.3	0.5	20.1	14.1	34.0
2000	81,552	51.4	0.3	15.6	16.4	39.0	58,665	51.5	0.4	18.7	16.2	36.8
2010	81,325	51.0	-0.0	13.6	20.5	43.2	62,445	51.6	0.6	18.3	17.0	39.1
2020	83,329	50.7	0.2	13.8	22.0	45.9	64,480	51.6	0.3	17.6	21.0	41.4
2030	82,763	50.5	-0.1	14.0	26.4	45.9	65,543	51.9	0.2	15.9	24.4	43.5
2040	81,201	50.4	-0.2	12.9	29.5	48.1	66,151	52.3	0.1	15.5	27.2	45.1
2050	78,932	50.3	-0.3	12.7	30.5	49.2	65,827	52.6	-0.0	15.3	28.5	46.1
	ポーランド						ロシア					
1950	24,786	52.3	…	29.2	5.2	24.8	102,580	56.7	…	29.5	4.8	23.4
1960	29,510	51.6	1.8	33.4	5.8	25.6	119,735	55.2	1.6	30.5	6.1	26.3
1970	32,483	51.4	1.0	26.8	8.2	27.3	130,093	54.4	0.8	26.1	7.7	29.7
1980	35,521	51.3	0.9	24.3	10.1	28.5	138,257	53.9	0.6	21.6	10.2	30.1
1990	38,064	51.3	0.7	24.9	10.1	31.5	148,006	53.1	0.7	23.0	10.0	32.2
2000	38,504	51.4	0.1	19.3	12.2	34.3	146,845	53.3	-0.1	18.3	12.3	35.6
2010	38,597	51.6	0.0	15.2	13.4	36.9	143,243	53.8	-0.2	15.2	12.8	36.9
2020	38,428	51.6	-0.0	15.3	18.4	40.5	145,617	53.5	0.2	17.7	15.3	38.6
2030	38,701	51.6	0.1	14.4	21.7	44.1	141,433	53.5	-0.3	15.4	19.2	42.1
2040	37,043	51.6	-0.4	12.6	24.5	48.0	137,111	53.3	-0.3	14.2	21.0	44.9
2050	34,932	51.4	-0.6	12.4	30.1	50.1	133,133	52.8	-0.3	15.7	24.4	43.6
	アルジェリア						ウガンダ					
1950	9,020	48.9	…	40.6	3.5	18.4	5,751	48.5	…	41.3	2.9	18.1
1960	11,394	49.6	2.4	45.7	3.1	16.2	7,618	49.5	2.9	46.5	2.1	15.9
1970	13,796	48.9	1.9	47.1	3.5	15.2	10,317	50.1	3.1	46.8	2.5	15.4
1980	18,739	49.0	3.1	46.4	3.1	15.5	13,284	50.7	2.6	48.1	2.9	14.8
1990	25,518	49.2	3.1	42.8	3.1	17.1	17,587	51.2	2.8	48.3	2.8	14.7
2000	30,775	49.0	1.9	33.8	4.2	20.7	24,021	51.1	3.2	50.5	2.2	13.8
2010	35,856	49.0	1.5	27.6	4.8	25.1	32,342	50.8	3.0	49.9	1.6	14.0
2020	43,452	49.1	1.9	30.6	6.0	27.6	44,405	50.5	2.9	45.7	1.7	15.7
2030	49,787	49.2	1.4	26.7	8.5	29.5	58,380	50.4	2.8	41.4	2.0	17.7
2040	54,917	49.3	1.0	21.4	12.1	31.4	73,015	50.3	2.3	36.0	2.5	20.4
2050	60,001	49.3	0.9	21.0	16.5	34.5	87,622	50.4	1.8	31.6	3.2	23.4

2-2　世界人口・年齢構成の推移（1950〜2050年）（5）

年次	総人口 (1,000人)	女 (%)	年平均増減率 (%)	15歳未満人口 (%)	65歳以上人口 (%)	中位年齢 (歳)	総人口 (1,000人)	女 (%)	年平均増減率 (%)	15歳未満人口 (%)	65歳以上人口 (%)	中位年齢 (歳)
	エジプト						エチオピア					
1950	21,150	49.3	...	38.7	3.0	19.6	17,710	50.4	...	43.9	3.0	16.9
1960	27,034	49.6	2.5	42.1	3.7	18.7	21,740	50.5	2.1	42.8	2.8	17.3
1970	34,782	49.6	2.6	41.5	4.1	18.1	28,308	50.4	2.7	43.8	2.8	17.1
1980	43,749	49.8	2.3	41.3	4.2	18.1	34,945	50.4	2.1	45.7	2.8	16.0
1990	57,215	49.6	2.7	41.1	4.2	18.4	47,878	50.2	3.2	46.4	2.7	15.7
2000	71,371	49.4	2.2	37.0	4.5	20.0	67,032	49.9	3.4	47.6	2.6	15.1
2010	87,252	49.4	2.0	33.3	4.1	22.4	89,238	49.7	2.9	45.1	2.8	16.1
2020	107,465	49.4	2.1	33.2	4.7	23.8	117,191	49.7	2.8	40.3	3.1	18.3
2030	125,152	49.5	1.5	29.4	5.9	25.4	149,296	49.8	2.5	37.2	3.6	20.3
2040	143,423	49.7	1.4	26.8	7.5	27.5	182,053	49.9	2.0	33.0	4.5	22.6
2050	160,340	49.8	1.1	25.1	9.8	30.3	214,812	50.0	1.7	29.4	5.6	25.4
	ケニア						コンゴ民主共和国					
1950	5,774	49.7	...	45.6	5.3	16.0	12,296	53.2	...	43.5	3.8	17.1
1960	7,751	50.4	3.0	48.8	3.2	14.6	15,277	52.2	2.2	42.9	3.0	17.3
1970	11,473	50.6	4.0	51.7	2.2	13.3	20,152	51.5	2.8	43.5	2.8	17.3
1980	16,187	50.5	3.5	51.8	2.0	13.3	26,709	51.0	2.9	44.3	2.8	16.8
1990	23,162	50.5	3.6	49.4	2.1	14.3	35,988	50.6	3.0	44.7	2.8	16.5
2000	30,852	50.4	2.9	45.8	2.2	15.6	48,616	50.6	3.1	46.1	3.0	15.8
2010	41,518	50.3	3.0	43.3	2.1	17.0	66,391	50.5	3.2	46.2	3.1	15.7
2020	51,986	50.4	2.3	39.0	2.8	18.9	92,853	50.4	3.4	46.5	3.0	15.6
2030	63,104	50.5	2.0	34.3	3.4	21.5	127,582	50.4	3.2	45.3	2.9	16.0
2040	74,758	50.6	1.7	31.7	4.5	24.0	170,014	50.4	2.9	42.3	3.1	17.4
2050	85,212	50.8	1.3	28.2	5.9	26.3	217,494	50.4	2.5	38.4	3.4	19.4
	タンザニア						ナイジェリア					
1950	7,632	51.2	...	45.7	2.2	16.0	37,189	50.1	...	41.6	3.0	18.1
1960	10,042	50.8	2.8	45.5	2.4	16.0	44,928	50.1	1.9	41.0	3.3	18.3
1970	13,618	50.6	3.1	46.1	2.5	15.8	55,569	50.1	2.1	42.1	3.3	18.0
1980	19,298	50.4	3.5	46.9	2.9	15.5	72,951	49.9	2.8	44.0	3.2	17.0
1990	26,206	50.5	3.1	46.4	2.9	15.6	95,214	49.8	2.7	44.8	3.2	16.4
2000	34,464	50.6	2.8	44.7	2.8	16.3	122,852	49.7	2.6	43.4	3.1	17.0
2010	45,111	50.8	2.7	45.1	2.9	16.4	160,953	49.6	2.7	44.3	3.1	16.7
2020	61,705	50.5	3.2	43.9	3.1	16.7	208,327	49.5	2.6	43.5	3.0	16.9
2030	81,885	50.5	2.9	41.2	3.2	18.1	262,580	49.4	2.3	40.6	3.1	18.3
2040	104,958	50.4	2.5	37.5	3.7	19.9	320,780	49.4	2.0	37.2	3.5	20.1
2050	129,932	50.4	2.2	34.1	4.8	22.1	377,460	49.5	1.6	33.3	4.3	22.4
	南アフリカ						オーストラリア					
1950	13,044	48.1	...	40.1	4.1	19.2	8,177	49.5	...	26.6	8.2	29.4
1960	16,520	48.5	2.4	42.5	3.4	17.7	10,287	49.5	2.3	30.2	8.6	28.6
1970	22,368	49.5	3.1	42.1	3.5	17.8	12,595	49.7	2.0	28.8	8.4	26.6
1980	29,464	48.1	2.8	39.5	3.9	19.2	14,706	50.1	1.6	25.3	9.6	28.4
1990	39,878	51.3	3.1	38.5	3.9	20.0	17,048	50.1	1.5	22.0	11.1	31.1
2000	46,813	52.5	1.6	35.2	4.2	20.9	19,018	50.4	1.1	20.7	12.4	34.4
2010	51,785	51.9	1.0	28.7	4.9	23.6	22,019	50.2	1.5	19.1	13.6	36.1
2020	58,802	51.4	1.3	28.7	6.0	26.9	25,670	50.4	1.5	18.5	16.2	36.7
2030	64,659	51.0	1.0	25.8	7.0	29.0	28,202	50.3	0.9	16.6	19.5	39.5
2040	69,714	50.9	0.8	22.9	8.3	30.7	30,356	50.3	0.7	15.5	21.9	42.1
2050	73,530	50.8	0.5	21.6	11.0	33.1	32,193	50.4	0.6	15.0	23.8	43.6

a　総務省統計局「国勢調査結果」及び国立社会保障・人口問題研究所「日本の将来推計人口」による。

2-3　主要国の人口の推移（2014〜2023年）

（単位：100万人）

国（地域）	2014	2015	2016	2017	2018	2019	2020	2021	2022	2023
世界	7,339.0	7,426.6	7,513.5	7,599.8	7,683.8	7,765.0	7,841.0	7,909.3	7,975.1	8,045.3
アジア										
日本 a	127.2	127.1	127.0	126.9	126.7	126.6	126.1	125.5	124.9	124.4
イラン	80.0	81.8	83.3	84.5	85.6	86.6	87.3	87.9	88.6	89.2
インド	1,307.2	1,322.9	1,338.6	1,354.2	1,369.0	1,383.1	1,396.4	1,407.6	1,417.2	1,428.6
インドネシア	256.2	259.1	261.9	264.5	267.1	269.6	271.9	273.8	275.5	277.5
韓国	50.6	51.0	51.3	51.5	51.7	51.8	51.8	51.8	51.8	51.8
サウジアラビア	32.1	32.7	33.4	34.2	35.0	35.8	36.0	36.0	36.4	36.9
タイ	70.0	70.3	70.6	70.9	71.1	71.3	71.5	71.6	71.7	71.8
中国	1,385.2	1,393.7	1,401.9	1,410.3	1,417.1	1,421.9	1,424.9	1,425.9	1,425.9	1,425.7
トルコ	78.1	79.6	81.0	82.1	82.8	83.5	84.1	84.8	85.3	85.8
パキスタン	208.3	211.0	213.5	216.4	219.7	223.3	227.2	231.4	235.8	240.5
バングラデシュ	156.0	157.8	159.8	161.8	163.7	165.5	167.4	169.4	171.2	173.0
フィリピン	101.3	103.0	104.9	106.7	108.6	110.4	112.2	113.9	115.6	117.3
ベトナム	91.2	92.2	93.1	94.0	94.9	95.8	96.6	97.5	98.2	98.9
マレーシア	30.6	31.1	31.5	32.0	32.4	32.8	33.2	33.6	33.9	34.3
ミャンマー	51.1	51.5	51.9	52.3	52.7	53.0	53.4	53.8	54.2	54.6
北アメリカ										
アメリカ合衆国	322.0	324.6	327.2	329.8	332.1	334.3	335.9	337.0	338.3	340.0
カナダ	35.4	35.7	36.1	36.6	37.0	37.5	37.9	38.2	38.5	38.8
メキシコ	118.8	120.1	121.5	122.8	124.0	125.1	126.0	126.7	127.5	128.5
南アメリカ										
アルゼンチン	42.8	43.3	43.7	44.1	44.4	44.7	45.0	45.3	45.5	45.8
コロンビア	46.7	47.1	47.6	48.4	49.3	50.2	50.9	51.5	51.9	52.1
ブラジル	203.5	205.2	206.9	208.5	210.2	211.8	213.2	214.3	215.3	216.4
ヨーロッパ										
イギリス	64.8	65.2	65.7	66.1	66.4	66.8	67.1	67.3	67.5	67.7
イタリア	60.3	60.2	60.1	60.0	59.9	59.7	59.5	59.2	59.0	58.9
ウクライナ	45.1	45.0	44.8	44.7	44.4	44.2	43.9	43.5	39.7	36.7
オランダ	17.0	17.0	17.1	17.2	17.3	17.4	17.4	17.5	17.6	17.6
スペイン	46.5	46.4	46.5	46.6	46.8	47.1	47.4	47.5	47.6	47.5
ドイツ	81.9	82.1	82.3	82.6	82.9	83.1	83.3	83.4	83.4	83.3
フランス	63.6	63.8	64.0	64.1	64.3	64.4	64.5	64.5	64.6	64.8
ポーランド	38.6	38.6	38.5	38.5	38.5	38.5	38.4	38.3	39.9	41.0
ロシア	144.3	144.7	145.1	145.5	145.7	145.7	145.6	145.1	144.7	144.4
アフリカ										
アルジェリア	38.8	39.5	40.3	41.1	41.9	42.7	43.5	44.2	44.9	45.6
ウガンダ	36.3	37.5	38.7	40.1	41.5	42.9	44.4	45.9	47.2	48.6
エジプト	95.6	97.7	99.8	101.8	103.7	105.6	107.5	109.3	111.0	112.7
エチオピア	99.7	102.5	105.3	108.2	111.1	114.1	117.2	120.3	123.4	126.5
ケニア	45.8	46.9	47.9	48.9	50.0	51.0	52.0	53.0	54.0	55.1
コンゴ民主共和国	76.0	78.7	81.4	84.3	87.1	89.9	92.9	95.9	99.0	102.3
タンザニア	50.8	52.5	54.4	56.3	58.1	59.9	61.7	63.6	65.5	67.4
ナイジェリア	179.4	184.0	188.7	193.5	198.4	203.3	208.3	213.4	218.5	223.8
南アフリカ	54.7	55.9	56.4	56.6	57.3	58.1	58.8	59.4	59.9	60.4
オセアニア										
オーストラリア	23.5	23.8	24.2	24.6	25.0	25.4	25.7	25.9	26.2	26.4

a 総務省統計局「国勢調査結果」、「人口推計」及び国立社会保障・人口問題研究所「日本の将来推計人口」による。

2-4　人口・面積(1)

国（地域）	年次	センサス人口（1,000人）			推計人口（1,000人）		面積(km²)	人口密度
		総数	男	女	2020	2022	2022	2022
世界		–	–	–	7,840,953	7,975,105	a 130,094,010	61
アジア								
日本 bc	20	126,146	61,350	64,797	126,146	124,947	377,973	335
アゼルバイジャン	19	9,944	4,935	5,009	10,285	10,358	86,600	117
アフガニスタン	79	d 13,051	d 6,712	d 6,339	38,972	41,129	652,864	50
アラブ首長国連邦	05	4,106	2,806	1,300	9,287	9,441	a 71,024	...
アルメニア	11	2,872	1,347	1,525	2,806	2,780	29,743	100
イエメン	04	19,685	10,037	9,648	32,284	33,697	527,968	...
イスラエル	08	e 7,412	e 3,664	e 3,748	8,757	9,038	22,072	...
イラク	97	f 19,185	f 9,537	f 9,648	42,557	44,496	435,052	...
イラン	16	b 79,926	b 40,498	b 39,428	87,290	88,551	1,630,848	52
インド	11	g 1,210,855	g 623,270	g 587,585	1,396,387	1,417,173	3,287,263	...
インドネシア	20	b 270,204	b 136,662	b 133,542	271,858	275,501	1,910,931	144
ウズベキスタン	89	b 19,810	b 9,784	b 10,026	33,527	34,628	448,969	79
オマーン	20	b 4,471	b 2,740	b 1,731	4,543	4,576	309,980	16
カザフスタン	09	16,010	7,712	8,297	18,979	19,398	2,724,910	7
カタール	20	2,846	2,035	812	2,760	2,695	11,637	240
韓国	20	b 51,829	b 25,915	b 25,914	51,845	51,816	100,432	514
カンボジア	19	15,552	7,572	7,980	16,397	16,768	181,035	93
北朝鮮	08	b 24,052	b 11,722	b 12,330	25,867	26,069	120,538	...
キプロス	11	bh 840	bh 409	bh 432	1,238	1,251	9,251	98
キルギス	09	b 5,363	b 2,646	b 2,717	6,425	6,631	199,949	35
クウェート	11	3,066	1,738	1,327	4,360	4,269	17,818	237
サウジアラビア	22	b 32,175	b 19,679	b 12,497	35,997	36,409	2,206,714	...
ジョージア	14	b 3,714	b 1,773	b 1,941	3,766	3,744	69,700	53
シリア	04	*j 17,921	*j 9,161	*j 8,760	20,773	22,125	185,180	...
シンガポール	20	b 4,044	b 1,978	b 2,067	5,910	5,976	733	7,688
スリランカ	12	b 20,359	b 9,857	b 10,503	21,715	21,832	65,610	338
タイ	10	b 65,982	b 32,355	b 33,627	71,476	71,697	513,140	130
タジキスタン	10	7,565	3,817	3,747	9,543	9,953	141,400	71
中国	20	*b 1,411,779	...	...	1,424,930	1,425,887	9,600,000	147
トルクメニスタン	95	4,483	2,225	2,258	6,250	6,431	488,100	...
トルコ	21	bk 84,680	bk 42,428	bk 42,252	84,135	85,341	783,562	108
ネパール	21	b 29,165	b 14,254	b 14,911	29,349	30,548	147,181	...
バーレーン	20	b 1,502	b 943	b 559	1,477	1,472	778	...
パキスタン	17	bm 207,685	bmn 106,340	bm 101,345	227,197	235,825	796,095	...
バングラデシュ	22	n 169,829	84,077	85,653	167,421	171,186	148,460	1157
東ティモール	22	*b 1,340	*b 678	*b 662	1,300	1,341	14,954	...
フィリピン	20	b 109,033	b 55,307	b 53,726	112,191	115,559	300,000	372
ブータン	17	727	380	347	773	782	38,394	20
ブルネイ	21	b 441	b 232	b 209	442	449	5,765	...
ベトナム	19	b 96,209	b 47,881	b 48,328	96,649	98,187	331,345	300
マレーシア	20	b 32,447	b 16,966	b 15,481	33,200	33,938	330,621	99
ミャンマー	14	51,486	24,825	26,662	53,423	54,179	676,577	82

2-4　人口・面積(2)

国 (地域)	年次	センサス人口 (1,000人) 総数	男	女	推計人口 (1,000人) 2020	2022	面積(km^2) 2022	人口密度 2022
モルディブ	22	515	312	203	514	524	300	...
モンゴル	20	b 3,197	b 1,577	b 1,620	3,294	3,398	1,564,116	2
ヨルダン	15	f 9,532	f 5,047	f 4,485	10,929	11,286	89,318	127
ラオス	15	b 6,492	b 3,255	b 3,237	7,319	7,529	236,800	31
レバノン	11	3,780	1,841	1,939	5,663	5,490	10,452	...
〔地域〕								
台湾	20	bp 23,830	bp 11,748	bp 12,082	23,821	23,893	pr 36,197	pr 658
パレスチナ	17	4,706	2,394	2,311	5,019	5,250	6,020	889
香港	21	b 7,413	b 3,382	b 4,031	7,501	7,489	1,114	6,594
マカオ	21	b 682	b 320	b 362	676	695	33	20,524
北アメリカ								
アメリカ合衆国	20	b 331,449	...	...	335,942	338,290	9,833,517	34
アンティグア・バーブーダ	11	89	...	...	93	94	442	...
エルサルバドル	07	b 5,744	b 2,719	b 3,025	6,293	6,336	21,041	301
カナダ	21	b 36,992	b 18,226	b 18,766	37,889	38,454	9,984,670	4
キューバ	12	b 11,167	b 5,571	b 5,597	11,301	11,212	109,884	101
グアテマラ	18	b 14,901	b 7,223	b 7,678	17,363	17,844	108,889	159
グレナダ	11	107	54	53	124	125	345	...
コスタリカ	11	b 4,302	b 2,106	b 2,196	5,123	5,181	51,100	102
ジャマイカ	11	b 2,698	b 1,335	b 1,363	2,820	2,827	10,991	...
セントクリストファー・ネービス	11	47	23	24	48	48	261	...
セントビンセント・グレナディーン諸島	12	b 110	b 56	b 54	105	104	389	...
セントルシア	10	b 166	b 82	b 83	179	180	616	297
ドミニカ	11	69	35	34	72	73	750	...
ドミニカ共和国	22	*b 10,760	*b 5,323	*b 5,437	11,000	11,229	48,671	218
トリニダード・トバゴ	11	1,333	...	...	1,518	1,531	5,127	...
ニカラグア	05	b 5,142	b 2,534	b 2,608	6,756	6,948	130,373	52
ハイチ	03	b 8,374	b 4,039	b 4,334	11,307	11,585	27,750	...
パナマ	10	3,406	1,713	1,693	4,294	4,409	75,320	58
バハマ	22	*b 399	*b 193	*b 207	406	410	13,940	...
バルバドス	10	b 278	b 133	b 145	281	282	431	...
ベリーズ	10	b 322	b 161	b 161	395	405	22,965	19
ホンジュラス	13	b 8,304	b 4,052	b 4,251	10,122	10,433	112,492	...
メキシコ	20	b 126,014	b 61,473	b 64,541	125,998	127,504	1,964,375	66
〔地域〕								
アルバ	20	b 108	b 51	b 57	107	106	180	...
アンギラ	11	14	7	7	16	16	91	173
キュラソー島	11	b 151	b 69	b 82	189	191	444	340
グアドループ島	15	bf 398	bf 183	bf 215	396	396	1,639	230
グリーンランド	08	bk 56	bk 30	bk 27	56	56	2,166,086	0
ケイマン諸島	21	bs 71	b 36	b 35	67	69	264	...
サンピエール島・ミクロン島	15	b 6	b 3	b 3	6	6	242	...

2-4　人口・面積(3)

国（地域）	年次	センサス人口（1,000人）			推計人口（1,000人）		面積(km²)	人口密度
		総数	男	女	2020	2022	2022	2022
タークス・カイコス諸島	12	*b 31	*b 16	*b 15	44	46	948	...
米領バージン諸島	10	b 106	b 51	b 56	100	99	347	...
英領バージン諸島	10	28	14	14	31	31	151	...
バミューダ島	16	b 64	b 31	b 33	64	64	54	1,186
プエルトリコ	20	3,286	...	...	3,272	3,252	8,868	...
マルチニーク島	15	b 381	b 176	b 205	370	368	1,090	321
モントセラット	11	b 5	b 3	b 2	5	4	103	43
南アメリカ								
アルゼンチン	10	40,117	19,524	20,593	45,036	45,510	2,796,427	17
ウルグアイ	11	bs 3,286	b 1,578	b 1,708	3,429	3,423	173,626	20
エクアドル	10	14,483	7,178	7,306	17,589	18,001	257,215	70
ガイアナ	12	747	372	375	797	809	214,969	...
コロンビア	18	b 44,164	b 21,570	b 22,594	50,931	51,874	1,141,748	45
スリナム	12	b 542	b 271	b 271	607	618	163,820	...
チリ	17	17,574	8,602	8,972	19,300	19,604	756,102	26
パラグアイ	02	5,163	2,603	2,560	6,619	6,781	406,752	18
ブラジル	22	b 203,081	...	...	213,196	215,313	8,510,346	25
ベネズエラ	11	b 27,228	b 13,550	b 13,678	28,490	28,302	929,690	36
ペルー	17	29,382	14,451	14,931	33,305	34,050	1,285,216	26
ボリビア	12	10,060	5,019	5,040	11,936	12,224	1,098,581	11
〔地域〕								
仏領ギアナ	15	b 260	b 129	b 131	291	305	83,534	4
フォークランド（マルビナス）諸島	16	s 3	2	2	4	4	12,173	...
ヨーロッパ								
アイスランド	11	bk 316	bk 158	bk 157	367	373	103,000	4
アイルランド	16	b 4,762	b 2,354	b 2,407	4,946	5,023	69,825	72
アルバニア	11	b 2,800	b 1,403	b 1,397	2,867	2,842	28,748	97
アンドラ	11	bk 70	bk 35	bk 35	78	80	468	170
イギリス	11	63,380	31,126	32,254	67,059	67,509	244,376	...
イタリア	11	b 59,434	b 28,746	b 30,688	59,501	59,037	302,068	195
ウクライナ	01	48,241	22,316	25,925	43,910	39,702	603,500	68
エストニア	21	b 1,332	b 633	b 698	1,329	1,326	45,399	29
オーストリア	11	b 8,402	b 4,094	b 4,308	8,908	8,940	83,878	107
オランダ	11	b 16,656	b 8,243	b 8,412	17,435	17,564	41,543	423
北マケドニア	21	b 1,837	...	...	2,111	2,094	25,713	71
ギリシャ	11	10,816	5,303	5,513	10,512	10,385	131,957	79
クロアチア	11	b 4,285	b 2,066	b 2,219	4,097	4,030	56,594	68
サンマリノ	10	*s 31	* 15	* 16	34	34	61	...
スイス	21	b 8,739	b 4,338	b 4,401	8,639	8,740	41,291	...
スウェーデン	11	bk 9,483	bk 4,727	bk 4,756	10,369	10,549	438,574	24
スペイン	21	b 47,401	b 23,249	b 24,152	47,364	47,559	506,009	94
スロバキア	11	b 5,397	b 2,628	b 2,769	5,457	5,643	49,035	111

2-4　人口・面積(4)

国（地域）	年次	センサス人口（1,000人） 総数	男	女	推計人口（1,000人） 2020	2022	面積(km²) 2022	人口密度 2022
スロベニア	21	bk 2,109	bk 1,060	bk 1,049	2,118	2,120	20,273	104
セルビア	11	bf 7,187	bf 3,499	bf 3,688	7,358	7,221	88,444	77
チェコ	21	b 10,524	b 5,187	b 5,338	10,531	10,494	78,871	133
デンマーク	11	bfk 5,561	bfk 2,757	bfk 2,804	5,826	5,882	f 42,947	f 137
ドイツ	11	b 80,220	b 39,146	b 41,074	83,329	83,370	357,581	233
ノルウェー	11	bkt 4,980	bkt 2,496	bkt 2,484	5,380	5,434	323,772	17
バチカン	09	0	0	0	1	1	0.4	...
ハンガリー	11	9,938	4,718	5,219	9,751	9,967	93,025	104
フィンランド	21	b 5,534	b 2,734	b 2,800	5,529	5,541	f 336,884	16
フランス	15	b 64,301	b 31,139	b 33,162	64,480	64,627	551,500	119
ブルガリア	21	b 6,520	b 3,136	b 3,384	6,979	6,782	110,372	62
ベラルーシ	19	9,435	4,365	5,071	9,634	9,535	207,600	44
ベルギー	11	b 11,001	b 5,402	b 5,599	11,562	11,656	30,528	381
ポーランド	11	b 38,045	b 18,420	b 19,624	38,428	39,857	312,679	120
ボスニア・ヘルツェゴビナ	13	b 3,531	b 1,732	b 1,799	3,318	3,234	51,209	...
ポルトガル	21	b 10,343	b 4,920	b 5,423	10,298	10,271	92,225	112
マルタ	11	417	208	210	515	533	315	1,654
モナコ	16	b 37	b 18	b 19	37	36	2	...
モルドバ	14	f 2,805	f 1,352	f 1,453	3,085	3,273	33,847	77
モンテネグロ	11	b 620	b 306	b 314	629	627	13,888	44
ラトビア	21	b 1,893	b 875	b 1,018	1,897	1,851	64,594	29
リトアニア	21	b 2,811	b 1,305	b 1,506	2,820	2,750	65,286	43
リヒテンシュタイン	15	b 38	b 19	b 19	39	39	160	246
ルーマニア	21	b 19,054	b 9,246	b 9,808	19,442	19,659	238,398	80
ルクセンブルク	11	b 512	b 255	b 257	630	648	2,586	253
ロシア	21	147,591	68,725	78,865	145,617	144,713	17,098,246	...
〔地域〕								
オーランド諸島	00	bk 26	bk 13	bk 13	u ...	u ...	1,583	19
ガンジー諸島	15	b 62	b 31	b 31	63	63	64	1,002
ジブラルタル	12	bv 32	bv 16	bv 16	33	33	6	...
ジャージー諸島	21	b 103	b 51	b 52	108	111	116	...
スバールバル諸島・ヤンマイエン島	60	w 3	w 3	w 1	x ...	x ...	62,422	...
フェロー諸島	11	b 48	b 25	b 23	52	53	1,393	39
マン島	21	82	...	...	84	85	572	147
アフリカ								
アルジェリア	08	34,453	17,429	17,024	43,452	44,903	2,381,741	...
アンゴラ	14	25,789	12,499	13,290	33,428	35,589	1,246,700	27
ウガンダ	14	34,635	16,898	17,737	44,405	47,250	241,550	183
エジプト	17	b 94,799	b 48,892	b 45,907	107,465	110,990	1,002,000	103
エスワティニ	17	b 1,093	b 531	b 562	1,181	1,202	17,363	...
エチオピア	07	73,751	37,217	36,534	117,191	123,380	1,104,300	95
エリトリア	84	2,622	1,310	1,312	3,556	3,684	121,144	30
ガーナ	10	24,659	12,025	12,634	32,180	33,476	238,537	...

2-4　人口・面積(5)

国（地域）	年次	センサス人口（1,000人）			推計人口（1,000人）		面積(km²)	人口密度
		総数	男	女	2020	2022	2022	2022
カーボベルデ	21	b 491	b 246	b 245	583	593	4,033	...
ガボン	13	1,811	934	877	2,293	2,389	267,668	...
カメルーン	05	17,052	8,408	8,644	26,491	27,915	475,650	58
ガンビア	13	* 1,882	* 931	* 952	2,574	2,706	11,295	...
ギニア	14	b 10,523	b 5,084	b 5,439	13,205	13,859	245,836	54
ギニアビサウ	09	1,498	726	772	2,016	2,106	36,125	46
ケニア	19	y 47,557	23,544	24,011	51,986	54,027	591,958	86
コートジボワール	21	29,389	15,345	14,044	26,812	28,161	322,462	...
コモロ	03	f 576	f 286	f 290	806	837	2,235	...
コンゴ共和国	07	3,697	1,821	1,876	5,702	5,970	342,000	...
コンゴ民主共和国	84	29,917	14,544	15,373	92,853	99,010	2,345,410	...
サントメ・プリンシペ	12	b 179	b 89	b 90	219	227	964	...
ザンビア	10	12,526	6,117	6,409	18,928	20,018	752,612	...
シエラレオネ	15	7,092	3,491	3,601	8,234	8,606	72,300	117
ジブチ	09	818	440	378	1,090	1,121	23,200	...
ジンバブエ	22	15,179	7,288	7,891	15,670	16,321	390,757	...
スーダン	08	30,504	15,413	15,091	44,440	46,874	...	...
セーシェル	10	91	47	44	106	107	457	...
赤道ギニア	15	1,506	789	717	1,596	1,675	28,051	56
セネガル	13	13,357	6,658	6,699	16,436	17,316	196,712	90
ソマリア	87	7,114	3,742	3,373	16,537	17,598	637,657	...
タンザニア	12	44,929	21,870	23,059	61,705	65,498	947,303	65
チャド	09	b 11,040	b 5,452	b 5,587	16,645	17,723	1,284,000	...
中央アフリカ	03	3,151	1,569	1,582	5,343	5,579	622,984	...
チュニジア	14	10,983	5,472	5,510	12,162	12,356	163,610	...
トーゴ	10	b 6,191	b 3,009	b 3,182	8,443	8,849	56,785	...
ナイジェリア	06	140,432	71,345	69,086	208,327	218,541	923,768	235
ナミビア	11	2,113	1,022	1,091	2,489	2,567	825,229	3
ニジェール	12	16,735	8,184	8,551	24,334	26,208	1,267,000	19
ブルキナファソ	19	b 20,505	b 9,901	b 10,604	21,523	22,674	270,764	82
ブルンジ	08	7,878	3,838	4,040	12,220	12,890	27,834	461
ベナン	13	10,009	4,888	5,121	12,643	13,353	114,763	...
ボツワナ	22	2,398	1,189	1,209	2,546	2,630	582,000	...
マダガスカル	18	b 25,674	b 12,659	b 13,015	28,225	29,612	587,041	...
マラウイ	18	b 17,564	b 8,521	b 9,042	19,377	20,405	94,552	205
マリ	09	14,529	7,205	7,324	21,224	22,594	1,240,192	...
南アフリカ	11	51,771	25,189	26,582	58,802	59,894	1,221,037	50
南スーダン	08	8,260	4,287	3,973	10,606	10,913	658,841	...
モーリシャス	11	f 1,237	f 611	f 626	1,298	1,299	f 1,979	f 638
モーリタニア	13	3,460	...	...	4,499	4,736	1,030,700	...
モザンビーク	17	27,122	13,009	14,113	31,178	32,970	799,380	40
モロッコ	14	b 33,848	...	...	36,689	37,458	446,550	82
リビア	06	* 5,298	* 2,688	* 2,611	6,654	6,812	1,676,198	...
リベリア	08	3,477	1,740	1,737	5,088	5,303	111,369	...

2-4　人口・面積(6)

国（地域）	年次	センサス人口 (1,000人) 総数	男	女	推計人口 (1,000人) 2020	2022	面積(km²) 2022	人口密度 2022
ルワンダ	12	10,394	4,981	5,412	13,146	13,777	26,338	503
レソト	16	1,825	873	952	2,254	2,306	30,355	...
〔地域〕								
セントヘレナ島	21	b 4	b 2	b 2	5	5	123	35
西サハラ	70	76	44	32	556	576	266,000	...
マヨット島	17	b 257	b 122	b 134	306	326	368	813
レユニオン	15	b 851	b 411	b 439	958	974	2,510	347
オセアニア								
オーストラリア	21	25,485	12,578	12,906	25,670	26,177	7,692,024	3
キリバス	20	* 120	* 59	* 61	126	131	af 726	...
クック諸島	16	17	9	9	17	17	f 236	81
サモア独立国	21	206	105	101	215	222	2,842	...
ソロモン諸島	09	516	264	251	691	724	28,896	25
ツバル	17	11	5	5	11	11	26	...
トンガ	21	* 100	* 49	* 51	105	107	747	134
ナウル	19	12	6	6	12	13	21	...
ニウエ	22	* 2	* 1	* 1	2	2	260	...
ニュージーランド	18	4,793	2,364	2,429	5,061	5,185	268,107	...
バヌアツ	20	300	152	148	312	327	12,189	26
パプアニューギニア	11	7,275	3,773	3,502	9,750	10,143	462,840	...
パラオ	20	b 18	b 9	b 8	18	18	459	...
フィジー	17	885	449	436	920	930	18,272	49
マーシャル諸島	11	53	27	26	43	42	181	...
ミクロネシア連邦	10	b 103	b 52	b 51	112	114	702	...
〔地域〕								
北マリアナ諸島	10	54	28	26	50	50	457	...
グアム	20	b 154	...	...	169	172	541	...
米領サモア	10	b 56	b 28	b 27	46	44	199	...
トケラウ諸島	16	1	1	1	2	2	12	...
ニューカレドニア	19	271	...	...	286	290	19,100	...
ノーフォーク島	11	2	1	1	z ...	z ...	36	...
仏領ポリネシア	17	282	...	...	302	306	f 3,687	...
ワリス・フテュナ諸島	18	12	...	...	12	12	142	...

a 陸地のみ。　b 常住人口。　c 「センサス人口」及び「推計人口」は総務省統計局「国勢調査結果」及び「人口推計」による。「面積」は国土交通省国土地理院「全国都道府県市区町村別面積調」による。人口密度算出に用いた面積には歯舞群島、色丹島、国後島、択捉島及び竹島を除く。　d 遊牧民を除く。　e 東エルサレム及び1967年6月以降の占領地の自国民を含む。　f 一部地域を除く。　g ジャム・カシミールを含む。　h 政府管理地域のみ。　j パレスチナ難民を含む。　k 登録人口。　m アザド・ジャム・カシミール及びギルギット・バルティスタンを除く。　n トランスジェンダーなどを含む。　p 台湾行政院主計総処による。「センサス人口」及び人口密度算出に用いた人口は2020年11月8日現在人口。　r 2020年。　s 性別不詳を含む。　t 国外の一時居住者を含む。　u フィンランドに計上。　v 軍人を除く。　w 冬期のみ居住する人口。ノルウェー国籍の者はノルウェーにおいても計上。　x ノルウェーに計上。　y インターセックスを含む。　z オーストラリアに計上。

2-5　主要都市人口(1)

（単位：1,000人）

国（地域）・調査年・都市	人口	国（地域）・調査年・都市	人口	国（地域）・調査年・都市	人口
アジア		アーメダバード	5,634	◎プノンペン	1,571
日本(20) ab		チェンナイ	4,647	バッタンバン	1,126
◎東京都（特別区部）	9,733	スーラト	4,502	**北朝鮮(08)** a	
横浜市	3,777	コルカタ	4,497	◎平壌（ピョンヤン）	2,581
大阪市	2,752	プネ	3,124	**キルギス(21)** ac	
名古屋市	2,332	ジャイプール	3,046	◎ビシュケク	1,071
札幌市	1,973	ラクナウ	2,817	**サウジアラビア(10)**	
福岡市	1,612	カーンプル	2,768	◎リヤド	5,188
川崎市	1,538	ナーグプル	2,406	ジッダ	3,431
神戸市	1,525	インドール	1,994	メッカ	1,535
京都市	1,464	ターネー	1,841	マディーナ	1,100
さいたま市	1,324	ボパール	1,798	**ジョージア(20)** ac	
広島市	1,201	ヴァドーダラー	1,752	◎トビリシ	1,154
仙台市	1,097	ヴィシャーカパトナム	1,728	**シリア(08)** c	
アゼルバイジャン(19) a		ピンプリチンチワッド	1,728	◎ダマスカス	1,680
◎バクー	2,330	**インドネシア(18)** ac		アレッポ	4,450
アフガニスタン(21) c		◎ジャカルタ(20) a	10,562	ダマスカス郊外県	2,529
◎カブール	4,775	ボゴール	5,162	ホムス	1,667
アラブ首長国連邦(02) c		タンゲラン	3,051	ハマ	1,508
◎アブダビ	527	スラバヤ(20) a	2,874	ハサカ	1,392
ドバイ	1,089	バンドン(20) a	2,444	イドリブ	1,376
アルメニア(20) ac		メダン(20) a	2,435	デリゾール	1,111
◎エレバン	1,088	チルボン	1,892	**シンガポール(22)** ac	
イエメン(20) ac		パレンバン	1,649	シンガポール	5,637
◎サヌア	1,201	マカッサル	1,502	**タイ(22)** acd	
アデン	1,020	マラン	1,383	◎バンコク	8,421
イスラエル(21) ac		バタム	1,348	ナコンラチャシマ	2,473
エルサレム	959	スカブミ	1,302	サムット・プラカーン	2,189
イラク(15) c		プカンバル	1,091	チョンブリ	1,774
◎バグダッド	1,212	バンダルランプン	1,034	ウボンラチャタニ	1,726
モースル	1,384	**ウズベキスタン(22)** ac		コンケン	1,699
バスラ	1,226	◎タシケント	2,862	チェンマイ	1,679
イラン(16) a		**カザフスタン(22)** c		ノンタブリー	1,670
◎テヘラン	8,694	◎アスタナ	1,355	パトゥムタニ	1,628
マシュハド	3,001	アルマティ	2,162	ソンクラー	1,624
イスファハン	1,961	シムケント	1,192	ナコンシータマラート	1,495
キャラジ	1,592	**カタール(20)**		ウドンタニ	1,242
シーラーズ	1,566	◎ドーハ	1,186	ブリーラム	1,191
タブリーズ	1,559	**韓国(20)** ac		チェンライ	1,102
コム	1,201	◎ソウル	9,618	ナコンパトム	1,072
アフヴァーズ	1,185	釜山（プサン）	3,356	スラタニ	1,056
インド(11) d		仁川（インチョン）	2,951	ローイエット	1,044
ニューデリー e	258	大邱（テグ）	2,414	スリン	1,038
ムンバイ	12,442	大田（テジョン）	1,492	**中国(00)** a	
デリー f	11,035	光州（クァンジュ）	1,480	◎北京（ペキン）(16) cd	18,796
ベンガルール	8,495	蔚山（ウルサン）	1,139	上海（シャンハイ）	14,349
ハイデラバード	6,993	**カンボジア(11)** c		重慶（チョンチン）	9,692

2-5 主要都市人口(2)

(単位:1,000人)

国(地域)・調査年・都市	人口	国(地域)・調査年・都市	人口	国(地域)・調査年・都市	人口
広州(クワンチョウ)	8,525	パキスタン(17) *		サンディエゴ	1,381
武漢(ウーハン)	8,313	◎イスラマバード	1,015	ダラス	1,300
天津(ティエンチン)	7,499	カラチ	14,910	カナダ(22) ac	
深圳(シェンチェン)	7,009	ラホール	11,126	◎オタワ	1,072
東莞(トンクワン)	6,446	ファイサラバード	3,204	トロント	3,026
瀋陽(シェンヤン)	5,303	ラワルピンディー	2,098	モントリオール	1,792
西安(シーアン)	4,482	グジュラーンワーラー	2,027	カルガリー	1,414
成都(チョントゥー)	4,334	ペシャワール	1,970	エドモントン	1,087
南京(ナンキン)	3,624	ムルターン	1,872	キューバ(22) ac	
哈爾浜(ハルビン)	3,482	ハイデラバード	1,733	◎ハバナ	2,138
大連(ターリエン)	3,245	クエッタ	1,001	コスタリカ(22) ac	
長春(チャンチュン)	3,226	バングラデシュ(22) *		◎サンホセ	352
昆明(クンミン)	3,035	ダッカ北市	5,991	ドミニカ共和国(20) ac	
済南(チーナン)	3,000	ダッカ南市	4,305	◎サントドミンゴ	1,043
貴陽(クイヤン)	2,985	チッタゴン	3,231	メキシコ(22) acd	
淄博(ツーポー)	2,817	ガジプール	2,678	◎メキシコシティ	22,168
青島(チンタオ)	2,721	フィリピン(20) a		モンテレイ	5,604
[台湾](20) ag		◎マニラ	1,847	グアダラハラ	5,436
新北(シンペイ)	4,366	ケソンシティ	2,960	プエブラ・トラスカラ	3,306
台中(タイチョン)	3,034	ダバオ	1,777	トルーカ	2,430
高雄(カオシュン)	2,734	カローカン	1,662	ティフアナ	2,252
台北(タイペイ)	2,595	ベトナム(22) *acd		レオン	1,997
桃園(タオユエン)	2,441	◎ハノイ	8,436	ケレタロ	1,701
台南(タイナン)	1,875	ホーチミン	9,390	シウダー・フアレス	1,552
彰化(チャンホワ)	1,187	ハイフォン	2,088	ラ・ラグナ	1,470
[香港](22) ac		カントー	1,252	メリダ	1,378
香港(ホンコン)	7,346	ダナン	1,220	サンルイス・ポトシ	1,318
トルコ(21) acdh		マレーシア(20) a		アグアスカリエンテス	1,189
◎アンカラ	5,747	◎クアラルンプール	1,982	サルティーヨ	1,081
イスタンブール	15,841	カジャン	1,047	メヒカリ	1,075
イズミル	4,426	ミャンマー(14) d		クエルナバカ	1,051
ブルサ	3,148	◎ネーピードー	1,160	クリアカン・ロサレス	1,036
アンタルヤ	2,620	ヤンゴン	5,211	モレリア	1,025
コンヤ	2,277	マンダレー	1,226	チワワ	1,018
アダナ	2,263	モンゴル(22) c		南アメリカ	
シャンルウルファ	2,143	◎ウランバートル	1,665	アルゼンチン(22) cd	
ガージアンテップ	2,130	ヨルダン(22) c		◎ブエノスアイレス	15,717
コジャエリ	2,033	◎アンマン	4,087	コルドバ	1,583
メルスィン	1,891	北アメリカ		ロサリオ	1,338
ディヤルバクル	1,791	アメリカ合衆国(22) ac		メンドーサ	1,041
ハタイ	1,671	◎ワシントンD.C.	672	ウルグアイ(22) ac	
マニサ	1,457	ニューヨーク	8,336	◎モンテビデオ	1,384
カイセリ	1,434	ロサンゼルス	3,822	エクアドル(21) cd	
サムスン	1,371	シカゴ	2,665	◎キト	1,837
バルケスィル	1,251	ヒューストン	2,303	グアヤキル	2,653
カフラマンマラシュ	1,171	フェニックス	1,644	コロンビア(22) ac	
ヴァン	1,141	フィラデルフィア	1,567	◎ボゴタ	7,902
アイドゥン	1,134	サンアントニオ	1,473	メデジン	2,613

2-5　主要都市人口 (3)

（単位：1,000人）

国（地域）・調査年・都市	人口	国（地域）・調査年・都市	人口	国（地域）・調査年・都市	人口
カリ	2,281	ハルキウ	1,402	**ポーランド (20)** ac	
バランキージャ	1,312	**エストニア (21)** a		◎ワルシャワ	1,793
カルタヘナ	1,055	◎タリン	438	**ポルトガル (21)** a	
チリ (17) c		**オーストリア (19)** ac		◎リスボン	545
◎サンティアゴ j	5,614	◎ウィーン	1,897	**ラトビア (21)** a	
ブラジル (22) a		**オランダ (15)** ac		◎リガ	615
◎ブラジリア	2,817	◎アムステルダム	822	**リトアニア (21)** a	
サンパウロ	11,452	**ギリシャ (11)**		◎ビリニュス	546
リオデジャネイロ	6,211	◎アテネ	664	**ルーマニア (22)** *c	
フォルタレザ	2,429	**スイス (21)** a		◎ブカレスト	1,723
サルバドール	2,418	◎ベルン	134	**ルクセンブルク (22)** ac	
ベロオリゾンテ	2,316	**スウェーデン (07)** ac		◎ルクセンブルク	128
マナウス	2,064	◎ストックホルム	789	**ロシア (12)** ac	
クリチバ	1,774	**スペイン (21)** a		◎モスクワ	11,918
レシフェ	1,489	◎マドリード	3,277	サンクトペテルブルク	4,991
ゴイアニア	1,437	バルセロナ	1,628	ノボシビルスク	1,511
ポルトアレグレ	1,333	**スロバキア (19)** ac		エカテリンブルク	1,387
ベレン	1,303	◎ブラチスラバ	435	ニジニ・ノブゴロド	1,257
グアルーリョス	1,292	**スロベニア (21)** ah		サマラ	1,170
カンピーナス	1,139	◎リュブリャナ	286	カザン	1,169
サン・ルイス	1,038	**セルビア (21)** acj		オムスク	1,159
ベネズエラ (15) c		◎ベオグラード	1,382	チェリャビンスク	1,150
◎カラカス	2,082	**チェコ (21)** a		ロストフ・ナ・ドヌ	1,100
マラカイボ	1,653	◎プラハ	1,301	ウファ	1,075
ペルー (22) c		**デンマーク (21)** achj		ボルゴグラード	1,019
◎リマ d	11,098	◎コペンハーゲン	639	ペルミ	1,007
アレキパ	1,143	**ドイツ (19)** ac		クラスノヤルスク	1,007
トルヒーヨ	1,111	◎ベルリン	3,645	**アフリカ**	
ボリビア (10) c		ハンブルク	1,841	**アルジェリア (08)** a	
◎ラパス	835	ミュンヘン	1,472	◎アルジェ	2,713
サンタクルス	1,616	ケルン	1,086	オラン	1,166
ヨーロッパ		**ノルウェー (19)** ac		**アンゴラ (22)** cd	
アイスランド (19) ach		◎オスロ	681	◎ルアンダ	1,797
◎レイキャビク	130	**ハンガリー (20)** ac		**ウガンダ (19)** c	
アイルランド (16) ac		◎ブダペスト	1,737	◎カンパラ	1,651
◎ダブリン	544	**フィンランド (21)** a		**エジプト (17)** ad	
イギリス (11) aj		◎ヘルシンキ	657	◎カイロ	9,540
◎ロンドン k	8,136	**フランス (15)** a		アレクサンドリア	5,164
グラスゴー m	1,209	◎パリ	2,206	**エチオピア (22)** c	
バーミンガム	1,086	**ブルガリア (21)** ac		◎アディスアベバ	3,860
イタリア (21) ac		◎ソフィア	1,222	**ガーナ (10)**	
◎ローマ	2,760	**ベラルーシ (20)** ac		◎アクラ	1,594
ミラノ	1,362	◎ミンスク	2,020	クマシ	1,730
ウクライナ (22) ac		**ベルギー (11)** a		**カメルーン (21)** ac	
◎キーウ	2,911	◎ブリュッセル	174	◎ヤウンデ	3,351

2-5　主要都市人口(4)

（単位：1,000人）

国（地域）・調査年・都市	人口	国（地域）・調査年・都市	人口	国（地域）・調査年・都市	人口
ドゥアラ	3,416	ダルエスサラーム	5,147	◎マプト	1,130
ギニア(20) acn		アルーシャ	1,001	マトラ	1,293
◎コナクリ	1,985	チャド(19) ac		モーリタニア(19) c	
ケニア(19) d		◎ウンジャメナ	1,522	◎ヌアクショット	1,196
◎ナイロビ	4,396	チュニジア(14) d		モロッコ(20) ac	
モンバサ	1,208	◎チュニス	1,056	◎ラバト	537
コートジボワール(21)		トーゴ(15) cd		カサブランカ	3,566
◎ヤムスクロ	280	◎ロメ	1,789	フェズ	1,229
アビジャン	5,617	ニジェール(20) ac		タンジェ	1,152
ザンビア(10) a		◎ニアメ	1,325	マラケシュ	1,044
◎ルサカ	1,747	ブルキナファソ(19) a		サレ	1,024
シエラレオネ(20) c		◎ワガドゥグ	2,415	**オセアニア**	
◎フリータウン	1,200	マダガスカル(18) *a		オーストラリア(21) ad	
ジンバブエ(22)		◎アンタナナリボ	1,275	◎キャンベラ	453
◎ハラレ	1,698	マラウイ(22) ac		シドニー	4,699
セネガル(21) ac		◎リロングウェ	1,126	メルボルン	4,586
◎ダカール	1,458	マリ(09) d		ブリスベン	2,288
ピキン	1,489	◎バマコ	1,810	パース	2,044
ソマリア(01) c		南アフリカ(11)		アデレード	1,245
◎モガディシュ	1,212	◎プレトリア p	742	ニュージーランド(21) *ac	
タンザニア(18) c		ケープタウン r	434	◎ウェリントン	217
◎ドドマ	507	モザンビーク(22) c		オークランド	1,716

a 常住人口。　b 総務省統計局「国勢調査結果」による。　c 推計人口。　d 近郊地域を含む。　e ニューデリー市行政委員会のみ。　f デリー市行政自治体のみ。　g 台湾行政院主計総処による。　h 登録人口。　j 一部地域を除く。　k 大ロンドン。　m 大グラスゴー。　n 世帯人員数のみ。　p 行政上の首都。　r 立法上の首都。

2-6　男女、年齢5歳階級別人口（2020年）(1)

（単位：1,000人）

年齢	世界		アジア							
			日本 ab		イスラエル		イラン		インド	
	男	女	男	女	男	女	男	女	男	女
総数	3,943,612	3,897,341	60,758	64,189	4,364	4,393	44,135	43,155	720,997	675,390
0～ 4	349,488	329,658	2,174	2,073	460	436	3,725	3,529	60,772	55,952
5～ 9	351,560	329,850	2,535	2,413	428	407	3,768	3,584	63,921	58,263
10～14	337,364	315,818	2,720	2,588	379	362	3,236	3,102	65,906	59,815
15～19	319,817	299,677	2,830	2,682	350	335	2,855	2,750	67,689	61,363
20～24	308,352	289,691	3,216	3,047	323	311	2,868	2,792	65,745	59,457
25～29	306,985	291,227	3,295	3,118	300	289	3,708	3,609	62,448	57,185
30～34	307,164	294,489	3,300	3,146	296	288	4,470	4,364	58,648	54,280
35～39	279,422	270,283	3,668	3,544	288	283	4,356	4,253	53,259	49,403
40～44	248,929	242,808	4,028	3,918	273	273	3,426	3,306	46,636	43,622
45～49	240,137	237,208	4,792	4,671	249	253	2,782	2,667	41,235	39,150
50～54	221,073	222,220	4,756	4,680	203	208	2,357	2,315	35,543	34,130
55～59	190,547	196,592	4,036	4,038	182	192	1,986	1,934	30,253	29,402
60～64	154,990	166,125	3,684	3,761	170	185	1,688	1,657	24,594	24,543
65～69	126,676	142,508	3,665	3,870	156	176	1,294	1,285	18,943	19,233
70～74	88,188	104,267	4,405	4,932	129	150	817	874	11,996	12,887
75～79	55,413	70,672	3,151	3,878	71	88	447	554	7,032	8,264
80～84	34,588	50,471	2,392	3,350	55	76	238	356	3,937	5,085
85～89	16,354	28,295	1,429	2,525	31	48	90	169	1,740	2,374
90～94	5,448	11,922	560	1,429	14	25	21	48	569	793
95～99	1,013	3,116	111	449	5	8	3	8	116	168
100～	103	444	10	77	1	1	0	0	15	22
0～14	1,038,412	975,326	7,428	7,074	1,268	1,205	10,729	10,214	190,599	174,030
15～64	2,577,416	2,510,320	37,605	36,604	2,635	2,616	30,495	29,647	486,052	452,535
65～	327,783	411,694	15,725	20,511	462	572	2,910	3,294	44,346	48,825

年齢	アジア									
	インドネシア		韓国		サウジアラビア		タイ		中国	
	男	女	男	女	男	女	男	女	男	女
総数	136,928	134,930	25,902	25,943	20,887	15,110	34,769	36,706	727,994	696,936
0～ 4	11,615	11,013	914	867	1,638	1,557	1,783	1,679	43,090	37,909
5～ 9	12,259	11,634	1,163	1,103	1,639	1,560	2,029	1,913	48,569	41,872
10～14	12,005	11,393	1,166	1,095	1,524	1,455	2,098	1,980	46,088	39,318
15～19	11,327	10,740	1,313	1,215	1,392	1,340	2,165	2,047	42,808	36,576
20～24	11,222	10,671	1,762	1,598	1,397	1,257	2,509	2,384	44,183	38,262
25～29	10,773	10,245	1,937	1,688	1,631	1,452	2,558	2,493	52,403	46,643
30～34	10,538	10,045	1,738	1,558	1,800	1,295	2,514	2,525	63,819	58,612
35～39	10,674	10,251	2,001	1,866	2,219	1,275	2,612	2,643	53,757	50,621
40～44	9,967	9,702	1,990	1,899	2,395	1,264	2,490	2,593	47,616	45,475
45～49	9,028	8,904	2,214	2,144	1,963	956	2,467	2,732	59,213	57,384
50～54	7,987	7,981	2,186	2,169	1,446	614	2,544	2,894	59,974	59,264
55～59	6,616	6,750	2,120	2,113	918	388	2,478	2,797	48,457	48,856
60～64	4,989	5,289	1,881	1,940	498	260	2,187	2,462	36,523	38,122
65～69	3,379	3,808	1,276	1,377	196	169	1,625	1,898	34,198	37,927
70～74	2,152	2,756	927	1,062	84	111	1,135	1,368	21,694	24,695
75～79	1,370	1,994	680	916	64	78	704	921	13,043	15,774
80～84	715	1,156	410	694	53	52	484	681	7,917	10,837
85～89	250	463	171	414	21	18	253	418	3,589	6,116
90～94	55	117	45	176	7	7	101	196	945	2,208
95～99	6	16	7	41	1	2	27	61	106	432
100～	1	1	1	8	0	0	6	21	2	34
0～14	35,879	34,040	3,242	3,066	4,801	4,573	5,911	5,573	137,747	119,098
15～64	93,121	90,578	19,141	18,189	15,659	10,101	24,524	25,569	508,753	479,815
65～	7,928	10,312	3,518	4,689	426	437	4,335	5,565	81,494	98,023

2-6　男女、年齢5歳階級別人口(2020年)(2)

(単位：1,000人)

年齢	アジア									
	トルコ		パキスタン		バングラデシュ		フィリピン		ベトナム	
	男	女	男	女	男	女	男	女	男	女
総数	42,183	41,952	114,816	112,381	83,064	84,357	56,948	55,243	47,726	48,923
0〜4	3,478	3,305	15,057	14,376	7,491	7,156	6,128	5,711	3,914	3,515
5〜9	3,451	3,276	14,683	14,024	7,462	7,189	5,981	5,568	3,918	3,526
10〜14	3,302	3,136	13,636	12,906	8,059	7,817	5,864	5,462	3,691	3,369
15〜19	3,273	3,102	12,558	11,917	8,545	8,299	5,501	5,170	3,593	3,387
20〜24	3,503	3,334	10,900	10,574	8,053	7,907	5,205	4,977	3,537	3,418
25〜29	3,458	3,327	9,353	9,234	7,365	7,316	4,811	4,665	4,100	4,077
30〜34	3,437	3,313	7,936	7,906	6,732	6,899	4,268	4,102	3,975	4,078
35〜39	3,311	3,205	6,524	6,532	5,896	6,401	3,814	3,632	3,875	3,920
40〜44	3,089	3,013	5,266	5,246	5,050	5,641	3,453	3,296	3,666	3,592
45〜49	2,758	2,701	4,468	4,446	4,458	4,933	3,007	2,892	3,228	3,255
50〜54	2,552	2,489	3,888	3,894	3,819	3,969	2,593	2,549	2,567	2,784
55〜59	2,140	2,063	3,396	3,465	3,079	3,208	2,112	2,163	2,351	2,663
60〜64	1,561	1,672	2,699	2,830	2,524	2,721	1,642	1,767	2,086	2,418
65〜69	1,155	1,431	1,872	2,039	1,896	2,020	1,180	1,338	1,470	1,824
70〜74	816	1,061	1,262	1,427	1,214	1,267	712	881	840	1,190
75〜79	512	726	806	917	793	841	388	549	462	767
80〜84	275	466	374	450	421	485	197	326	278	568
85〜89	91	232	121	160	163	212	71	142	134	376
90〜94	18	81	20	35	39	65	17	44	35	149
95〜99	2	17	0	3	4	10	3	9	5	41
100〜	0	2	0	0	0	0	0	1	0	6
0〜14	10,232	9,718	43,376	41,306	23,012	22,162	17,973	16,741	11,523	10,409
15〜64	29,083	28,219	66,986	66,045	55,522	57,295	36,406	35,213	32,978	33,593
65〜	2,869	4,015	4,454	5,030	4,530	4,900	2,569	3,290	3,225	4,920

年齢	北アメリカ								南アメリカ	
	アメリカ合衆国		カナダ		コスタリカ		メキシコ		アルゼンチン	
	男	女	男	女	男	女	男	女	男	女
総数	166,504	169,438	18,827	19,062	2,565	2,558	61,587	64,411	22,297	22,739
0〜4	9,984	9,544	982	934	172	165	5,131	4,984	1,764	1,677
5〜9	10,555	10,072	1,041	995	185	177	5,514	5,352	1,888	1,784
10〜14	11,284	10,749	1,050	1,011	190	182	5,553	5,391	1,821	1,721
15〜19	11,223	10,742	1,063	1,018	191	183	5,504	5,396	1,779	1,694
20〜24	11,167	10,740	1,288	1,184	205	197	5,268	5,305	1,789	1,710
25〜29	11,780	11,427	1,363	1,274	214	206	5,004	5,196	1,793	1,722
30〜34	11,714	11,438	1,343	1,304	218	211	4,651	4,936	1,687	1,628
35〜39	11,331	11,099	1,312	1,307	203	198	4,351	4,690	1,618	1,577
40〜44	10,575	10,516	1,218	1,242	178	176	4,098	4,439	1,563	1,526
45〜49	10,417	10,417	1,184	1,203	156	158	3,750	4,087	1,339	1,345
50〜54	10,613	10,689	1,221	1,235	150	154	3,267	3,607	1,139	1,162
55〜59	10,896	11,291	1,359	1,373	143	148	2,705	3,045	1,034	1,078
60〜64	10,312	10,868	1,259	1,298	117	123	2,181	2,487	918	999
65〜69	8,766	9,637	1,049	1,114	88	95	1,679	1,923	770	895
70〜74	6,504	7,554	852	929	66	73	1,187	1,372	595	759
75〜79	4,283	5,235	570	649	45	51	810	957	399	584
80〜84	2,725	3,562	359	453	27	34	515	645	231	412
85〜89	1,559	2,382	209	309	12	19	274	373	115	267
90〜94	649	1,081	84	166	3	7	113	168	43	143
95〜99	148	331	19	56	1	1	30	52	11	48
100〜	20	65	2	9	0	0	3	7	2	8
0〜14	31,822	30,365	3,073	2,939	547	524	16,197	15,727	5,473	5,181
15〜64	110,028	109,226	12,610	12,439	1,775	1,754	40,779	43,188	14,659	14,441
65〜	24,654	29,847	3,143	3,684	243	281	4,611	5,496	2,165	3,117

2-6　男女、年齢5歳階級別人口(2020年)(3)

(単位：1,000人)

年齢	南アメリカ						ヨーロッパ			
	コロンビア		チリ		ブラジル		アイスランド		アイルランド	
	男	女	男	女	男	女	男	女	男	女
総数	25,140	25,791	9,580	9,720	104,779	108,417	188	179	2,450	2,496
0〜 4	1,873	1,798	590	569	7,359	7,066	11	10	158	151
5〜 9	1,880	1,806	627	603	7,532	7,239	12	11	174	166
10〜14	1,942	1,865	615	590	7,757	7,465	12	12	179	171
15〜19	2,114	2,044	633	612	8,203	7,923	11	11	164	158
20〜24	2,240	2,201	735	715	8,673	8,442	13	12	156	151
25〜29	2,248	2,233	820	799	8,607	8,455	16	14	145	143
30〜34	2,099	2,100	800	781	8,754	8,701	15	13	155	163
35〜39	1,904	1,933	725	712	8,654	8,739	14	12	183	198
40〜44	1,678	1,740	678	669	7,772	8,013	13	12	193	200
45〜49	1,485	1,572	644	643	6,816	7,167	12	11	178	181
50〜54	1,427	1,530	613	622	6,132	6,593	11	11	157	158
55〜59	1,298	1,414	555	577	5,541	6,133	11	11	142	147
60〜64	1,033	1,157	477	505	4,486	5,166	10	10	127	130
65〜69	771	883	387	420	3,395	4,120	9	9	111	113
70〜74	530	634	281	323	2,331	2,993	7	7	94	98
75〜79	334	433	183	227	1,529	2,059	5	5	65	71
80〜84	185	266	118	165	858	1,333	3	3	40	49
85〜89	75	130	65	109	309	613	2	2	20	30
90〜94	19	41	28	59	64	169	1	1	7	15
95〜99	4	9	6	18	7	25	0	0	2	5
100〜	0	1	1	3	0	2	0	0	0	1
0〜14	5,696	5,470	1,831	1,762	22,648	21,770	35	33	511	487
15〜64	17,526	17,924	6,680	6,634	73,637	75,332	127	117	1,601	1,628
65〜	1,918	2,397	1,069	1,324	8,493	11,314	26	28	339	381

年齢	ヨーロッパ									
	イギリス		イタリア		エストニア		オーストリア		オランダ	
	男	女	男	女	男	女	男	女	男	女
総数	33,122	33,937	28,988	30,513	630	700	4,383	4,525	8,662	8,773
0〜 4	1,928	1,829	1,144	1,083	37	34	223	211	442	420
5〜 9	2,116	2,014	1,334	1,259	37	35	220	207	464	441
10〜14	2,071	1,970	1,457	1,372	39	37	217	206	488	465
15〜19	1,894	1,796	1,478	1,382	33	31	224	211	532	508
20〜24	2,110	1,989	1,550	1,408	32	31	263	248	560	543
25〜29	2,286	2,199	1,595	1,508	41	38	306	291	578	560
30〜34	2,261	2,257	1,656	1,616	53	48	310	300	563	550
35〜39	2,183	2,227	1,775	1,762	50	46	308	303	526	522
40〜44	2,035	2,065	2,049	2,055	47	44	285	282	511	514
45〜49	2,122	2,175	2,346	2,380	46	45	305	310	575	581
50〜54	2,269	2,345	2,395	2,463	42	43	353	352	644	639
55〜59	2,209	2,289	2,243	2,351	41	45	345	346	630	627
60〜64	1,893	1,973	1,894	2,039	38	47	282	295	561	566
65〜69	1,630	1,738	1,655	1,823	32	46	216	240	495	506
70〜74	1,604	1,752	1,580	1,799	25	40	185	217	467	489
75〜79	1,119	1,295	1,159	1,433	16	31	158	202	301	338
80〜84	760	965	941	1,312	12	30	109	154	193	250
85〜89	424	632	512	886	6	18	51	91	96	160
90〜94	167	314	186	444	2	8	20	46	31	73
95〜99	37	100	36	126	0	2	3	13	5	19
100〜	3	14	2	13	0	0	0	1	0	2
0〜14	6,116	5,813	3,936	3,715	113	106	660	623	1,394	1,326
15〜64	21,261	21,314	18,981	18,962	424	418	2,981	2,938	5,680	5,609
65〜	5,745	6,810	6,071	7,836	93	175	742	964	1,588	1,837

2-6　男女、年齢 5 歳階級別人口 (2020年) (4)

(単位：1,000人)

年齢	ヨーロッパ									
	ギリシャ		スイス		スウェーデン		スペイン c		スロバキア	
	男	女	男	女	男	女	男	女	男	女
総数	5,151	5,361	4,286	4,353	5,219	5,150	23,213	24,151	2,665	2,792
0〜 4	227	215	224	213	308	291	1,012	957	150	143
5〜 9	256	242	225	213	321	303	1,192	1,120	148	141
10〜14	283	267	219	207	318	300	1,310	1,227	144	137
15〜19	287	263	217	204	300	277	1,250	1,169	135	128
20〜24	291	264	247	232	309	275	1,216	1,156	148	141
25〜29	276	259	286	277	376	355	1,286	1,253	183	176
30〜34	286	286	311	305	374	356	1,380	1,382	208	199
35〜39	357	353	313	307	337	319	1,622	1,638	224	211
40〜44	392	395	299	295	323	310	1,971	1,949	234	221
45〜49	385	402	305	301	339	329	1,969	1,936	206	200
50〜54	383	414	331	327	342	332	1,838	1,845	173	173
55〜59	338	379	322	316	319	312	1,673	1,725	175	182
60〜64	318	362	262	263	285	283	1,441	1,527	169	188
65〜69	284	321	209	224	266	272	1,174	1,287	149	183
70〜74	263	306	190	211	271	285	1,027	1,193	100	139
75〜79	202	237	150	178	212	231	787	984	60	100
80〜84	167	214	96	130	124	153	527	768	33	69
85〜89	102	125	55	92	64	99	367	631	17	40
90〜94	45	45	20	45	25	52	140	306	6	17
95〜99	8	10	4	12	5	15	28	85	1	3
100〜	1	1	0	1	0	2	2	11	0	0
0〜14	766	725	668	633	947	893	3,514	3,304	443	421
15〜64	3,312	3,378	2,893	2,827	3,304	3,148	15,647	15,581	1,855	1,819
65〜	1,073	1,259	724	893	968	1,109	4,052	5,266	366	552

年齢	ヨーロッパ									
	スロベニア		チェコ		デンマーク		ドイツ		ノルウェー d	
	男	女	男	女	男	女	男	女	男	女
総数	1,063	1,055	5,187	5,343	2,897	2,928	41,115	42,214	2,713	2,667
0〜 4	53	50	285	271	158	149	2,042	1,938	148	139
5〜 9	57	54	284	270	155	148	1,937	1,833	160	153
10〜14	56	53	292	278	173	165	1,910	1,800	167	159
15〜19	49	46	247	234	176	168	2,035	1,881	163	155
20〜24	57	50	247	234	193	185	2,426	2,186	176	164
25〜29	63	54	324	304	204	196	2,593	2,389	189	180
30〜34	74	65	357	335	185	177	2,846	2,677	193	185
35〜39	81	72	380	355	166	162	2,691	2,608	184	174
40〜44	86	76	460	433	180	179	2,505	2,471	179	169
45〜49	79	72	431	408	197	197	2,577	2,556	192	182
50〜54	78	74	348	335	205	203	3,322	3,275	191	182
55〜59	77	75	327	325	198	197	3,400	3,394	171	164
60〜64	72	72	312	330	171	174	2,824	2,914	156	153
65〜69	66	70	313	361	156	164	2,322	2,559	138	139
70〜74	47	54	266	339	155	167	1,784	2,037	128	132
75〜79	33	44	166	241	116	133	1,643	2,037	87	96
80〜84	22	36	86	149	67	85	1,401	1,962	51	65
85〜89	11	21	44	94	32	49	606	1,039	28	44
90〜94	4	11	14	38	11	24	216	504	11	24
95〜99	1	3	2	9	2	7	35	140	2	7
100〜	0	0	0	1	0	1	2	13	0	1
0〜14	165	157	861	820	486	461	5,888	5,571	475	450
15〜64	715	655	3,433	3,293	1,873	1,837	27,218	26,350	1,793	1,707
65〜	183	243	893	1,231	538	630	8,010	10,292	445	509

2-6　男女、年齢5歳階級別人口(2020年)(5)

(単位：1,000人)

年齢	ヨーロッパ									
	ハンガリー		フィンランド e		フランス		ベルギー		ポーランド	
	男	女	男	女	男	女	男	女	男	女
総数	4,673	5,078	2,731	2,798	31,176	33,304	5,707	5,854	18,590	19,838
0〜 4	241	228	129	123	1,772	1,699	309	296	987	934
5〜 9	235	222	155	148	1,971	1,887	338	323	993	938
10〜14	253	240	159	152	2,040	1,948	346	329	1,048	997
15〜19	251	237	152	145	2,007	1,903	329	312	925	879
20〜24	274	257	160	151	1,844	1,788	344	330	1,024	979
25〜29	324	303	182	172	1,743	1,773	375	368	1,251	1,207
30〜34	321	300	182	171	1,880	1,980	380	377	1,453	1,411
35〜39	327	316	187	175	1,976	2,079	378	375	1,630	1,593
40〜44	415	403	178	169	1,966	2,024	376	370	1,550	1,521
45〜49	388	380	161	155	2,148	2,186	386	377	1,336	1,327
50〜54	335	339	177	174	2,075	2,139	400	389	1,132	1,148
55〜59	273	296	184	185	2,025	2,136	403	400	1,156	1,218
60〜64	287	345	176	183	1,882	2,060	361	370	1,284	1,444
65〜69	280	370	171	185	1,776	1,998	305	324	1,119	1,380
70〜74	200	293	165	187	1,623	1,883	262	293	782	1,069
75〜79	138	236	99	123	980	1,217	172	211	394	632
80〜84	77	165	65	96	747	1,074	132	187	296	576
85〜89	38	96	34	63	478	866	78	137	160	378
90〜94	14	41	12	32	194	482	28	66	58	166
95〜99	2	8	2	8	44	163	5	18	9	37
100〜	0	1	0	1	3	18	0	2	1	3
0〜14	729	691	443	423	5,784	5,534	993	948	3,029	2,869
15〜64	3,195	3,177	1,740	1,680	19,548	20,068	3,731	3,668	12,742	12,727
65〜	749	1,210	548	696	5,845	7,702	983	1,238	2,819	4,242

年齢	ヨーロッパ									
	ポルトガル		ラトビア		リトアニア		ルクセンブルク		ロシア	
	男	女	男	女	男	女	男	女	男	女
総数	4,860	5,438	877	1,020	1,321	1,499	317	313	67,643	77,974
0〜 4	223	213	51	47	74	70	17	16	4,307	4,076
5〜 9	230	220	51	47	75	71	18	17	4,795	4,541
10〜14	257	247	51	49	69	66	17	16	4,110	3,917
15〜19	276	265	46	44	67	63	17	16	3,687	3,525
20〜24	282	275	44	40	79	73	20	19	3,563	3,423
25〜29	273	274	57	53	96	86	24	23	4,643	4,484
30〜34	279	287	68	64	100	89	25	25	6,336	6,249
35〜39	318	343	66	63	91	83	25	24	5,992	6,082
40〜44	369	405	60	61	89	86	24	24	5,227	5,546
45〜49	377	419	64	67	96	99	24	23	4,737	5,182
50〜54	352	393	61	67	97	106	24	23	4,116	4,668
55〜59	347	395	62	73	100	115	22	21	4,521	5,560
60〜64	317	365	58	74	89	113	18	17	4,229	5,815
65〜69	286	339	46	67	64	94	14	14	3,137	5,016
70〜74	246	307	35	60	49	82	11	12	2,017	3,680
75〜79	184	254	25	54	38	76	8	9	851	1,967
80〜84	137	214	19	49	27	65	5	7	914	2,572
85〜89	78	145	8	26	14	40	3	5	317	1,047
90〜94	24	58	3	11	5	18	1	2	129	523
95〜99	5	16	1	3	1	4	0	1	16	94
100〜	0	2	0	0	0	0	0	0	2	8
0〜14	710	680	153	144	218	207	52	49	13,212	12,533
15〜64	3,190	3,422	588	606	905	914	224	214	47,049	50,534
65〜	960	1,336	136	270	198	378	42	50	7,381	14,907

2-6　男女、年齢5歳階級別人口（2020年）(6)

（単位：1,000人）

年齢	アフリカ									
	エジプト		エチオピア		コンゴ民主共和国		ナイジェリア		南アフリカ	
	男	女	男	女	男	女	男	女	男	女
総数	54,357	53,108	58,907	58,284	46,066	46,787	105,243	103,084	28,581	30,221
0〜 4	6,424	6,125	8,884	8,499	8,635	8,561	17,357	16,912	2,944	2,840
5〜 9	6,447	6,151	7,840	7,542	7,147	7,138	15,238	14,841	2,902	2,799
10〜14	5,399	5,144	7,360	7,119	5,839	5,851	13,372	12,906	2,754	2,660
15〜19	4,853	4,646	6,682	6,504	4,790	4,800	11,317	10,904	2,331	2,252
20〜24	4,551	4,322	5,838	5,708	4,048	4,066	9,250	8,951	2,424	2,367
25〜29	4,444	4,199	4,954	4,863	3,342	3,385	7,711	7,511	2,761	2,710
30〜34	4,387	4,194	4,073	4,003	2,750	2,802	6,507	6,385	2,871	2,819
35〜39	3,938	3,761	3,113	3,095	2,189	2,238	5,743	5,653	2,380	2,338
40〜44	3,345	3,179	2,531	2,590	1,721	1,775	4,840	4,761	1,654	1,620
45〜49	2,760	2,632	2,014	2,112	1,451	1,518	3,795	3,751	1,394	1,502
50〜54	2,345	2,291	1,665	1,778	1,209	1,284	2,956	2,961	1,400	1,698
55〜59	1,905	1,957	1,313	1,420	954	1,032	2,354	2,405	972	1,322
60〜64	1,427	1,578	963	1,060	732	808	1,804	1,887	590	970
65〜69	970	1,185	703	798	532	605	1,301	1,396	477	828
70〜74	644	849	493	576	369	442	870	931	344	643
75〜79	305	466	291	357	220	281	518	564	203	408
80〜84	147	266	135	178	99	139	228	259	106	236
85〜89	57	124	45	65	31	49	69	86	45	129
90〜94	10	32	9	16	6	12	12	18	20	63
95〜99	1	5	1	2	0	1	1	2	6	16
100〜	0	0	0	0	0	0	0	0	1	2
0〜14	18,270	17,420	24,084	23,159	21,622	21,549	45,967	44,659	8,600	8,300
15〜64	33,955	32,761	33,146	33,134	23,187	23,709	56,277	55,169	18,778	19,596
65〜	2,133	2,928	1,677	1,992	1,257	1,529	2,999	3,256	1,203	2,325

年齢	オセアニア			
	オーストラリア f		ニュージーランド	
	男	女	男	女
総数	12,738	12,932	2,508	2,553
0〜 4	800	756	158	150
5〜 9	831	788	168	160
10〜14	813	771	169	161
15〜19	764	726	162	155
20〜24	881	839	175	164
25〜29	977	954	194	186
30〜34	956	977	184	185
35〜39	913	926	164	167
40〜44	810	818	151	156
45〜49	825	847	160	169
50〜54	766	801	158	166
55〜59	757	787	157	166
60〜64	691	728	139	148
65〜69	603	641	119	126
70〜74	535	560	102	108
75〜79	370	401	69	77
80〜84	240	287	43	53
85〜89	133	186	23	33
90〜94	59	101	9	16
95〜99	13	32	2	5
100〜	1	4	0	1
0〜14	2,444	2,316	495	470
15〜64	8,340	8,403	1,645	1,663
65〜	1,954	2,213	368	420

a 常住人口。　　b 総務省統計局「人口推計（2022年10月1日現在）」による。　　c カナリア諸島、セウタ及びメリリャを含む。　　d スバールバル諸島及びヤンマイエン島を含む。　　e オーランド諸島を含む。　　f クリスマス島、ココス（キーリング）諸島及びノーフォーク島を含む。

2-7　男女、年齢、配偶関係別15歳以上人口(1)

（単位：1,000人）

国（地域）・年齢・年次	男				女			
	15歳以上人口	未婚	有配偶	死離別	15歳以上人口	未婚	有配偶	死離別
アジア								
日本 abc (20)	52,098	15,836	30,138	3,628	56,160	12,651	30,331	11,057
15〜19	2,880	2,855	6	1	2,737	2,714	9	1
20〜24	3,018	2,670	127	6	2,913	2,538	196	15
25〜29	3,074	2,009	724	24	2,958	1,721	979	57
30〜34	3,297	1,440	1,544	57	3,188	1,070	1,843	124
35〜39	3,697	1,198	2,167	103	3,615	823	2,448	211
40〜49	9,052	2,409	5,768	415	8,889	1,583	6,212	804
50〜59	8,142	1,710	5,461	594	8,165	1,056	5,790	1,079
60〜69	7,503	1,002	5,551	698	7,869	524	5,733	1,442
70〜79	7,342	463	5,813	842	8,601	378	5,258	2,686
80〜	4,093	80	2,976	890	7,225	243	1,864	4,638
インド d (01)	341,169	99,776	230,754	10,639	321,092	49,725	234,903	36,464
15〜19	53,940	51,073	2,805	62	46,276	34,774	11,316	186
20〜24	46,321	30,207	15,914	201	43,443	9,979	32,899	565
25〜29	41,558	11,531	29,666	361	41,865	2,366	38,578	921
30〜34	37,362	3,253	33,631	478	36,912	808	34,781	1,324
35〜39	36,039	1,202	34,254	582	34,535	457	32,183	1,895
40〜49	54,747	1,039	52,317	1,390	48,401	506	42,879	5,016
50〜59	33,435	510	31,143	1,781	30,806	251	23,873	6,683
60〜69	23,058	451	20,015	2,592	24,265	274	13,641	10,351
70〜79	10,791	298	8,450	2,044	10,469	166	3,720	6,583
80〜	3,919	212	2,559	1,148	4,120	144	1,034	2,942
インドネシア ac (10)	84,332	22,704	58,429	2,785	84,706	15,974	57,364	11,166
15〜19	10,614	9,850	632	9	10,266	8,685	1,409	52
20〜24	9,888	6,757	2,963	59	10,004	4,108	5,666	188
25〜29	10,631	3,686	6,729	146	10,679	1,576	8,775	315
30〜34	9,949	1,271	8,443	199	9,881	591	8,889	395
35〜39	9,338	544	8,555	212	9,168	347	8,325	491
40〜49	15,355	402	14,488	434	15,210	378	13,252	1,574
50〜59	10,266	129	9,649	477	9,744	172	7,233	2,336
60〜69	5,152	45	4,589	515	5,600	77	2,828	2,694
70〜79	2,374	16	1,877	480	3,060	31	838	2,190
80〜	764	4	505	254	1,093	10	149	933
韓国 aefg (15)	21,211	7,632	12,170	1,409	21,513	5,744	11,730	4,039
15〜19	1,659	1,657	2	1	1,514	1,510	2	1
20〜24	1,805	1,785	18	2	1,575	1,525	45	5
25〜29	1,580	1,422	154	4	1,445	1,117	318	10
30〜34	1,852	1,034	800	18	1,755	659	1,061	35
35〜39	1,921	633	1,239	49	1,853	356	1,410	87
40〜49	4,281	779	3,199	302	4,186	370	3,321	496
50〜59	4,014	257	3,307	450	3,985	131	3,062	792
60〜69	2,357	51	2,026	279	2,505	48	1,654	803
70〜79	1,338	11	1,131	195	1,772	19	728	1,024
80〜	404	2	293	109	923	11	127	786

2-7　男女、年齢、配偶関係別15歳以上人口(2)

(単位：1,000人)

国（地域）・年齢・年次	男				女			
	15歳以上人口	未婚	有配偶	死離別	15歳以上人口	未婚	有配偶	死離別
サウジアラビア a （22）	15,659	6,979	8,460	220	8,629	2,841	4,887	901
15～19	1,117	1,096	19	2	1,080	1,022	54	3
20～24	1,565	1,336	215	14	1,051	718	309	24
25～29	2,503	1,657	815	31	1,242	457	723	62
30～34	2,642	1,174	1,427	41	1,251	274	896	81
35～39	2,352	708	1,609	34	1,113	174	855	85
40～49	3,048	660	2,344	44	1,431	143	1,132	156
50～59	1,568	266	1,278	25	815	38	611	166
60～69	607	68	525	14	409	11	240	158
70～79	178	10	161	8	159	3	55	102
80～	79	5	67	7	77	1	12	64
中国 h （90）	418,957	121,303	278,266	19,388	398,552	84,101	279,107	35,343
15～19	61,651	60,541	1,097	12	58,508	55,770	2,706	32
20～24	64,233	40,116	23,931	186	61,528	25,444	35,900	184
25～29	53,513	8,943	44,112	458	50,755	2,180	48,243	332
30～34	43,706	3,130	39,957	620	40,170	256	39,544	370
35～39	44,569	2,553	41,153	863	41,783	127	41,115	541
40～49	59,192	3,036	54,084	2,072	53,604	113	51,531	1,960
50～59	45,950	1,853	40,411	3,686	41,379	72	35,714	5,593
60～	46,143	1,132	33,520	11,491	50,827	141	24,355	26,331
トルコ acj （11）	27,736	8,650	18,081	997	27,904	6,326	18,130	3,443
15～19	3,233	3,186	45	1	3,081	2,828	245	6
20～24	3,189	2,761	414	12	3,062	1,767	1,254	39
25～29	3,212	1,543	1,624	44	3,099	772	2,233	94
30～34	3,269	643	2,542	84	3,196	398	2,656	143
35～39	2,837	249	2,501	86	2,797	225	2,418	154
40～49	4,817	179	4,482	155	4,699	215	4,115	369
50～59	3,587	58	3,388	141	3,586	75	2,959	551
60～69	2,077	20	1,920	137	2,297	28	1,532	736
70～79	1,139	9	935	195	1,411	12	587	813
80～	373	2	230	142	673	6	131	537
北アメリカ								
アメリカ合衆国 a （00）	107,027	32,381	62,692	11,954	114,121	27,532	62,309	24,281
15～19	10,244	9,809	407	28	9,667	9,098	536	33
20～24	9,706	7,644	1,926	136	9,320	6,442	2,650	228
25～29	9,683	4,763	4,451	469	9,529	3,631	5,242	656
30～34	10,220	3,028	6,349	843	10,145	2,219	6,826	1,100
35～44	22,798	4,072	15,891	2,835	23,108	3,096	16,367	3,645
45～54	18,426	1,783	13,749	2,894	19,153	1,530	13,452	4,170
55～59	6,455	389	5,052	1,014	6,928	369	4,729	1,831
60～64	5,115	261	4,082	771	5,673	258	3,684	1,731
65～74	8,356	385	6,582	1,388	10,146	413	5,581	4,151
75～84	4,823	197	3,515	1,112	7,494	323	2,651	4,520
85～	1,203	51	687	465	2,957	153	589	2,215

2-7　男女、年齢、配偶関係別15歳以上人口(3)

（単位：1,000人）

国（地域）・年齢・年次		男			女			
		15歳以上人口	未婚	有配偶	死離別	15歳以上人口	未婚	有配偶	死離別
カナダ a	(21)	15,140	4,881	9,132	1,126	15,839	4,144	9,235	2,460
15～19		1,037	1,031	6	0	976	963	13	0
20～24		1,139	1,025	111	3	1,063	878	182	3
25～29		1,228	804	418	6	1,193	613	571	9
30～34		1,253	496	741	16	1,266	369	871	26
35～39		1,239	322	886	31	1,273	256	965	51
40～49		2,305	432	1,758	115	2,399	373	1,832	194
50～59		2,462	389	1,848	225	2,554	309	1,877	368
60～69		2,319	260	1,761	297	2,464	220	1,694	550
70～79		1,469	89	1,140	240	1,640	99	942	598
80～		690	34	464	193	1,012	64	286	662
メキシコ ac	(20)	45,252	14,672	28,681	1,863	48,733	13,192	30,514	4,997
15～19		5,462	5,168	289	1	5,345	4,620	717	3
20～24		5,166	3,617	1,536	8	5,256	2,881	2,345	26
25～29		4,861	2,090	2,737	30	5,132	1,603	3,452	73
30～34		4,528	1,181	3,281	61	4,893	966	3,790	135
35～39		4,332	751	3,484	93	4,689	679	3,804	203
40～49		7,875	935	6,660	274	8,571	1,023	6,918	626
50～59		6,025	536	5,156	329	6,708	715	5,101	889
60～69		3,965	253	3,347	362	4,501	423	2,949	1,127
70～79		2,081	103	1,619	359	2,381	194	1,148	1,037
80～		958	38	572	347	1,257	89	290	878
南アメリカ									
アルゼンチン	(10)	14,072	7,586	5,614	872	15,352	7,336	5,811	2,204
15～19		1,768	1,760	8	1	1,748	1,727	19	2
20～24		1,613	1,552	60	1	1,638	1,508	127	3
25～29		1,516	1,284	228	5	1,563	1,207	342	14
30～34		1,495	984	488	23	1,562	911	606	45
35～39		1,288	625	614	49	1,348	577	692	80
40～49		2,162	693	1,305	165	2,289	642	1,390	257
50～59		1,849	377	1,263	208	2,006	370	1,265	371
60～69		1,330	195	951	184	1,546	215	869	462
70～79		741	91	513	137	1,032	120	395	517
80～		310	26	185	98	620	60	106	454
ブラジル a	(10)	70,031	37,242	29,190	3,598	74,784	35,320	29,992	9,471
15～19		8,558	8,461	88	9	8,429	8,079	338	12
20～24		8,628	7,775	828	24	8,613	6,977	1,579	57
25～29		8,459	6,224	2,162	72	8,644	5,556	2,922	166
30～34		7,718	4,467	3,091	160	8,027	4,103	3,595	328
35～39		6,767	3,164	3,362	241	7,121	2,965	3,682	474
40～49		12,013	4,077	7,201	735	12,830	3,939	7,383	1,509
50～59		8,738	1,836	6,062	840	9,680	2,035	5,724	1,921
60～69		5,258	781	3,830	646	6,098	986	3,173	1,939
70～79		2,765	335	1,923	507	3,551	461	1,295	1,794
80～		1,128	122	643	363	1,790	217	300	1,272

2-7　男女、年齢、配偶関係別15歳以上人口(4)

(単位：1,000人)

国（地域）・年齢・年次	男				女			
	15歳以上人口	未婚	有配偶	死離別	15歳以上人口	未婚	有配偶	死離別
ヨーロッパ								
イギリス akm　(11)	24,947	9,549	12,639	2,760	26,360	8,248	12,727	5,385
16～19	1,641	1,634	5	2	1,580	1,570	8	2
20～24	2,164	2,094	65	5	2,133	1,970	154	8
25～29	2,145	1,721	405	20	2,161	1,478	643	41
30～34	2,059	1,131	867	61	2,066	912	1,049	105
35～39	2,082	796	1,155	131	2,112	645	1,263	204
40～49	4,577	1,163	2,860	554	4,691	908	2,978	805
50～59	3,814	540	2,645	630	3,894	367	2,645	883
60～69	3,332	280	2,490	562	3,493	173	2,359	961
70～79	2,066	129	1,528	410	2,403	112	1,241	1,049
80～	1,065	62	618	385	1,826	114	387	1,326
イタリア a　(11)	24,460	8,655	14,465	1,341	26,647	7,514	14,478	4,655
15～19	1,479	1,469	10	0	1,390	1,375	15	0
20～24	1,557	1,499	55	3	1,496	1,356	138	1
25～29	1,641	1,382	251	9	1,635	1,129	495	11
30～34	1,884	1,134	733	17	1,898	829	1,030	39
35～39	2,272	944	1,279	49	2,293	675	1,528	89
40～49	4,734	1,151	3,378	205	4,834	880	3,595	359
50～59	3,835	507	3,099	228	4,037	456	3,115	467
60～69	3,287	292	2,772	222	3,573	308	2,564	702
70～79	2,510	192	2,038	280	3,119	266	1,574	1,279
80～	1,263	85	850	327	2,373	241	425	1,707
スウェーデン a　(11)	3,913	1,808	1,608	497	3,986	1,503	1,606	877
15～19	305	305	0	0	288	286	1	0
20～24	333	325	8	1	318	295	20	2
25～29	306	263	39	4	289	217	64	8
30～34	299	197	91	10	286	153	117	16
35～39	318	160	139	19	308	124	156	28
40～49	665	258	327	80	643	201	333	109
50～59	584	162	312	110	575	120	317	138
60～69	585	95	367	124	591	66	347	178
70～79	333	31	220	82	375	23	184	168
80～	186	14	105	67	312	17	66	229
ドイツ ac　(11)	33,601	11,746	18,378	3,462	35,814	9,489	18,360	7,956
15～19	2,057	2,056	1	0	1,957	1,950	7	0
20～24	2,464	2,404	57	2	2,372	2,199	165	7
25～29	2,456	2,022	404	27	2,417	1,644	712	60
30～34	2,385	1,399	913	71	2,367	988	1,243	135
35～39	2,378	926	1,306	144	2,365	607	1,526	231
40～49	6,757	1,686	4,285	783	6,594	1,039	4,487	1,066
50～59	5,782	763	4,161	856	5,843	467	4,185	1,190
60～69	4,298	290	3,417	590	4,578	193	3,155	1,229
70～79	3,661	167	2,923	571	4,470	200	2,330	1,940
80～	1,362	33	910	418	2,851	204	549	2,098

2-7　男女、年齢、配偶関係別15歳以上人口(5)

(単位：1,000人)

国（地域）・年齢・年次	男				女			
	15歳以上人口	未婚	有配偶	死離別	15歳以上人口	未婚	有配偶	死離別
フランス acnp (14)	25,044	10,747	11,835	2,285	27,284	9,760	11,901	5,117
15〜19	1,958	1,957	1	0	1,867	1,863	3	1
20〜24	1,883	1,851	29	3	1,845	1,764	76	5
25〜29	1,900	1,675	213	13	1,945	1,533	385	26
30〜34	1,977	1,326	606	45	2,041	1,150	812	79
35〜39	1,953	966	893	94	1,983	824	1,013	146
40〜49	4,362	1,518	2,424	420	4,432	1,286	2,539	606
50〜59	4,097	840	2,662	595	4,304	691	2,703	911
60〜69	3,579	375	2,660	543	3,916	346	2,498	1,072
70〜79	2,030	157	1,560	313	2,511	166	1,332	1,013
80〜	1,305	82	788	257	2,441	134	541	1,259
ロシア acr (10)	54,931	13,234	34,022	5,196	66,223	10,787	34,453	18,258
15〜19	4,278	3,361	61	2	4,112	3,037	253	6
20〜24	6,170	4,631	1,296	49	5,999	3,325	2,335	149
25〜29	6,010	2,340	3,232	232	5,972	1,515	3,802	444
30〜34	5,434	1,107	3,729	404	5,546	785	3,883	681
35〜39	4,972	624	3,689	481	5,200	479	3,665	876
40〜49	9,514	650	7,470	1,070	10,399	582	7,190	2,282
50〜59	9,600	372	7,819	1,119	11,904	477	7,510	3,562
60〜69	4,737	101	3,825	674	7,097	245	3,454	3,204
70〜79	3,248	40	2,384	746	6,761	196	1,996	4,419
80〜	968	7	515	419	3,233	147	365	2,636
アフリカ								
南アフリカ (11)	17,552	9,401	7,659	491	19,119	9,213	7,978	1,928
15〜19	2,499	2,415	81	3	2,505	2,348	152	4
20〜24	2,695	2,428	262	4	2,680	2,087	585	8
25〜29	2,543	1,803	731	8	2,517	1,473	1,024	20
30〜34	2,036	1,041	979	17	1,993	911	1,038	44
35〜39	1,709	640	1,041	29	1,758	652	1,024	83
40〜49	2,598	635	1,866	97	2,971	845	1,827	299
50〜59	1,823	277	1,427	120	2,192	493	1,277	422
60〜69	1,014	105	808	101	1,330	236	667	427
70〜79	459	38	350	71	771	112	283	376
80〜	176	20	114	42	402	55	103	245
オセアニア								
オーストラリア a (16)	9,306	3,549	4,861	895	9,731	3,120	4,895	1,717
15〜19	728	725	2	1	694	690	4	1
20〜24	795	765	29	1	771	709	60	2
25〜29	824	630	187	7	841	545	284	12
30〜34	840	393	427	20	864	328	504	32
35〜39	773	249	490	34	789	215	522	53
40〜49	1,551	377	1,035	139	1,614	319	1,080	215
50〜59	1,458	240	999	219	1,520	183	1,008	328
60〜69	1,214	110	886	217	1,275	81	835	359
70〜79	739	42	557	140	802	31	450	321
80〜	384	17	249	118	563	19	148	395

a 常住人口。　b 総務省統計局「国勢調査結果」による。　c 「15歳以上人口」は配偶関係不詳を含む。　d ジャム・カシミールを含み、マニプール州の一部の地域を除く。　e 20%の標本調査。　f 韓国人のみ。　g 「死離別」は「結婚している が別居」を含む。　h 一部地域を除く。30の省、自治体及び自治地域の民間人のみ。香港及び台湾を除く。　j センサス時の抽出結果に基づく。　k チャネル諸島及びマン島を除く。　m 「有配偶」はシビル・パートナーシップ（現在別居を含む）を含む。　n ローリングセンサス方式の人口調査。　p 国外にいる外交官を除き、軍事キャンプ以外に居住する外国軍隊の軍人及び大使館及び領事館以外に居住する外国の外交官を含む。　r 15歳以上の年齢不詳を除く。

2-8　世帯

国（地域）	年次	世帯人員別世帯数（1,000世帯）							世帯人員（1,000人）
		総数	1人	2人	3人	4人	5人	6人以上	
アジア									
日本 ab	20	55,705	21,151	15,657	9,230	6,630	2,126	912	123,163
イスラエル c	08	2,314	486	565	360	375	279	248	7,271
イラン a	16	24,129	2,046	4,988	6,867	6,673	2,463	1,092	...
インド d	01	192,672	7,564	15,871	22,473	37,022	35,873	73,868	...
韓国 a	20	20,927	6,643	5,865	4,201	3,271	761	185	49,029
中国 a	10	401,934	58,396	97,948	107,979	70,598	40,333	26,681	...
トルコ	00	15,070	...	...	...	...	...	...	...
バングラデシュ	11	31,863	1,031	3,407	6,159	7,834	5,882	7,550	...
フィリピン a	20	26,394	2,401	3,675	4,878	5,342	4,160	5,937	...
ベトナム a	19	26,870	2,790	4,883	5,438	7,011	3,848	2,900	96,209
北アメリカ									
アメリカ合衆国 a	10	116,716	31,205	38,243	18,758	15,625	7,539	5,347	...
カナダ a	21	14,979	4,394	5,125	2,195	2,003	793	468	36,328
コスタリカ a	11	1,237	131	231	278	278	165	154	4,276
メキシコ	10	28,159	2,475	4,393	5,391	6,486	4,652	4,762	110,610
南アメリカ									
アルゼンチン	10	12,174	2,147	2,750	2,400	2,224	1,312	1,341	...
コロンビア a	05	10,571	1,177	1,604	2,100	2,174	1,580	1,937	...
チリ	02	4,141	481	730	902	956	579	493	...
ブラジル a	00	44,777	3,967	7,832	9,850	10,335	6,330	6,462	168,450
ヨーロッパ									
アイルランド	11	a 1,654	a 392	a 479	a 296	a 268	a 145	a 74	4,510
イギリス ae	11	26,442	8,087	9,018	4,117	3,407	1,221	592	62,056
イタリア a	11	24,612	7,667	6,666	4,892	3,977	1,060	349	59,132
エストニア a	00	582	195	165	109	77	25	10	1,370
オーストリア a	11	3,649	1,324	1,080	559	444	158	84	8,277
ギリシャ a	01	3,664	724	1,029	772	753	248	140	10,266
スイス	00	f 3,115	1,121	986	403	410	144	52	6,993
スペイン a	11	18,084	4,193	5,442	3,917	3,353	858	321	46,575
スロバキア a	11	1,802	456	393	353	342	142	117	5,218
スロベニア a	21	860	292	230	147	118	44	28	2,073
チェコ a	11	4,375	1,422	1,300	765	643	168	76	10,239
ドイツ a	11	36,933	13,765	12,576	5,185	3,728	1,150	529	78,993
ノルウェー a	11	2,224	880	625	281	283	120	35	4,927
ハンガリー	11	4,106	1,317	1,202	791	521	187	87	9,697
フィンランド a	21	2,767	1,254	900	274	223	80	36	5,412
フランス a	15	28,280	10,027	9,302	3,943	3,328	1,220	460	62,840
ベルギー a	11	4,735	1,612	1,493	708	597	220	104	11,001
ポーランド a	11	13,432	3,229	3,464	2,704	2,187	993	855	37,823
ポルトガル a	11	4,044	867	1,278	966	671	182	80	10,437
ラトビア a	21	825	339	210	126	82	37	31	1,867
リトアニア a	21	1,215	427	345	212	158	49	24	2,785
ルクセンブルク a	11	209	70	57	33	31	12	5	503
ロシア a	10	54,561	14,019	15,564	12,284	7,907	2,915	1,872	140,960
アフリカ									
ウガンダ	02	5,043	675	609	682	695	646	1,736	...
エチオピア	07	15,634	1,297	1,851	2,248	2,408	2,256	5,574	...
南アフリカ	11	15,056	4,151	2,936	2,261	2,089	1,377	2,242	50,961
オセアニア									
オーストラリア a	16	g 8,862	2,024	2,768	1,338	1,314	557	285	22,569
ニュージーランド a	18	g 1,654	361	530	262	249	113	78	4,300

a 常住人口。　　b 総務省統計局「国勢調査結果」による。　　c 東エルサレム及び1967年6月以降の占領地の自国民を含む。
d ジャム・カシミールを含み、マニプール州の一部地域を除く。　　e チャネル諸島及びマン島を除く。　　f 合意婚のカップルを含む。　　g 不詳を含む。

2-9　国籍別人口

国(地域)・国籍	人口(1,000人)	割合(%)
日本 ab (20)		
総数 c	126,146	100.0
自国籍	121,541	96.3
外国籍	2,402	1.9
中国	667	0.5
韓国、朝鮮	375	0.3
ベトナム	321	0.3
フィリピン	230	0.2
ブラジル	180	0.1
ネパール	67	0.1
インドネシア	49	0.0
アメリカ合衆国	48	0.0
タイ	43	0.0
ペルー	41	0.0
インド	28	0.0
イギリス	14	0.0
その他 d	340	0.3
オマーン a (20)		
総数	4,471	100.0
自国籍	2,731	61.1
外国籍	1,740	38.9
キプロス ae (11)		
総数 f	840	100.0
自国籍	667	79.4
外国籍	170	20.3
ギリシャ	29	3.5
イギリス	24	2.9
クウェート (11)		
総数	3,066	100.0
自国籍	1,090	35.6
外国籍	1,976	64.4
サウジアラビア a (22)		
総数	32,175	100.0
自国籍	18,792	58.4
外国籍	13,383	41.6
バングラデシュ	2,116	6.6
インド	1,884	5.9
バーレーン a (20)		
総数	1,502	100.0
自国籍	712	47.4
外国籍	789	52.6
香港 *a (21)		
総数	7,413	100.0
自国籍	6,820	92.0
外国籍 g	593	8.0
フィリピン	203	2.7

国(地域)・国籍	人口(1,000人)	割合(%)
カナダ a (21)		
総数	36,328	100.0
自国籍	33,143	91.2
外国籍	3,185	8.8
インド	645	1.8
中国	388	1.1
フィリピン	290	0.8
アイルランド (11)		
総数 f	4,588	100.0
自国籍	3,942	85.9
外国籍	590	12.9
イギリス	126	2.7
ポーランド	125	2.7
リトアニア	37	0.9
イギリス ah (11)		
総数	63,182	100.0
自国籍	58,115	92.0
外国籍	5,067	8.0
アイルランド	792	1.3
ポーランド	675	1.1
エストニア a (21)		
総数 f	1,332	100.0
自国籍	1,128	84.7
外国籍	203	15.2
ロシア	82	6.1
ウクライナ	16	1.2
オーストリア a (11)		
総数	8,402	100.0
自国籍	7,462	88.8
外国籍 f	940	11.2
ドイツ	148	1.8
セルビア	122	1.5
トルコ	113	1.3
ギリシャ (11)		
総数 fj	10,816	100.0
自国籍	9,904	91.6
外国籍	905	8.4
アルバニア	481	4.4
ブルガリア	76	0.7
スイス a (21)		
総数	8,739	100.0
自国籍	6,495	74.3
外国籍	2,244	25.7
イタリア	328	3.8
ドイツ	311	3.6
ポルトガル	255	2.9

国(地域)・国籍	人口(1,000人)	割合(%)
スペイン a (11)		
総数	46,816	100.0
自国籍	41,563	88.8
外国籍	5,253	11.2
モロッコ	755	1.6
ルーマニア	748	1.6
スロベニア a (21)		
総数	2,109	100.0
自国籍	1,940	92.0
外国籍	169	8.0
ノルウェー a (11)		
総数 f	4,980	100.0
自国籍	4,578	91.9
外国籍	401	8.1
ポーランド	66	1.3
スウェーデン	42	0.8
ベルギー a (11)		
総数 f	11,001	100.0
自国籍	9,832	89.4
外国籍	1,153	10.5
イタリア	163	1.5
フランス k	145	1.3
オランダ	138	1.3
ラトビア a (21)		
総数	1,893	100.0
自国籍	1,641	86.7
外国籍	252	13.3
リヒテンシュタイン a (15)		
総数	38	100.0
自国籍	25	66.0
外国籍	13	34.0
ルクセンブルク a (11)		
総数	512	100.0
自国籍	292	57.0
外国籍	221	43.0
ポルトガル	82	16.1
フランス	31	6.1
イタリア	18	3.5
ガボン (13)		
総数	1,811	100.0
自国籍	1,458	80.5
外国籍	353	19.5
オーストラリア a (16)		
総数 f	23,402	100.0
自国籍	19,279	82.4
外国籍	2,507	10.7

a 常住人口。　b 総務省統計局「国勢調査結果」による。　c 日本人・外国人の別「不詳」を含む。　d 無国籍及び国名不詳を含む。　e 政府管理地域のみ。　f 国籍不詳を含む。　g 中国籍以外。　h チャネル諸島及びマン島を除く。　j 無国籍を含む。　k 海外県を含む。

2-10　民族別人口

国(地域)・民族	人口(1,000人)	割合(%)
インドネシア ab (10)		
総数	236,728	100.0
ジャワ人	95,217	40.2
スンダ人	36,702	15.5
バンジャール人	9,493	4.0
マドゥラ人	7,179	3.0
カザフスタン (09)		
総数	16,010	100.0
カザフ人	10,097	63.1
ロシア人	3,794	23.7
ウズベク人	457	2.9
ウクライナ人	333	2.1
ウイグル族	225	1.4
タタール人	204	1.3
ドイツ人	178	1.1
韓国人	100	0.6
トルコ人	97	0.6
アゼルバイジャン人	85	0.5
ジョージア a (14)		
総数	3,714	100.0
ジョージア系	3,225	86.8
アゼルバイジャン系	233	6.3
アルメニア系	168	4.5
シンガポール *a (20)		
総数	4,044	100.0
中国人	3,007	74.3
マレー人	545	13.5
インド人	362	9.0
スリランカ a (12)		
総数	20,359	100.0
シンハラ人	15,250	74.9
スリランカタミル人	2,269	11.1
スリランカムーア人	1,893	9.3
インドタミル人	840	4.1
中国 a (10)		
総数	1,332,811	100.0
漢(ハン)族	1,220,845	91.6
壮(チワン)族	16,926	1.3
回(フイ)族	10,586	0.8
満州(マンチュウ)族	10,388	0.8
ウイグル族	10,069	0.8
苗(ミャオ)族	9,426	0.7
彝(イ)族	8,714	0.7
土家(トゥチャ)族	8,354	0.6
蔵(チベット)族	6,282	0.5
ネパール a (11)		
総数	26,495	100.0
チェトリ族	4,398	16.6
ブラーマン族	3,227	12.2
マガール族	1,888	7.1

国(地域)・民族	人口(1,000人)	割合(%)
香港 *ac (21)		
総数	7,413	100.0
中国人	6,820	92.0
フィリピン人	203	2.7
インドネシア人	146	2.0
マレーシア a (20)		
総数	32,447	100.0
マレー系	20,650	63.6
中国人	6,892	21.2
インド人	1,999	6.2
アメリカ合衆国 a (20)		
総数	331,449	100.0
白人	204,277	61.6
黒人・アフリカ系	41,104	12.4
二人種以上の混血	33,849	10.2
アジア系	19,886	6.0
先住民	4,417	1.3
カナダ a (21)		
総数	36,328	100.0
英国系	10,712	29.5
アジア系	7,014	19.3
カナダ系	5,677	15.6
フランス系	4,012	11.0
ブラジル a (10)		
総数	190,756	100.0
白人	91,052	47.7
混血	82,277	43.1
黒人	14,518	7.6
アジア人	2,084	1.1
ボリビア (12)		
総数	10,060	100.0
ケチュア人	1,837	18.3
アイマラ人	1,599	15.9
クロアチア a (11)		
総数	4,285	100.0
クロアチア人	3,874	90.4
セルビア人	187	4.4
チェコ a (21)		
総数	10,524	100.0
チェコ人	6,415	61.0
モラビア人	557	5.3
スロバキア人	163	1.5
ハンガリー (11)		
総数	9,938	100.0
ハンガリー人 d	8,504	85.6
ロマ人 d	316	3.2
ドイツ人 d	186	1.9
ルーマニア人 d	36	0.4
スロバキア人 d	35	0.4
クロアチア人 d	27	0.3

国(地域)・民族	人口(1,000人)	割合(%)
ルーマニア a (11)		
総数	20,122	100.0
ルーマニア人	16,793	83.5
ハンガリー人	1,228	6.1
ロマ人	622	3.1
ウクライナ人	51	0.3
ドイツ人	36	0.2
トルコ人	28	0.1
ロシア a (10)		
総数	142,857	100.0
ロシア人	111,017	77.7
タタール人	5,311	3.7
ウクライナ人	1,928	1.3
バシキール人	1,585	1.1
チュヴァシ人	1,436	1.0
チェチェン人	1,431	1.0
ガーナ e (10)		
総数	23,824	100.0
アカン族	11,322	47.5
グルマ族	3,963	16.6
ガダンメ族	3,323	13.9
エウェ族	1,766	7.4
グアン族	1,364	5.7
ケニア (09)		
総数	38,610	100.0
キクユ族	6,623	17.2
ルヒヤ族	5,339	13.8
カレンジン族	4,967	12.9
ルオ族	4,044	10.5
カンバ族	3,893	10.1
リベリア (08)		
総数	3,477	100.0
クペレ族	706	20.3
バサ族	466	13.4
グレボ族	349	10.0
ギオ族	277	8.0
マノ族	273	7.9
オーストラリア a (16)		
総数	23,402	100.0
英国系	7,812	33.4
オーストラリア系	4,833	20.7
アイルランド系	1,244	5.3
中国系	1,126	4.8
スコットランド系	894	3.8
イタリア系	761	3.2
ニュージーランド a (18)		
総数	4,700	100.0
ニュージーランド・ヨーロピアン	3,013	64.1
マオリ人	776	16.5

a 常住人口。　b インドネシア国籍を有する者のみ。　c 国籍別人口。　d 複数回答を含む。　e ガーナ出生者及びガーナ国籍を有する二重国籍者のみ。

2-11　言語別人口

国(地域)・言語	人口(1,000人)	割合(%)	国(地域)・言語	人口(1,000人)	割合(%)	国(地域)・言語	人口(1,000人)	割合(%)
インドネシア ab (10)			ペルー d (17)			ラトビア a (11)		
総数	214,063	100.0	総数	27,946	100.0	総数	2,070	100.0
ジャワ語	68,222	31.9	スペイン語	23,178	82.9	ラトビア語	1,165	56.3
インドネシア語	42,766	20.0	ケチュア語	3,800	13.6	ロシア語	699	33.8
スンダ語	32,439	15.2	アイマラ語	450	1.6	リトアニア a (21)		
ジョージア a (14)			ボリビア (12)			総数	2,811	100.0
総数	3,714	100.0	総数	10,060	100.0	リトアニア語	2,398	85.3
ジョージア語	3,255	87.6	スペイン語	6,173	61.4	ロシア語	191	6.8
アゼルバイジャン語	231	6.2	ケチュア語	1,613	16.0	ポーランド語	144	5.1
アルメニア語	145	3.9	アイマラ語	998	9.9	ルーマニア a (11)		
シンガポール *ac (20)			グアラニー語	52	0.5	総数	20,122	100.0
総数	1,875	100.0	クロアチア a (11)			ルーマニア語	17,177	85.4
中国語・英語	1,584	84.5	総数	4,285	100.0	ハンガリー語	1,260	6.3
二言語	675	36.0	クロアチア語	4,096	95.6	ロシア af (10)		
中国語	438	23.4	セルビア語	53	1.2	総数	142,857	100.0
英語	362	19.3	イタリア語	19	0.4	ロシア語	137,495	96.2
三言語以上	238	12.7	アルバニア語	17	0.4	英語	7,574	5.3
マレー語	46	2.4	ボスニア語	17	0.4	タタール語	4,281	3.0
ネパール a (11)			ロマ語	14	0.3	ドイツ語	2,070	1.4
総数	26,495	100.0	スイス ac (11)			チェチェン語	1,355	0.9
ネパール語	11,827	44.6	総数	7,685	100.0	ガーナ g (10)		
マイティリー語	3,093	11.7	ドイツ語	4,304	56.0	総数	23,824	100.0
ボージュプリー語	1,585	6.0	フランス語	1,478	19.2	アサンテ方言	3,821	16.0
タルー語	1,530	5.8	イタリア語	554	7.2	エウェ語	3,323	13.9
タマン語	1,353	5.1	英語	287	3.7	ファンティ語	2,757	11.6
ネワール語	847	3.2	スロバキア a (11)			南アフリカ (11)		
バッジカ語	793	3.0	総数	5,397	100.0	総数	50,961	100.0
マガル語	789	3.0	スロバキア語	4,240	78.6	ズールー語	11,587	22.7
香港 *a (21)			ハンガリー語	509	9.4	コサ語	8,154	16.0
総数	7,179	100.0	ロマ語	123	2.3	アフリカーンス語	6,855	13.5
広東語	6,329	88.2	ルテニア語	55	1.0	英語	4,893	9.6
英語	331	4.6	チェコ語	35	0.7	ペディ語	4,619	9.1
中国語(広東語以外)	205	2.8	チェコ a (21)			ツワナ語	4,067	8.0
カナダ a (21)			総数	10,524	100.0	ソト語	3,850	7.6
総数	36,992	100.0	チェコ語	9,214	87.6	オーストラリア a (16)		
英語	27,435	74.2	スロバキア語	225	2.1	総数	23,402	100.0
フランス語	8,359	22.6	ハンガリー e (11)			英語	17,020	72.7
中国語	1,347	3.6	総数	9,938	100.0	中国語	928	4.0
パンジャブ語	829	2.2	ハンガリー語	8,409	84.6	アラビア語	322	1.4
セム語	778	2.1	ロマ語	54	0.5	ベトナム語	277	1.2
スペイン語	656	1.8	フィンランド a (21)			イタリア語	272	1.2
アラビア語	654	1.8	総数	5,534	100.0	ギリシャ語	238	1.0
タガログ語	617	1.7	フィンランド語	4,811	86.9	ヒンディー語	160	0.7
ペルシャ語	322	0.9	スウェーデン語	288	5.2	スペイン語	141	0.6
メキシコ ad (20)			ポーランド a (11)			ニュージーランド a (18)		
総数	119,977	100.0	総数	38,045	100.0	総数	4,700	100.0
スペイン語	112,497	93.8	ポーランド語	37,375	98.2	英語	4,482	95.4
ナワトル語	1,652	1.4	シレジア語	522	1.4	マオリ語	186	4.0
マヤ語	775	0.6	カシューブ語	107	0.3	サモア語	102	2.2

a 常住人口。　b 5歳以上人口。　c 15歳以上人口。　d 3歳以上人口。　e 母語が2つの者を含む。　f 複数回答を含む。
g ガーナ出生者及びガーナ国籍を有する二重国籍者のみ。

2-12　人口動態(1)

国（地域）	年次	出生数	率 (人口千対)	死亡数	率 (人口千対)	自然 増減率 (人口千対)	乳児 死亡数	率 (出生千対)
アジア								
日本 a	22	770,759	6.3	1,569,050	12.9	-6.5	1,356	1.8
アゼルバイジャン	21	112,284	11.1	76,878	7.6	3.5	840	7.5
アラブ首長国連邦	21	92,777	9.7	11,911	1.2	8.5	343	3.7
イエメン	20	* 387,658	...	* 46,662	...	...		...
イスラエル b	22	* 180,983	...	51,585	...	...	494	2.7
イラク	20	* 1,011,999	...	*c 142,766	c ...	...	*c 18,611	c ...
イラン	21	1,116,212	13.3	520,923	6.2	7.1	5,927	5.3
インド d	19	* 24,820,886	* 19.7	* 7,641,076	* 6.0	...	* 165,257	* 30.0
ウズベキスタン	22	932,217	26.2	172,068	4.8	21.3	8,056	8.6
オマーン	22	77,628	15.7	* 10,035	...	...	685	8.8
カザフスタン	22	403,893	20.6	* 133,523	...	...	3,154	7.8
カタール	22	* 24,703	* 8.8	* 2,689	* 1.0	7.9	e 132	e 5.0
韓国	21	260,562	5.1	317,680	6.2	-1.1	626	2.4
北朝鮮	08	345,630	14.4	216,616	9.0	...	6,686	19.3
クウェート	22	49,793	11.8	8,041	1.9	9.9	410	8.2
サウジアラビア	22	417,155	13.0	56,799	1.8	11.2	c 6,608	*c 14.2
シンガポール	21	38,672	9.7	24,292	6.1	3.6	78	2.0
スリランカ	22	* 275,321	* 12.4	* 179,792	* 8.1	4.3	*f 2,362	*f 7.4
タイ	21	* 526,469	...	* 550,042	...	...	* 2,718	...
中国	*22	9,560,000	6.8	10,410,000	7.4	-0.6	...	...
トルコ	22	* 1,035,795	* 12.2	* 504,839	* 5.9	6.2	f 10,770	f 9.1
バングラデシュ	20	* 3,040,667	...	* 852,254	...	...	* 64,080	...
フィリピン	21	1,364,739	12.4	879,429	8.0	4.4	18,607	13.6
ベトナム	21	...	...	625,455	6.3	...	...	...
香港	21	36,953	5.0	51,354	6.9	-1.9	50	1.4
マレーシア	21	439,744	13.5	224,569	6.9	6.6	2,704	6.1
ミャンマー	20	* 763,754	...	* 294,218	...	...	* 9,599	...
レバノン	14	104,872	...	27,020	...	...	...	...
北アメリカ								
アメリカ合衆国	21	3,664,292	11.0	g 3,383,729	g 10.2	g 0.7	f 20,921	f 5.6
カナダ	21	367,684	9.6	g 307,205	g 8.1	g 1.4	g 1,622	g 4.5
キューバ	21	99,096	8.9	167,645	15.0	-6.1	753	7.6
グアテマラ	22	345,869	19.9	95,386	5.5	14.4	6,255	18.1
コスタリカ	22	* 53,435	* 10.2	* 28,931	* 5.5	4.7	* 512	* 9.6
ドミニカ共和国	22	* 161,068	...	* 44,226	...	...	* 686	...
パナマ	22	* 60,218	* 13.7	* 20,639	* 4.7	9.0	e 809	e 12.2
メキシコ	22	* 2,087,096	* 16.0	* 788,552	* 6.1	10.0	e 19,117	e 10.0
南アメリカ								
アルゼンチン	21	529,794	11.6	436,799	9.5	2.0	4,238	8.0
エクアドル	21	* 251,106	...	* 105,248	...	...	* 2,655	...
コロンビア	22	* 569,311	* 11.0	* 285,102	...	...	* 6,572	...
チリ	20	194,978	10.0	126,169	6.5	3.5	1,088	5.6
ブラジル	21	2,635,854	12.4	1,786,347	8.4	4.0	26,363	10.0
ベネズエラ	19	* 455,670	...	* 133,072	* 4.1	...	* 7,181	...
ペルー	22	* 465,421	...	* 146,790	...	...	* 4,237	...
ボリビア	19	* 241,879	...	* 49,968	...	...	* 2,344	...

2-12 人口動態(2)

国 (地域)	年次	出生数	率 (人口千対)	死亡数	率 (人口千対)	自然 増減率 (人口千対)	乳児 死亡数	率 (出生千対)
ヨーロッパ								
アイスランド	22	4,420	11.7	2,700	7.2	4.6	e 16	e ...
アイルランド	22	57,540	11.4	35,477	7.0	4.4	191	3.3
イギリス h	21	692,544	10.3	j 667,480	10.0	0.4	j 2,784	4.0
イタリア	21	400,249	6.8	701,346	11.9	-5.1	914	2.3
ウクライナ	21	271,983	6.6	714,263	17.2	-10.7	1,971	7.2
エストニア	22	* 11,588	* 8.7	* 17,245	* 12.9	-4.2	26	...
オーストリア	22	e 86,078	e 9.6	93,332	10.4	e -0.7	202	...
オランダ	22	e 179,441	e 10.3	e 170,972	e 9.8	e 0.5	540	...
ギリシャ	21	85,346	8.0	143,923	13.5	-5.5	297	3.5
スイス	21	89,644	10.3	71,192	8.1	2.1	280	3.1
スウェーデン	22	e 114,263	e 11.0	e 91,958	e 8.9	e 2.1	229	...
スペイン	22	* 330,043	* 7.0	* 463,990	* 9.8	-2.8	e 855	e 2.5
スロバキア	21	56,565	10.4	73,461	13.5	-3.1	278	4.9
スロベニア	22	* 17,366	* 8.2	* 22,466	* 10.7	-2.4	44	2.5
セルビア k	22	e 62,180	e 9.1	109,203	16.1	e -10.9	250	...
チェコ	22	* 99,834	* 9.3	* 120,207	* 11.2	-1.9	230	2.3
デンマーク m	22	e 63,473	e 10.8	59,435	10.1	e 1.1	194	...
ドイツ	22	* 738,819	* 8.8	* 1,066,341	* 12.7	-3.9	e 2,368	e 3.0
ノルウェー	22	* 51,491	* 9.5	* 45,801	* 8.4	1.0	97	1.9
ハンガリー	22	* 87,382	* 9.2	* 130,923	* 13.5	-4.5	319	3.7
フィンランド	22	* 44,933	* 8.1	* 62,886	* 11.3	-3.2	n 92	2.0
フランス	21	701,927	10.7	644,064	9.8	0.9	g 2,351	g 3.4
ブルガリア	22	* 53,704	* 7.9	* 117,269	* 17.1	-9.3	274	5.1
ベラルーシ	19	87,602	9.3	120,470	12.8	-3.5	213	2.4
ベルギー	22	e 118,349	e 10.2	116,380	10.0	e 0.5	e 342	e 2.9
ポーランド	21	331,511	8.8	519,517	13.7	-5.0	1,306	3.9
ポルトガル	22	* 83,989	* 8.1	* 124,892	* 12.1	-4.0	e 191	e 2.4
ラトビア	22	15,954	8.5	30,731	16.4	-7.9	38	2.4
リトアニア	21	23,330	8.3	47,746	17.1	-8.7	73	3.1
ルーマニア	22	* 168,681	* 8.9	* 271,732	* 14.3	-5.4	1,014	6.0
ルクセンブルク	22	* 6,495	* 9.9	* 4,449	* 6.8	3.1	23	...
ロシア p	22	* 1,306,162	...	* 1,905,778	...	...	c 9,557	c 5.7
アフリカ								
アルジェリア	19	c 1,059,514	c 25.4	*c 174,168	c ...	c ...	* 21,030	...
エジプト	22	* 2,190,489	* 21.1	* 606,693	* 5.9	15.3	e 38,897	e 17.8
ガーナ	13	* 463,409	...	* 51,466	...	...	r 28,068	r 45.0
ケニア	22	* 1,221,444	...	* 213,210	...	...	* 20,530	...
コートジボワール	21	701,565	25.9	196,629	7.3	18.6	s 44,530	s 52.9
チュニジア	21	160,268	13.6	* 107,006	...	...	...	...
南アフリカ	21	949,757	15.8	t 452,345	t ...	t ...	t 19,908	t ...
モロッコ	18	623,036	17.7	* 141,207	...	...	* 4,003	...
オセアニア								
オーストラリア	21	309,996	12.1	171,469	6.7	5.4	1,009	3.3
ニュージーランド	22	* 58,884	...	* 38,577	...	...	207	3.5

a 厚生労働省「令和4年 人口動態調査」による。　b 東エルサレム及び1967年6月以降の占領地の自国民を含む。
c 2017年。　d ジャム・カシミールを含む。　e 2021年。　f 2019年。　g 2020年。　h チャネル諸島及びマン島を除く。
j イングランド、ウェールズ及びスコットランドのみ。　k コソボ・メトヒヤを除く。　m フェロー諸島及びグリーンランドを
除く。　n オーランド諸島を除く。　p クリミア及びセバストポリを含む。　r 2010年。　s 2014年。　t 2018年。

2-13　出生率の推移

(単位：1,000人当たり)

国（地域）	1985	1990	1995	2000	2005	2010	2015	2020	2025	2035
世界	**27.9**	**26.8**	**23.3**	**21.8**	**20.7**	**20.3**	**19.2**	**17.2**	**16.4**	**15.5**
先進国	14.3	13.5	11.5	11.1	11.2	11.4	10.9	9.5	9.4	9.3
開発途上国	31.9	30.4	26.3	24.3	22.9	22.2	20.9	18.7	17.7	16.5
アジア										
日本	11.7	9.9	9.6	9.6	8.6	8.6	8.0	6.6	6.7	7.0
イラン	41.8	32.5	20.4	16.4	16.2	17.8	19.4	14.2	12.1	10.6
インド	34.6	31.8	29.4	27.0	23.9	21.4	18.8	16.6	15.8	13.9
インドネシア	29.2	25.5	23.8	21.9	20.7	20.2	18.4	16.6	15.6	14.4
韓国	17.3	15.7	15.3	12.5	9.0	9.3	8.4	5.7	5.7	5.4
サウジアラビア	39.3	34.4	30.0	27.7	23.1	21.9	19.5	18.2	15.6	13.5
タイ	22.2	19.7	17.6	13.5	12.7	11.9	10.6	9.2	8.5	7.8
中国	22.8	24.4	15.5	13.8	12.8	13.3	12.5	8.6	7.3	7.1
トルコ	29.5	25.9	24.0	21.4	18.9	17.7	17.9	15.0	13.6	11.7
パキスタン	44.2	43.1	39.2	35.8	32.9	32.1	29.7	28.0	26.2	23.5
バングラデシュ	40.7	35.0	30.5	29.0	25.5	21.4	19.2	18.1	16.8	13.9
フィリピン	34.9	33.3	31.3	28.8	27.0	25.5	23.3	22.0	20.8	18.3
ベトナム	32.0	28.5	22.1	18.0	17.5	16.9	16.8	15.4	13.7	12.0
北アメリカ										
アメリカ合衆国	15.8	16.7	14.7	14.5	14.1	13.0	12.3	10.9	11.0	10.9
カナダ	15.0	15.5	12.9	10.6	10.5	11.0	10.4	9.8	9.9	9.5
メキシコ	32.4	29.3	26.9	24.2	21.9	20.2	18.0	15.6	14.1	12.7
南アメリカ										
アルゼンチン	22.6	22.0	21.0	19.4	18.4	17.9	17.3	14.1	13.4	12.6
コロンビア	29.1	27.4	24.9	22.1	19.3	16.9	15.6	14.4	13.2	11.2
ブラジル	29.0	24.8	22.3	19.8	17.3	15.5	14.7	13.1	12.1	10.8
ヨーロッパ										
イギリス	13.3	13.9	12.6	11.5	11.9	12.8	12.0	10.1	9.9	9.7
イタリア	10.2	10.0	9.2	9.5	9.6	9.4	7.9	6.9	6.9	7.1
ウクライナ a	15.3	12.8	9.7	7.8	9.2	10.9	10.7	7.7	6.2	7.8
オランダ	12.3	13.2	12.4	12.9	11.5	11.1	10.1	9.9	10.4	9.8
スイス	11.5	12.3	11.6	10.8	9.8	10.2	10.4	10.1	9.6	8.6
スウェーデン	11.8	14.4	11.6	10.2	11.3	12.2	11.7	10.9	10.5	10.0
スペイン b	11.9	10.3	9.1	9.8	10.6	10.5	9.0	7.4	7.3	7.3
ドイツ	10.6	11.3	9.4	9.3	8.3	8.3	9.0	9.1	8.9	8.1
フランス	13.8	13.3	12.5	13.1	12.7	12.8	11.8	10.6	10.3	10.2
ポーランド	18.2	14.3	11.3	9.9	9.6	10.9	9.8	9.7	9.4	7.9
ロシア	17.0	13.5	9.4	8.9	10.5	12.7	13.4	9.9	9.2	9.3
アフリカ										
アルジェリア	38.7	30.8	24.8	19.5	21.2	24.5	25.4	22.4	18.0	14.9
ウガンダ	49.9	51.4	50.9	48.6	46.0	43.1	39.4	37.3	34.1	28.0
エジプト	38.0	33.2	29.0	27.0	26.0	27.2	28.1	23.1	21.1	19.9
エチオピア	51.0	50.1	47.6	44.5	41.0	36.5	33.4	32.8	30.2	25.2
ケニア	46.9	43.5	40.4	39.9	38.5	35.4	31.0	28.0	26.9	24.2
コンゴ民主共和国	46.5	46.0	47.1	45.0	44.2	44.5	43.6	42.3	40.7	36.7
スーダン	45.8	43.1	40.3	38.1	35.9	37.5	36.4	34.2	31.5	27.7
タンザニア c	46.1	43.8	42.5	42.1	42.1	39.7	38.7	36.7	34.2	30.2
ナイジェリア	45.2	43.8	43.7	43.5	43.1	42.1	39.5	37.5	35.5	31.0
南アフリカ	35.7	31.1	26.5	20.7	21.9	22.3	21.3	20.3	18.1	16.1
オセアニア										
オーストラリア d	15.6	15.4	14.2	13.1	13.1	13.7	12.9	11.6	11.3	10.4
ニュージーランド	15.9	17.8	15.6	14.7	13.9	14.6	13.1	12.5	12.0	10.6

a クリミアを含む。　b カナリア諸島、セウタ及びメリリャを含む。　c ザンジバルを含む。　d クリスマス島、ココス
（キーリング）諸島及びノーフォーク島を含む。

2-14　女性の年齢別出生率

国（地域）	年次	合計特殊出生率	年齢別出生率（1,000人当たり）						
			19歳以下	20〜24歳	25〜29歳	30〜34歳	35〜39歳	40〜44歳	45歳以上
香港	20	0.71	1.6	10.9	31.2	55.7	34.1	7.6	0.5
韓国	20	0.81	0.7	6.0	29.9	76.2	42.0	7.1	0.2
ウクライナ	20	1.09	14.6	60.1	67.9	46.4	23.2	5.5	0.5
スペイン	20	1.17	5.4	22.8	47.6	80.1	61.1	16.2	1.4
イタリア	20	1.24	3.3	22.4	58.8	87.3	59.5	15.4	1.4
シンガポール	20	1.28	2.4	13.4	60.6	107.9	59.6	11.1	0.6
日本	21	1.30	2.1	20.8	72.2	96.2	55.5	12.4	0.3
フィンランド	21	1.37	3.8	32.8	77.3	94.4	52.9	12.5	0.9
ルクセンブルク	20	1.37	3.9	23.2	61.5	101.2	65.8	18.0	1.3
ギリシャ	20	1.38	8.5	27.0	64.6	96.4	61.6	15.3	2.1
キプロス	20	1.38	7.6	27.1	64.8	95.5	63.0	15.4	2.3
カナダ	20	1.40	5.5	29.3	75.9	100.9	54.9	12.2	0.8
ポルトガル	20	1.40	6.5	30.6	68.4	94.3	63.2	15.6	1.1
ポーランド	19	1.43	9.3	46.4	96.1	85.1	39.8	8.2	0.4
チリ	19	1.43	18.7	56.5	72.9	75.3	49.4	13.3	0.8
ベラルーシ	18	1.46	11.6	73.8	92.9	71.6	34.4	6.7	0.3
オーストリア	19	1.47	5.2	36.0	83.7	99.3	55.9	12.3	0.8
スイス	20	1.47	1.7	21.5	74.8	112.3	67.6	14.7	1.1
クロアチア	20	1.48	7.6	39.5	88.0	99.5	50.7	10.9	0.5
ノルウェー	20	1.49	1.6	25.4	89.6	111.6	56.3	11.8	0.7
リトアニア	20	1.49	8.2	39.0	92.5	98.8	48.2	10.3	0.5
キューバ	20	1.51	50.3	88.8	79.2	53.7	25.5	4.6	0.2
ドイツ	20	1.54	6.5	32.5	81.5	109.8	62.8	13.7	0.7
ブルガリア	20	1.55	37.8	67.6	89.8	71.2	34.0	7.8	1.1
ラトビア	21	1.55	10.1	46.7	96.9	89.7	52.0	13.4	0.8
オランダ	20	1.55	2.3	22.2	86.2	126.2	61.8	11.6	0.5
イギリス	20	1.57	9.8	44.1	83.2	101.3	59.2	14.5	1.0
スロバキア	19	1.57	26.9	57.7	91.4	87.8	41.2	7.9	0.4
イラン	20	1.58	24.7	74.3	89.0	71.9	41.9	13.3	1.2
ハンガリー	20	1.58	21.4	49.6	84.3	96.5	52.6	11.4	0.7
オーストラリア	20	1.59	7.8	37.5	79.7	110.1	66.3	15.2	1.1
スロベニア	20	1.60	4.2	40.9	109.5	107.7	47.1	9.7	0.4
アイルランド	20	1.62	4.9	27.6	64.4	113.9	87.9	23.1	2.0
ニュージーランド	21	1.64	10.3	46.8	86.5	108.2	62.5	13.5	0.6
エストニア	19	1.67	8.5	46.6	102.6	101.3	58.7	15.7	1.1
デンマーク	20	1.68	1.6	25.5	105.5	128.1	61.8	12.7	0.8
スウェーデン	20	1.68	2.9	34.5	97.5	120.3	65.2	15.1	1.1
メキシコ	19	1.69	50.2	91.9	88.3	64.0	34.2	8.9	0.7
チェコ	20	1.71	9.2	49.7	108.9	110.4	53.3	10.2	0.7
マレーシア	20	1.71	7.6	39.8	96.9	107.3	68.6	21.1	1.6
アメリカ合衆国	18	1.73	17.4	68.0	95.3	99.7	52.6	11.8	0.8
トルコ	20	1.76	15.3	76.1	115.3	89.5	44.5	10.7	0.9
ルーマニア	20	1.78	35.0	75.4	109.4	87.1	40.6	8.5	0.5
南アフリカ	20	1.78	38.7	89.9	87.9	71.3	49.8	17.7	1.7
フランス	20	1.79	5.7	43.2	109.4	120.0	62.1	15.8	0.9
アルゼンチン	19	1.85	41.3	84.5	87.5	81.9	55.8	16.6	1.4
モロッコ	18	2.20	21.7	92.7	112.1	106.1	74.2	28.4	4.4
イスラエル	20	2.90	7.0	93.8	166.4	174.0	105.9	29.7	3.1

2-15 死亡率の推移

(単位：1,000人当たり)

国（地域）	1985	1990	1995	2000	2005	2010	2015	2020	2025	2035
世界	**10.0**	**9.3**	**8.9**	**8.5**	**8.1**	**7.8**	**7.5**	**8.1**	**7.6**	**8.2**
先進国	9.8	9.7	10.4	10.3	10.3	10.0	10.1	11.3	10.4	11.3
開発途上国	10.1	9.2	8.6	8.0	7.6	7.3	7.0	7.4	7.0	7.7
アジア										
日本	6.5	7.0	7.8	8.1	9.1	10.1	11.0	12.1	13.0	14.3
イラン	8.8	7.2	5.5	5.2	5.0	5.1	4.8	5.6	5.2	6.5
インド	12.1	10.7	9.6	8.7	7.9	7.4	6.7	7.4	6.7	7.4
インドネシア	8.9	8.1	7.5	7.4	7.3	7.4	7.5	9.0	7.7	8.8
韓国	6.0	5.3	5.3	5.0	5.1	5.2	5.5	6.2	7.4	10.0
サウジアラビア	6.2	4.8	4.0	3.5	2.9	2.5	2.5	2.9	3.0	4.1
タイ	6.2	5.6	6.0	6.0	6.3	6.3	6.7	7.3	7.9	9.7
中国	7.1	7.0	6.3	6.2	6.2	6.5	6.8	7.3	7.8	9.7
トルコ	8.0	6.8	6.2	5.6	5.4	5.3	5.1	6.4	5.4	6.4
パキスタン	11.4	10.7	10.2	8.8	8.4	7.6	7.1	7.1	6.6	6.6
バングラデシュ	13.7	11.7	9.5	6.9	6.4	6.1	5.8	5.8	5.4	5.9
フィリピン	7.8	6.8	5.9	5.7	5.5	5.6	5.7	5.6	5.7	6.5
ベトナム	7.6	6.8	5.9	5.8	5.9	6.2	6.4	6.2	7.0	8.2
北アメリカ										
アメリカ合衆国	8.8	8.6	8.7	8.5	8.2	8.0	8.3	9.7	8.7	9.7
カナダ	7.0	7.0	7.2	7.1	7.2	7.1	7.4	8.1	8.0	9.0
メキシコ	6.3	5.8	5.3	5.0	5.1	5.6	6.0	9.3	6.8	7.6
南アメリカ										
アルゼンチン	8.5	7.7	7.5	7.6	7.4	7.7	7.5	8.5	7.5	7.9
コロンビア	6.5	5.8	5.6	5.4	5.1	4.9	5.2	6.6	5.7	6.9
ブラジル	7.8	7.2	6.7	6.4	6.1	6.2	6.4	7.4	7.0	8.1
ヨーロッパ										
イギリス	11.9	11.2	11.1	10.3	9.6	9.0	9.2	10.1	9.2	9.9
イタリア	9.7	9.6	9.8	9.8	9.7	9.7	10.7	12.0	11.0	12.1
ウクライナ a	12.1	12.2	15.5	15.5	16.6	15.3	13.2	15.9	13.7	14.9
オランダ	8.5	8.6	8.8	8.8	8.4	8.2	8.7	9.6	9.2	10.6
スイス	9.2	9.5	9.0	8.7	8.2	8.0	8.2	8.8	8.2	9.2
スウェーデン	11.2	11.1	10.7	10.5	10.2	9.7	9.3	9.5	8.7	9.7
スペイン b	8.1	8.5	8.6	8.8	8.9	8.2	9.1	10.4	9.3	10.4
ドイツ	12.0	11.6	10.9	10.3	10.2	10.6	11.3	11.7	11.5	12.0
フランス	10.0	9.3	9.2	9.1	8.7	8.7	9.1	10.2	9.5	10.3
ポーランド	10.3	10.2	10.0	9.6	9.5	9.8	10.3	12.3	10.5	12.0
ロシア	11.4	11.0	15.4	15.5	16.2	14.3	13.0	14.2	12.2	13.2
アフリカ										
アルジェリア	7.6	5.7	5.7	5.0	4.9	4.8	4.4	5.4	4.4	5.1
ウガンダ	18.9	18.1	17.3	15.3	11.6	8.8	6.6	5.9	5.4	5.1
エジプト	10.4	8.2	7.0	6.4	6.2	6.0	5.8	5.9	5.5	5.9
エチオピア	26.8	20.1	16.9	14.8	12.2	9.0	7.2	6.6	5.8	5.4
ケニア	8.8	9.3	10.4	10.7	9.1	7.6	7.4	7.5	7.0	7.0
コンゴ民主共和国	18.2	16.8	15.7	14.6	13.1	11.7	10.4	9.5	8.6	7.7
スーダン	17.7	14.8	13.2	9.7	10.1	7.6	7.0	6.7	6.4	6.4
タンザニア c	15.0	14.5	14.4	13.3	10.9	8.9	7.0	6.2	5.4	4.9
ナイジェリア	18.8	18.6	18.9	17.5	15.9	14.6	13.8	13.0	12.0	10.8
南アフリカ	8.7	8.0	8.4	10.2	13.2	11.3	9.3	9.4	8.6	9.5
オセアニア										
オーストラリア d	7.5	7.0	7.0	6.8	6.5	6.5	6.6	6.4	6.9	7.8
ニュージーランド	8.4	7.9	7.6	6.9	6.6	6.6	6.6	6.4	6.9	8.1

a クリミアを含む。　b カナリア諸島、セウタ及びメリリャを含む。　c ザンジバルを含む。　d クリスマス島、ココス
（キーリング）諸島及びノーフォーク島を含む。

2-16 男女別平均寿命・健康寿命 (2019年)

(単位：年)

国（地域）	平均寿命 男女平均	男	女	健康寿命 男女平均	男	女	国（地域）	平均寿命 男女平均	男	女	健康寿命 男女平均	男	女
アジア							アイルランド	82	80	83	71	71	71
日本	84	81	87	74	73	75	イギリス	81	80	83	70	70	71
アフガニスタン	63	63	63	54	55	53	イタリア	83	81	85	72	71	73
アラブ首長国連邦	76	75	78	66	66	66	ウクライナ	73	68	78	64	61	68
イエメン	67	64	69	58	57	58	オーストリア	82	79	84	71	70	72
イスラエル	83	81	84	72	72	73	オランダ	82	80	83	71	71	72
イラク	72	70	75	63	62	64	ギリシャ	81	79	84	71	70	72
イラン	77	76	79	66	66	67	スイス	83	82	85	73	72	73
インド	71	70	72	60	60	60	スウェーデン	82	81	84	72	72	72
インドネシア	71	69	73	63	62	64	スペイン	83	81	86	72	71	73
ウズベキスタン	73	71	75	65	64	66	スロバキア	78	75	81	69	66	71
オマーン	74	73	75	65	65	65	チェコ	79	76	82	69	67	71
カザフスタン	74	70	78	65	62	67	デンマーク	81	80	83	71	71	71
韓国	83	80	86	73	71	75	ドイツ	82	79	85	71	70	72
カンボジア	70	67	73	62	60	63	ノルウェー	83	81	84	71	71	72
北朝鮮	73	69	76	65	63	67	ハンガリー	76	73	80	67	65	69
クウェート	81	79	84	70	70	71	フィンランド	82	79	84	71	70	72
サウジアラビア	74	73	76	64	64	64	フランス	82	80	85	72	71	73
シリア	73	71	74	63	62	63	ブルガリア	75	72	79	66	64	69
シンガポール	83	81	85	74	72	75	ベラルーシ	75	70	80	66	62	69
スリランカ	77	74	80	67	65	69	ベルギー	81	79	84	71	70	71
タイ	78	74	81	68	66	71	ポーランド	78	75	82	69	66	71
中国	77	75	80	69	67	70	ポルトガル	82	79	84	71	70	72
トルコ	79	76	81	68	68	69	ルーマニア	76	72	79	67	64	69
ネパール	71	69	73	61	60	62	ルクセンブルク	82	81	84	72	71	72
パキスタン	66	65	67	57	57	57	ロシア	73	68	78	64	61	68
バングラデシュ	74	73	76	64	64	64	**アフリカ**						
フィリピン	70	67	74	62	60	64	アルジェリア	77	76	78	66	67	66
ブルネイ	74	73	75	66	65	66	アンゴラ	63	61	66	55	54	56
ベトナム	74	70	78	66	62	68	エジプト	72	70	74	63	62	64
マレーシア	75	73	77	66	65	67	エスワティニ	58	53	63	50	47	54
ミャンマー	69	66	72	61	59	63	エチオピア	69	67	71	60	59	61
北アメリカ							ケニア	66	64	68	58	56	59
アメリカ合衆国	79	76	81	66	65	67	コートジボワール	63	61	66	55	53	56
カナダ	82	80	84	71	71	72	コンゴ民主共和国	62	60	65	54	53	55
キューバ	78	75	80	68	67	69	ザンビア	62	60	65	54	53	56
グアテマラ	72	69	75	62	60	64	シエラレオネ	61	60	62	53	53	53
ドミニカ共和国	73	70	76	64	62	66	スーダン	69	68	71	60	60	60
パナマ	79	77	82	69	67	70	ソマリア	56	54	59	50	48	51
メキシコ	76	73	79	66	64	67	タンザニア	67	65	69	58	58	59
南アメリカ							チャド	60	58	61	52	51	53
アルゼンチン	77	74	80	67	65	69	中央アフリカ	53	50	56	46	44	48
ウルグアイ	77	73	81	68	65	70	チュニジア	77	75	79	67	66	68
エクアドル	78	76	81	68	66	69	ナイジェリア	63	61	64	54	54	55
コロンビア	79	77	82	69	67	70	南アフリカ	65	62	68	56	55	58
チリ	81	78	83	70	69	71	モザンビーク	58	54	62	50	48	53
ブラジル	76	72	79	65	63	67	モロッコ	73	72	74	64	64	64
ベネズエラ	74	70	78	64	62	67	レソト	51	48	54	44	42	46
ペルー	80	78	81	70	69	70	**オセアニア**						
ヨーロッパ							オーストラリア	83	81	85	71	70	72
アイスランド	82	81	84	72	72	72	ニュージーランド	82	80	84	70	70	71

2-17　婚姻率・離婚率

（単位：1,000人当たり）

国（地域）	年次	婚姻率	離婚率	国（地域）	年次	婚姻率	離婚率
アジア				イギリス k	21	gj 1.3	1.7
日本 a	22	4.1	1.5	イタリア	21	3.1	1.4
アゼルバイジャン	22	6.1	b 1.7	ウクライナ	21	5.2	2.9
アルメニア	22	5.7	1.5	エストニア	22	5.4	1.9
イスラエル c	21	5.5	1.7	オーストリア	22	5.3	1.6
イラン	21	6.8	2.4	オランダ	22	g 4.0	bh 1.5
ウズベキスタン	22	8.3	1.4	北マケドニア	22	7.0	b 0.9
カザフスタン	22	6.5	2.3	ギリシャ	21	3.8	m 1.8
カタール	22	1.4	0.8	クロアチア	22	4.7	1.2
韓国	22	3.7	1.8	スイス	21	4.2	2.0
キプロス d	19	9.0	2.6	スウェーデン	22	g 4.6	bh 2.3
キルギス	22	6.8	1.8	スペイン	21	g 3.1	1.8
クウェート	22	3.2	2.0	スロバキア	22	5.4	1.5
ジョージア	22	7.1	3.8	スロベニア	22	3.2	1.0
シンガポール	22	7.2	b 1.9	セルビア n	22	4.8	1.4
タジキスタン	19	8.8	1.4	チェコ	21	4.5	2.0
トルコ	22	b 6.7	2.1	デンマーク p	22	5.6	b 2.2
香港	21	3.6	…	ドイツ	22	g 4.6	1.6
マレーシア	21	6.6	1.3	ノルウェー	22	g 3.8	h 1.5
モンゴル	22	5.1	1.3	ハンガリー	22	6.6	1.8
ヨルダン e	22	5.6	1.7	フィンランド	22	4.0	2.0
北アメリカ				フランス	20	g 2.3	…
アメリカ合衆国	19	6.1	f 2.3	ブルガリア	22	3.8	1.4
カナダ	20	2.6	* 1.1	ベラルーシ	22	6.3	b 3.7
キューバ	21	3.7	1.6	ベルギー	22	g 4.2	1.7
グアテマラ	22	4.7	0.6	ボスニア・ヘルツェゴビナ	19	5.4	0.8
コスタリカ	22	* 4.4	2.5	ポーランド	22	4.1	1.6
ジャマイカ	18	6.1	1.2	ポルトガル	22	g 3.6	bh 1.7
ドミニカ共和国	22	4.3	2.7	マルタ	21	4.4	0.6
パナマ	21	3.0	1.2	モルドバ	22	7.0	3.7
メキシコ	22	g 3.9	h 1.3	モンテネグロ	22	5.3	1.1
南アメリカ				ラトビア	22	6.3	2.9
アルゼンチン	21	2.5	…	リトアニア	22	5.7	2.6
ウルグアイ	21	2.3	j 0.7	ルーマニア	22	6.2	1.2
チリ	21	* 2.7	…	ルクセンブルク	22	g 3.8	1.9
ベネズエラ	*19	1.4	0.2	**アフリカ**			
ペルー	21	2.3	0.4	エジプト	21	8.6	2.4
ヨーロッパ				モーリシャス r	22	7.6	2.0
アイスランド	20	5.0	1.9	**オセアニア**			
アイルランド	22	g 4.6	j 0.6	オーストラリア	21	3.5	2.2
アルバニア	21	7.0	1.1	ニュージーランド	21	g 3.1	h 1.2

a 厚生労働省「令和4年 人口動態調査」による。　b 2021年。　c 東エルサレム及び1967年6月以降の占領地の自国民を含む。　d 政府管理地域のみ。　e 1967年6月以降イスラエル軍によって占領されているヨルダン領を除く。外国人を除く。登録されたパレスチナ難民を含む。　f カリフォルニア州・ハワイ州・インディアナ州・ミネソタ州・ニューメキシコ州を除く。　g 同性婚を含む。　h 同性離婚を含む。　j 2020年。　k チャネル諸島・マン島を除く。イングランド及びウェールズのみ。　m 2017年。　n コソボ・メトヒヤを除く。　p フェロー諸島・グリーンランドを除く。　r セントブランドン諸島・アガレガ諸島を除く。

2-18　国籍別正規入国外国人数

（単位：人）

国籍・地域	2018	2019	2020	2021	2022
総数	30,102,102	31,187,179	4,307,257	353,119	4,198,045
アジア					
インド	162,097	183,419	29,795	11,060	62,884
インドネシア	401,642	418,477	80,359	6,543	124,255
韓国	7,818,552	5,878,280	545,655	36,171	1,095,702
カンボジア	22,511	29,450	7,782	860	14,157
シンガポール	438,065	493,180	55,918	1,107	133,440
スリランカ	32,118	32,835	10,314	3,798	24,085
タイ	1,159,431	1,350,160	228,760	5,670	212,978
台湾	4,543,362	4,667,445	691,113	8,606	345,038
中国 a	9,145,265	10,778,157	1,409,147	66,297	492,279
トルコ	21,333	24,332	3,592	1,829	8,455
ネパール	48,158	56,148	18,894	13,141	79,260
パキスタン	22,526	23,709	9,519	7,170	16,789
バングラデシュ	17,186	18,392	5,623	2,436	14,436
フィリピン	625,738	774,026	158,227	20,275	187,240
ベトナム	405,873	517,234	159,826	27,747	301,394
マレーシア	469,628	504,310	78,008	2,121	76,409
ミャンマー	27,792	34,799	12,157	1,882	23,751
モンゴル	29,401	33,439	7,367	2,073	21,003
北アメリカ					
アメリカ合衆国	1,551,242	1,746,614	230,068	27,288	345,974
カナダ	330,926	375,627	55,029	4,495	59,755
メキシコ	68,890	71,959	9,920	1,366	9,844
南アメリカ					
アルゼンチン	24,398	24,581	4,470	882	2,539
コロンビア	10,860	12,612	1,479	691	2,052
チリ	14,285	13,489	3,474	311	2,049
ブラジル	86,581	93,948	23,305	10,959	32,788
ペルー	16,643	17,883	5,771	2,707	6,834
ヨーロッパ					
アイルランド	20,839	40,119	3,464	918	4,951
イギリス b	402,385	507,779	73,636	8,760	76,144
イタリア	152,492	165,460	14,516	4,152	25,513
オーストリア	24,393	27,690	3,726	977	5,287
オランダ	72,429	79,178	8,669	1,993	12,526
スイス	52,701	54,657	6,290	1,596	9,549
スウェーデン	54,829	54,914	7,876	1,285	8,498
スペイン	120,074	131,797	12,257	3,394	17,007
デンマーク	29,490	33,293	4,907	878	5,699
ドイツ	217,472	234,127	30,750	5,993	48,312
フィンランド	27,463	29,817	4,944	821	4,832
フランス	312,330	344,772	45,116	8,468	57,466
ベルギー	34,825	39,779	4,239	1,230	7,036
ポーランド	35,213	39,128	4,167	1,513	6,157
ロシア	100,140	125,596	23,318	5,735	12,508
アフリカ					
エジプト	5,309	6,765	1,475	1,376	2,576
ガーナ	2,178	2,277	622	656	1,155
ナイジェリア	3,198	3,827	1,214	1,273	2,069
南アフリカ	9,682	19,358	1,614	880	2,684
オセアニア					
オーストラリア	550,637	620,397	144,834	3,809	92,675
ニュージーランド	74,714	95,465	16,689	1,589	13,133
無国籍	849	902	149	38	147

a 中国国籍を有する者で、香港特別行政区（SAR）旅券を所持する者、中国及び香港を除く政府が発給した身分証明書等を所持する者を含む。　b 香港の居住権を有する者で、イギリス政府が発給した英国海外市民（BNO）旅券を所持する者を含む。

2-19 在留資格別在留外国人数(2022年末)

(単位：人)

国籍・地域 a	総数	男	女	永住者	非永住者				
					日本人の配偶者等	定住者	留学	就労 b	その他
総数	c 3,075,213	1,528,185	1,547,027	1,152,916	191,992	206,938	300,638	583,655	639,074
アジア									
アフガニスタン	5,306	3,434	1,872	256	69	300	195	1,659	2,827
イラン	4,237	3,310	927	2,649	437	227	272	380	272
インド	43,886	29,170	14,716	8,323	1,089	744	1,851	19,343	12,536
インドネシア	98,865	65,298	33,567	7,396	2,837	2,528	7,321	23,811	54,972
ウズベキスタン	5,513	4,295	1,218	393	159	69	2,553	878	1,461
韓国	411,312	189,140	222,172	335,410	13,999	7,080	14,124	30,624	10,075
カンボジア	19,604	10,343	9,261	1,719	614	198	682	3,240	13,151
シンガポール	3,306	1,362	1,944	1,167	420	35	377	1,058	249
スリランカ	37,251	25,514	11,737	3,802	1,698	570	6,124	13,798	11,259
タイ	56,701	15,885	40,816	21,470	8,134	4,214	3,919	7,812	11,152
台湾	57,294	19,372	37,922	25,191	4,924	1,559	6,938	15,350	3,332
中国	761,563	351,862	409,701	315,067	43,729	26,950	125,940	141,157	108,720
トルコ	6,080	4,813	1,267	1,181	1,493	381	338	792	1,895
ネパール	139,393	77,703	61,690	6,383	2,136	1,105	39,656	44,329	45,784
パキスタン	22,118	16,082	6,036	5,225	2,156	1,600	937	5,785	6,415
バングラデシュ	22,723	15,755	6,968	3,988	997	592	5,276	5,457	6,413
フィリピン	298,740	93,293	205,447	137,665	33,739	57,591	2,482	27,650	39,613
ベトナム	489,312	266,780	222,532	22,364	8,320	6,068	45,411	162,800	244,349
マレーシア	11,045	5,732	5,313	3,234	654	161	2,781	3,028	1,187
ミャンマー	56,239	25,783	30,456	2,798	828	2,508	5,925	14,880	29,300
モンゴル	16,580	8,059	8,521	1,412	560	413	4,008	3,703	6,484
ラオス	3,297	1,704	1,593	1,460	235	251	300	247	804
北アメリカ									
アメリカ合衆国	c 60,804	40,913	19,890	20,279	12,267	1,425	3,700	18,343	4,790
カナダ	10,926	7,733	3,193	4,241	1,970	146	559	3,215	795
メキシコ	3,232	1,901	1,331	994	674	158	534	628	244
南アメリカ									
アルゼンチン	3,151	1,782	1,369	1,759	405	360	109	286	232
コロンビア	2,636	1,071	1,565	1,320	427	454	145	222	68
パラグアイ	2,174	1,133	1,041	1,027	468	626	22	20	11
ブラジル	209,430	112,902	96,528	114,300	21,680	70,906	807	1,002	735
ペルー	48,914	25,511	23,403	33,287	3,929	11,161	177	191	169
ボリビア	6,403	3,376	3,027	3,016	786	2,527	22	34	18
ヨーロッパ									
イギリス	18,959	13,947	5,012	6,805	3,027	207	1,276	5,967	1,677
イタリア	4,987	3,406	1,581	1,335	1,075	78	869	1,322	308
ウクライナ	4,158	1,060	3,098	970	303	140	271	333	2,141
オランダ	1,677	1,207	470	400	254	15	360	414	234
スウェーデン	1,875	1,372	503	419	354	22	413	448	219
スペイン	3,708	2,474	1,234	931	663	72	641	1,031	370
ドイツ	8,264	5,308	2,956	1,995	1,051	102	1,823	2,014	1,279
フランス	14,339	10,153	4,186	3,576	2,496	158	2,129	4,092	1,888
ポーランド	1,689	798	891	531	298	21	206	412	221
ルーマニア	2,284	507	1,777	1,378	328	229	80	195	74
ロシア	10,681	3,917	6,764	4,422	1,398	422	1,379	2,027	1,033
アフリカ									
エジプト	2,243	1,388	855	404	160	55	364	449	811
ガーナ	2,665	2,042	623	1,243	449	241	224	243	265
ナイジェリア	3,672	2,951	721	1,655	706	195	304	358	454
オセアニア									
オーストラリア	10,831	7,632	3,199	3,417	2,031	148	524	2,932	1,779
ニュージーランド	3,497	2,526	971	1,164	575	50	110	1,009	589
無国籍	484	245	239	218	65	141	9	23	28

a 在留カード及び特別永住者証明書の「国籍・地域」欄に記載された国籍・地域。 b 専門的・技術的分野での就労。
c 性別「その他」を含む。

第3章　国民経済計算

3-1　世界の国内総生産（名目 GDP、構成比）
〔出典〕
UN, *National Accounts - Analysis of Main Aggregates (AMA)*
2023年9月ダウンロード

3-2　国内総生産（名目 GDP、米ドル表示）
〔出典〕
UN, *National Accounts - Analysis of Main Aggregates (AMA)*
2023年9月ダウンロード

3-3　1人当たり国内総生産（名目 GDP、米ドル表示）
〔出典〕
UN, *National Accounts - Analysis of Main Aggregates (AMA)*
2023年9月ダウンロード

3-4　国内総生産の実質成長率
〔出典〕
UN, *National Accounts - Analysis of Main Aggregates (AMA)*
2023年9月ダウンロード
〔解説〕
　　名目 GDP から物価変動による影響を除いた実質 GDP の成長率（対前年増減率）。

3-5　支出項目別国内総生産（名目 GDP、構成比）
〔出典〕
UN, *National Accounts - Analysis of Main Aggregates (AMA)*
2023年9月ダウンロード
〔解説〕
　　国によっては国内総生産に統計上の不突合を含むため、割合の合計が100にならない場合がある。
　民間最終消費支出：家計最終消費支出（個人企業を除いた消費主体としての家計の新規の財貨・サービスに対する支出）と対家計民間非営利団体最終消費支出（非市場生産者としての対家計民間非営利団体による財貨・サービスの産出額から財貨・サービスの販売及び自己勘定総固定資本形成を除いた価額）の合計。
　政府最終消費支出：一般政府による財貨・サービスの産出額（＝雇用者報酬、中間消費、固定資本減耗といった生産費用の積上げ）から財貨・サービスの販売及び自己勘定総固定資本形成を除き、現物社会移転を加えた額。
　総固定資本形成：生産者による会計期間中の固定資産の取得から処分を控除したものに、非生産資産の価値を増大させるような支出を加えた価額。

3-6　経済活動別粗付加価値（名目、構成比）
〔出典〕
UN, *National Accounts - Analysis of Main Aggregates (AMA)*
2023年9月ダウンロード

〔解説〕
　　国際標準産業分類（ISIC : International Standard Industrial Classification of All Economic Activities）の第 3 版 1 （Rev. 3. 1）による。
　　粗付加価値：産出額から中間投入を除いたもの。資本減耗分を含む。

3-7　経済活動別粗付加価値の実質成長率
〔出典〕
　　UN, *National Accounts - Analysis of Main Aggregates (AMA)*
　　2023年 9 月ダウンロード
〔解説〕
　　対前年増減率。「3-6　経済活動別粗付加価値」の解説を参照。

3-8　国民総所得（名目 GNI、米ドル表示）
〔出典〕
　　UN, *National Accounts - Analysis of Main Aggregates (AMA)*
　　2023年 9 月ダウンロード
〔解説〕
　　国民総所得（GNI）：当該国の居住者主体によって受け取られた所得の総額を示すもので、GDP に海外からの所得（雇用者報酬及び財産所得）の純受取を加えたもの。

3-9　OECD 加盟国の購買力平価の推移
〔出典〕
　　OECD, *OECD. Stat, National Accounts*
　　2023年10月ダウンロード
〔解説〕
　　購買力平価（PPP : Purchasing Power Parities）：経済活動を国際比較するために、国家間の物価水準における差を除去することによって、異なる通貨の購買力を等しくする通貨換算率。OECD 推計値を含む場合がある。
　　なお、詳細な情報は、総務省ホームページ「国際比較プログラム（ICP）への参加」（https://www.soumu.go.jp/toukei_toukatsu/index/kokusai/icp.html）を参照。

3-10　OECD 加盟国の購買力平価による 1 人当たり国内総生産
〔出典〕
　　OECD, *OECD. Stat, National Accounts*
　　2023年10月ダウンロード
〔解説〕
　　ユーロ参加国については、ユーロ導入以前の年についても、EU が固定為替レートによりユーロ建てに換算した値が用いられている。

3-11　世界の購買力平価と購買力平価による国内総生産
〔出典〕
　　The World Bank, *World Development Indicators*
　　2023年10月ダウンロード
〔解説〕
　　詳細な情報については、世界銀行ホームページ「International Comparison Program」又は総務省ホームページ「国際比較プログラム（ICP）への参加」を参照。

3-1 世界の国内総生産（名目GDP、構成比）

（単位：%）

国（地域）	2017	2018	2019	2020	2021
世界					
GDP（10億ドル）	81,407.1	86,601.6	87,728.7	85,311.0	96,698.0
構成比	100.0	100.0	100.0	100.0	100.0
アジア					
日本	6.1	5.8	5.8	5.9	5.1
アラブ首長国連邦	0.5	0.5	0.5	0.4	0.4
イスラエル	0.4	0.4	0.5	0.5	0.5
イラン	0.6	0.6	0.6	0.6	0.6
インド	3.2	3.2	3.2	3.1	3.3
インドネシア	1.2	1.2	1.3	1.2	1.2
韓国	2.0	2.0	1.9	1.9	1.9
サウジアラビア	0.8	0.9	0.9	0.8	0.9
シンガポール	0.4	0.4	0.4	0.4	0.4
タイ	0.6	0.6	0.6	0.6	0.5
中国	15.1	16.0	16.3	17.2	18.3
トルコ	1.1	0.9	0.9	0.8	0.8
バングラデシュ	0.4	0.4	0.4	0.4	0.4
フィリピン	0.4	0.4	0.4	0.4	0.4
香港	0.4	0.4	0.4	0.4	0.4
マレーシア	0.4	0.4	0.4	0.4	0.4
北アメリカ					
アメリカ合衆国	23.9	23.7	24.4	24.7	24.1
カナダ	2.0	2.0	2.0	1.9	2.1
メキシコ	1.4	1.4	1.4	1.3	1.3
南アメリカ					
アルゼンチン	0.8	0.6	0.5	0.5	0.5
ブラジル	2.5	2.2	2.1	1.7	1.7
ヨーロッパ					
イギリス	3.3	3.3	3.3	3.2	3.2
イタリア	2.4	2.4	2.3	2.2	2.2
オランダ	1.0	1.1	1.0	1.1	1.0
スペイン	1.6	1.6	1.6	1.5	1.5
ドイツ	4.5	4.6	4.4	4.6	4.4
フランス	3.2	3.2	3.1	3.1	3.1
ポーランド	0.6	0.7	0.7	0.7	0.7
ロシア	1.9	1.9	1.9	1.7	1.8
アフリカ					
エジプト	0.2	0.3	0.4	0.4	0.4
ナイジェリア	0.5	0.5	0.5	0.5	0.4
南アフリカ	0.5	0.5	0.4	0.4	0.4
オセアニア					
オーストラリア	1.7	1.7	1.6	1.7	1.8

3-2　国内総生産（名目GDP、米ドル表示）(1)

（単位：100万米ドル）

国（地域）	2005	2010	2015	2017	2018	2019	2020	2021
世界	47,775,404	66,578,017	75,283,835	81,407,118	86,601,598	87,728,744	85,311,030	96,698,005
アジア								
日本 a	4,834,200	5,759,200	4,445,400	4,931,300	5,042,500	5,117,900	5,048,300	5,003,700
アラブ首長国連邦	182,978	289,787	358,135	385,606	422,215	417,216	357,219	405,468
イスラエル	142,657	234,655	300,078	355,277	373,641	397,935	407,101	481,591
イラク	49,955	138,517	166,774	187,218	227,367	233,636	180,924	204,004
イラン	228,899	523,804	417,210	503,710	526,365	519,356	543,654	594,892
インド	823,612	1,669,620	2,146,759	2,624,329	2,763,197	2,850,733	2,672,204	3,201,471
インドネシア	304,372	755,094	860,854	1,015,619	1,042,272	1,119,100	1,058,689	1,186,093
カザフスタン	57,124	148,047	184,388	166,806	179,340	181,667	171,082	193,018
カタール	44,530	125,122	161,740	161,099	183,335	176,371	144,411	179,571
韓国	934,901	1,144,067	1,465,773	1,623,901	1,724,755	1,651,223	1,644,313	1,810,966
サウジアラビア	328,461	528,207	654,270	688,586	816,579	803,616	703,368	833,541
シンガポール	127,808	239,808	307,999	343,187	376,987	375,484	345,286	396,992
タイ	189,318	341,105	401,296	456,357	506,754	544,081	500,225	505,982
台湾 b	374,042	444,245	534,474	590,780	609,251	611,336	673,252	775,838
中国	2,285,962	6,087,188	11,061,570	12,310,492	13,894,906	14,279,966	14,687,744	17,734,131
トルコ	506,315	776,967	864,314	858,989	778,477	759,935	720,289	819,034
ネパール	8,713	18,365	23,667	29,443	31,732	34,268	32,859	36,207
バーレーン	15,969	25,713	31,051	35,474	37,802	38,653	34,723	38,869
パキスタン	117,708	182,960	297,019	337,137	321,692	291,919	293,752	342,501
バングラデシュ	57,628	123,085	228,785	288,958	316,206	349,474	373,562	414,907
フィリピン	107,420	208,369	306,446	328,481	346,842	376,823	361,751	394,086
ベトナム	57,633	147,201	239,258	281,354	310,106	334,365	346,616	366,138
香港	181,569	228,639	309,386	341,271	361,731	363,052	344,930	369,174
マレーシア	143,534	255,018	301,355	319,109	358,789	365,279	337,008	372,702
北アメリカ								
アメリカ合衆国	13,039,197	15,048,970	18,206,023	19,477,337	20,533,058	21,380,976	21,060,474	23,315,081
カナダ	1,173,158	1,617,267	1,556,129	1,649,519	1,721,906	1,741,497	1,645,423	1,988,336
キューバ	42,644	64,328	87,206	96,851	100,050	103,428	107,352	126,694
コスタリカ	20,045	37,659	56,442	60,516	62,420	64,418	62,158	64,282
ドミニカ共和国	35,510	53,160	71,155	79,998	85,555	88,941	78,845	94,243
メキシコ	877,477	1,057,801	1,171,870	1,158,912	1,222,406	1,269,010	1,090,515	1,272,839
南アメリカ								
アルゼンチン	200,622	426,487	644,903	643,628	524,820	447,755	385,540	487,227
エクアドル	41,507	69,555	99,290	104,296	107,562	108,108	99,291	106,166
コロンビア	145,619	286,563	293,482	311,884	334,198	323,110	270,300	314,464
チリ	122,965	218,538	243,919	277,035	295,403	278,585	252,727	317,059
ブラジル	891,634	2,208,838	1,802,212	2,063,515	1,916,934	1,881,459	1,448,566	1,608,981
ベネズエラ	145,514	393,806	344,341	247,932	204,077	150,165	106,499	111,813
ペルー	76,080	147,528	189,803	211,008	222,597	228,326	201,703	223,252
ヨーロッパ								
アイスランド	16,853	13,751	17,517	24,728	26,264	24,826	21,695	25,602
アイルランド	211,793	221,697	291,658	336,378	385,737	399,322	425,852	504,183

3-2　国内総生産（名目GDP、米ドル表示）（2）

（単位：100万米ドル）

国（地域）	2005	2010	2015	2017	2018	2019	2020	2021
イギリス	2,544,813	2,491,397	2,934,858	2,683,399	2,878,152	2,857,058	2,704,609	3,131,378
イタリア	1,857,478	2,134,018	1,835,899	1,961,796	2,091,932	2,011,302	1,896,755	2,107,703
エストニア	14,104	19,535	22,882	26,924	30,625	31,082	31,370	37,191
オーストリア	315,967	391,893	381,818	417,261	454,991	444,621	435,225	480,368
オランダ	685,076	846,555	765,265	833,870	914,043	910,194	909,793	1,012,847
ギリシャ	247,777	296,835	195,605	199,844	212,049	205,257	188,926	214,874
スイス	420,553	603,434	702,150	704,479	735,539	731,718	752,248	812,867
スウェーデン	392,219	495,813	505,104	541,019	555,455	533,880	547,054	635,664
スペイン	1,153,257	1,420,722	1,195,676	1,313,245	1,421,703	1,394,320	1,276,963	1,427,381
スロバキア	49,033	91,074	88,865	95,650	106,138	105,720	106,697	116,527
スロベニア	36,204	48,161	43,090	48,589	54,178	54,332	53,707	61,749
チェコ	137,143	209,070	188,033	218,629	249,001	252,548	245,975	281,778
デンマーク	264,467	321,995	302,673	332,121	356,841	346,499	355,222	398,303
ドイツ	2,845,732	3,396,354	3,356,236	3,690,849	3,974,443	3,888,226	3,889,669	4,259,935
ノルウェー	308,884	428,757	385,802	398,394	437,000	404,941	362,198	482,175
ハンガリー	113,211	132,175	125,174	143,112	160,565	163,989	157,182	181,848
フィンランド	204,804	249,181	234,440	255,648	275,708	268,515	271,892	297,302
フランス	2,196,071	2,642,610	2,438,208	2,595,151	2,790,957	2,728,870	2,639,009	2,957,880
ベルギー	385,561	480,952	462,150	502,765	543,299	535,831	525,212	594,104
ポーランド	306,146	475,697	477,111	524,641	588,780	596,058	599,443	679,442
ポルトガル	197,175	237,881	199,314	221,358	242,313	239,987	229,032	253,663
ラトビア	17,003	23,964	27,252	30,484	34,429	34,344	34,602	39,854
リトアニア	26,113	37,138	41,419	47,759	53,751	54,752	56,847	66,445
ルーマニア	98,454	170,029	177,884	210,147	243,316	251,018	251,363	284,086
ルクセンブルク	37,657	56,159	60,047	65,712	71,000	69,826	73,993	85,506
ロシア	771,495	1,539,845	1,363,482	1,574,199	1,657,329	1,693,115	1,489,362	1,778,782
アフリカ								
アルジェリア	103,198	161,207	165,979	170,097	174,911	171,760	145,744	163,473
アンゴラ	36,971	83,799	116,194	122,124	101,353	83,137	54,821	70,533
エジプト	94,456	214,630	317,745	195,135	249,751	317,347	371,530	425,906
エチオピア	12,164	26,311	63,079	76,795	80,210	92,562	96,611	99,269
ガーナ	22,765	42,587	50,034	60,403	67,277	68,353	70,043	79,083
ケニア	23,559	45,406	70,121	82,036	92,203	100,378	100,667	110,347
コンゴ民主共和国	11,965	21,566	37,918	37,642	47,146	47,320	45,308	52,850
スーダン	...	54,740	83,934	122,073	48,363	35,119	34,286	35,867
チュニジア	32,272	44,051	45,779	42,164	42,687	41,906	42,538	46,687
ナイジェリア	176,134	363,360	494,583	375,745	421,737	474,517	429,899	430,923
南アフリカ	288,867	417,364	346,486	380,851	403,946	388,531	337,620	419,016
モロッコ	62,545	96,428	110,414	118,541	127,341	128,920	121,348	142,867
リビア	48,853	75,381	48,718	67,157	76,686	69,254	46,842	39,006
オセアニア								
オーストラリア	762,829	1,301,097	1,245,248	1,412,243	1,454,420	1,376,060	1,431,725	1,734,532
ニュージーランド	114,722	146,518	178,064	206,624	211,953	213,435	212,214	250,451

a 内閣府経済社会総合研究所「2021年度国民経済計算年次推計」による。　b 台湾行政院主計総処による。

3-3　1人当たり国内総生産（名目GDP、米ドル表示）(1)

（単位：米ドル）

国（地域）	2005	2010	2015	2017	2018	2019	2020	2021
世界	7,287	9,533	10,140	10,715	11,274	11,301	10,883	12,229
アジア								
日本 a	37,839	44,979	34,973	38,852	39,776	40,431	39,984	39,803
アラブ首長国連邦	42,742	34,166	40,164	42,522	46,193	45,292	38,463	43,295
イスラエル	21,247	32,020	37,473	42,757	44,184	46,229	46,486	54,111
イラク	1,741	4,430	4,417	4,725	5,601	5,621	4,251	4,686
イラン	3,261	6,949	5,101	5,961	6,148	6,000	6,228	6,766
インド	713	1,346	1,623	1,938	2,018	2,061	1,914	2,274
インドネシア	1,330	3,094	3,323	3,840	3,903	4,151	3,894	4,333
カザフスタン	3,649	8,904	10,338	9,108	9,674	9,687	9,014	10,055
カタール	52,468	73,021	66,985	59,408	66,264	62,827	52,316	66,799
韓国	19,522	23,438	28,744	31,525	33,376	31,875	31,716	34,940
サウジアラビア	13,463	17,959	19,978	20,138	23,319	22,430	19,540	23,186
シンガポール	29,417	46,442	54,513	59,535	64,835	64,006	58,425	66,822
タイ	2,876	4,996	5,709	6,437	7,125	7,630	6,999	7,067
台湾 b	16,456	19,197	22,780	25,080	25,838	25,908	28,549	33,059
中国	1,752	4,515	7,937	8,729	9,805	10,043	10,308	12,437
トルコ	7,369	10,615	10,852	10,464	9,401	9,103	8,561	9,661
ネパール	331	676	857	1,045	1,113	1,189	1,120	1,206
バーレーン	17,705	21,187	22,795	24,350	25,416	25,869	23,502	26,563
パキスタン	675	941	1,408	1,558	1,464	1,307	1,293	1,480
バングラデシュ	409	829	1,450	1,786	1,932	2,111	2,231	2,450
フィリピン	1,245	2,202	2,974	3,077	3,195	3,414	3,224	3,461
ベトナム	693	1,684	2,595	2,992	3,267	3,491	3,586	3,756
香港	26,175	32,056	41,810	45,737	48,350	48,432	45,985	49,259
マレーシア	5,537	8,880	9,700	9,980	11,074	11,135	10,151	11,101
北アメリカ								
アメリカ合衆国	43,926	48,361	56,086	59,060	61,820	63,954	62,691	69,185
カナダ	36,415	47,618	43,550	45,125	46,494	46,412	43,428	52,112
キューバ	3,792	5,698	7,690	8,543	8,832	9,139	9,500	11,255
コスタリカ	4,644	8,147	11,530	12,118	12,383	12,669	12,133	12,472
ドミニカ共和国	3,875	5,438	6,838	7,513	7,947	8,173	7,168	8,477
メキシコ	8,322	9,400	9,753	9,434	9,857	10,145	8,655	10,046
南アメリカ								
アルゼンチン	5,135	10,377	14,909	14,610	11,817	10,007	8,561	10,761
エクアドル	3,014	4,640	6,131	6,246	6,321	6,233	5,645	5,965
コロンビア	3,449	6,394	6,228	6,450	6,782	6,438	5,307	6,104
チリ	7,602	12,852	13,650	15,082	15,796	14,632	13,094	16,265
ブラジル	4,773	11,249	8,783	9,897	9,121	8,884	6,795	7,507
ベネズエラ	5,456	13,714	11,279	8,112	6,842	5,183	3,738	3,965
ペルー	2,703	5,047	6,180	6,676	6,912	6,956	6,056	6,622
ヨーロッパ								
アイスランド	56,738	43,197	52,912	71,962	74,414	68,813	59,167	69,133
アイルランド	51,391	48,998	62,510	70,492	79,788	81,560	86,098	101,109

3-3 1人当たり国内総生産（名目GDP、米ドル表示）(2)

（単位：米ドル）

国（地域）	2005	2010	2015	2017	2018	2019	2020	2021
イギリス	42,144	39,697	44,996	40,618	43,324	42,784	40,331	46,542
イタリア	31,915	35,673	30,480	32,694	34,937	33,674	31,878	35,579
エストニア	10,412	14,671	17,405	20,435	23,163	23,422	23,597	27,991
オーストリア	38,406	46,861	44,179	47,430	51,467	50,070	48,859	53,840
オランダ	42,128	50,945	44,907	48,461	52,878	52,421	52,183	57,871
ギリシャ	22,295	26,902	18,100	18,691	19,942	19,411	17,972	20,571
スイス	56,614	77,142	84,783	83,354	86,387	85,326	87,080	93,525
スウェーデン	43,331	52,849	51,283	53,789	54,658	51,995	52,759	60,730
スペイン	26,399	30,505	25,751	28,191	30,383	29,584	26,961	30,058
スロバキア	9,120	16,877	16,382	17,585	19,486	19,384	19,553	21,390
スロベニア	18,059	23,410	20,708	23,155	25,726	25,714	25,362	29,135
チェコ	13,341	19,978	17,867	20,760	23,636	23,968	23,357	26,809
デンマーク	48,648	58,008	53,308	57,888	61,880	59,784	60,976	68,037
ドイツ	35,041	41,763	40,893	44,670	47,945	46,763	46,678	51,073
ノルウェー	66,805	87,685	74,330	75,491	82,262	75,714	67,325	89,242
ハンガリー	11,238	13,235	12,715	14,620	16,424	16,782	16,120	18,728
フィンランド	39,040	46,461	42,785	46,413	49,988	48,630	49,171	53,703
フランス	35,117	40,926	36,931	39,088	41,938	40,915	39,506	44,229
ベルギー	36,661	44,213	41,086	44,162	47,456	46,551	45,427	51,166
ポーランド	7,936	12,325	12,375	13,615	15,284	15,485	15,599	17,736
ポルトガル	18,737	22,466	19,229	21,475	23,549	23,323	22,240	24,651
ラトビア	7,614	11,403	13,681	15,594	17,787	17,920	18,240	21,267
リトアニア	7,741	11,831	13,975	16,443	18,689	19,217	20,156	23,844
ルーマニア	4,668	8,361	8,936	10,668	12,410	12,857	12,929	14,698
ルクセンブルク	81,008	110,752	105,456	110,203	116,794	112,627	117,374	133,745
ロシア	5,365	10,750	9,425	10,823	11,379	11,617	10,228	12,259
アフリカ								
アルジェリア	3,131	4,496	4,197	4,135	4,172	4,022	3,354	3,700
アンゴラ	1,901	3,587	4,131	4,043	3,241	2,570	1,640	2,044
エジプト	1,195	2,460	3,251	1,917	2,407	3,005	3,457	3,898
エチオピア	157	295	616	710	722	811	824	825
ガーナ	1,012	1,665	1,733	1,999	2,179	2,168	2,177	2,409
ケニア	657	1,094	1,497	1,676	1,846	1,970	1,936	2,082
コンゴ民主共和国	212	325	482	447	541	526	488	551
スーダン	…	1,622	2,199	3,001	1,152	812	771	786
チュニジア	3,107	4,043	3,961	3,570	3,577	3,478	3,498	3,807
ナイジェリア	1,254	2,258	2,688	1,942	2,126	2,334	2,064	2,019
南アフリカ	5,893	8,060	6,201	6,724	7,045	6,689	5,742	7,055
モロッコ	2,055	2,970	3,184	3,337	3,544	3,551	3,307	3,853
リビア	8,368	11,611	7,868	10,529	11,838	10,542	7,040	5,791
オセアニア								
オーストラリア	37,817	59,089	52,277	57,431	58,225	54,267	55,774	66,916
ニュージーランド	27,759	33,711	38,789	43,534	43,805	43,040	41,930	48,824

a 内閣府経済社会総合研究所「2021年度国民経済計算年次推計」による。　　b 台湾行政院主計総処による。

3-4　国内総生産の実質成長率(1)

(単位：%)

国（地域）	2011	2012	2013	2014	2015	2016	2017	2018	2019	2020	2021
世界	3.4	2.7	2.8	3.0	3.1	2.7	3.3	3.2	2.5	-3.1	5.9
アジア											
日本 a	0.0	1.4	2.0	0.3	1.6	0.8	1.7	0.6	-0.4	-4.3	2.1
アラブ首長国連邦	6.9	4.5	5.1	4.4	5.1	3.0	2.4	1.2	3.4	-4.8	3.8
イスラエル	5.5	2.8	4.8	4.1	2.3	4.5	4.4	4.0	3.8	-2.2	8.2
イラク	7.5	13.9	7.6	0.2	4.7	13.8	-1.8	2.6	6.5	-12.8	2.8
イラン	3.8	-3.7	-1.5	5.0	-1.4	8.8	2.8	-2.3	-3.1	3.3	4.7
インド	5.2	5.5	6.4	7.4	8.0	8.3	6.8	6.5	3.7	-6.6	8.7
インドネシア	6.2	6.0	5.6	5.0	4.9	5.0	5.1	5.2	5.0	-2.1	3.7
カザフスタン	8.9	4.8	6.0	4.2	1.2	1.1	6.8	4.1	4.5	-2.5	4.1
カタール	13.0	4.7	5.6	5.3	4.8	3.1	-1.5	1.2	0.7	-3.6	1.5
韓国	3.7	2.4	3.2	3.2	2.8	2.9	3.2	2.9	2.2	-0.7	4.1
サウジアラビア	10.0	5.4	2.7	3.7	4.1	1.7	-0.7	2.5	0.3	-4.1	3.2
シンガポール	6.2	4.4	4.8	3.9	3.0	3.6	4.7	3.7	1.1	-4.1	7.6
タイ	0.8	7.2	2.7	1.0	3.1	3.4	4.2	4.2	2.2	-6.2	1.6
台湾 b	3.7	2.2	2.5	4.7	1.5	2.2	3.3	2.8	3.1	3.4	6.5
中国	9.6	7.9	7.8	7.4	7.0	6.8	6.9	6.7	6.0	2.2	8.1
トルコ	11.2	4.8	8.5	4.9	6.1	3.3	7.5	3.0	0.8	1.9	11.4
ネパール	4.6	4.7	3.5	6.0	4.0	0.4	9.0	7.6	6.7	-2.4	4.2
バーレーン	2.0	3.7	5.4	4.4	2.5	3.6	4.3	2.1	2.1	-4.9	2.2
パキスタン	4.0	4.7	5.6	5.9	6.0	6.8	4.4	6.2	2.5	-1.3	6.5
バングラデシュ	8.4	8.5	7.9	8.0	8.5	9.1	6.6	7.3	7.9	3.4	6.9
フィリピン	3.9	6.9	6.8	6.3	6.3	7.1	6.9	6.3	6.1	-9.5	5.7
ベトナム	6.4	5.5	5.6	6.4	7.0	6.7	6.9	7.5	7.4	2.9	2.6
香港	4.8	1.7	3.1	2.8	2.4	2.2	3.8	2.8	-1.7	-6.5	6.3
マレーシア	5.3	5.5	4.7	6.0	5.1	4.4	5.8	4.8	4.4	-5.6	3.1
北アメリカ											
アメリカ合衆国	1.5	2.3	1.8	2.3	2.7	1.7	2.2	2.9	2.3	-2.8	5.9
カナダ	3.1	1.8	2.3	2.9	0.7	1.0	3.0	2.4	1.9	-4.9	4.5
キューバ	2.8	3.0	2.7	1.0	4.4	0.5	1.8	2.2	-0.2	-10.9	1.3
コスタリカ	4.4	4.9	2.5	3.5	3.7	4.2	4.2	2.6	2.4	-4.1	7.6
ドミニカ共和国	3.1	2.7	4.9	7.1	6.9	6.7	4.7	7.0	5.1	-6.7	12.3
メキシコ	3.7	3.6	1.4	2.8	3.3	2.6	2.1	2.2	-0.2	-8.0	4.7
南アメリカ											
アルゼンチン	6.0	-1.0	2.4	-2.5	2.7	-2.1	2.8	-2.6	-2.0	-9.9	10.4
エクアドル	7.9	5.6	4.9	3.8	0.1	-1.2	2.4	1.3	0.0	-7.8	4.2
コロンビア	6.9	3.9	5.1	4.5	3.0	2.1	1.4	2.6	3.2	-7.0	10.7
チリ	6.1	5.3	4.0	1.8	2.3	1.7	1.2	3.7	0.8	-6.0	11.7
ブラジル	4.0	1.9	3.0	0.5	-3.5	-3.3	1.3	1.8	1.2	-3.9	4.6
ベネズエラ	4.2	5.6	1.3	-3.9	-6.2	-17.0	-15.7	-19.6	-27.7	-30.0	0.5
ペルー	6.3	6.1	5.9	2.4	3.3	4.0	2.5	4.0	2.2	-11.0	13.3
ヨーロッパ											
アイスランド	1.8	1.1	4.6	1.7	4.4	6.3	4.2	4.9	2.4	-6.8	4.4
アイルランド	0.8	-0.0	1.1	8.6	24.4	2.0	9.0	8.5	5.4	6.2	13.6

3-4　国内総生産の実質成長率(2)

(単位：%)

国（地域）	2011	2012	2013	2014	2015	2016	2017	2018	2019	2020	2021
イギリス	1.1	1.4	1.8	3.2	2.4	2.2	2.4	1.7	1.6	-11.0	7.5
イタリア	0.7	-3.0	-1.8	-0.0	0.8	1.3	1.7	0.9	0.5	-9.0	6.7
エストニア	7.3	3.2	1.5	3.0	1.9	3.2	5.8	3.8	3.7	-0.6	8.0
オーストリア	2.9	0.7	0.0	0.7	1.0	2.0	2.3	2.4	1.5	-6.5	4.6
オランダ	1.6	-1.0	-0.1	1.4	2.0	2.2	2.9	2.4	2.0	-3.9	4.9
ギリシャ	-10.1	-7.1	-2.5	0.5	-0.2	-0.5	1.1	1.7	1.9	-9.0	8.4
スイス	1.9	1.2	1.8	2.4	1.7	2.0	1.6	2.9	1.2	-2.4	3.7
スウェーデン	3.2	-0.6	1.2	2.7	4.5	2.1	2.6	2.0	2.0	-2.2	5.1
スペイン	-0.8	-3.0	-1.4	1.4	3.8	3.0	3.0	2.3	2.0	-11.3	5.5
スロバキア	2.7	1.3	0.6	2.7	5.2	1.9	2.9	4.0	2.5	-3.4	3.0
スロベニア	0.9	-2.6	-1.0	2.8	2.2	3.2	4.8	4.5	3.5	-4.3	8.2
チェコ	1.8	-0.8	-0.0	2.3	5.4	2.5	5.2	3.2	3.0	-5.5	3.5
デンマーク	1.3	0.2	0.9	1.6	2.3	3.2	2.8	2.0	1.5	-2.0	4.9
ドイツ	3.9	0.4	0.4	2.2	1.5	2.2	2.7	1.0	1.1	-3.7	2.6
ノルウェー	1.0	2.7	1.0	2.0	2.0	1.1	2.3	1.1	0.7	-0.7	3.9
ハンガリー	1.9	-1.3	1.8	4.2	3.7	2.2	4.3	5.4	4.9	-4.5	7.1
フィンランド	2.5	-1.4	-0.9	-0.4	0.5	2.8	3.2	1.1	1.2	-2.2	3.0
フランス	2.2	0.3	0.6	1.0	1.1	1.1	2.3	1.9	1.8	-7.8	6.8
ベルギー	1.7	0.7	0.5	1.6	2.0	1.3	1.6	1.8	2.2	-5.4	6.1
ポーランド	5.0	1.5	0.9	3.8	4.4	3.0	5.1	5.9	4.5	-2.0	6.8
ポルトガル	-1.7	-4.1	-0.9	0.8	1.8	2.0	3.5	2.8	2.7	-8.3	5.5
ラトビア	2.6	7.0	2.0	1.9	3.9	2.4	3.3	4.0	2.6	-2.2	4.1
リトアニア	6.0	3.8	3.6	3.5	2.0	2.5	4.3	4.0	4.6	-0.0	6.0
ルーマニア	4.5	1.9	0.3	4.1	3.2	2.9	8.2	6.0	3.9	-3.7	5.1
ルクセンブルク	1.0	1.6	3.2	2.6	2.3	5.0	1.3	1.2	2.3	-0.8	5.1
ロシア	4.0	4.0	1.8	0.7	-2.0	0.2	1.8	2.8	2.2	-2.7	4.7
アフリカ											
アルジェリア	2.9	3.4	2.8	3.8	3.7	3.2	1.3	1.2	1.0	-5.1	3.4
アンゴラ	3.5	8.5	5.0	4.8	0.9	-2.6	-0.1	-1.3	-0.7	-5.6	1.1
エジプト	1.8	2.2	2.2	2.9	4.4	4.3	4.2	5.3	5.6	3.6	8.8
エチオピア	13.2	8.6	10.6	10.3	10.4	7.6	9.6	6.8	8.4	6.1	5.6
ガーナ	14.0	9.3	8.0	2.9	2.1	3.4	8.1	6.2	6.5	0.5	5.4
ケニア	5.1	4.5	3.8	5.0	5.0	4.2	3.8	5.6	5.2	-0.3	7.5
コンゴ民主共和国	6.9	7.1	8.5	9.5	6.9	2.4	3.7	5.8	4.4	1.7	5.7
スーダン	-2.8	0.7	6.8	7.0	3.0	3.6	4.7	2.8	1.3	-3.6	0.1
チュニジア	-0.8	5.3	4.0	4.1	2.4	6.1	2.2	2.6	1.5	-8.6	4.3
ナイジェリア	5.3	4.2	6.7	6.3	2.7	-1.6	0.8	1.9	2.2	-1.8	3.6
南アフリカ	3.2	2.4	2.5	1.4	1.3	0.7	1.2	1.5	0.3	-6.3	4.9
モロッコ	7.5	3.5	6.1	5.2	4.3	-2.6	0.8	-1.0	-2.1	-12.4	1.7
リビア	-50.3	86.8	-18.0	-23.0	-0.8	-1.5	32.5	7.9	-11.2	-29.5	28.3
オセアニア											
オーストラリア	3.9	2.6	2.6	2.2	2.7	2.3	2.9	2.2	-0.1	2.2	3.6
ニュージーランド	2.7	2.6	2.1	3.7	4.2	3.7	4.4	4.0	2.6	-0.3	3.7

a 内閣府経済社会総合研究所「2021年度国民経済計算年次推計」による。　b 台湾行政院主計総処による。

3-5　支出項目別国内総生産（名目GDP、構成比）（2021年）

国（地域）	通貨単位	国内総生産	国内総生産に対する割合（%）				
			民間最終消費支出	政府最終消費支出	総固定資本形成	在庫変動	財貨・サービスの純輸出
アジア							
日本 a	10億円	549,379	54	21	26	0	-1
イスラエル	10億新シェケル	1,556	51	22	21	2	4
イラン	10億イランリアル	66,411,712	44	14	26	14	0
インド	10億インドルピー	236,646	60	11	30	1	-2
インドネシア	10億ルピア	16,970,789	56	9	31	1	3
韓国	10億ウォン	2,071,658	46	18	32	1	4
サウジアラビア	10億サウジアラビアリヤル	3,126	41	24	24	0	10
シンガポール	10億シンガポールドル	533	31	12	23	1	31
タイ	10億バーツ	16,180	52	18	24	6	-0
中国	10億人民元	114,367	38	16	42	1	3
トルコ	10億トルコリラ	7,249	55	13	28	...	-0
フィリピン	10億フィリピンペソ	19,411	75	16	22	-1	-12
マレーシア	10億リンギット	1,544	58	13	19	3	7
北アメリカ							
アメリカ合衆国	10億米ドル	23,315	68	14	21	-0	-4
カナダ	10億カナダドル	2,493	55	22	24	-0	0
メキシコ	10億メキシコペソ	25,804	65	12	20	1	-2
南アメリカ							
アルゼンチン	10億アルゼンチンペソ	46,282	61	16	17	0	3
ブラジル	10億レアル	8,679	61	19	19	-0	1
ヨーロッパ							
イギリス	10億スターリングポンド	2,277	60	22	18	0	-1
イタリア	10億ユーロ	1,782	58	20	20	-0	2
オーストリア	10億ユーロ	406	50	22	27	0	1
オランダ	10億ユーロ	856	42	26	22	-0	10
ギリシャ	10億ユーロ	182	68	22	13	5	-8
スイス	10億スイスフラン	743	50	12	26	-3	15
スウェーデン	10億スウェーデンクローナ	5,452	44	26	26	0	4
スペイン	10億ユーロ	1,207	56	21	20	1	1
デンマーク	10億デンマーククローネ	2,504	46	24	23	0	7
ドイツ	10億ユーロ	3,602	49	22	22	1	5
フィンランド	10億ユーロ	251	51	24	24	0	0
フランス	10億ユーロ	2,501	53	24	24	1	-2
ベルギー	10億ユーロ	502	49	24	24	2	1
ポーランド	10億ズロチ	2,624	56	19	17	4	3
ポルトガル	10億ユーロ	214	64	19	20	0	-3
ロシア	10億ルーブル	131,015	50	18	20	3	10
アフリカ							
エジプト	10億エジプトポンド	6,663	86	8	13	2	-9
南アフリカ	10億ランド	6,192	62	20	13	-0	6
オセアニア							
オーストラリア	10億オーストラリアドル	2,309	49	22	23	0	6

a　内閣府経済社会総合研究所「2021年度国民経済計算年次推計」による。

3-6　経済活動別粗付加価値（名目、構成比）（2021年）

国（地域）	粗付加価値 （100万米ドル）	構成比（%）						
		農林 水産業・ 狩猟業	鉱工業 a	製造業	建設業	卸売・ 小売業、 飲食店、 ホテル業 b	運輸・ 倉庫・ 通信業	その他の 経済活動 c
アジア								
日本	4,908,845	1	23	20	6	15	10	45
イラン	574,424	13	32	18	4	12	9	30
インド	2,888,254	19	21	15	8	11	6	36
インドネシア	1,138,141	14	31	20	11	16	9	20
韓国	1,651,802	2	30	28	6	10	9	44
サウジアラビア	787,924	2	42	14	6	10	6	34
シンガポール	374,702	0	23	22	3	21	12	41
タイ	505,982	9	32	27	3	20	7	29
中国	17,734,131	8	33	27	7	11	8	34
トルコ	732,304	6	29	25	6	18	13	29
フィリピン	394,086	10	22	18	7	20	7	35
北アメリカ								
アメリカ合衆国	23,315,000	1	14	11	4	15	11	55
カナダ	1,854,105	2	18	11	8	13	8	52
メキシコ	1,194,996	4	28	19	7	23	8	30
南アメリカ								
アルゼンチン	405,424	7	23	16	4	19	7	40
ブラジル	1,369,737	8	18	12	4	15	8	48
ヨーロッパ								
イギリス	2,806,488	1	14	10	6	13	10	57
イタリア	1,889,472	2	20	17	5	15	9	49
オーストリア	429,738	1	22	18	7	16	9	45
オランダ	901,915	2	15	13	5	16	9	52
ギリシャ	187,663	4	16	10	2	19	16	49
スイス	790,471	1	21	19	5	17	8	48
スウェーデン	564,107	1	19	14	7	12	13	48
スペイン	1,290,279	3	17	13	6	18	8	49
デンマーク	346,066	1	17	14	6	15	13	49
ドイツ	3,854,039	1	24	21	6	11	10	49
フィンランド	257,807	3	21	17	8	10	10	49
フランス	2,621,866	2	13	10	6	13	11	56
ベルギー	529,132	1	17	14	5	13	10	54
ポーランド	591,039	3	25	19	7	18	11	37
ロシア	1,598,943	4	29	16	8	16	7	35
アフリカ								
エジプト	405,045	12	25	16	8	16	10	29
南アフリカ	377,071	3	25	13	3	13	7	49
オセアニア								
オーストラリア	1,621,382	3	22	6	7	10	6	51
ニュージーランド	229,443	6	15	11	7	12	7	52

a 採石業及び電気・ガス・水供給業を含む。　b 自動車、オートバイ、個人・家庭用品修理業を含む。　c 金融仲介業、不動産業、コミュニティサービス、行政サービス等を含む。

3-7　経済活動別粗付加価値の実質成長率(2021年)

(単位：%)

国(地域)	農林水産業、狩猟業	鉱工業 a	製造業	建設業	卸売・小売業、飲食店、ホテル業 b	運輸・倉庫・通信業	その他の経済活動 c
アジア							
日本	-3.4	-0.2	-0.4	1.6	-2.5	-2.1	0.3
イラン	3.8	3.0	3.4	-5.0	0.6	3.7	0.7
インド	3.0	9.8	9.9	11.5	10.6	12.0	7.2
インドネシア	1.8	3.6	3.4	2.8	4.5	5.5	1.8
韓国	3.8	6.6	6.9	-2.6	3.4	5.4	3.6
サウジアラビア	2.6	1.7	11.6	1.3	8.7	3.8	3.8
シンガポール	10.8	12.7	13.2	20.1	4.2	8.4	4.9
タイ	1.4	3.4	4.9	2.7	-1.7	1.6	1.9
中国	7.0	9.6	9.6	2.1	7.7	10.6	7.7
トルコ	-2.9	17.0	18.5	-0.6	23.4	17.8	6.6
フィリピン	-0.3	8.1	8.8	10.0	4.4	7.8	5.5
北アメリカ							
アメリカ合衆国	-8.5	1.8	6.7	2.5	7.5	11.7	5.7
カナダ	-6.7	4.8	4.6	5.4	6.9	3.2	5.3
メキシコ	2.5	-0.4	8.5	8.0	11.9	11.5	2.1
南アメリカ							
アルゼンチン	-1.2	-3.9	-4.4	-6.3	-4.3	-3.3	-1.3
ブラジル	2.8	-0.6	-1.3	-4.6	-0.9	-1.2	-0.1
ヨーロッパ							
イギリス	6.1	7.6	9.9	13.4	7.0	9.9	7.1
イタリア	-1.3	11.6	12.8	21.6	10.0	8.1	2.6
オーストリア	4.5	8.0	9.5	2.6	0.1	2.9	3.9
オランダ	2.4	5.9	6.9	2.1	8.0	7.8	3.9
ギリシャ	-2.5	11.0	12.1	7.9	15.4	15.4	4.1
スイス	-4.0	10.4	11.2	1.2	1.2	1.9	2.6
スウェーデン	3.2	7.6	9.1	1.0	4.9	8.9	3.8
スペイン	2.1	6.1	8.9	-3.0	16.7	8.3	2.1
デンマーク	-15.3	5.9	5.3	3.6	4.0	9.0	5.0
ドイツ	1.6	4.5	5.1	-1.4	1.0	5.4	2.1
フィンランド	-4.6	0.8	0.9	9.6	2.6	5.5	3.5
フランス	-0.6	4.6	5.3	13.7	7.3	10.2	5.7
ベルギー	-3.8	1.1	0.0	1.6	13.8	6.9	5.7
ポーランド	-11.1	2.8	1.9	5.3	12.7	13.6	6.0
ロシア	-1.3	4.8	4.5	5.2	5.0	5.0	5.0
アフリカ							
エジプト	4.7	2.2	-0.5	23.8	1.4	12.7	11.9
南アフリカ	8.8	7.3	6.5	-2.2	6.4	4.7	3.5
オセアニア							
オーストラリア	23.4	0.3	2.5	5.2	1.6	8.8	4.3
ニュージーランド	5.0	6.4	5.6	5.4	3.3	11.3	3.5

a 採石業及び電気・ガス・水供給業を含む。　b 自動車、オートバイ、個人・家庭用品修理業を含む。　c 金融仲介業、不動産業、コミュニティサービス、行政サービス等を含む。

3-8 国民総所得（名目GNI、米ドル表示）(1)

国（地域）	国民総所得（100万米ドル）				1人当たり（米ドル）			
	2018	2019	2020	2021	2018	2019	2020	2021
世界	86,591,399	87,795,212	85,356,216	96,624,551	11,272	11,310	10,889	12,220
アジア								
日本	5,230,632	5,323,445	5,222,887	5,129,301	41,429	42,320	41,701	41,162
アラブ首長国連邦	423,639	419,277	355,340	404,732	46,349	45,516	38,261	43,217
イスラエル	373,367	395,686	402,948	474,392	44,152	45,968	46,012	53,302
イラク	209,259	232,371	179,042	202,235	5,155	5,591	4,207	4,645
イラン	528,889	525,971	526,802	576,451	6,177	6,076	6,035	6,556
インド	2,733,616	2,823,310	2,636,213	3,151,647	1,997	2,041	1,888	2,239
インドネシア	1,011,213	1,085,079	1,030,410	1,154,465	3,786	4,025	3,790	4,217
カザフスタン	157,201	158,629	155,990	175,991	8,480	8,458	8,219	9,168
カタール	179,590	171,962	141,359	177,055	64,910	61,257	51,210	65,863
韓国	1,731,702	1,665,474	1,658,669	1,831,127	33,510	32,150	31,993	35,329
サウジアラビア	824,289	811,516	717,195	849,928	23,539	22,651	19,924	23,642
シンガポール	331,165	328,541	299,057	349,158	56,955	56,004	50,603	58,770
タイ	482,208	523,870	488,208	488,180	6,779	7,347	6,830	6,818
中国	13,833,879	14,239,959	14,570,138	17,572,401	9,762	10,015	10,225	12,324
トルコ	766,533	747,128	710,894	806,947	9,257	8,950	8,449	9,519
ネパール	31,940	34,623	33,249	36,404	1,120	1,201	1,133	1,212
バーレーン	35,726	36,393	32,264	36,568	24,020	24,356	21,838	24,990
パキスタン	334,330	306,153	310,627	366,492	1,522	1,371	1,367	1,584
バングラデシュ	328,851	363,789	389,024	436,746	2,009	2,198	2,324	2,579
フィリピン	383,817	414,552	389,166	408,174	3,535	3,756	3,469	3,584
ベトナム	294,286	317,567	331,798	347,388	3,101	3,316	3,433	3,564
香港	378,930	381,393	365,051	395,542	50,649	50,879	48,667	52,777
マレーシア	347,616	355,745	330,207	361,553	10,729	10,845	9,946	10,769
北アメリカ								
アメリカ合衆国	20,937,355	21,764,537	21,472,360	23,617,113	63,038	65,101	63,917	70,081
カナダ	1,692,830	1,719,560	1,627,049	1,974,180	45,709	45,827	42,943	51,741
キューバ	98,575	101,874	105,739	124,790	8,702	9,002	9,357	11,086
コスタリカ	59,042	60,573	58,595	59,926	11,713	11,913	11,437	11,627
ドミニカ共和国	81,864	84,872	75,020	89,537	7,604	7,799	6,820	8,053
メキシコ	1,189,346	1,243,596	1,060,739	1,261,434	9,590	9,942	8,419	9,956
南アメリカ								
アルゼンチン	506,094	435,009	379,419	479,491	11,395	9,722	8,425	10,590
エクアドル	104,605	104,935	96,427	104,530	6,148	6,050	5,482	5,873
コロンビア	325,925	316,058	267,842	309,256	6,614	6,298	5,259	6,003
チリ	283,295	268,152	236,833	298,641	15,148	14,084	12,271	15,320
ブラジル	1,863,631	1,830,946	1,417,770	1,565,632	8,867	8,645	6,650	7,305
ベネズエラ	172,705	115,197	96,242	99,479	5,790	3,976	3,378	3,528
ペルー	211,618	220,069	196,346	217,323	6,571	6,704	5,895	6,446
ヨーロッパ								
アイスランド	26,703	25,526	22,409	25,922	75,659	70,753	61,116	69,996
アイルランド	299,137	310,166	320,580	382,594	61,875	63,351	64,815	76,726
イギリス	2,838,922	2,855,884	2,643,853	3,117,697	42,734	42,766	39,425	46,338

3-8　国民総所得（名目GNI、米ドル表示）(2)

国（地域）	国民総所得（100万米ドル）				1人当たり（米ドル）			
	2018	2019	2020	2021	2018	2019	2020	2021
イタリア	2,115,037	2,028,351	1,920,487	2,145,467	35,323	33,960	32,277	36,216
エストニア	29,976	30,498	31,020	36,547	22,672	22,982	23,333	27,506
オーストリア	450,536	443,348	439,084	482,528	50,963	49,927	49,292	54,082
オランダ	910,599	891,679	880,056	990,138	52,678	51,354	50,478	56,574
ギリシャ	209,712	203,411	188,006	213,935	19,722	19,237	17,884	20,481
スイス	699,353	696,272	723,043	782,620	82,137	81,192	83,699	90,045
スウェーデン	566,408	549,543	566,102	653,869	55,736	53,520	54,596	62,469
スペイン	1,423,752	1,396,786	1,280,088	1,434,871	30,427	29,636	27,027	30,216
スロバキア	104,467	103,182	105,402	115,078	19,180	18,919	19,316	21,124
スロベニア	53,372	53,501	53,347	60,877	25,344	25,321	25,192	28,724
チェコ	235,331	237,284	233,710	269,164	22,339	22,519	22,193	25,608
デンマーク	366,755	356,540	366,699	412,080	63,599	61,516	62,946	70,390
ドイツ	4,108,434	4,019,078	4,004,193	4,411,028	49,561	48,336	48,053	52,885
ノルウェー	453,417	417,417	376,702	503,287	85,352	78,047	70,021	93,149
ハンガリー	154,276	159,662	153,455	176,130	15,780	16,339	15,738	18,139
フィンランド	276,816	269,874	276,425	302,896	50,189	48,877	49,991	54,714
フランス	2,855,661	2,787,417	2,679,986	3,045,183	42,910	41,793	40,119	45,535
ブルガリア	64,213	66,968	67,803	81,866	9,022	9,496	9,715	11,889
ベルギー	548,108	541,014	530,570	599,602	47,876	47,002	45,890	51,639
ポーランド	563,995	571,174	576,792	647,689	14,641	14,838	15,010	16,908
ポルトガル	236,395	233,753	225,467	250,593	22,974	22,717	21,894	24,353
ラトビア	33,884	33,845	34,593	39,119	17,505	17,659	18,235	20,876
リトアニア	52,084	52,845	55,211	63,887	18,109	18,548	19,577	22,926
ルーマニア	236,850	246,201	246,539	278,635	12,080	12,610	12,681	14,416
ルクセンブルク	50,751	47,013	51,102	59,693	83,484	75,830	81,063	93,369
ロシア	1,616,937	1,639,594	1,454,333	1,735,441	11,101	11,250	9,987	11,960
アフリカ								
アルジェリア	171,267	167,860	143,043	159,848	4,085	3,931	3,292	3,618
アンゴラ	93,075	75,258	53,326	71,422	2,976	2,326	1,595	2,070
エジプト	243,471	305,820	359,981	412,839	2,347	2,896	3,350	3,778
エチオピア	79,851	91,993	96,073	98,772	719	806	820	821
ガーナ	64,249	65,543	70,777	77,088	2,081	2,079	2,199	2,348
ケニア	90,812	98,774	98,931	108,691	1,818	1,939	1,903	2,051
コートジボワール	55,809	56,976	59,471	67,653	2,189	2,179	2,218	2,462
コンゴ民主共和国	46,297	46,467	44,492	51,898	532	517	479	541
スーダン	50,189	36,628	32,414	34,023	1,195	847	729	745
チュニジア	41,650	40,680	41,104	45,113	3,490	3,376	3,380	3,679
ナイジェリア	384,819	436,672	401,228	398,710	1,940	2,148	1,926	1,868
南アフリカ	392,682	378,832	331,960	411,019	6,848	6,522	5,645	6,920
モロッコ	125,425	126,979	120,187	140,922	3,491	3,498	3,276	3,801
リビア	76,930	70,042	47,060	39,327	11,876	10,662	7,073	5,839
オセアニア								
オーストラリア	1,405,835	1,345,120	1,415,856	1,671,647	56,280	53,047	55,156	64,490
ニュージーランド	204,302	208,157	208,093	245,588	42,224	41,975	41,116	47,876

3-9　OECD加盟国の購買力平価の推移

(1米ドル当たり各国通貨)

国（地域）	通貨単位	2017	2018	2019	2020	2021	2022
アジア							
日本	円	105.1	104.2	104.2	102.4	102.1	97.57
イスラエル	新シェケル	3.752	3.785	3.871	3.838	3.824	3.709
韓国	ウォン	872.6	854.9	856.4	837.7	854.1	831.9
トルコ	トルコリラ	1.384	1.633	1.864	2.164	2.808	4.718
北アメリカ							
アメリカ合衆国	米ドル	1.000	1.000	1.000	1.000	1.000	1.000
カナダ	カナダドル	1.212	1.207	1.235	1.231	1.238	1.225
コスタリカ	コスタリカコロン	341.0	337.9	329.1	328.4	343.7	342.7
メキシコ	メキシコペソ	8.914	9.276	9.663	10.04	10.40	10.38
南アメリカ							
コロンビア	コロンビアペソ	1,328.0	1,322.2	1,330.8	1,297.1	1,353.4	1,391.0
チリ	チリペソ	397.7	396.2	401.6	418.4	435.2	443.4
ヨーロッパ							
アイスランド	アイスランドクローナ	138.3	141.0	140.7	146.7	149.7	142.8
アイルランド	ユーロ	0.7944	0.7922	0.8058	0.7961	0.7947	0.7785
イギリス	スターリングポンド	0.6846	0.6877	0.6795	0.6856	0.6767	0.6813
イタリア	ユーロ	0.6899	0.6812	0.6568	0.6477	0.6475	0.6254
エストニア	ユーロ	0.5349	0.5388	0.5364	0.5238	0.5434	0.5762
オーストリア	ユーロ	0.7750	0.7654	0.7491	0.7463	0.7563	0.7287
オランダ	ユーロ	0.7822	0.7767	0.7786	0.7634	0.7700	0.7641
ギリシャ	ユーロ	0.5750	0.5649	0.5489	0.5441	0.5455	0.5345
スイス	スイスフラン	1.188	1.179	1.150	1.136	1.106	1.052
スウェーデン	スウェーデンクローナ	8.852	8.866	8.710	8.668	8.722	8.751
スペイン	ユーロ	0.6308	0.6318	0.6130	0.6213	0.6259	0.6082
スロバキア	ユーロ	0.5164	0.5260	0.5175	0.5199	0.5334	0.5389
スロベニア	ユーロ	0.5701	0.5676	0.5522	0.5472	0.5632	0.5591
チェコ	チェココルナ	12.42	12.37	12.27	12.46	12.74	12.93
デンマーク	デンマーククローネ	6.872	6.766	6.634	6.551	6.590	6.405
ドイツ	ユーロ	0.7448	0.7354	0.7282	0.7250	0.7363	0.7283
ノルウェー	ノルウェークローネ	9.750	9.584	9.620	9.880	9.512	8.882
ハンガリー	フォリント	136.0	139.1	140.8	145.4	154.7	164.2
フィンランド	ユーロ	0.8637	0.8537	0.8384	0.8230	0.8267	0.8130
フランス	ユーロ	0.7701	0.7562	0.7163	0.7104	0.7187	0.7010
ベルギー	ユーロ	0.7756	0.7664	0.7466	0.7303	0.7367	0.7241
ポーランド	ズロチ	1.743	1.748	1.723	1.747	1.823	1.888
ポルトガル	ユーロ	0.5757	0.5712	0.5587	0.5571	0.5677	0.5561
ラトビア	ユーロ	0.4845	0.4899	0.4868	0.4828	0.5090	0.5193
リトアニア	ユーロ	0.4427	0.4466	0.4381	0.4438	0.4578	0.4871
ルクセンブルク	ユーロ	0.8483	0.8489	0.8416	0.8562	0.8589	0.8442
オセアニア							
オーストラリア	オーストラリアドル	1.478	1.470	1.480	1.454	1.448	1.419
ニュージーランド	ニュージーランドドル	1.431	1.470	1.417	1.414	1.459	1.464

3-10　OECD加盟国の購買力平価による１人当たり国内総生産

（単位：米ドル）

国（地域）	2017	2018	2019	2020	2021	2022
OECD加盟国	43,513	45,191	* 46,661	* 45,365	* 49,171	* 54,062
アジア						
日本	41,531	42,265	42,427	41,867	42,895	* 45,638
イスラエル	39,352	40,082	40,664	40,073	44,159	* 49,789
韓国	40,957	43,044	43,410	44,695	47,068	* 50,331
トルコ	28,193	28,281	28,011	27,974	30,680	* 37,300
北アメリカ						
アメリカ合衆国	59,589	62,450	64,690	63,481	70,181	* 76,360
カナダ	48,317	49,993	49,832	47,226	53,023	58,348
コスタリカ	20,368	21,313	22,739	21,756	* 22,612	* 24,777
メキシコ	20,202	20,561	20,245	* 18,466	* 19,439	* 21,332
南アメリカ						
コロンビア	14,931	15,815	16,485	* 15,615	* 17,645	* 20,841
チリ	24,479	25,496	25,509	24,739	28,070	29,866
ヨーロッパ						
アイスランド	55,638	57,201	59,645	54,330	58,297	69,616
アイルランド	78,252	85,035	89,759	94,647	108,831	127,146
イギリス	46,061	47,108	49,220	45,757	49,985	54,266
イタリア	41,951	43,428	45,800	43,150	47,592	52,803
エストニア	33,868	36,489	39,068	39,461	43,505	47,152
オーストリア	54,188	56,956	59,716	57,236	59,857	67,792
オランダ	55,090	57,825	60,208	59,821	* 64,489	* 70,861
ギリシャ	28,605	29,618	31,156	* 28,417	* 31,297	* 36,795
スイス	68,194	70,689	72,669	70,811	75,970	83,485
スウェーデン	51,948	53,522	56,404	56,141	60,397	65,157
スペイン	39,601	40,777	43,136	38,031	* 41,256	* 46,491
スロバキア	30,147	31,374	33,459	32,913	34,547	37,067
スロベニア	36,518	39,008	42,119	40,886	44,041	48,362
チェコ	38,843	41,157	44,223	42,818	44,813	49,122
デンマーク	55,356	57,479	59,884	60,768	66,118	74,859
ドイツ	53,071	55,196	* 57,412	* 56,454	* 59,055	* 63,522
ノルウェー	64,589	70,253	69,915	65,136	81,872	114,932
ハンガリー	29,496	31,909	34,646	34,170	36,736	* 41,566
フィンランド	47,570	49,573	51,812	52,294	54,774	59,462
フランス	44,445	46,337	50,227	47,830	* 50,998	* 55,064
ベルギー	50,443	52,531	55,805	* 54,544	* 58,846	* 64,896
ポーランド	29,609	31,662	34,593	34,897	37,826	# 42,962
ポルトガル	33,045	34,929	37,299	34,956	36,971	* 42,313
ラトビア	28,690	30,892	32,825	32,810	34,797	39,681
リトアニア	33,762	36,377	39,993	40,212	43,932	48,861
ルクセンブルク	114,863	116,335	119,364	119,408	131,431	140,150
オセアニア						
オーストラリア	50,706	53,025	52,785	55,773	62,095	* 70,011
ニュージーランド	41,994	42,321	45,518	45,457	47,982	* 51,455

3-11　世界の購買力平価と購買力平価による国内総生産（2022年）（1）

国（地域）	購買力平価 (1米ドル当たり各国通貨) (A)	為替相場 (1米ドル当たり各国通貨、年平均値) (B)	物価水準 (A)／(B)	国内総生産（購買力平価表示） (100万米ドル)	1人当たり (米ドル)
アジア					
日本	97.573	131.498	0.74	5,702,286.6	45,572.7
アラブ首長国連邦	2.250	3.673	0.61	828,262.6	87,729.2
イスラエル	3.709	3.360	1.10	472,841.9	49,509.1
イラク	792.587	1,450.00	0.55	483,309.0	10,861.8
イラン	62,870.204	…	…	1,600,556.4	18,075.1
インド	22.909	78.604	0.29	11,874,582.6	8,379.1
インドネシア	4,852.347	14,849.85	0.33	4,036,901.4	14,652.9
カザフスタン	167.931	460.165	0.36	604,550.6	30,809.9
カタール	2.795	3.640	0.77	308,990.4	114,648.0
韓国	831.941	1,291.45	0.64	2,585,010.7	50,069.8
クウェート	0.228	0.306	0.74	247,834.7	58,056.2
サウジアラビア	1.932	3.750	0.52	2,150,487.1	59,065.0
シンガポール	0.895	1.379	0.65	719,084.2	127,564.6
スリランカ	75.573	…	…	319,526.5	14,405.4
タイ	11.718	35.061	0.33	1,482,098.4	20,671.7
中国	3.990	6.737	0.59	30,327,320.3	21,475.6
トルコ	4.718	16.549	0.29	3,180,983.8	37,273.7
パキスタン	44.103	204.867	0.22	1,518,043.0	6,437.2
バングラデシュ	31.374	91.745	0.34	1,265,939.7	7,395.1
フィリピン	18.809	54.478	0.35	1,170,982.1	10,133.2
ベトナム	7,200.212	23,271.21	0.31	1,321,256.5	13,456.6
香港	5.556	7.831	0.71	507,244.1	69,049.4
マレーシア	1.576	4.401	0.36	1,134,677.5	33,433.6
ミャンマー	418.528	…	…	263,854.4	4,870.0
北アメリカ					
アメリカ合衆国	1.000	1.000	1.00	25,462,700.0	76,398.6
カナダ	1.225	1.302	0.94	2,273,488.6	58,399.5
コスタリカ	342.717	647.14	0.53	129,120.0	24,922.7
メキシコ	10.377	20.127	0.52	2,742,903.1	21,512.3
南アメリカ					
アルゼンチン	67.446	130.617	0.52	1,225,435.2	26,504.6
コロンビア	1,391.000	4,256.19	0.33	1,052,389.1	20,287.4
チリ	443.416	873.314	0.51	592,205.4	30,208.8
ブラジル	2.584	5.164	0.50	3,837,260.6	17,821.7
ベネズエラ a	2.681	4.289	0.63	506,339.4	17,402.3
ペルー	1.816	3.835	0.47	512,361.8	15,047.5
ヨーロッパ					
アイスランド	142.764	135.280	1.06	26,382.1	69,081.3
アイルランド	0.779	0.950	0.82	645,565.2	126,905.2
イギリス	0.681	0.811	0.84	3,656,809.4	54,602.5
イタリア	0.625	0.950	0.66	3,052,609.1	51,865.0
ウクライナ	11.573	32.342	0.36	448,561.9	12,671.2
エストニア	0.576	0.950	0.61	62,797.1	46,697.4

3-11　世界の購買力平価と購買力平価による国内総生産（2022年）（2）

国（地域）	購買力平価 (1米ドル当たり 各国通貨) (A)	為替相場 (1米ドル当たり各国 通貨、年平均値) (B)	物価水準 (A)／(B)	国内総生産（購買力平価表示） (100万米ドル)	1人当たり （米ドル）
オーストリア	0.729	0.950	0.77	614,311.8	67,935.8
オランダ	0.764	0.950	0.80	1,231,735.1	69,577.4
ギリシャ	0.534	0.950	0.56	389,216.8	36,834.9
スイス	1.052	0.955	1.10	733,136.8	83,598.5
スウェーデン	8.751	10.114	0.87	677,229.8	64,578.4
スペイン	0.608	0.950	0.64	2,181,968.2	45,825.2
スロバキア	0.539	0.950	0.57	203,470.6	37,459.5
スロベニア	0.559	0.950	0.59	105,503.4	50,031.7
チェコ	12.925	23.357	0.55	525,730.0	49,945.5
デンマーク	6.405	7.076	0.91	436,857.1	74,005.5
ドイツ	0.728	0.950	0.77	5,309,606.3	63,149.6
ノルウェー	8.882	9.614	0.92	627,017.1	114,898.8
ハンガリー	164.158	372.596	0.44	405,803.3	41,906.7
フィンランド	0.813	0.950	0.86	328,004.3	59,026.7
フランス	0.701	0.950	0.74	3,769,924.1	55,492.6
ブルガリア	0.762	1.860	0.41	217,112.7	33,582.3
ベルギー	0.724	0.950	0.76	758,832.5	65,027.3
ポーランド	1.888	4.458	0.42	1,625,235.7	43,268.5
ポルトガル	0.556	0.950	0.59	430,226.6	41,451.6
ラトビア	0.519	0.950	0.55	75,252.7	39,956.2
リトアニア	0.487	0.950	0.51	137,107.8	48,396.7
ルーマニア	1.779	4.688	0.38	794,055.3	41,887.9
ルクセンブルク	0.844	0.950	0.89	92,549.1	142,213.9
ロシア	28.804	68.485	0.42	5,326,854.6	36,484.7
アフリカ					
アルジェリア	45.942	141.995	0.32	593,153.5	13,209.6
アンゴラ	215.060	460.568	0.47	248,186.8	6,973.7
ウガンダ	1,278.433	3,689.82	0.35	127,281.7	2,693.8
エジプト	4.682	19.160	0.24	1,674,950.6	15,091.0
エチオピア	17.751	51.76	0.34	346,892.7	2,811.6
ガーナ	2.828	8.27	0.34	217,539.1	6,498.4
ケニア	42.928	117.866	0.36	311,409.6	5,763.9
コートジボワール	237.206	623.760	0.38	184,122.0	6,538.3
コンゴ民主共和国	944.909	...	...	132,415.4	1,337.4
スーダン	145.505	546.759	0.27	197,622.8	4,216.0
タンザニア	886.770	...	...	196,630.5	3,096.9
チュニジア	0.939	3.104	0.30	154,324.4	12,489.7
ナイジェリア	158.009	425.979	0.37	1,280,715.7	5,860.3
南アフリカ	6.969	16.356	0.43	952,603.2	15,904.8
モロッコ	3.766	10.161	0.37	362,034.1	9,518.7
オセアニア					
オーストラリア	1.419	1.442	0.98	1,626,940.1	62,625.4
ニュージーランド	1.464	1.577	0.93	266,283.4	51,966.9

a 2011年。

第4章　農林水産業

4-1　農用地面積

〔出典〕

FAO, *FAOSTAT: Land, Inputs and Sustainability*

2023年8月ダウンロード

〔解説〕

　　土地利用の定義は国により異なる場合がある。

陸地面積：内水面（主要な河川及び湖沼）及び沿岸水域を除いた総土地面積。

耕地：一時的に作物の収穫が行われている土地、採草地、牧草地及び休閑地の合計。

永年作物地：カカオ、コーヒーなどの収穫後の植替えが必要ない永年性作物を長期
　　間にわたり栽培・収穫している土地。

4-2　農業生産指数

〔出典〕

FAO, *FAOSTAT: Production*

2023年8月ダウンロード

〔解説〕

　　ラスパイレス式による。**FAO** における指数の作成においては、1商品1価格とし、
為替レートの影響を受けないよう、国際商品価格を用いて推計。

総合：全ての農作物及び畜産物。

食料：食用可能かつ栄養分を含有する品目。コーヒー、茶などを除く。

4-3　農業生産量

〔出典〕

FAO, *FAOSTAT: Production*

2023年8月ダウンロード

〔解説〕

　　生産量の多い15か国を掲載。ただし、日本が16位以下で出典資料に記載されてい
る場合には、15位の国に代えて、括弧付きで掲載。

穀類：米、小麦、大麦、ライ麦、えん麦、とうもろこしなど。

いも類：ばれいしょ、かんしょ、キャッサバ、ヤム芋、タロ芋など。

落花生：殻付きを除く。

バナナ：料理用を除く。

牛、豚、羊、鶏：家畜・家きん。

鶏卵：ふ化用を含む。

亜麻：加工されているが紡績されていないもの。

ジュート：ジュート類似繊維を含む。

天然ゴム：安定化又は濃縮したラテックス及び加硫ゴムラテックスを含む。

4-4 1人当たり供給食料

〔出典〕

FAO, *FAOSTAT: Food Balances*

2023年9月ダウンロード

〔解説〕

　食料として直接利用可能な1人1年当たりの供給量。国内消費仕向量（国内生産量＋輸入量－輸出量－在庫の増加量（又は＋在庫の減少量））から食用以外の飼料用、種子用、加工用（食用及び食用以外）、減耗などを除いたものに可食部の全体に対する重量割合を乗じたものを、当該年の人口で除したもの。各項目の内容は国により異なる場合がある。FAO推計値。

穀類：小麦、米、大麦、とうもろこし、ライ麦、えん麦及びその他の穀物。ビールを除く。

いも類：ばれいしょ、かんしょ、キャッサバ及びその他の塊根類。

砂糖類：砂糖、はちみつ及びその他の甘味料。

豆類：いんげん（乾燥豆）、えんどう及びその他の豆類。大豆及びナッツ類を除く。

果実類：果実酒を除く。

肉類：牛肉、羊・山羊肉、豚肉、家きん肉及びその他の食肉。くず肉を含む。

魚介類：甲殻類、軟体動物、海草類及び水生哺乳動物を含む。

4-5 主要農水産物の自給率

〔出典〕

FAO, *FAOSTAT: Food Balances*

2023年9月ダウンロード

〔解説〕

　重量ベース。国内生産量を国内消費仕向量（国内生産量＋輸入量－輸出量－在庫の増加量（又は＋在庫の減少量））で除して算出。食用以外の飼料用、種子用、加工用（食用及び食用以外）、減耗などを含む。FAO推計値を含む場合がある。

　各項目については、「4-4 1人当たり供給食料」の解説を参照。

4-6 肥料消費量

〔出典〕

FAO, *FAOSTAT: Land, Inputs and Sustainability*

2023年8月ダウンロード

〔解説〕

　消費された肥料に含まれる植物栄養素（N、P_2O_5、K_2O）の量。

窒素質肥料：硫酸アンモニア、硝酸アンモニア、尿素など。

りん酸質肥料：過りん酸石灰、熔成りん肥など。

カリ質肥料：硫酸カリ、塩化カリなど。

4-7 木材生産量

〔出典〕

FAO, *FAOSTAT: Forestry*

2023年8月ダウンロード

〔解説〕

　加工前の生産量。

総量：森林及び森林外から伐採・回収された全ての樹木。倒木を含む。

用材：製材・ベニヤ材、パルプ材などの産業用素材。

4-8　水産物生産量－漁獲・養殖

〔出典〕

FAO, *FishStat*

2023年 9 月ダウンロード

〔解説〕

　　FAO 水棲（すいせい）動植物国際標準統計分類（ISSCAAP：International Standard Statistical Classification of Aquatic Animals and Plants）による。漁獲・採集及び養殖による水産物の生体重量。食用以外の商業用・産業用などを含むが、鯨、アザラシ、ワニ、さんご、真珠、海綿などを除く。FAO 推計値を含む場合がある。

水産物：魚類、甲殻類、軟体類及び藻類。

養殖：所有権を明確にして人工的に魚介類や藻類の発生・生育を図る給餌養殖、広い海域へ種苗（いわゆる稚魚）をまいて成長させ、成魚にして捕獲する栽培漁業など。

内水面：湖沼、河川、池など、陸地内の水面。

4-9　水産物生産量－種類別

〔出典〕

FAO, *FishStat*

2023年 9 月ダウンロード

〔解説〕

　　ISSCAAP による。漁獲・採集及び養殖による水産物の生体重量。食用以外の商業用・産業用・レクリエーション用を含むが、鯨、アザラシ、ワニ、さんご、真珠、海綿などを除く。FAO 推計値を含む場合がある。

かに類：タラバガニ（ヤドカリ類に属する。）を除く。

4-10　水産物生産量－海域別漁獲量

〔出典〕

FAO, *FishStat*

2023年 9 月ダウンロード

〔解説〕

　　「4-8　水産物生産量－漁獲・養殖」のうち、魚類・甲殻類・軟体類の海洋における漁獲量10万トン以上の国（漁獲量10万トン以上の国がない海域については漁獲量第 1 位の国）について、海域ごとに掲載。日本の漁獲量が10万トン未満で出典資料に記載されている場合には、括弧付きで掲載。FAO 推計値を含む場合がある。

4-1　農用地面積（2021年）(1)

（単位：1,000ha）

国（地域）	陸地面積	耕地	永年作物地	国（地域）	陸地面積	耕地	永年作物地
世界	13,014,612	* 1,396,673	* 183,203	ホンジュラス	11,189	1,018	600
				メキシコ	194,395	20,084	2,815
アジア				**南アメリカ**			
日本	36,450	4,086	263	アルゼンチン	273,669	42,209	1,068
アラブ首長国連邦	7,102	50	41	ウルグアイ	17,502	2,031	39
イエメン	52,797	1,158	294	エクアドル	24,836	1,024	1,423
イスラエル	2,164	377	103	ガイアナ	19,685	420	29
イラン	162,250	15,699	1,891	コロンビア	110,950	1,993	2,505
インド	297,319	154,448	13,600	スリナム	15,600	58	4
インドネシア	189,256	26,300	27,300	チリ	74,353	1,314	498
ウズベキスタン	44,065	4,016	421	パラグアイ	39,730	4,734	90
オマーン	30,950	83	34	ブラジル	835,814	58,253	7,756
カザフスタン	269,970	29,670	132	ベネズエラ	88,205	2,600	700
カタール	1,149	21	3	ペルー	128,000	4,290	2,425
韓国	9,760	1,343	204	ボリビア	108,330	4,868	251
カンボジア	17,652	4,120	479	**ヨーロッパ**			
北朝鮮	12,041	2,295	250				
キプロス	924	95	26	アイスランド	10,083	121	...
キルギス	19,180	1,287	77	アイルランド	6,889	436	1
クウェート	1,782	8	6	イギリス	24,193	6,010	46
サウジアラビア	214,969	3,430	207	イタリア	29,572	7,193	2,169
シリア	18,363	4,661	1,066	ウクライナ	57,940	32,924	853
スリランカ	6,186	1,372	1,000	エストニア	4,275	700	5
タイ	51,089	17,150	5,550	オーストリア	8,252	1,320	68
中国	938,821	108,862	19,000	オランダ	3,367	1,003	37
トルコ	76,963	19,881	3,591	ギリシャ	12,890	2,132	1,088
ネパール	14,335	2,114	212	クロアチア	5,596	857	79
パキスタン	77,088	30,510	793	スイス	3,951	395	25
バングラデシュ	13,017	8,110	1,358	スウェーデン	40,728	2,535	3
フィリピン	29,817	5,590	5,593	スペイン	49,973	11,550	5,060
ブルネイ	527	4	6	スロバキア	4,808	1,326	18
ベトナム	31,343	6,787	4,931	スロベニア	2,014	181	52
マレーシア	32,855	826	7,460	セルビア	8,409	2,615	204
ミャンマー	65,267	10,990	1,510	チェコ	7,719	2,475	49
				デンマーク	4,000	2,357	27
北アメリカ				ドイツ	34,939	11,658	202
アメリカ合衆国	914,742	157,737	2,700	ノルウェー	36,427	804	3
エルサルバドル	2,072	721	160	ハンガリー	9,126	4,140	149
カナダ	878,870	38,259	172	フィンランド	30,395	2,243	4
キューバ	10,380	2,909	653	フランス	54,756	17,957	1,014
グアテマラ	10,716	1,554	1,183	ブルガリア	10,856	3,500	149
コスタリカ	5,106	243	368	ベラルーシ	20,295	5,624	95
ジャマイカ	1,083	120	68	ベルギー	3,028	866	24
ドミニカ共和国	4,753	877	355	ポーランド	30,610	11,079	380
トリニダード・トバゴ	513	25	22	ポルトガル	9,161	965	867
パナマ	7,418	565	107	モンテネグロ	1,345	9	6
バハマ	1,001	8	3	ラトビア	6,223	1,362	9
ベリーズ	2,281	100	32				

4-1　農用地面積（2021年）(2)

（単位：1,000ha）

国（地域）	陸地面積	耕地	永年作物地	国（地域）	陸地面積	耕地	永年作物地
リトアニア	6,261	2,279	36	ナイジェリア	91,077	36,872	6,600
ルーマニア	23,008	8,588	401	ナミビア	82,329	800	12
ロシア	1,637,687	121,649	1,793	ニジェール	126,670	17,700	113
				ブルキナファソ	27,360	6,100	640
アフリカ				ブルンジ	2,568	1,270	350
アルジェリア	238,174	7,531	979	ベナン	11,276	2,800	600
アンゴラ	124,670	5,373	317	ボツワナ	56,673	260	2
ウガンダ	20,052	6,900	2,200	マダガスカル	58,180	3,000	600
エジプト	99,545	3,077	954	マラウイ	9,428	4,000	200
エチオピア	112,857	16,314	2,281	マリ	122,019	8,341	150
ガーナ	22,753	4,709	2,709	南アフリカ	121,309	12,000	413
ガボン	25,767	325	170	モーリシャス	200	75	4
カメルーン	47,271	6,200	1,550	モーリタニア	103,070	450	10
ギニア	24,572	3,100	838	モザンビーク	78,638	5,650	300
ケニア	56,914	5,800	610	モロッコ	44,630	7,512	1,779
コートジボワール	31,800	3,500	6,800	リビア	175,954	1,720	330
コンゴ共和国	34,150	550	128	リベリア	9,632	500	200
コンゴ民主共和国	226,705	13,680	2,018	ルワンダ	2,467	1,268	350
ザンビア	74,339	3,800	39				
ジンバブエ	38,685	4,000	100	**オセアニア**			
セネガル	19,253	3,830	81	オーストラリア	769,202	31,265	385
タンザニア	88,580	13,503	2,019	ニュージーランド	26,331	616	74
チャド	125,920	5,300	38	パプアニューギニア	45,286	331	920
中央アフリカ	62,298	1,800	120	フィジー	1,827	77	62
チュニジア	15,536	2,831	2,119				

4-2　農業生産指数(1)

(2014～2016年＝100)

国（地域）	総合			食料			1人当たり食料		
	2019	2020	2021	2019	2020	2021	2019	2020	2021
世界	**106.3**	**107.9**	**109.9**	**105.9**	**107.8**	**109.9**	**101.3**	**102.1**	**103.2**
アジア									
日本	100.4	100.3	101.1	100.4	100.5	101.2	101.5	102.1	103.3
イエメン	105.0	108.7	105.2	104.3	108.2	104.9	94.1	95.4	90.5
イスラエル	100.3	101.6	99.4	100.6	102.1	100.0	93.6	93.3	90.0
イラン	91.6	87.0	83.7	91.8	87.1	83.8	86.6	81.5	77.8
インド	115.3	118.6	121.9	116.1	120.1	123.8	111.0	113.7	116.4
インドネシア	114.6	117.1	118.2	109.6	113.4	114.1	105.3	108.1	108.0
ウズベキスタン	102.2	105.1	109.0	105.2	107.0	109.9	98.8	98.8	99.9
カザフスタン	111.7	118.2	114.4	110.4	117.1	114.7	105.0	110.0	106.6
韓国	101.0	99.3	102.2	101.0	99.3	102.2	99.4	97.6	100.5
カンボジア	113.8	117.2	120.2	110.2	112.5	115.3	104.9	105.8	107.1
サウジアラビア	136.8	157.0	158.5	137.1	157.4	159.0	125.5	143.4	145.0
シリア	113.3	122.1	103.1	113.7	122.9	104.1	109.6	114.6	94.6
スリランカ	102.4	110.5	115.6	107.9	125.9	130.3	106.4	123.7	127.7
タイ	102.3	96.8	100.1	100.2	94.4	98.4	98.8	92.8	96.5
中国	104.0	104.8	108.8	103.2	104.7	108.7	101.2	102.4	106.3
トルコ	114.3	119.0	119.6	115.1	120.7	120.5	109.7	114.2	113.2
ネパール	114.0	120.1	121.9	114.0	120.4	122.3	109.4	113.4	112.5
パキスタン	110.8	115.2	122.4	113.6	119.8	126.5	107.3	111.8	115.3
バングラデシュ	109.2	112.1	116.8	108.3	111.5	116.4	103.3	105.1	108.0
フィリピン	101.2	100.6	100.2	101.3	100.7	100.3	94.5	92.5	90.7
ベトナム	105.8	107.5	112.9	104.8	106.1	111.7	100.9	101.2	105.6
マレーシア	101.7	101.0	97.1	97.5	100.7	99.9	92.3	94.3	92.4
ミャンマー	80.5	80.2	78.8	79.9	79.8	78.4	77.6	76.9	75.1
北アメリカ									
アメリカ合衆国	100.4	103.8	105.7	99.7	104.1	105.5	96.8	100.6	101.6
エルサルバドル	102.0	97.6	97.6	102.9	98.0	98.1	102.1	97.0	96.8
カナダ	110.0	113.0	95.6	110.4	113.3	96.0	105.2	107.0	89.9
キューバ	95.8	73.9	68.9	95.4	73.3	68.3	95.5	73.5	68.8
グアテマラ	98.3	102.4	101.8	101.7	105.4	104.8	95.2	97.1	95.3
コスタリカ	100.9	99.3	102.8	101.8	99.5	102.7	98.0	95.1	97.5
ジャマイカ	104.7	100.8	105.6	104.7	100.9	105.2	104.0	99.9	104.0
ドミニカ共和国	116.2	114.4	115.8	116.6	114.3	115.8	111.5	108.1	108.4
トリニダード・トバゴ	94.6	90.0	90.0	93.9	89.5	89.5	90.2	86.1	85.7
パナマ	110.7	109.6	111.6	110.2	108.7	111.2	103.0	100.2	101.1
ホンジュラス	115.9	106.5	107.3	106.6	103.6	102.3	99.5	95.2	92.5
メキシコ	112.1	112.8	114.4	111.9	112.8	114.2	107.5	107.6	108.3
南アメリカ									
アルゼンチン	112.3	109.2	108.2	112.6	109.4	108.2	108.8	105.0	103.4
ウルグアイ	101.2	91.6	98.4	101.5	91.8	98.8	100.7	91.1	98.1
エクアドル	99.0	98.2	102.7	100.4	99.5	104.1	93.8	91.4	94.7
コロンビア	106.1	104.0	103.6	104.8	103.7	105.7	98.5	96.0	96.7
チリ	107.6	105.5	107.0	107.6	105.6	107.1	101.1	97.8	98.3
ブラジル	110.2	113.0	112.5	109.3	111.6	112.2	105.8	107.4	107.4
ベネズエラ	82.6	87.3	86.3	82.1	86.9	85.8	86.4	92.9	92.7
ペルー	116.6	118.4	123.0	115.7	118.0	122.5	108.4	108.9	111.7

4-2 農業生産指数(2)

(2014～2016年＝100)

国（地域）	総合			食料			1人当たり食料		
	2019	2020	2021	2019	2020	2021	2019	2020	2021
ヨーロッパ									
アイルランド	113.5	115.1	117.7	114.4	116.0	118.6	109.1	109.5	111.1
イギリス	103.5	97.2	99.1	103.6	97.1	99.0	101.2	94.4	96.0
イタリア	98.4	99.8	99.5	98.5	99.9	99.6	99.3	101.1	101.3
ウクライナ	109.3	99.2	113.9	109.4	99.3	113.9	111.3	101.7	117.8
オーストリア	99.9	101.8	99.8	100.0	101.8	99.8	97.3	98.8	96.7
オランダ	100.8	102.3	103.7	100.8	102.4	103.8	99.0	100.1	101.0
ギリシャ	100.9	101.4	95.6	100.6	100.4	95.0	102.8	103.2	98.3
スイス	97.3	99.0	95.3	97.3	99.0	95.3	94.0	94.9	90.8
スウェーデン	100.7	101.1	96.4	100.8	101.2	96.5	96.7	96.1	90.8
スペイン	106.4	117.3	116.6	106.7	117.6	116.9	105.1	115.3	114.4
チェコ	92.9	97.3	97.7	93.0	97.3	97.7	92.8	97.3	97.8
デンマーク	100.6	102.7	102.9	100.6	102.7	102.9	98.5	100.1	99.9
ドイツ	94.3	95.3	94.4	94.4	95.4	94.5	93.2	94.0	93.0
ノルウェー	101.5	101.3	102.2	101.6	101.4	102.3	98.6	97.8	98.2
ハンガリー	99.2	95.9	91.9	99.4	96.1	92.1	100.1	97.0	93.4
フィンランド	102.2	98.6	93.5	102.2	98.6	93.5	101.4	97.6	92.6
フランス	99.0	93.2	96.7	98.1	92.6	96.2	97.2	91.6	95.1
ベルギー	101.2	101.5	102.6	101.0	101.5	102.5	98.7	98.7	99.3
ポーランド	101.9	112.1	110.9	101.9	112.2	111.0	102.0	112.6	111.7
ポルトガル	111.2	107.5	127.2	111.7	107.9	127.8	112.5	108.7	128.7
ルーマニア	112.0	86.9	106.0	112.5	87.3	106.4	114.6	89.3	109.6
ロシア	110.0	112.0	111.7	110.0	111.9	111.5	109.2	111.2	111.2
アフリカ									
アルジェリア	112.0	112.2	104.5	112.2	112.3	104.6	103.9	102.2	93.7
アンゴラ	107.3	112.3	114.2	107.5	112.6	114.6	93.5	94.8	93.4
ウガンダ	118.8	129.5	125.2	118.7	127.8	122.6	103.5	107.8	100.1
エジプト	100.8	103.6	102.7	100.6	103.8	102.8	93.0	94.3	91.8
エチオピア	110.3	119.7	115.5	110.4	119.2	116.3	99.1	104.3	99.1
ガーナ	115.7	118.3	118.0	115.8	118.3	117.9	106.0	106.1	103.7
カメルーン	102.3	101.5	104.2	100.9	100.7	103.5	90.0	87.5	87.6
ケニア	107.4	117.8	113.2	108.7	113.9	110.3	99.9	102.6	97.4
コートジボワール	120.9	125.4	125.4	116.8	119.8	122.0	105.4	105.5	104.8
コンゴ民主共和国	110.4	115.0	119.8	109.9	114.6	119.6	96.2	97.1	98.1
ジンバブエ	105.9	111.3	129.7	105.6	109.6	132.0	97.3	99.0	116.9
タンザニア	109.1	111.7	112.1	108.5	112.3	113.7	95.2	95.6	93.9
チュニジア	104.2	122.8	103.7	104.2	123.0	103.7	99.9	116.9	97.7
ナイジェリア	107.5	106.4	108.2	107.5	106.3	108.1	97.3	93.9	93.2
マダガスカル	101.3	102.0	103.4	100.6	102.5	103.8	90.8	90.2	89.2
南アフリカ	104.9	111.6	114.2	104.5	111.4	114.3	100.2	105.4	107.1
モザンビーク	135.6	131.8	136.8	135.0	135.8	139.8	119.6	116.8	116.9
モロッコ	110.1	98.7	115.5	110.2	98.6	115.7	105.2	93.2	108.1
オセアニア									
オーストラリア	90.8	86.7	105.3	91.5	89.6	106.7	86.0	83.1	98.1
ニュージーランド	101.4	102.4	102.9	101.7	102.9	103.6	94.2	93.3	92.7
フィジー	120.4	114.4	114.9	120.5	114.5	115.0	120.3	114.1	114.0

4-3　農業生産量（2021年）（1）

穀類		米		小麦	
国（地域）	(1,000t)	国（地域）	(1,000t)	国（地域）	(1,000t)
世界	* 3,070,645	世界	787,294	世界	770,877
中国	* 632,067	中国	212,843	中国	136,946
アメリカ合衆国	452,628	インド	195,425	インド	109,590
インド	356,345	バングラデシュ	56,945	ロシア	76,057
ロシア	117,574	インドネシア	54,415	アメリカ合衆国	44,790
ブラジル	112,220	ベトナム	43,853	フランス	36,559
アルゼンチン	87,692	タイ	33,582	ウクライナ	32,183
ウクライナ	85,339	ミャンマー	24,910	オーストラリア	31,923
インドネシア	74,425	フィリピン	19,960	パキスタン	27,464
フランス	66,881	パキスタン	13,984	カナダ	22,296
バングラデシュ	* 62,156	ブラジル	11,661	ドイツ	21,459
パキスタン	52,415	カンボジア	11,410	トルコ	17,650
オーストラリア	51,078	日本	10,525	アルゼンチン	17,644
ベトナム	48,301	アメリカ合衆国	8,700	イギリス	13,988
カナダ	46,739	ナイジェリア	8,342	ポーランド	11,894
（日本）	* 11,899	ネパール	5,622	（日本）	1,097

大麦		ライ麦		えん麦	
国（地域）	(1,000t)	国（地域）	(1,000t)	国（地域）	(1,000t)
世界	145,624	世界	13,223	世界	22,572
ロシア	17,996	ドイツ	3,326	ロシア	3,776
オーストラリア	14,649	ポーランド	2,473	カナダ	2,808
フランス	11,321	ロシア	1,722	オーストラリア	1,898
ドイツ	10,411	ベラルーシ	845	ポーランド	1,625
ウクライナ	9,437	デンマーク	672	スペイン	1,195
スペイン	9,276	ウクライナ	593	イギリス	1,123
イギリス	6,961	中国	512	ブラジル	1,087
カナダ	6,848	カナダ	473	フィンランド	803
トルコ	5,750	スペイン	316	ドイツ	767
アルゼンチン	4,036	アメリカ合衆国	249	中国	600
デンマーク	3,462	トルコ	200	アメリカ合衆国	578
ポーランド	2,962	フランス	194	スウェーデン	551
イラン	2,814	イギリス	194	チリ	525
モロッコ	2,780	オーストリア	152	アルゼンチン	507
（日本）	235	スウェーデン	145	（日本）	* 0

とうもろこし		いも類		ばれいしょ	
国（地域）	(1,000t)	国（地域）	(1,000t)	国（地域）	(1,000t)
世界	* 1,210,235	世界	* 876,006	世界	* 376,120
アメリカ合衆国	383,943	中国	* 148,802	中国	* 94,300
中国	272,552	ナイジェリア	* 121,785	インド	54,230
ブラジル	88,462	インド	62,292	ウクライナ	21,356
アルゼンチン	60,526	コンゴ民主共和国	* 47,445	アメリカ合衆国	18,582
ウクライナ	42,110	ガーナ	* 32,241	ロシア	18,296
インド	31,650	タイ	* 30,618	ドイツ	11,312
メキシコ	27,503	ブラジル	23,029	バングラデシュ	9,887
インドネシア	20,010	ウクライナ	21,356	フランス	8,987
南アフリカ	16,871	インドネシア	21,140	ポーランド	7,081
フランス	15,358	アメリカ合衆国	* 19,892	エジプト	6,903
ロシア	15,240	ロシア	18,296	オランダ	6,676
ルーマニア	14,821	コートジボワール	* 15,006	カナダ	6,372
カナダ	13,984	マラウイ	* 14,866	パキスタン	5,873
ナイジェリア	12,745	タンザニア	* 12,205	ペルー	5,661
（日本）	* 0	（日本）	* 3,163	（日本）	2,131

4-3　農業生産量(2021年) (2)

かんしょ		大豆		落花生	
国 (地域)	(1,000t)	国 (地域)	(1,000t)	国 (地域)	(1,000t)
世界	* 88,868	世界	* 371,694	世界	* 53,927
中国	47,621	ブラジル	134,935	中国	18,308
マラウイ	7,450	アメリカ合衆国	120,707	インド	10,244
タンザニア	4,992	アルゼンチン	46,218	ナイジェリア	4,608
ナイジェリア	* 3,943	中国	16,400	アメリカ合衆国	2,898
アンゴラ	1,788	インド	12,610	スーダン	2,355
エチオピア	1,698	パラグアイ	10,537	セネガル	1,678
インドネシア	1,649	カナダ	6,272	ミャンマー	1,601
ルワンダ	1,329	ロシア	4,760	アルゼンチン	1,267
アメリカ合衆国	1,309	ウクライナ	3,493	ギニア	907
ウガンダ	1,268	ボリビア	3,318	チャド	798
ベトナム	1,231	南アフリカ	1,897	ブラジル	794
マダガスカル	1,143	ウルグアイ	1,707	インドネシア	759
インド	1,121	ナイジェリア	980	タンザニア	710
ブラジル	825	イタリア	923	ニジェール	519
(日本)	672	(日本)	247	(日本)	15

キャベツ		トマト		きゅうり	
国 (地域)	(1,000t)	国 (地域)	(1,000t)	国 (地域)	(1,000t)
世界	* 71,707	世界	* 189,134	世界	* 93,529
中国	34,480	中国	67,538	中国	75,548
インド	9,560	インド	21,181	トルコ	1,890
韓国	2,473	トルコ	13,095	ロシア	1,649
ロシア	2,353	アメリカ合衆国	10,475	ウクライナ	1,080
ウクライナ	1,723	イタリア	6,645	メキシコ	1,039
インドネシア	1,435	エジプト	6,246	ウズベキスタン	890
日本	1,402	スペイン	4,754	スペイン	746
ケニア	1,100	メキシコ	4,149	アメリカ合衆国	653
ベトナム	1,024	ブラジル	3,679	カザフスタン	582
アメリカ合衆国	960	ナイジェリア	3,576	日本	525
トルコ	860	イラン	3,392	イラン	483
ドイツ	733	ロシア	3,060	ポーランド	473
ポーランド	726	ウクライナ	2,445	インドネシア	472
ウズベキスタン	681	ウズベキスタン	2,207	オランダ	440
北朝鮮	657	(日本)	706	エジプト	433

たまねぎ		オレンジ		りんご	
国 (地域)	(1,000t)	国 (地域)	(1,000t)	国 (地域)	(1,000t)
世界	* 106,592	世界	* 75,568	世界	* 93,144
インド	26,641	ブラジル	16,215	中国	45,983
中国	* 24,164	インド	10,270	トルコ	4,493
エジプト	3,312	中国	7,550	アメリカ合衆国	4,467
アメリカ合衆国	3,102	メキシコ	4,595	ポーランド	4,067
トルコ	2,500	アメリカ合衆国	4,015	インド	2,276
パキスタン	2,306	スペイン	3,605	イラン	2,241
バングラデシュ	2,269	エジプト	3,000	ロシア	* 2,216
スーダン	2,051	インドネシア	2,514	イタリア	2,212
インドネシア	2,005	イラン	2,140	フランス	1,633
イラン	1,925	イタリア	1,771	チリ	1,557
オランダ	1,916	トルコ	1,742	ブラジル	1,297
アルジェリア	1,711	パキスタン	1,626	ウクライナ	1,279
ブラジル	1,641	南アフリカ	1,612	ウズベキスタン	1,238
ロシア	1,609	ベトナム	1,583	南アフリカ	1,149
(日本)	1,301	(日本)	* 28	(日本)	733

4-3　農業生産量(2021年)(3)

ぶどう		バナナ		コーヒー豆	
国（地域）	(1,000t)	国（地域）	(1,000t)	国（地域）	(1,000t)
世界	* 73,524	世界	* 124,979	世界	* 9,917
中国	11,200	インド	33,062	ブラジル	2,994
イタリア	8,149	中国	11,724	ベトナム	1,845
スペイン	6,087	インドネシア	8,741	インドネシア	765
アメリカ合衆国	5,488	ブラジル	6,811	コロンビア	560
フランス	5,074	エクアドル	6,685	エチオピア	456
トルコ	3,670	フィリピン	5,942	ホンジュラス	401
インド	3,358	アンゴラ	4,346	ウガンダ	375
チリ	2,581	グアテマラ	4,273	ペルー	366
アルゼンチン	2,241	タンザニア	3,589	インド	334
南アフリカ	2,000	コスタリカ	2,557	グアテマラ	227
イラン	1,889	コロンビア	2,414	メキシコ	174
オーストラリア	1,886	メキシコ	2,406	ニカラグア	168
ブラジル	1,748	ペルー	2,378	ラオス	161
ウズベキスタン	1,695	ベトナム	2,347	コートジボワール	135
（日本）	165	（日本）	* 0	中国	108

カカオ豆		茶		葉たばこ	
国（地域）	(1,000t)	国（地域）	(1,000t)	国（地域）	(1,000t)
世界	* 5,580	世界	* 28,192	世界	* 5,889
コートジボワール	2,200	中国	* 13,757	中国	2,128
ガーナ	822	インド	5,482	インド	* 758
インドネシア	728	ケニア	* 2,338	ブラジル	744
ブラジル	302	トルコ	1,450	インドネシア	237
エクアドル	302	スリランカ	* 1,302	アメリカ合衆国	217
カメルーン	290	ベトナム	1,073	パキスタン	168
ナイジェリア	280	インドネシア	* 563	ジンバブエ	162
ペルー	160	バングラデシュ	* 393	マラウイ	105
ドミニカ共和国	71	アルゼンチン	339	アルゼンチン	102
コロンビア	65	ウガンダ	321	モザンビーク	93
パプアニューギニア	42	マラウイ	205	バングラデシュ	89
ウガンダ	40	ルワンダ	150	北朝鮮	* 85
コンゴ民主共和国	31	タンザニア	* 120	トルコ	73
メキシコ	28	ミャンマー	116	タイ	* 67
ベネズエラ	27	（日本）	78	（日本）	14

牛飼養数		豚飼養数		羊飼養数	
国（地域）	(1,000頭)	国（地域）	(1,000頭)	国（地域）	(1,000頭)
世界	* 1,529,296	世界	* 975,410	世界	* 1,284,851
ブラジル	224,602	中国	449,224	中国	186,377
インド	193,166	アメリカ合衆国	74,146	インド	74,285
アメリカ合衆国	93,790	ブラジル	42,539	オーストラリア	68,047
エチオピア	* 65,719	スペイン	34,454	ナイジェリア	48,637
中国	60,361	ロシア	25,850	イラン	45,270
アルゼンチン	53,416	ドイツ	23,762	トルコ	45,178
パキスタン	51,495	ベトナム	23,533	チャド	41,772
メキシコ	35,999	メキシコ	18,929	スーダン	41,010
チャド	33,287	カナダ	14,030	エチオピア	* 38,610
スーダン	32,028	デンマーク	13,152	イギリス	32,957
タンザニア	30,717	フランス	12,941	パキスタン	31,595
コロンビア	29,301	韓国	11,217	アルジェリア	31,126
バングラデシュ	24,545	オランダ	10,872	モンゴル	31,087
オーストラリア	24,431	ポーランド	10,242	ニュージーランド	25,733
（日本）	3,961	（日本）	9,290	（日本）	* 15

4-3　農業生産量(2021年)(4)

鶏飼養数		牛乳		鶏卵	
国（地域）	(100万羽)	国（地域）	(1,000t)	国（地域）	(1,000t)
世界	* 25,856	世界	* 746,057	世界	* 86,388
中国	5,118	インド	* 108,300	中国	* 29,316
インドネシア	3,478	アメリカ合衆国	102,629	インド	* 6,710
パキスタン	1,578	中国	36,827	アメリカ合衆国	6,644
ブラジル	1,531	ブラジル	36,364	インドネシア	5,156
アメリカ合衆国	* 1,522	ドイツ	32,507	ブラジル	3,317
イラン	1,031	ロシア	32,079	メキシコ	3,047
インド	* 808	フランス	24,779	日本	2,574
メキシコ	605	パキスタン	22,189	ロシア	2,496
ベトナム	526	ニュージーランド	21,886	トルコ	1,206
ロシア	473	トルコ	21,370	コロンビア	1,022
トルコ	391	イギリス	15,221	パキスタン	1,000
日本	323	ポーランド	14,881	ドイツ	977
バングラデシュ	304	オランダ	14,217	アルゼンチン	885
マレーシア	303	イタリア	13,202	マレーシア	813
タイ	* 289	（日本）	7,592	イギリス	806

はちみつ		生繭		実綿	
国（地域）	(t)	国（地域）	(t)	国（地域）	(1,000t)
世界	* 1,771,944	世界	* 435,471	世界	* 73,736
中国	472,700	インド	* 225,203	中国	* 17,366
トルコ	96,344	中国	* 157,000	インド	17,204
イラン	* 77,152	ウズベキスタン	22,770	アメリカ合衆国	11,247
アルゼンチン	71,318	ベトナム	16,457	ブラジル	5,712
ウクライナ	68,558	タイ	* 3,700	パキスタン	4,096
インド	* 66,278	北朝鮮	2,847	ウズベキスタン	3,373
ロシア	64,533	ブラジル	2,211	トルコ	2,250
メキシコ	62,080	イラン	* 2,000	オーストラリア	1,229
アメリカ合衆国	57,364	タジキスタン	1,378	トルクメニスタン	1,096
ブラジル	55,828	アフガニスタン	500	アルゼンチン	1,040
カナダ	40,720	アゼルバイジャン	497	メキシコ	813
タンザニア	31,608	キルギス	349	ベニン	766
韓国	30,221	カンボジア	280	ブルキナファソ	755
アンゴラ	23,409	トルコ	76	マリ	731
（日本）	2,729	日本	69	タジキスタン	531

亜麻		ジュート		天然ゴム	
国（地域）	(t)	国（地域）	(t)	国（地域）	(1,000t)
世界	896,636	世界	* 3,457,634	世界	* 14,022
フランス	678,390	インド	1,720,000	タイ	4,644
ベルギー	87,000	バングラデシュ	1,681,939	インドネシア	3,121
ベラルーシ	35,682	ウズベキスタン	* 19,099	ベトナム	1,272
中国	27,131	中国	15,700	中国	749
ロシア	25,947	ネパール	10,451	インド	749
イギリス	* 14,744	南スーダン	3,720	コートジボワール	* 730
オランダ	11,330	ジンバブエ	* 2,692	マレーシア	470
エジプト	* 7,601	エジプト	2,283	フィリピン	431
チリ	* 3,064	ベトナム	428	カンボジア	374
アルゼンチン	* 2,619	ブータン	343	ミャンマー	260
ポーランド	1,060	カンボジア	* 267	ブラジル	240
イタリア	910	エルサルバドル	* 265	ラオス	226
ブルガリア	710	ペルー	* 257	ナイジェリア	150
台湾	* 267	カメルーン	* 102	グアテマラ	120
ルーマニア	130	タイ	26	メキシコ	96

4-4　1人当たり供給食料（2020年）

（単位：kg）

国（地域）	穀類	小麦	米	いも類	砂糖類	豆類	野菜類	果実類	肉類	卵類	魚介類
アジア											
日本	131.6	43.5	72.6	23.8	27.8	1.3	94.3	33.2	55.7	19.9	47.1
イラン	198.2	157.1	38.1	45.6	36.0	4.4	156.0	144.1	40.0	8.8	12.6
インド	187.7	65.5	101.9	29.2	21.5	14.6	90.7	63.5	4.8	3.9	8.0
インドネシア	238.7	28.6	184.6	73.0	27.0	1.0	47.4	69.4	18.6	15.6	44.4
韓国	154.6	47.9	85.4	18.1	48.7	1.4	192.1	47.0	83.4	12.2	89.5
サウジアラビア	189.7	99.2	56.1	19.7	34.0	5.4	74.6	87.6	56.6	10.0	11.7
タイ	206.1	19.7	168.2	10.7	49.9	2.8	41.7	64.5	27.8	12.2	29.2
中国	204.6	66.3	128.3	71.7	8.3	1.4	380.4	99.3	65.0	21.8	54.2
トルコ	203.5	167.6	16.8	51.2	31.6	13.7	257.6	129.6	38.3	10.1	5.5
パキスタン	144.1	108.2	11.9	16.3	22.9	5.1	26.6	35.3	20.4	3.6	1.6
フィリピン	268.3	39.7	190.3	19.2	23.7	1.3	59.9	101.2	39.5	5.1	29.1
マレーシア	172.8	43.6	105.9	19.6	45.0	2.8	64.5	40.7	65.3	17.7	54.7
北アメリカ											
アメリカ合衆国	113.8	81.6	11.5	52.5	65.1	5.1	119.3	95.2	129.1	16.1	22.8
カナダ	119.4	79.1	15.8	69.8	49.8	8.6	99.6	92.8	90.8	15.1	20.7
メキシコ	163.4	32.7	9.0	16.8	43.6	9.7	62.0	120.5	76.2	20.6	13.6
南アメリカ											
アルゼンチン	138.8	120.1	12.5	49.0	47.0	6.1	71.5	74.1	120.1	16.7	6.8
コロンビア	129.8	33.3	54.4	94.5	55.4	5.9	51.2	134.1	60.8	14.9	8.9
ブラジル	123.9	54.6	37.1	53.0	42.8	13.3	48.0	102.2	103.5	12.8	8.1
ヨーロッパ											
アイルランド	119.2	88.3	4.4	60.7	87.4	1.7	79.1	78.6	80.4	9.1	22.6
イギリス	128.7	102.7	8.9	66.5	35.4	2.4	86.5	85.4	80.6	11.2	17.9
イタリア	149.7	135.8	8.0	37.7	34.6	7.8	94.6	127.9	72.5	11.3	29.2
オーストリア	122.5	88.8	6.1	56.4	36.8	1.6	97.6	89.2	80.1	13.8	14.3
オランダ	96.2	72.6	4.1	94.3	47.3	2.9	79.1	107.6	60.0	22.2	21.9
ギリシャ	114.7	102.4	8.5	49.6	38.3	3.4	157.6	143.2	77.6	8.7	21.7
スイス	102.0	92.6	2.8	47.1	46.8	1.9	93.8	83.1	70.3	10.8	16.0
スウェーデン	110.9	89.6	6.8	56.9	38.0	2.3	88.4	60.2	75.4	13.6	32.2
スペイン	114.4	97.9	10.9	58.4	31.2	5.9	106.5	98.4	105.7	14.8	40.8
デンマーク	110.2	79.5	4.9	64.5	59.2	1.5	94.9	60.4	63.8	15.1	26.5
ドイツ	93.0	64.1	6.0	67.1	45.8	0.7	91.4	78.6	79.7	15.3	12.6
ノルウェー	113.2	101.0	5.7	55.4	53.9	15.9	76.6	74.3	68.9	12.3	50.2
フィンランド	106.5	73.1	5.3	63.7	49.6	3.7	83.5	71.9	73.5	11.4	33.5
フランス	139.9	116.1	9.3	51.1	36.2	1.2	94.8	83.8	83.8	13.9	33.2
ポーランド	139.4	101.3	2.8	100.5	47.1	1.0	107.5	64.8	90.7	8.8	12.5
ポルトガル	132.7	89.1	19.3	58.5	34.0	4.0	131.0	131.8	94.3	10.2	60.0
ロシア	154.3	131.4	8.2	87.2	61.3	2.5	99.5	62.2	81.1	16.5	21.7
アフリカ											
アルジェリア	211.8	175.5	4.8	64.2	32.7	6.2	216.3	104.2	20.1	6.4	3.8
エジプト	263.0	147.9	48.2	33.4	27.2	3.6	149.0	93.4	27.1	3.1	27.1
ナイジェリア	137.9	26.7	41.9	271.6	10.2	11.0	68.5	51.6	7.6	2.8	6.8
南アフリカ	163.6	56.9	20.2	33.8	40.8	1.2	38.4	22.2	67.5	7.5	6.5
オセアニア											
オーストラリア	94.0	74.4	13.6	47.5	41.2	7.8	81.0	71.1	130.9	7.8	24.1
ニュージーランド	113.9	87.4	12.1	52.4	62.1	3.6	90.3	54.4	98.1	12.4	26.4

4-5　主要農水産物の自給率（2020年）

（単位：%）

国（地域）	穀類	小麦	米	いも類	砂糖類	豆類	野菜類	果実類	肉類	卵類	魚介類
アジア											
日本	31.0	14.2	95.0	83.7	68.4	40.4	82.5	50.1	60.3	99.5	54.2
イラン	67.3	93.4	49.3	103.9	63.5	95.5	114.3	108.5	97.7	100.3	...
インド	110.4	104.4	116.2	101.3	105.3	93.1	102.1	100.8	115.9	100.8	113.5
インドネシア	86.6	0.0	94.2	98.3	34.2	73.7	94.9	102.8	94.6	99.9	104.1
韓国	22.9	0.5	84.4	62.2	55.7	23.4	89.7	71.9	68.9	99.9	81.2
サウジアラビア	9.6	14.8	0.0	68.7	13.9	7.2	57.8	67.2	63.1	83.0	...
タイ	117.3	0.0	152.2	161.4	245.7	94.1	93.6	152.5	143.1	101.2	106.3
中国	95.5	90.5	99.5	84.9	75.2	68.5	104.5	99.6	84.8	100.4	93.1
トルコ	95.2	103.8	67.0	102.4	123.0	89.1	107.4	137.2	116.7	121.2	54.6
パキスタン	110.8	95.0	269.5	107.0	119.1	45.3	95.4	108.1	113.6	122.0	142.9
フィリピン	72.8	0.0	88.0	81.0	78.8	44.2	94.8	135.8	79.6	99.2	93.8
マレーシア	24.0	2.7	60.5	10.0	36.7	...	59.6	67.4	88.7	116.1	93.7
北アメリカ											
アメリカ合衆国	115.3	153.8	164.4	101.3	90.0	118.9	83.0	58.7	115.2	104.1	62.5
カナダ	189.0	375.2	0.0	144.6	12.1	583.5	58.2	23.8	148.1	95.7	86.4
メキシコ	58.6	51.0	18.4	89.8	118.7	96.9	181.3	123.8	81.6	98.2	103.3
南アメリカ											
アルゼンチン	274.6	299.6	156.8	118.1	107.1	297.2	106.0	130.3	118.3	99.9	285.5
コロンビア	36.9	0.3	98.8	76.8	119.6	50.5	94.0	126.8	95.0	99.9	...
ブラジル	126.0	50.7	104.5	96.4	383.9	99.9	99.0	136.9	137.8	100.7	75.6
ヨーロッパ											
アイルランド	47.7	37.7	0.0	65.2	1.0	95.2	42.7	6.5	433.3	94.7	274.2
イギリス	72.6	62.9	0.0	86.9	44.9	99.5	41.1	14.2	80.0	91.5	53.2
イタリア	62.9	62.7	221.9	57.4	29.5	33.1	182.4	105.2	83.1	95.9	16.5
オーストリア	82.4	74.5	0.0	80.8	75.5	71.4	68.3	55.0	130.5	93.1	...
オランダ	11.2	19.5	0.0	172.0	143.7	0.6	389.2	36.8	335.5	169.9	165.4
ギリシャ	70.6	62.7	224.2	67.6	11.2	88.8	120.9	156.9	57.1	84.4	30.0
スイス	49.9	48.1	0.0	93.0	52.6	51.5	47.7	39.1	84.1	63.5	...
スウェーデン	141.2	135.0	0.0	86.7	82.9	113.7	35.4	6.3	78.2	101.4	...
スペイン	71.1	74.3	106.3	60.4	51.8	67.9	226.8	148.0	166.6	118.0	56.8
デンマーク	108.9	108.7	0.0	116.2	107.3	97.3	43.9	14.2	577.1	86.7	455.9
ドイツ	102.8	134.4	0.0	129.2	110.5	88.9	39.6	32.4	126.7	74.7	...
ノルウェー	64.8	39.6	...	85.5	1.3	14.2	47.8	6.0	98.4	100.0	196.7
フィンランド	119.8	81.3	0.0	94.3	22.8	120.0	54.3	6.4	105.6	110.1	...
フランス	168.7	165.6	9.7	138.7	128.5	124.5	71.4	68.4	105.7	99.3	38.4
ポーランド	128.8	145.0	0.0	108.4	134.9	99.3	107.4	124.2	164.8	160.5	...
ポルトガル	23.4	7.0	65.8	56.4	3.8	31.8	160.6	81.0	93.3	114.1	31.8
ロシア	160.5	194.2	89.0	90.1	100.9	149.9	90.7	42.6	99.9	97.7	153.6
アフリカ											
アルジェリア	23.1	26.7	0.0	95.0	7.6	38.9	99.4	95.7	98.1	99.7	63.1
エジプト	53.9	51.6	83.5	113.0	94.2	54.4	106.6	122.2	81.9	100.0	72.6
ナイジェリア	80.6	1.0	90.2	99.0	1.3	100.0	99.0	99.3	99.9	99.5	59.9
南アフリカ	109.2	60.9	0.2	109.9	116.1	86.3	106.8	222.4	95.6	102.2	105.3
オセアニア											
オーストラリア	209.1	226.4	10.2	84.2	317.6	244.3	89.8	98.8	157.2	98.0	32.5
ニュージーランド	58.6	47.6	0.0	123.4	18.9	108.3	176.1	196.5	258.1	97.2	279.5

4-6　肥料消費量

(単位：1,000t)

国（地域）	窒素質肥料（N）			りん酸質肥料（P$_2$O$_5$）			カリ質肥料（K$_2$O）		
	2019	2020	2021	2019	2020	2021	2019	2020	2021
世界 *	105,111	110,542	108,688	44,119	48,365	46,270	36,995	39,025	40,128
アジア									
日本	* 357	* 355	355	* 326	* 322	322	* 250	* 210	210
イラン	815	903	903	110	110	110	63	59	59
インド	18,864	20,404	19,488	7,465	8,978	7,829	2,641	3,154	2,530
インドネシア	2,928	3,541	3,669	1,235	1,211	1,198	1,733	1,775	2,477
ウズベキスタン	813	819	1,008	138	150	136	148	111	48
韓国	212	229	212	144	83	84	144	99	82
サウジアラビア	178	* 176	176	93	* 74	74	29	* 55	55
タイ	1,260	1,452	1,418	252	277	297	376	568	675
中国	23,020	22,040	21,276	10,534	10,240	10,095	10,067	9,705	9,431
トルコ	1,683	2,053	1,787	667	764	634	117	115	154
パキスタン	3,505	3,534	3,534	1,100	1,204	1,204	47	61	61
バングラデシュ	1,328	1,362	1,528	760	747	1,114	430	458	474
フィリピン	710	750	716	177	206	258	207	213	323
ベトナム	1,573	1,573	1,573	750	750	750	579	579	579
マレーシア	279	332	459	123	154	180	710	826	1,134
北アメリカ									
アメリカ合衆国	11,939	11,976	11,885	4,048	4,104	3,931	4,336	4,608	4,492
カナダ	2,567	3,046	2,830	1,131	1,194	1,094	427	784	899
メキシコ	1,294	1,427	1,316	578	375	633	235	269	245
南アメリカ									
アルゼンチン	1,278	1,400	1,658	759	869	885	39	48	81
コロンビア	462	528	489	224	245	235	389	457	501
ブラジル	4,912	5,911	6,701	4,860	7,234	6,624	6,774	7,222	8,198
ヨーロッパ									
イギリス	1,038	967	1,011	186	174	171	267	253	266
イタリア	599	575	572	176	225	247	111	131	139
ウクライナ	1,468	1,716	1,770	367	433	451	308	340	363
スペイン	1,011	1,011	1,011	480	480	480	369	369	369
チェコ	332	285	310	58	47	36	22	25	22
ドイツ	1,372	1,265	1,097	248	192	115	420	446	306
ハンガリー	416	445	450	114	112	112	100	97	107
フランス	2,025	2,154	1,839	399	454	406	406	505	508
ブルガリア	352	364	343	77	79	73	43	* 43	43
ベラルーシ	407	462	428	88	101	97	384	460	428
ポーランド	1,034	912	912	359	322	322	559	495	495
ロシア	1,727	1,916	1,916	601	686	686	419	478	478
アフリカ									
エジプト	* 1,253	* 1,332	1,332	* 279	* 259	259	* 92	* 79	79
ナイジェリア	436	436	436	136	136	136	114	114	114
南アフリカ	535	588	619	325	287	349	241	256	288
オセアニア									
オーストラリア	1,338	1,338	1,338	958	958	958	288	288	288
ニュージーランド	452	470	441	306	301	267	158	139	182

4-7　木材生産量（2021年）

（単位：1,000m³）

国（地域）	総量	薪炭材	用材	製材・ベニヤ材	国（地域）	総量	薪炭材	用材	製材・ベニヤ材
世界	3,966,686	1,948,185	2,018,502	1,158,840	ノルウェー	12,960	1,508	11,452	6,784
アジア					フィンランド	66,714	8,911	57,803	26,093
日本	33,059	9,350	23,709	17,522	フランス	52,914	26,726	26,189	17,897
インド	349,576	300,059	49,517	47,804	ブルガリア	5,529	2,357	3,172	1,524
インドネシア	125,453	36,878	88,576	33,114	ベラルーシ	27,050	10,058	16,992	9,836
カンボジア	7,320	6,998	322	313	ベルギー	5,212	893	4,319	2,815
北朝鮮	7,815	6,315	1,500	1,000	ポーランド	43,010	4,512	38,498	18,422
スリランカ	5,067	4,374	693	116	ポルトガル	13,645	1,762	11,883	2,147
タイ	32,887	18,287	14,600	6,200	ラトビア	15,943	2,940	13,003	7,827
中国	335,969	155,732	180,237	96,352	リトアニア	6,614	1,885	4,729	3,425
トルコ	30,646	5,856	24,790	11,000	ルーマニア	17,411	5,164	12,247	10,082
ネパール	12,836	11,536	1,300	1,300	ロシア	217,000	15,109	201,891	135,325
パキスタン	33,593	29,533	4,060	3,093	**アフリカ**				
バングラデシュ	25,429	25,024	405	312	アルジェリア	8,982	8,844	139	28
ブータン	5,483	5,358	125	28	アンゴラ	6,327	5,077	1,250	200
フィリピン	15,019	11,167	3,853	657	ウガンダ	50,406	45,076	5,330	3,553
ベトナム	57,335	20,000	37,335	16,300	エジプト	18,194	17,926	268	134
マレーシア	17,138	2,347	14,791	12,048	エチオピア	118,575	115,640	2,935	11
ミャンマー	43,501	39,141	4,360	2,560	ガーナ	53,490	51,453	2,037	1,287
ラオス	7,090	5,658	1,432	1,300	カメルーン	14,633	10,801	3,832	3,332
北アメリカ					ギニア	13,115	12,464	651	138
アメリカ合衆国	454,066	71,111	382,956	183,473	ケニア	25,917	24,948	969	486
カナダ	142,452	1,384	141,068	123,568	コートジボワール	11,681	9,281	2,400	2,400
グアテマラ	22,635	21,982	654	639	コンゴ民主共和国	93,541	88,930	4,611	329
ニカラグア	6,285	6,173	113	113	ザンビア	25,725	23,033	2,692	1,345
ホンジュラス	8,940	8,095	845	805	シエラレオネ	6,408	6,078	330	210
メキシコ	46,004	38,353	7,651	6,671	ジンバブエ	10,111	9,488	623	550
南アメリカ					スーダン	16,740	15,583	1,157	360
アルゼンチン	16,977	4,079	12,898	7,654	セネガル	6,459	5,643	816	62
ウルグアイ	18,079	2,333	15,747	4,804	ソマリア	16,979	16,869	110	28
エクアドル	7,500	5,060	2,440	1,280	タンザニア	28,178	25,340	2,838	785
コロンビア	8,075	6,207	1,868	565	チャド	9,080	8,319	761	14
チリ	59,795	15,924	43,871	20,045	ナイジェリア	77,262	67,240	10,022	7,600
パラグアイ	11,863	7,819	4,044	3,515	ニジェール	13,037	12,336	701	...
ブラジル	266,288	123,299	142,989	55,421	ブルキナファソ	15,871	14,700	1,171	73
ベネズエラ	5,694	4,377	1,317	299	ブルンジ	6,624	5,999	625	307
ペルー	7,908	6,581	1,327	1,203	ベナン	7,053	6,668	385	133
ヨーロッパ					マダガスカル	15,647	15,473	174	155
イギリス	10,899	2,184	8,716	6,354	マラウイ	7,546	6,116	1,430	230
イタリア	15,841	10,839	5,002	3,352	マリ	6,706	5,889	817	388
ウクライナ	16,667	8,452	8,215	5,506	南アフリカ	28,807	12,600	16,207	5,310
エストニア	10,667	4,148	6,520	4,145	モザンビーク	18,708	16,724	1,984	480
オーストリア	18,420	4,900	13,521	10,420	モロッコ	6,797	6,558	239	43
スウェーデン	74,400	5,400	69,000	37,200	リベリア	10,554	10,091	463	422
スペイン	15,786	2,000	13,786	4,334	ルワンダ	6,212	5,000	1,212	962
スロバキア	7,665	495	7,170	4,244	**オセアニア**				
セルビア	7,897	6,251	1,646	1,176	オーストラリア	31,012	3,915	27,097	12,066
チェコ	33,347	6,726	26,621	18,844	ニュージーランド	35,969	0	35,969	32,214
ドイツ	82,411	23,224	59,187	47,403	パプアニューギニア	9,605	5,533	4,072	4,033

4-8　水産物生産量－漁獲・養殖（2021年）

（単位：1,000t）

国（地域）	水産物 合計	漁獲・採集	養殖	魚類・甲殻類・軟体類 合計	漁獲	養殖	藻類 合計	採集	養殖
世界	218,364	92,331	126,033	182,053	91,191	90,862	36,312	1,140	35,172
世界(海洋)	150,691	80,966	69,726	114,467	79,827	34,640	36,225	1,139	35,086
アジア									
日本	4,063	3,133	931	3,659	3,071	589	404	62	342
イラン	735	672	63	735	672	63	...	...	...
インド	4,375	3,178	1,197	4,336	3,145	1,191	39	33	5
インドネシア	17,697	6,740	10,957	8,550	6,684	1,866	9,148	56	9,091
オマーン	923	922	1	923	922	1	...	...	...
韓国	3,703	1,309	2,394	1,850	1,302	548	1,853	7	1,846
北朝鮮	869	203	666	266	203	63	603	...	603
タイ	1,839	1,300	539	1,839	1,300	539	...	...	...
台湾	859	701	158	858	701	158	1	0	0
中国	52,841	11,944	40,897	31,138	11,741	19,397	21,704	203	21,501
トルコ	631	295	336	631	295	336	...	...	...
バングラデシュ	921	681	240	921	681	240	...	...	...
フィリピン	3,612	1,639	1,974	2,268	1,638	630	1,344	0	1,344
ベトナム	5,476	3,391	2,085	5,463	3,391	2,072	13	...	13
マレーシア	1,639	1,328	311	1,460	1,328	132	179	...	179
ミャンマー	889	880	10	889	880	10	...	...	...
北・南アメリカ									
アメリカ合衆国	4,473	4,268	205	4,465	4,261	205	7	7	0
アルゼンチン	835	835	0	835	835	0	...	...	...
エクアドル	1,754	863	891	1,754	863	890	0	...	0
カナダ	914	733	181	902	720	181	13	13	...
チリ	3,831	2,390	1,441	3,421	1,995	1,425	410	395	16
ブラジル	626	535	91	625	535	90	1	...	1
ペルー	6,649	6,558	91	6,600	6,508	91	49	49	...
メキシコ	1,667	1,467	200	1,660	1,460	200	7	7	...
ヨーロッパ									
アイスランド	1,108	1,056	52	1,092	1,040	52	16	16	...
イギリス	854	634	221	854	634	221	...	...	...
スペイン	1,061	803	258	1,058	800	258	3	3	0
ノルウェー	4,217	2,555	1,662	4,057	2,395	1,662	160	160	0
フェロー諸島	656	541	116	656	541	116	0	...	0
フランス	664	508	156	607	451	156	57	57	0
ロシア	5,025	4,896	129	4,993	4,888	105	31	7	24
アフリカ									
アンゴラ	505	505	...	505	505	...	...	...	...
モーリタニア	845	845	...	845	845	...	...	...	...
モロッコ	1,418	1,417	1	1,397	1,396	1	21	20	0
世界(内水面)	67,673	11,365	56,308	67,586	11,364	56,222	87	2	86
アジア									
日本	51	18	33	51	18	33	...	...	...
イラン	523	108	415	523	108	415	...	...	...
インド	10,059	1,847	8,212	10,059	1,847	8,212	...	...	...
インドネシア	4,115	466	3,649	4,115	466	3,649	...	...	...
カンボジア	713	383	330	713	383	330	...	...	...
タイ	563	113	451	563	113	451	...	...	...
中国	33,107	1,199	31,907	33,022	1,198	31,824	85	2	83
バングラデシュ	3,700	1,301	2,399	3,700	1,301	2,399	...	...	...
ベトナム	2,814	150	2,664	2,814	150	2,664	...	...	...
ミャンマー	1,706	786	919	1,706	786	919	...	...	...
北・南アメリカ									
ブラジル	785	226	559	785	226	559	...	...	...
アフリカ									
ウガンダ	761	622	139	761	622	139	...	...	...
エジプト	1,769	330	1,439	1,769	330	1,439	...	...	...
ナイジェリア	638	363	276	638	363	276	...	...	...

4-9　水産物生産量－種類別（2021年）（A）

（単位：t）

国（地域）	合計	養殖	漁獲				
			魚類・甲殻類・軟体類計	魚類			
				さけ・ます類	ひらめ・かれい類	たら類	
世界	218,364,430	126,033,406	91,190,689	1,067,847	851,911	8,642,329	
アジア							
日本	4,114,557	963,667	3,088,990	97,283	42,359	230,913	
イラン	1,258,203	478,737	779,466	1	7,187	...	
インド	14,433,205	9,408,300	4,991,560	...	30,425	13	
インドネシア	21,812,384	14,606,515	7,149,512	...	33,241	...	
オマーン	923,786	1,703	922,083	...	...	...	
韓国	3,742,566	2,427,677	1,307,454	198	27,633	46,323	
カンボジア	856,400	348,350	508,050	...	...	...	
北朝鮮	888,630	680,560	208,070	...	4,120	58,710	
タイ	2,402,021	989,898	1,412,123	...	2,370	...	
台湾	976,027	274,790	700,915	−	225	−	
中国	85,947,657	72,804,820	12,938,457	...	...	...	
トルコ	799,844	471,686	328,158	201	888	11,229	
パキスタン	660,586	164,527	496,059	...	1,312	...	
バングラデシュ	4,621,228	2,638,745	1,982,483	...	...	...	
フィリピン	4,112,129	2,272,528	1,839,224	...	506	...	
ベトナム	8,289,524	4,749,274	3,540,250	...	...	...	
マレーシア	1,750,129	416,978	1,333,151	...	7,623	...	
ミャンマー	2,594,957	929,217	1,665,740	...	...	...	
北・南アメリカ							
アメリカ合衆国	4,730,896	448,615	4,275,417	369,822	198,692	1,853,690	
アルゼンチン	856,253	3,687	852,566	−	3,708	335,573	
エクアドル	1,760,054	896,435	863,619	5	436	10,949	
カナダ	945,954	191,449	741,963	11,105	43,972	111,850	
チリ	3,833,592	1,443,520	1,995,212	...	48	46,898	
ブラジル	1,410,979	650,356	760,623	−	2,520	7,060	
ペルー	6,726,989	150,818	6,526,680	68	305	46,753	
メキシコ	1,874,726	246,914	1,620,563	124	5,381	9,591	
ヨーロッパ							
アイスランド	1,109,563	53,136	1,040,020	116	24,703	587,775	
イギリス	864,698	230,280	634,419	152	19,031	151,966	
スペイン	1,088,444	279,910	805,930	2,002	12,199	192,486	
デンマーク	507,097	40,594	466,503	219	15,683	100,603	
ノルウェー	4,220,624	1,665,112	2,395,709	238	19,749	961,404	
フェロー諸島	656,364	115,760	540,604	−	3,376	360,186	
フランス	708,245	198,886	452,323	976	13,722	80,130	
ロシア	5,487,045	319,342	5,160,239	568,421	113,597	2,634,500	
アフリカ							
アンゴラ	531,772	2,808	528,964	...	27,871	21,157	
ウガンダ	760,545	138,558	621,987	...	...	...	
エジプト	2,001,958	1,576,189	425,769	...	1,947	494	
セネガル	515,108	1,151	513,957	...	5,533	5,779	
タンザニア	506,339	29,320	476,419	...	3,249	...	
ナイジェリア	1,080,855	275,645	805,210	...	15,985	3,653	
南アフリカ	501,855	10,525	485,002	...	147	150,535	
モーリタニア	860,217	...	860,217	...	425	100	
モロッコ	1,434,204	2,006	1,411,771	−	7,883	9,221	

4-9 水産物生産量－種類別(2021年) (B)

（単位：t）

国（地域）	漁獲						採集
	魚類		甲殻類		軟体類		藻類
	にしん・いわし類	かつお・まぐろ類	かに類	えび類	いか・たこ類	その他	
世界	18,454,886	7,931,851	1,521,415	3,473,747	3,930,389	45,316,314	1,140,334
アジア							
日本	955,100	262,693	21,941	12,900	89,000	1,376,802	61,900
イラン	103,485	274,768	3,865	8,741	3,865	377,554	...
インド	548,573	144,204	38,760	389,997	156,458	3,683,130	33,345
インドネシア	554,392	1,566,603	147,207	249,756	248,820	4,349,494	56,357
オマーン	461,655	137,867	...	2,250	13,884	306,427	...
韓国	160,420	340,285	46,526	34,189	91,854	560,026	7,435
カンボジア	...	－	4,966	9,235	4,559	489,290	...
北朝鮮	...			...	9,270	135,970	...
タイ	191,485	63,348	45,560	51,923	92,307	965,130	...
台湾	646	336,504	781	4,808	152,238	205,714	323
中国	954,061	510,592	647,122	994,555	1,177,829	8,654,298	204,380
トルコ	195,439	6,510	89	5,503	1,571	106,729	...
パキスタン	82,763	47,331	6,509	21,006	9,914	327,224	...
バングラデシュ		41,861	...	...	...	1,940,622	...
フィリピン	409,261	324,293	36,611	39,263	50,414	978,876	377
ベトナム	...	411,122	51,489	155,667	359,500	2,562,472	...
マレーシア	79,408	81,946	15,740	116,770	57,158	974,505	...
ミャンマー	...	8,899	...	21,232	...	1,635,609	...
北・南アメリカ							
アメリカ合衆国	594,600	123,337	111,559	203,531	77,166	743,020	6,864
アルゼンチン	8,966	15	23	223,719	132,200	148,362	...
エクアドル	62,586	372,328	877	12,880	2,662	400,895	...
カナダ	82,260	4,869	89,957	173,497	11,299	213,153	12,542
チリ	972,472	3,851	5,013	4,564	55,658	906,708	394,860
ブラジル	122,225	55,134	10,000	40,600	3,020	520,063	...
ペルー	5,271,730	121,736	2,806	34,782	519,066	529,434	49,491
メキシコ	615,367	170,786	41,943	93,104	53,826	630,441	7,250
ヨーロッパ							
アイスランド	71,606	1	78	4,107	108	351,527	16,407
イギリス	85,051	169	27,325	35,979	5,391	309,355	...
スペイン	82,946	289,030	1,730	10,742	34,106	180,688	2,603
デンマーク	182,811	2	409	13,062	225	153,489	...
ノルウェー	586,758	153	12,026	34,938	54	780,389	159,803
フェロー諸島	90,340	－	31	3,906	85	82,680	...
フランス	47,832	127,172	10,583	4,621	16,643	150,643	57,037
ロシア	883,006	1,433	57,864	23,898	83,965	793,555	7,464
アフリカ							
アンゴラ	214,017	6,013	1,461	59	1,250	257,136	...
ウガンダ	...	...	...	...	...	621,987	...
エジプト	27,213	3,709	4,546	7,340	2,850	377,670	...
セネガル	182,896	52,841	251	5,769	13,930	246,960	...
タンザニア	10,352	12,676	...	3,461	3,273	443,409	600
ナイジェリア	113,141	497	5,520	49,431	532	616,451	...
南アフリカ	244,917	5,854	425	2,814	2,910	77,401	6,327
モーリタニア	479,020	12,722	131	1,821	32,219	333,778	...
モロッコ	837,903	29,515	163	10,435	123,650	393,001	20,426

4-10　水産物生産量－海域別漁獲量(1)

（単位：1,000t）

海域・国（地域）	2019	2020	2021	海域・国（地域）	2019	2020	2021
世界	79,912	78,043	79,827	**(7) 大西洋南西部**			
				アルゼンチン	801	818	835
(1) 北極海				ブラジル	482	480	514
ロシア	1	0	4	台湾	43	60	154
				中国	21	61	140
(2) 大西洋北西部				スペイン	132	118	128
アメリカ合衆国	899	750	797	フォークランド	85	65	109
カナダ	561	537	573	（マルビナス）諸島			
グリーンランド	180	182	171	（日本）	0	0	0
（日本）	3	2	2				
				(8) 大西洋南東部			
(3) 大西洋北東部				アンゴラ	385	366	505
ノルウェー	2,081	2,211	2,166	南アフリカ	438	593	480
ロシア	1,016	1,011	1,054	ナミビア	464	327	408
アイスランド	1,043	1,020	1,040	（日本）	11	10	9
イギリス	612	619	632				
フェロー諸島	648	644	538	**(9) 大西洋南氷洋**			
デンマーク	636	730	463	ノルウェー	230	259	227
フランス	340	307	309	（日本）	0	0	0
オランダ	299	275	266				
スペイン	276	271	258	**(10) インド洋西部**			
アイルランド	209	179	206	インド	2,233	1,696	1,879
ポーランド	181	186	154	オマーン	579	793	922
スウェーデン	178	171	152	イラン	720	684	672
ポルトガル	142	120	147	パキスタン	344	345	346
ドイツ	189	176	141	モザンビーク	284	303	274
フィンランド	139	116	101	スペイン	181	150	162
（日本）	3	3	3	モルディブ	135	149	145
				セーシェル	142	140	139
(4) 大西洋中西部				イエメン	131	131	131
アメリカ合衆国	656	568	528	マダガスカル	100	93	105
メキシコ	248	237	256	（日本）	7	6	4
ベネズエラ	124	143	159				
（日本）	1	0	1	**(11) インド洋東部**			
				インドネシア	1,797	1,690	1,557
(5) 大西洋中東部				インド	1,439	1,138	1,266
モロッコ	1,412	1,320	1,353	ミャンマー	1,064	1,087	880
モーリタニア	706	663	845	マレーシア	784	748	719
セネガル	476	420	475	バングラデシュ	660	671	681
ナイジェリア	452	429	442	タイ	367	503	394
ガーナ	237	290	312	スリランカ	398	313	303
ギニア	308	270	283	オーストラリア	98	107	103
カメルーン	266	251	259	（日本）	8	9	8
シエラレオネ	200	199	203				
ベリーズ	201	180	185	**(12) インド洋南氷洋**			
ジョージア	162	124	142	フランス	7	7	6
ロシア	180	100	108	（日本）	0	-	0
（日本）	14	11	12				
				(13) 太平洋北西部			
(6) 地中海、黒海				中国	11,606	11,122	10,978
トルコ	432	331	295	ロシア	3,422	3,589	3,626
イタリア	176	130	136	日本	2,908	2,937	2,902
チュニジア	130	121	124	韓国	941	963	968
				台湾	335	277	222

4-10　水産物生産量－海域別漁獲量(2)

(単位：1,000t)

海域・国（地域）	2019	2020	2021	海域・国（地域）	2019	2020	2021
北朝鮮	200	197	203	**(16)太平洋中東部**			
香港	123	119	115	メキシコ	1,168	1,114	1,203
				アメリカ合衆国	166	186	128
(14)太平洋北東部				パナマ	170	119	114
アメリカ合衆国	2,970	2,676	2,755	（日本）	5	4	4
カナダ	192	171	147				
				(17)太平洋南西部			
(15)太平洋中西部				ニュージーランド	410	362	341
インドネシア	4,615	4,689	5,127	（日本）	11	11	4
ベトナム	3,294	3,358	3,391				
フィリピン	1,672	1,764	1,638	**(18)太平洋南東部**			
タイ	1,044	969	905	ペルー	4,796	5,610	6,508
マレーシア	669	631	608	チリ	1,954	1,752	1,973
台湾	253	167	232	エクアドル	506	557	801
韓国	264	258	229	中国	333	377	461
キリバス	239	213	191	（日本）	7	8	5
パプアニューギニア	273	204	175				
ミクロネシア連邦	182	194	166	**(19)太平洋南氷洋**			
カンボジア	122	123	125	韓国	1	1	1
ナウル	34	92	120				
日本	186	156	118				

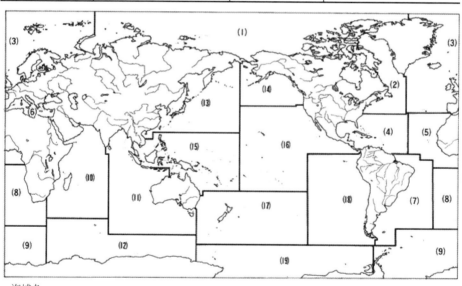

海域名
(1)北極海	(6)地中海、黒海	(11)インド洋東部	(16)太平洋中東部
(2)大西洋北西部	(7)大西洋南西部	(12)インド洋南氷洋	(17)太平洋南西部
(3)大西洋北東部	(8)大西洋南東部	(13)太平洋北西部	(18)太平洋南東部
(4)大西洋中西部	(9)大西洋南氷洋	(14)太平洋北東部	(19)太平洋南氷洋
(5)大西洋中東部	(10)インド洋西部	(15)太平洋中西部	

第5章　鉱工業

5-1　鉱工業生産指数
〔出典〕
UNIDO, *UNIDO Data Portal*
2023年8月ダウンロード
〔解説〕
　　産業分類は国際標準産業分類（ISIC：International Standard Industrial Classification of All Economic Activities）の第4版（Rev. 4）による。

5-2　製造業の事業所数、雇用者数及び付加価値額
〔出典〕
UNIDO, *International Yearbook of Industrial Statistics 2020, 2021*
〔解説〕
　　「製造業」のうち主要な業種について、産業中分類別に掲載。産業分類は ISIC の第4版（Rev. 4）による。
事業所数（企業数）：事業所とは、作業場や工場のように、単一の経営主体の下で一定の場所（一区画）を占めて主に一つの経済活動を行っている単位。企業数の場合は括弧付きで注記。
雇用者数（従業者数）：雇用者とは、あらゆる生産活動に従事する就業者のうち、事業主、無給の家族従業者などを除く全ての者。従業者数の場合は括弧付きで注記。
付加価値額：生産活動によって新たに生み出された価値。「国民経済計算上の付加価値額」と「センサス付加価値額」（国民経済計算上の付加価値額から非鉱工業サービスの純収入（受取と支出の差額）を差し引いたもの）がある。
　　表示（評価）方法には、支払った間接税と受け取った補助金の差額が含まれる「生産者価格表示」と、含まれない「要素費用表示」とがある。出典資料に付加価値額の種類が記載されている国については注記。

※各業種は下記に掲載している産業小分類又は産業細分類を足し上げているが、データが報告されていないなど、一部データが含まれていない場合がある。

「製造業」の主要な12業種
食料品：101（肉の加工・保存業）、102（魚類、甲殻類及び軟体動物の加工・保存業）、103（果実及び野菜加工・保存業）、104（植物・動物油脂製造業）、105（酪農製品製造業）、106（精穀・製粉業、でん粉・でん粉製品製造業）、107（その他の食料品製造業）、108（加工飼料製造業）
飲料：1101（酒類の蒸留、精留及び混合業）、1102（ワイン製造業）、1103（麦芽酒及び麦芽製造業）、1104（清涼飲料製造業；ミネラルウォーターその他の瓶詰め水生産業)
織物：131（紡績業、織物業及び整理仕上げ業）、139（その他の織物製造業）
印刷業：181（印刷業及び印刷関連サービス業）、182（記録媒体複製業）
化学製品：201（基礎化学品、肥料及び窒素化合物、プラスチック及び合成ゴム素材製造業）、202（その他の化学製品製造業）、203（人造繊維製造業）
第1次金属：241（第1次鉄鋼製造業）、242（第1次貴金属・その他非鉄金属製造業）、243（金属鋳造業）

金属製品：251（構造用金属製品、タンク、貯槽及び蒸気発生装置製造業）、252（武器及び弾薬製造業）、259（その他の金属製品製造業、金属加工サービス活動）
電子・光学製品：261（電子部品及び基板製造業）、262（コンピュータ及び周辺装置製造業）、263（通信装置製造業）、264（家庭用電子機器製造業）、265（測定、試験、操縦及び制御装置製造業；時計製造業）、266（照射、電気医療及び電気療法装置製造業）、267（光学機器及び写真用装置製造業）、268（磁気及び光媒体製造業）
電気機器：271（電動機、発電機、変圧器、配電及び制御装置製造業）、272（電池及び蓄電池製造業）、273（配線及び配線装置製造業）、274（電気照明器具製造業）、275（民生用機械器具製造業）、279（その他の電気機器製造業）
機械器具：281（一般機械製造業）、282（特殊産業用機械製造業）
自動車：291（自動車製造業）、292（自動車車体製造（設計）業、トレーラ及びセミトレーラ製造業）、293（自動車部品及び付属品製造業）
輸送用機械器具：301（船舶製造業）、302（鉄道機関車及び車両製造業）、303（航空機及び宇宙船並びに関連機械製造業）、304（軍用戦闘車両製造業）、309（他に分類されない輸送用機械器具製造業）

5-3　鉱業生産量－エネルギー資源
〔出典〕
UN, *Industrial Commodity Statistics Database*
2019年11月ダウンロード
〔解説〕
　各国の領土内における総生産量。2014年～2016年のうち、各国における最新年の値から生産量が多い15か国を掲載。ただし、日本が16位以下で出典資料に記載されている場合には、15位の国に代えて、括弧付きで掲載。
　本章解説における品目名の後の括弧内の数字は、出典元のコード番号。中央生産物分類（CPC：Central Product Classification Ver.1.1）を基に付与されている。
石炭（11010-0）：石炭化度の低いものを含む。
原油（12010-0）：オイルシェール及びオイルサンドから抽出した鉱油を含む。
天然ガス（12020-1）：採取過程で損失したガス、再投入されたガス及び燃焼・放出したガスを除く。
ウラン鉱（13000-1）：鉱石及び精鉱。

5-4　鉱業生産量－金属資源
〔出典〕
UN, *Industrial Commodity Statistics Database*
2019年11月ダウンロード
〔解説〕
　2014年～2016年のうち、各国における最新年の値から生産量の多い10か国を掲載。ただし、日本が11位以下で出典資料に記載されている場合には、10位の国に代えて、括弧付きで掲載。
　本章解説における品目名の後の括弧内の数字は、出典元のコード番号。CPC Ver.1.1を基に付与されている。
鉄鉱（14100-0）：鉱石及び精鉱（焼いた硫化鉄鉱を除く。）。
銅鉱（14210-0）、ニッケル鉱（14220-0）、ボーキサイト（14230-0）、金鉱（14240-1）、銀鉱（14240-2）、すず鉱（14290-1）、鉛鉱（14290-2）、亜鉛鉱（14290-3）、モリブデン鉱（14290-5）：鉱石及び精鉱。

5-5　鉱業生産量－非金属資源

〔出典〕
UN, *Industrial Commodity Statistics Database*
2019年11月ダウンロード
〔解説〕
　　「5-4　鉱業生産量－金属資源」の解説を参照。
石碑用・建築用岩石（15130-1）：花こう岩、はん岩、玄武岩、砂岩など。
石こう・石灰石（15200-0）：石こう、無水石こう、ライムストーン・フラックス、石灰石などの石灰質の岩石。
粘土（15400-0）：カオリン、アンダルサイト、カイアナイト、シリマナイト、ムライト、シャモット、ダイナスアースなど。
天然リン酸塩（16110-1）：P_2O_5含有物。天然リン酸カルシウム、天然リン酸アルミニウムカルシウム及びリン酸塩含有白亜。
天然カリウム塩類（16110-2）：K_2O 含有物。カーナライト、カリ岩塩など。
塩（16200-1）：塩（食卓塩を含む。）及び純塩化ナトリウム。

5-6　工業生産量－食品

〔出典〕
UN, *Industrial Commodity Statistics Database*
2019年11月ダウンロード
〔解説〕
　　「5-4　鉱業生産量－金属資源」の解説を参照。
牛肉（21110-1）：生鮮、冷蔵又は冷凍の肉。
豚肉（21110-2）：生鮮、冷蔵又は冷凍の肉。
鳥肉（21120-1）：生鮮、冷蔵又は冷凍の家きんの肉。食用くず肉を含む。
冷凍魚類（21220-0）：冷凍の魚類及び魚類製品。
塩干魚類（21230-0）：乾燥・塩漬・くん製の魚及び魚粉。
大豆油（21630-1）：未精製のもの。
マーガリン（21680-1）：液体マーガリンを除く。
バター（22940-0）：ミルクから得たバターその他の油脂及びデイリースプレッド。
チーズ（22950-0）：凝乳（カード）を含む。
小麦粉（23110-0）：小麦又はメスリン（小麦とライ麦を混合したもの）から製造されたもの。
粗糖（23510-0）：てん菜糖及びかんしょ糖。香味料又は着色料を添加したものを除く。
蒸留酒（24130-0）：ウイスキー、ラム酒、ジン、ウォッカ、リキュール及びコーディアルなど。
ワイン（24210-0）：グレープマスト、スパークリングワイン、ベルモット酒及び香味付けしたワインを含む。
ビール（24310-0）：麦芽から製造されたもの。
ミネラルウォーター（24410-0）：無加糖・無香料のミネラルウォーター及び炭酸水。
ソフトドリンク（24490-0）：水及びフルーツジュースを除く。

5-7　工業生産量－繊維

〔出典〕
UN, *Industrial Commodity Statistics Database*
2019年11月ダウンロード
〔解説〕
　　「5-4　鉱業生産量－金属資源」の解説を参照。
毛糸（26300-1）：紡毛糸、梳毛（そもう）糸及び獣毛糸。

綿糸 （26300-2）：縫糸以外。
毛織物 （26500-1）：衣類、家庭用、産業用の紡毛、梳毛織物又は繊獣毛製の織物。
絹織物 （26510-0）：絹又はくず絹。
綿織物 （26600-0）：綿の重量が85パーセント未満のものは、主に人工繊維を含む。
合成繊維織物 （26700-0）：強力糸、長・短繊維、綿などを含む合成繊維の織物。

5-8　工業生産量－木材・パルプ・紙
〔出典〕
UN, *Industrial Commodity Statistics Database*
2019年11月ダウンロード
〔解説〕
　　「5-4　鉱業生産量－金属資源」の解説を参照。
製材 （31000-2）：針葉樹の木材を加工したもの（厚さ６ミリメートルを超えるもの）。
合板 （31400-1）：合板、ベニヤパネルと同様の集成材。
木材パルプ （32112-1）：化学パルプ（ソーダパルプ及び硫酸塩パルプ）。
新聞用紙 （32121-0）
段ボール紙 （32151-0）
衛生用紙 （32193-0）：トイレットペーパー、ペーパータオルなど。

5-9　工業生産量－石油・化学・セメント
〔出典〕
UN, *Industrial Commodity Statistics Database*
2019年11月ダウンロード
〔解説〕
　　「5-4　鉱業生産量－金属資源」の解説を参照。
コークス （33100-0）：石炭を乾留（蒸し焼き）して得られる固形の残留物。ガス工場製のもの、コークス炉製のもの及び褐炭コークス。
発動機用ガソリン （33310-2）：航空機を除く内燃機関に使用する軽質炭化水素油。オクタン価を高めたもの。
ナフサ （33330-0）：高規格の発動機用ガソリン、ジェット燃料及び各種化学製品の原料。
灯油 （33340-1）：灯油、揮発油及び動力用ケロシン。
残渣 （ざんさ）燃料油 （33370-0）：蒸留残油を含む燃料油。重油の主成分。
アスファルト （33500-3）：天然のアスファルトを除く。
か性ソーダ （34230-1）：固体又は液体ソーダ。
窒素質肥料 （34613-0）
カリ質肥料 （34615-0）：カーナライト、カリ岩塩及び天然カリウム塩を除く。
ポリスチレン （34720-1）：一次製品。
ポリ塩化ビニル （34730-1）：不純物を含まないもの。一次製品。
ポリプロピレン （34790-1）：一次製品。
合成ゴム （34800-0）
タイヤ （36111-0）：新品の自動車（ステーションワゴン及びレーシングカーを含む。）用のタイヤ。
石灰 （37420-0）：生石灰、消石灰及び水硬性石灰。
セメント （37440-0）：ポルトランドセメント、アルミナセメント、スラグセメント及び類似の水硬性セメント。クリンカー状のものを除く。

5-10　工業生産量－金属
〔出典〕
UN, *Industrial Commodity Statistics Database*
2019年11月ダウンロード
〔解説〕
　「5-4　鉱業生産量－金属資源」の解説を参照。
銑（せん）**鉄**（41111-0）：銑鉄及びスピーゲル（マンガンと鉄の合金）。
粗鋼（41120-0）：粗鋼、鉄の半製品、非合金鋼鉄、ステンレス鋼及びその他の合金鋼。
熱間圧延鋼板（41210-0）：鉄又は非合金鋼鉄の熱間圧延鋼板。
亜鉛めっき鋼板（41232-2）：亜鉛をめっきした圧延板。
棒鋼（41240-0）：鉄又は鋼鉄の棒。
鋼管（41270-1）：石油、ガスのパイプラインで使用する、鋳鉄以外の鉄又はスチールの鋼管。
精製銅（41413-1）：加工していないもの。非合金。
アルミニウム（41431-1）：加工していないもの。非合金。
鉛（41441-1）：加工していないもの。精製鉛。
亜鉛（41442-1）：加工していないもの。非合金。

5-11　工業生産量－機械器具
〔出典〕
UN, *Industrial Commodity Statistics Database*
2019年11月ダウンロード
〔解説〕
　「5-4　鉱業生産量－金属資源」の解説を参照。
内燃機関（43110-1）：ディーゼル機関、自動車用及び航空機用を除く。
ディーゼル機関（43110-2）：圧縮点火内燃機関（ディーゼル又はセミディーゼル機関）。自動車用及び航空機用を除く。
コンバイン（44130-1）：収穫脱穀機。
旋盤（44213-1）：金属加工用のターニングセンターを含む旋盤。
ボール盤、中ぐり盤（44214-0）：金属加工用穴あけ機械。旋盤及びターニングセンターを除く。
掘削機械（44420-1）：機械ショベル、掘削機及びショベルローダー。
冷蔵庫（44811-1）：冷凍冷蔵庫。ドアが別々に取り付けられているもの。
洗濯機、乾燥機（44812-1）：家庭用。洗濯乾燥機を含む。
デスクトップパソコン（45230-0）
固定電話（47220-1）：テレビ電話を含む。
ラジオ（47310-1）：自動車用の受信機及び無線電話・無線電信の機能があるものを含む。
テレビ（47313-2）
バス（49112-0）：運転手を含む乗車定員10人以上の輸送用自動車。
乗用自動車（49113-0）：公的輸送機関の自動車、ゴルフカートなどを除く。
トラック（49114-0）：オフハイウェイ用のダンプカーを除く。
自動二輪車（49910-1）：オートバイ、スクーターなど（排気量50cc以下及びサイドカーを除く。）。

5-1　鉱工業生産指数（2022年）

(2015年=100)

国（地域）	鉱業及び 採石業	製造業	電気、ガス、蒸気 及び空調供給業	水供給業、下水処理 並びに廃棄物管理 及び浄化活動
アジア				
日本	82.9	95.6	100.5	100.5
インド	122.8	118.6	139.4	...
インドネシア	111.8	123.9	129.0	139.0
韓国	78.0	117.0	114.8	...
シンガポール	...	151.1	...	...
タイ	...	99.4	...	...
中国	118.5	153.2	159.8	159.8
トルコ	124.4	146.0	124.2	...
バングラデシュ	85.0	208.4	187.0	...
香港	...	101.2	...	108.1
マレーシア	93.9	138.5	122.9	...
北アメリカ				
アメリカ合衆国	108.4	100.4	105.0	...
カナダ	116.0	103.2	106.8	116.4
メキシコ	79.3	110.6	85.6	85.6
南アメリカ				
アルゼンチン	...	97.0	102.4	...
コロンビア	...	127.7	...	...
チリ	93.9	103.3	107.6	107.6
ブラジル	80.7	96.6	...	...
ペルー	111.2	107.4	124.7	124.7
ヨーロッパ				
アイルランド	...	186.0	58.2	...
イギリス	95.7	112.2	115.1	120.1
イタリア	71.6	105.6	100.6	...
オーストリア	131.0	123.2	177.6	...
オランダ	...	120.8	65.6	109.4
ギリシャ	89.7	123.6	109.4	96.7
スイス	98.1	135.9	90.6	...
スウェーデン	107.2	118.7	104.8	...
スペイン	99.1	107.1	98.2	105.4
チェコ	76.8	118.3	101.1	...
デンマーク	45.7	143.4	118.7	...
ドイツ	71.9	96.7	86.4	...
ノルウェー	100.4	99.7	101.0	...
ハンガリー	159.7	126.0	116.3	...
フィンランド	111.7	120.7	105.1	...
フランス	100.1	99.8	88.9	...
ベルギー	97.7	125.9	136.1	...
ポルトガル	132.9	98.3	99.5	...
ルクセンブルク	52.6	93.5	91.0	...
ロシア	110.2	123.3	108.5	116.9
アフリカ				
南アフリカ	90.9	92.5	93.8	...
モロッコ	115.1	110.4	132.0	...
オセアニア				
オーストラリア	118.6	101.8	106.1	106.1
ニュージーランド	60.4	102.2	107.7	107.7

5-2　製造業の事業所数、雇用者数及び付加価値額(1)

産業	アジア					
	日本 a (2016)			インド d (2017)		
	事業所数	雇用者数 (1,000人)	付加価値額 (10億円)	事業所数	雇用者数 (1,000人)	付加価値額 (10億インドルピー)
製造業	191,339	7,571	97,342	220,648	14,931	13,834
食料品	25,466	1,130	9,781	37,832	1,758	1,113
飲料	3,996	102	2,977	2,329	160	194
織物	12,171	259	1,503	17,958	1,674	714
印刷業	10,589	260	2,221	4,503	158	126
化学製品	4,599	358	11,064	12,568	826	1,442
第1次金属	6,580	353	5,161	11,798	1,030	1,456
金属製品	25,579	592	5,703	16,791	687	438
電子・光学製品	b 17,760	b 1,209	b 15,220	2,341	231	323
電気機器	b …	b …	b …	7,622	597	536
機械器具	25,302	907	10,949	12,805	845	926
自動車	c 9,991	c 1,057	c 17,833	6,183	1,017	1,041
輸送用機械器具	c …	c …	c …	2,307	347	390

産業	アジア					
	インドネシア e (2017)			韓国 (2017)		
	事業所数	雇用者数 (1,000人)	付加価値額(I) (10億ルピア)	事業所数	雇用者数 (1,000人)	付加価値額 (10億ウォン)
製造業	33,577	6,615	2,887,374	…	2,844	543,341
食料品	7,508	1,043	519,553	…	190	26,997
飲料	650	94	34,167	…	15	6,585
織物	2,740	650	117,591	…	82	7,190
印刷業	1,008	84	34,226	…	25	2,004
化学製品	1,519	234	281,259	…	129	46,874
第1次金属	568	125	114,240	…	138	30,046
金属製品	1,542	199	54,444	…	263	30,357
電子・光学製品	506	187	56,756	…	428	145,813
電気機器	552	149	248,348	…	185	25,880
機械器具	728	106	87,709	…	329	45,197
自動車	687	234	242,952	…	321	53,736
輸送用機械器具	537	143	57,861	…	128	15,989

産業	アジア					
	中国 (2018)			トルコ (2017)		
	(企業数) f	雇用者数 (1,000人)	付加価値額 (10億人民元)	(企業数)	雇用者数 (1,000人)	付加価値額(I) (100万トルコリラ)
製造業	354,142	70,842	…	391,024	3,724	343,595
食料品	33,988	4,937	…	47,617	465	36,554
飲料	6,805	1,296	…	595	17	2,647
織物	19,122	3,318	…	22,854	432	32,859
印刷業	5,706	845	…	11,620	44	2,724
化学製品	25,345	4,161	…	5,408	83	19,378
第1次金属	12,080	3,963	…	5,466	145	32,810
金属製品	23,739	3,406	…	62,369	344	24,792
電子・光学製品	21,011	9,413	…	1,421	30	5,334
電気機器	24,190	5,470	…	9,876	169	18,230
機械器具	41,926	6,899	…	16,707	231	21,177
自動車	15,174	4,588	…	4,726	182	26,415
輸送用機械器具	4,790	1,190	…	1,145	34	6,022

5-2　製造業の事業所数、雇用者数及び付加価値額(2)

産業	北アメリカ					
	アメリカ合衆国　g　(2017)			カナダ　h　(2017)		
	(企業数)	雇用者数 (1,000人)	付加価値額 (10億米ドル)	事業所数	雇用者数 (1,000人)	付加価値額 (100万カナダドル)
製造業	...	11,558	2,482	...	1,561	241,603
食料品	7,780	944	182	...	149	20,909
飲料	8,329	195	60	...	33	7,199
織物	7,294	199	22	...	16	1,548
印刷業	23,771	426	48	...	54	5,344
化学製品	7,881	516	242	...	55	17,197
第1次金属	3,497	363	84	...	54	16,401
金属製品	49,880	1,371	190	...	167	18,308
電子・光学製品	7,919	541	114	...	29	3,899
電気機器	4,848	345	61	...	35	4,660
機械器具	19,961	1,005	175	...	...	...
自動車	5,921	930	183	...	128	22,764
輸送用機械器具	3,716	598	166	...	72	12,590

産業	北アメリカ			南アメリカ		
	メキシコ　(2018)			チリ　j　(2017)		
	事業所数	雇用者数 (1,000人)	付加価値額(II) (10億メキシコペソ)	事業所数	雇用者数 (1,000人)	付加価値額 (10億チリペソ)
製造業	244,471	4,298	3,170	4,336	433	17,137
食料品	527	204	162	1,105	143	5,096
飲料	19,955	146	201	166	19	1,974
織物	153	26	7	111	5	142
印刷業	215	37	13	134	8	127
化学製品	487	116	191	222	23	2,060
第1次金属	292	98	189	61	5	154
金属製品	59,438	289	114	405	32	1,666
電子・光学製品	377	329	102	16	1	-1
電気機器	307	180	90	98	8	128
機械器具	452	120	84	151	10	285
自動車	922	975	847	31	1	19
輸送用機械器具	99	61	34	9	1	14

産業	南アメリカ			ヨーロッパ		
	ブラジル　(2018)			イギリス　(2017)		
	(企業数)	雇用者数 (1,000人)	付加価値額 (100万レアル)	(企業数)	雇用者数 (1,000人)	付加価値額(I) (100万英ポンド)
製造業	166,342	6,965	812,882	136,720	2,526	170,085
食料品	24,782	1,676	139,801	8,036	410	22,652
飲料	1,700	170	26,494	2,227	44	...
織物	5,248	238	14,729	4,234	59	2,658
印刷業	5,543	85	6,764	11,787	99	4,948
化学製品	5,371	416	87,407	2,897	29	9,022
第1次金属	1,946	206	60,927	1,758	68	4,240
金属製品	18,291	372	30,990	28,284	88	16,334
電子・光学製品	1,878	127	16,065	6,096	98	8,627
電気機器	2,622	197	22,215	3,032	60	5,055
機械器具	8,327	332	38,706	7,652	201	13,766
自動車	3,632	434	59,059	3,312	18	17,342
輸送用機械器具	650	53	7,019	2,377	138	12,201

5-2　製造業の事業所数、雇用者数及び付加価値額(3)

産業	ヨーロッパ					
	イタリア（2018)			オランダ（2018)		
	（企業数）	雇用者数 (1,000人)	付加価値額(I) (100万ユーロ)	（企業数）	雇用者数 (1,000人)	付加価値額(I) (100万ユーロ)
製造業	377,730	3,309	246,941	70,497	671	74,284
食料品	51,579	342	22,896	6,203	122	11,078
飲料	3,281	39	4,337	836	8	1,264
織物	12,615	99	6,275	2,420	11	790
印刷業	14,527	62	3,754	3,688	17	1,214
化学製品	4,179	115	13,082	1,051	45	7,302
第1次金属	3,183	113	9,579	483	21	2,229
金属製品	67,287	461	30,433	12,406	50	4,379
電子・光学製品	4,730	83	6,358	1,788	26	3,068
電気機器	7,860	140	10,506	1,305	21	2,036
機械器具	19,873	446	37,217	3,322	84	10,778
自動車	2,167	176	14,431	754	25	2,732
輸送用機械器具	2,332	86	7,568	1,482	17	948

産業	ヨーロッパ					
	スペイン（2018)			ドイツ（2018)		
	（企業数）	雇用者数 (1,000人)	付加価値額(I) (100万ユーロ)	（企業数）	雇用者数 (1,000人)	付加価値額(I) (100万ユーロ)
製造業	171,994	1,912	120,876	206,043	7,934	650,201
食料品	24,438	361	17,754	26,543	875	39,701
飲料	5,061	54	5,123	2,257	80	7,497
織物	6,435	42	1,724	4,334	78	4,183
印刷業	13,492	53	2,278	10,746	143	6,961
化学製品	3,604	93	8,890	3,174	375	44,913
第1次金属	1,304	60	5,086	2,430	283	23,901
金属製品	32,408	237	12,193	42,741	957	62,179
電子・光学製品	2,229	26	1,591	7,721	385	35,300
電気機器	1,957	71	4,646	5,917	515	45,479
機械器具	5,631	111	6,846	15,910	1,268	108,621
自動車	1,623	161	11,759	2,757	917	108,655
輸送用機械器具	624	47	3,952	1,205	149	14,622

産業	ヨーロッパ					
	フランス（2018)			ベルギー（2018)		
	（企業数）	雇用者数 (1,000人)	付加価値額(I) (100万ユーロ)	（企業数）	雇用者数 (1,000人)	付加価値額(I) (100万ユーロ)
製造業	203,013	3,034	241,205	31,669	472	59,371
食料品	45,546	605	30,745	5,123	85	6,970
飲料	3,755	51	7,249	446	12	2,531
織物	5,946	34	1,916	1,122	14	898
印刷業	14,781	51	3,521	3,174	9	786
化学製品	520	187	21,030	643	45	8,609
第1次金属	703	72	5,583	226	25	3,137
金属製品	18,350	212	13,496	6,986	46	4,253
電子・光学製品	2,372	125	12,416	288	8	1,064
電気機器	1,244	116	8,368	423	14	1,259
機械器具	4,331	217	16,025	1,065	30	3,524
自動車	1,611	238	20,280	384	30	2,531
輸送用機械器具	282	27	18,874	119	7	827

5-2　製造業の事業所数、雇用者数及び付加価値額(4)

産業	アフリカ					
	エジプト k （2016）			ケニア n （2017）		
	事業所数	雇用者数 (1,000人) m	付加価値額(I) (100万エジプト ポンド)	事業所数	(従業者数) (1,000人)	付加価値額 (100万ケニア シリング)
製造業	7,837	923	277,420	...	303	655,331
食料品	4,600	210	31,951	...	32	134,067
飲料	12	17	5,145	...	...	79,658
織物	415	107	...	...	...	69,831
印刷業	128	16	1,247	...	...	57,712
化学製品	252	51	22,692	...	...	48,839
第1次金属	69	50	12,723	...	8	6,086
金属製品	319	31	5,114	...	...	31,950
電子・光学製品	28	5	1,937	...	0	...
電気機器	137	46	8,133	...	5	581
機械器具	86	23	5,241	...	...	111
自動車	58	21	...	...	3	11,570
輸送用機械器具	17	7	953	...	0	...

産業	オセアニア					
	オーストラリア （2017）			ニュージーランド p （2017）		
	(企業数)	(従業者数) (1,000人)	付加価値額 (100万オーストラリア ドル)	(企業数)	(従業者数) (1,000人)	付加価値額 (100万ニュージー ランドドル)
製造業	125,043	830	99,799	12,024	254	27,293
食料品	11,873	85	7,971	1,992	85	6,684
飲料	1,697	30	5,363	342	10	2,414
織物	5,411	15	1,268	408	5	729
印刷業	3,430	33	3,539	639	7	715
化学製品	2,492	26	5,490	267	8	1,461
第1次金属	1,230	29	7,076	120	5	766
金属製品	14,372	103	9,756	1,707	26	2,230
電子・光学製品	2,910	29	3,784	186	5	r 3,360
電気機器	2,237	16	1,988	204	4	r ...
機械器具	7,466	45	5,303	1,386	16	r ...
自動車	3,456	40	3,685	327	4	c 1,232
輸送用機械器具	4,004	14	2,842	354	5	c ...

注) 付加価値額の右の( )内は付加価値額の種類である。I－要素費用表示付加価値額、II－生産者価格表示付加価値額。

a 雇用者4人以上の事業所。　b 「電子・光学製品製造業」は「電気機器製造業」を含む。　c 「自動車製造業」は「輸送用機械器具製造業」を含む。　d 動力機械設備がある事業所は工員10人以上、動力機械設備がない事業所は工員20人以上。e 雇用者20人以上の事業所。　f 年間収入2000万人民元を超える企業。　g 雇用者1人以上の事業所。　h 主に製造業及び素材生産業に携わる全ての事業所で営業所や倉庫を含む。　j 雇用者10人以上の単一事業所。全ての複数事業所。　k 全ての公営事業所。雇用者10人以上の民営事業所。　m 在宅勤務者を含む。　n 従業者5人以上の事業所。　p 年間の物品サービス税（GST）の費用あるいは売上が30,000ニュージーランドドルを超える企業。又は従業者4人以上の企業。　r 「電子・光学製品製造業」は「電気機器製造業」及び「機械器具製造業」を含む。

5-3　鉱業生産量－エネルギー資源（2016年）

石炭		原油	
国（地域）	（1,000t）	国（地域）	（1,000t）
中国 a	3,410,604	サウジアラビア	523,010
インド	662,792	ロシア	521,715
インドネシア	456,000	アメリカ合衆国	438,053
オーストラリア	413,200	イラク	220,339
ロシア	* 294,950	中国	199,685
アメリカ合衆国	294,084	イラン	187,209
南アフリカ	255,309	カナダ	158,046
カザフスタン	97,324	アラブ首長国連邦	154,189
コロンビア	90,512	クウェート	149,758
ポーランド	70,385	ベネズエラ	125,410
ベトナム	38,527	ブラジル	121,299
ウクライナ	31,631	メキシコ	111,482
モンゴル	28,851	ナイジェリア	89,333
北朝鮮	28,305	アンゴラ	86,319
（日本）	1,288	（日本）	187

天然ガス		ウラン鉱	
国（地域）	（ペタジュール）	国（地域）	（t）
アメリカ合衆国	29,183	カザフスタン	24,575
ロシア	24,497	カナダ	14,039
イラン	7,865	オーストラリア	6,315
カタール	6,993	ナミビア	3,654
カナダ	6,793	ニジェール	3,479
中国	5,533	ロシア	3,004
ノルウェー	4,761	ウズベキスタン	2,404
サウジアラビア	4,326	中国	1,616
アルジェリア	3,705	アメリカ合衆国	1,125
オーストラリア	3,373	ウクライナ	1,005
トルクメニスタン	3,022	南アフリカ	490
インドネシア	2,606	インド	385
マレーシア	2,393	チェコ	138
アラブ首長国連邦	2,384	ルーマニア	50
（日本）	114	パキスタン	45

a 褐炭を含む。

5-4　鉱業生産量－金属資源(1)

鉄鉱			銅鉱		
国(地域)	年次	(1,000t)	国(地域)	年次	(1,000t)
オーストラリア	15	811,239	カザフスタン	16	95,298
ブラジル	15	487,775	トルコ	16	6,817
インド	15	142,500	北マケドニア c	16	4,751
中国	15	123,500	インドネシア	16	2,696
ロシア	16	101,097	モンゴル	16	1,445
スーダン	14	82,180	ペルー	14	1,294
ウクライナ ab	16	62,876	ブラジル	15	1,260
南アフリカ	15	61,380	メキシコ	16	767
カナダ	16	46,731	ザンビア	15	711
アメリカ合衆国	15	43,100	カナダ	16	679

ニッケル鉱			ボーキサイト		
国(地域)	年次	(t)	国(地域)	年次	(1,000t)
フィリピン a	16	25,498,634	ブラジル	15	39,926
インドネシア c	16	1,262,000	カザフスタン	16	4,801
カナダ	16	230,210	ギリシャ	15	2,141
ニューカレドニア	16	204,207	スリナム	15	1,825
ブラジル	15	175,681	ボスニア・ヘルツェゴビナ	16	1,611
トルコ	16	107,225	トルコ	16	577
キューバ	15	53,798	インドネシア	16	495
フィンランド	16	22,916	マレーシア	16	343
ジンバブエ	16	17,743	フランス	16	92
ボツワナ	16	16,878	パキスタン	15	25

金鉱			銀鉱		
国(地域)	年次	(t)	国(地域)	年次	(t)
スウェーデン c	16	3,987	ボツワナ	14	22,288
カナダ	16	161	メキシコ	16	5,421
ペルー	14	140	ペルー	14	3,768
メキシコ	16	133	ボリビア	15	1,306
インドネシア	16	81	ブラジル	15	1,003
スーダン	14	73	カナダ	16	385
タンザニア	15	43	インドネシア	16	185
エクアドル a	16	35	フィリピン	16	35
フィリピン	16	23	サウジアラビア a	16	18
(日本)	16	6	タンザニア	15	15

5-4　鉱業生産量－金属資源(2)

すず鉱			鉛鉱		
国(地域)	年次	(t)	国(地域)	年次	(1,000t)
フィンランド d	16	66,320	カザフスタン	16	7,038
インドネシア	16	42,698	ボスニア・ヘルツェゴビナ	16	805
ペルー	14	23,105	ペルー	14	277
ボスニア・ヘルツェゴビナ	14	21,297	メキシコ	16	242
ボリビア	15	20,139	スウェーデン c	16	118
ブラジル	15	9,181	ボリビア	15	75
マレーシア	16	4,123	北マケドニア	16	42
ミャンマー	16	451	ナミビア	16	15
ポルトガル	14	125	カナダ	16	12
			パキスタン	15	0

亜鉛鉱			モリブデン鉱		
国(地域)	年次	(1,000t)	国(地域)	年次	(t)
ペルー	14	1,315	ペルー	14	17,018
カザフスタン	16	972	メキシコ	16	11,896
メキシコ	16	662	アルメニア c	16	10,662
スウェーデン c	16	489	モンゴル	16	5,174
ボリビア	15	442	カナダ	16	2,777
カナダ	16	301	ポルトガル	14	1
ポルトガル	14	155			
ナミビア	16	117			
モンゴル	16	100			
北マケドニア	16	50			

a 精鉱の総重量。　b 凝結させていない鉄鉱石。　c 総重量。　d 鉛鉱及び亜鉛鉱を含む。

5-5 鉱業生産量－非金属資源

石碑用・建築用岩石			石こう・石灰石		
国（地域）	年次	(1,000t)	国（地域）	年次	(1,000t)
アンゴラ	16	64,886	トルコ	16	101,834
ウクライナ	16	36,970	サウジアラビア	16	54,000
ロシア	16	17,825	パキスタン	15	41,889
日本	16	7,552	ブラジル	15	40,961
トルコ	16	7,275	ドイツ	16	16,075
ルーマニア	16	4,427	ポーランド	16	15,625
ポーランド	16	3,904	ロシア	16	11,855
イギリス	16	3,246	イタリア	16	9,740
サウジアラビア	16	2,291	ウクライナ	16	8,978
ボスニア・ヘルツェゴビナ	14	2,054	スペイン	16	8,936

粘土			天然リン酸塩		
国（地域）	年次	(1,000t)	国（地域）	年次	(1,000t)
ロシア	16	15,913	ペルー	14	10,884
トルコ	16	13,157	サウジアラビア	16	7,895
ウクライナ	16	12,434	ブラジル	15	6,757
スペイン	16	10,809	ロシア	16	4,759
パキスタン	15	9,566	メキシコ	16	2,909
ブラジル	15	8,767	エジプト	16	* 2,556
サウジアラビア	16	7,090	アルジェリア	15	1,289
カザフスタン	16	5,889	トーゴ	16	843
イタリア	16	2,669	カザフスタン	16	781
（日本）	15	284	タンザニア	15	223

天然カリウム塩類			塩		
国（地域）	年次	(1,000t)	国（地域）	年次	(1,000t)
カナダ	16	10,790	中国	16	66,201
ロシア	16	362	ドイツ	16	15,046
ギリシャ	16	321	カナダ	16	10,252
キューバ	16	14	メキシコ	16	10,028
ウズベキスタン	16	7	ブラジル	15	8,179
チリ	14	4	トルコ	16	5,527
ポルトガル	14	0	スペイン	16	4,586
			オランダ	16	4,528
			ポーランド	16	4,373
			（日本）	16	928

5-6　工業生産量－食品(1)

牛肉			豚肉		
国（地域）	年次	(1,000t)	国（地域）	年次	(1,000t)
ブラジル	15	8,471	ドイツ	16	8,387
イタリア	16	1,597	スペイン	16	4,882
スーダン a	14	1,476	ブラジル	15	2,760
ドイツ	16	1,242	オランダ	16	2,157
フランス	16	1,113	イタリア	16	2,098
スペイン	16	777	ロシア	16	2,042
イギリス	16	758	ポーランド	16	1,645
アイルランド	16	659	日本 b	16	1,279
ニュージーランド b	16	648	デンマーク	16	1,241
（日本）b	16	464	ベルギー	16	505

鳥肉			冷凍魚類		
国（地域）	年次	(1,000t)	国（地域）	年次	(1,000t)
ブラジル	15	10,843	ロシア c	16	4,029
ロシア	16	4,444	ベトナム	16	1,763
ポーランド	16	2,627	日本 d	16	1,402
ドイツ	16	1,928	ペルー	16	275
トルコ	16	1,916	アイスランド	16	257
オランダ	16	1,890	チリ	16	211
スペイン	16	1,830	イギリス	16	155
イギリス	14	1,667	トルコ	16	100
ペルー	16	1,514	ポルトガル	16	95
メキシコ	16	1,333	スーダン	14	91

塩干魚類			大豆油		
国（地域）	年次	(1,000t)	国（地域）	年次	(1,000t)
日本	16	484	中国 e	14	* 11,700
ポーランド	16	113	アメリカ合衆国 e	14	9,706
イギリス	16	79	アルゼンチン	16	8,670
アイスランド	16	63	ブラジル	15	6,575
ポルトガル	16	42	インド e	14	* 1,247
スペイン	16	34	パラグアイ e	14	* 713
リトアニア	16	34	ロシア	16	640
デンマーク	16	31	スペイン	15	524
ドイツ	16	28	ボリビア e	14	475
エクアドル	16	27	日本 e	16	442

5-6　工業生産量－食品(2)

マーガリン			バター		
国（地域）	年次	(1,000t)	国（地域）	年次	(1,000t)
ブラジル	15	809	ドイツ	16	528
ロシア	16	495	フランス	16	426
ドイツ	16	349	ロシア	16	253
エジプト	15	288	イギリス	16	221
オランダ	16	227	ポーランド	16	193
日本	16	225	イタリア	16	133
ベルギー	16	181	ベラルーシ	16	118
メキシコ	16	143	ブラジル	15	108
ウクライナ	16	135	ウクライナ	16	103
イタリア	16	127	（日本）	16	66

チーズ			小麦粉		
国（地域）	年次	(1,000t)	国（地域）	年次	(1,000t)
フランス	16	2,021	アメリカ合衆国	16	19,933
イタリア	16	1,424	トルコ	16	9,383
ロシア	16	1,390	ロシア	16	9,124
ブラジル	15	1,063	ブラジル	16	8,285
ポーランド	16	851	パキスタン	15	6,003
オランダ	16	613	インドネシア	16	5,841
トルコ	16	611	ドイツ	16	5,461
イギリス	16	552	イタリア	16	5,382
スペイン	16	495	日本	16	4,860
（日本）	16	144	フランス	16	4,220

粗糖			蒸留酒		
国（地域）	年次	(1,000t)	国（地域）	年次	(1,000hL)
ブラジル f	16	38,987	日本	16	33,868
インド f	16	24,794	ブラジル	15	18,747
タイ f	16	9,258	イギリス	14	8,403
アメリカ合衆国 f	16	7,752	ロシア h	16	8,125
ロシア g	16	6,045	ボスニア・ヘルツェゴビナ	16	7,876
パキスタン f	16	5,612	ドイツ	16	3,738
メキシコ	16	5,597	ウクライナ	16	2,493
オーストラリア f	16	4,619	メキシコ	16	2,275
グアテマラ f	16	2,904	スペイン	16	1,522
インドネシア f	16	2,225	アルゼンチン	16	1,510

5-6　工業生産量－食品(3)

ワイン 国(地域)	年次	(1,000hL)	ビール 国(地域)	年次	(1,000hL)
スペイン	16	41,878	中国	16	450,644
ポルトガル	16	11,287	ブラジル	15	140,274
アルゼンチン	16	9,416	メキシコ	16	104,422
ロシア j	16	8,867	ドイツ	16	83,139
チリ	16	7,222	ロシア	16	78,274
ドイツ	16	7,130	イギリス	16	51,470
日本 j	16	3,798	ポーランド	16	40,498
ブラジル	15	3,276	ベトナム	16	38,451
ウクライナ	16	2,881	スペイン	16	37,005
ハンガリー	16	1,866	日本	16	26,659

ミネラルウォーター 国(地域)	年次	(1,000hL)	ソフトドリンク 国(地域)	年次	(1,000hL)
ドイツ	14	128,128	メキシコ	16	197,600
トルコ	16	119,805	日本	16	170,734
スペイン	16	74,899	ブラジル	15	162,452
ロシア	16	59,867	ドイツ	16	121,886
ブラジル	15	53,569	イギリス	15	83,405
ポーランド	16	43,200	ロシア	16	61,025
日本	16	31,762	フランス	16	55,332
韓国	15	27,606	スペイン	16	51,126
ルーマニア	16	19,292	ポーランド	16	42,937
ウクライナ	16	17,715	トルコ	16	40,350

a 牛肉以外を含む。　b 枝肉としての重量。　c 魚の缶詰を含む。　d 魚のすり身を含む。　e 精製された大豆油を含む。
f 精製糖を含む。　g グラニュー糖。　h ウォッカ及びリキュール。　j その他の果実酒を含む。

5-7　工業生産量－繊維

毛糸			綿糸		
国（地域）	年次	（t）	国（地域）	年次	（1,000t）
トルコ	16	68,049	パキスタン	15	3,360
イタリア	16	42,328	トルコ	16	1,248
イギリス	14	15,566	ブラジル	15	486
日本	16	11,050	ウズベキスタン	16	367
リトアニア	16	10,666	韓国	15	254
ポーランド	16	5,591	スペイン	16	69
チェコ	16	5,518	ロシア	16	58
ロシア	16	5,118	メキシコ	16	58
ポルトガル	16	3,545	日本	16	55
スペイン	15	3,538	イタリア	16	37

毛織物			絹織物		
国（地域）	年次	（1,000m^2）	国（地域）	年次	（1,000m^2）
ロシア	16	9,129	ロシア	16	290,441
ドイツ	16	6,353	イタリア	16	18,429
ウクライナ	14	4,989	フランス	16	9,214
ポルトガル	16	3,283	日本	16	8,522
リトアニア	16	2,802	ルーマニア	16	7,971
スペイン	16	2,570	ウズベキスタン	16	1,919
エジプト	16	* 1,822	エジプト	16	* 1,517
ブルガリア	16	1,667	イギリス	15	356
ベラルーシ	16	1,592	サウジアラビア	16	316
ルーマニア	16	1,469	アゼルバイジャン	16	222

綿織物			合成繊維織物		
国（地域）	年次	（1,000m^2）	国（地域）	年次	（1,000m^2）
ロシア	16	1,168,375	ドイツ	16	529,922
パキスタン	15	1,036,950	イタリア	16	496,977
イタリア	16	336,644	チェコ	16	381,181
ポルトガル	16	169,945	日本	16	373,595
ウズベキスタン	16	162,403	イギリス	14	341,667
タンザニア	15	74,199	スペイン	16	275,561
ベラルーシ	16	61,613	ハンガリー	16	188,032
チェコ	16	40,766	ポーランド	16	100,161
ルーマニア	16	31,967	ギリシャ	16	78,776
キューバ	16	30,500	ウクライナ	16	76,014

5-8　工業生産量－木材・パルプ・紙

製材			合板		
国（地域）	年次	(1,000m³)	国（地域）	年次	(1,000m³)
アメリカ合衆国	16	55,627	中国	16	* 117,317
カナダ	16	* 48,161	アメリカ合衆国	16	9,398
中国	16	34,375	ロシア	16	3,812
ロシア a	16	23,736	インドネシア	16	* 3,800
スウェーデン	16	21,449	日本	16	3,063
ドイツ	16	* 21,109	ブラジル	16	* 2,700
フィンランド	16	11,370	インド	16	* 2,521
オーストリア	16	9,256	マレーシア	16	2,484
ブラジル	16	* 8,600	トルコ	16	2,395
日本	16	8,419	カナダ	16	2,205

木材パルプ			新聞用紙		
国（地域）	年次	(1,000t)	国（地域）	年次	(1,000t)
アメリカ合衆国	16	* 42,242	カナダ	16	3,342
ブラジル	16	18,210	日本	16	2,906
カナダ	16	8,914	中国	16	2,600
日本	16	8,030	ドイツ	16	2,191
中国	16	* 7,479	アメリカ合衆国	16	* 1,485
インドネシア	16	* 6,400	ロシア	16	1,469
ロシア	16	5,555	韓国	16	1,390
フィンランド	16	5,119	インド	16	* 1,380
チリ	16	4,238	スウェーデン	16	979
スウェーデン	16	3,816	フランス	16	* 787

段ボール紙			衛生用紙		
国（地域）	年次	(1,000t)	国（地域）	年次	(1,000t)
イタリア	16	3,337	ドイツ	16	2,629
ドイツ	16	1,546	トルコ	16	1,642
ポーランド	16	989	ブラジル	15	1,007
ブラジル	15	984	ポーランド	16	896
サウジアラビア	16	883	韓国	15	521
スペイン	16	822	オランダ	15	237
アルゼンチン	16	685	サウジアラビア	16	201
イギリス	16	645	スロバキア	16	199
フランス	16	499	ギリシャ	16	182
メキシコ	16	453	ルーマニア	16	169

a 非針葉樹の木材を加工したものを含む。

5-9　工業生産量－石油・化学・セメント(1)

コークス			発動機用ガソリン		
国（地域）	年次	(1,000t)	国（地域）	年次	(1,000t)
中国	16	449,115	アメリカ合衆国	16	360,503
日本	16	32,689	中国	16	128,465
ロシア	16	26,236	ロシア	16	40,004
韓国	16	15,924	日本	16	39,513
ウクライナ	16	12,722	インド	16	36,593
インド	16	12,503	カナダ	16	31,779
アメリカ合衆国	16	10,755	サウジアラビア	16	23,815
ポーランド	16	9,718	ブラジル	16	20,008
ドイツ	16	9,387	ドイツ	16	19,674
ブラジル	16	9,233	イギリス	16	17,342

ナフサ			灯油		
国（地域）	年次	(1,000t)	国（地域）	年次	(1,000t)
中国	16	50,324	日本	16	12,850
韓国	16	31,503	スペイン	16	8,673
ロシア	16	25,946	サウジアラビア	16	7,202
インド	16	19,946	インド	16	6,041
アラブ首長国連邦	16	17,038	クウェート	16	5,505
日本	16	14,656	韓国	16	2,716
タイ	16	10,478	イラン	16	2,523
オランダ	16	10,133	イギリス	16	2,015
サウジアラビア	16	9,539	タイ	16	1,756
アメリカ合衆国	16	8,225	中国	16	1,613

残渣燃料油			アスファルト		
国（地域）	年次	(1,000t)	国（地域）	年次	(1,000t)
ロシア	16	61,426	中国	16	21,716
中国	16	42,369	アメリカ合衆国	16	19,721
サウジアラビア	16	25,415	ロシア	16	7,633
アメリカ合衆国	16	23,064	インド	16	5,185
イラン	16	21,842	韓国	16	5,064
日本	16	17,788	イラン	16	4,837
ベネズエラ	16	14,448	カナダ	16	4,763
メキシコ	16	13,007	ドイツ	16	4,065
イラク	16	12,774	トルコ	16	3,436
オランダ	16	11,961	（日本）	16	3,249

5-9　工業生産量－石油・化学・セメント(2)

国（地域）	年次	か性ソーダ (1,000t)	国（地域）	年次	窒素質肥料 (1,000t)
日本	16	3,329	中国	16	41,055
韓国	16	2,642	ロシア a	16	9,475
トルコ	16	1,747	ポーランド	16	4,752
ブラジル	15	1,639	ブラジル	14	3,376
ロシア	16	1,151	パキスタン b	15	2,626
ベルギー	16	588	エジプト	15	2,384
スペイン	16	494	オランダ	16	2,290
ハンガリー	14	283	トルコ	16	1,771
メキシコ	16	258	ウクライナ	16	1,670
ルーマニア	16	187	ドイツ	16	1,339

国（地域）	年次	カリ質肥料 (t)	国（地域）	年次	ポリスチレン (t)
ロシア a	16	7,770,000	日本	16	1,100,530
中国	16	6,650,200	韓国	16	1,047,799
ベラルーシ	16	6,180,050	ブラジル	15	611,297
韓国	16	717,634	オランダ	16	606,310
ポーランド	15	57,956	ロシア c	16	535,865
ウクライナ	16	4,767	ドイツ	15	440,397
カザフスタン	16	1,455	メキシコ	16	413,990
チリ	16	474	イタリア	16	332,813
ポルトガル	16	1	トルコ	16	142,099
			ポーランド	16	132,550

国（地域）	年次	ポリ塩化ビニル (1,000t)	国（地域）	年次	ポリプロピレン (1,000t)
日本	16	1,688	韓国	16	4,421
ドイツ	16	1,567	日本	16	2,336
ブラジル	15	1,211	フランス	16	1,900
ロシア d	16	824	ベルギー	16	1,681
メキシコ	16	653	ブラジル	15	1,655
スペイン	16	577	ロシア	16	1,410
イギリス	14	503	クウェート	16	1,400
オランダ	14	446	スペイン	16	1,046
ハンガリー	16	293	チリ	16	1,014
ポルトガル	16	258	オランダ	14	648

5-9　工業生産量－石油・化学・セメント(3)

合成ゴム			タイヤ		
国(地域)	年次	(1,000t)	国(地域)	年次	(1,000本)
日本	16	1,840	日本	16	114,117
韓国	16	1,575	ドイツ	16	60,484
ロシア	16	1,519	ロシア e	16	40,259
ドイツ	16	1,213	ブラジル	15	40,086
フランス	16	591	ルーマニア	16	33,077
イタリア	16	543	ポーランド	16	31,666
ブラジル	15	341	スペイン	16	28,562
オランダ	16	252	フランス	16	25,491
ポーランド	16	225	チェコ	16	23,056
フィンランド	16	194	イタリア	16	21,743

石灰			セメント		
国(地域)	年次	(1,000t)	国(地域)	年次	(1,000t)
ドイツ	16	6,973	中国	16	2,410,310
ブラジル	15	6,699	トルコ	16	78,458
メキシコ	16	3,660	ベトナム	16	74,457
トルコ	16	3,648	ブラジル	15	69,320
ロシア f	16	3,061	韓国	15	56,212
フランス	16	3,014	ロシア	16	54,935
ウクライナ g	16	2,881	メキシコ	16	45,703
イタリア	16	2,703	サウジアラビア	16	41,999
ポーランド	16	1,591	エジプト	15	38,947
ベルギー	16	1,357	ドイツ	16	32,737

a 有効成分100パーセント。　b 窒素100パーセント。　c ポリスチレン及びスチレン共重合体。　d 樹脂及び共重合体。
e 軽自動車用のみ。　f 建設用のみ。　g 水硬性石炭を除く。

5-10 工業生産量－金属(1)

銑鉄			粗鋼		
国（地域）	年次	(1,000t)	国（地域）	年次	(1,000t)
中国 a	16	700,740	中国	16	808,366
インド a	16	63,714	インド	16	95,477
ロシア	16	51,873	アメリカ合衆国	16	78,475
韓国 a	16	46,336	ロシア	16	69,807
ウクライナ	16	23,560	韓国	16	68,576
アメリカ合衆国 a	16	22,293	ブラジル	16	31,275
フランス a	16	9,724	ウクライナ	16	30,765
カナダ	16	6,240	トルコ	16	29,926
イギリス a	16	6,142	イタリア	16	23,373
（日本）	16	3,047	（日本）	16	10,759

熱間圧延鋼板			亜鉛めっき鋼板		
国（地域）	年次	(1,000t)	国（地域）	年次	(1,000t)
中国	16	345,000	中国 b	15	51,000
アメリカ合衆国	16	56,335	アメリカ合衆国 b	16	16,033
インド	16	* 51,560	韓国	16	11,434
韓国	16	46,748	日本	16	10,795
日本	16	37,555	インド b	16	7,390
ロシア	16	19,534	イタリア b	16	5,011
ベトナム	16	15,523	フランス b	16	4,189
ドイツ	16	13,432	ベルギー b	16	3,326
ブラジル	16	12,273	トルコ	16	3,184
イタリア	16	11,555	メキシコ b	16	2,733

棒鋼			鋼管		
国（地域）	年次	(1,000t)	国（地域）	年次	(1,000t)
中国	15	422,848	ロシア	16	10,420
トルコ	15	24,754	日本	16	6,311
韓国	16	15,992	トルコ	16	5,559
アメリカ合衆国	16	11,920	ドイツ	16	3,054
ドイツ	16	9,926	ブラジル	15	2,366
日本	16	8,955	ウクライナ	16	1,031
ベトナム	16	8,388	スペイン	16	1,000
ロシア	16	8,133	メキシコ	16	751
ブラジル	16	7,425	ポーランド	16	737
イタリア c	16	7,296	チェコ	16	631

5-10　工業生産量－金属(2)

精製銅			アルミニウム		
国(地域)	年次	(1,000t)	国(地域)	年次	(1,000t)
日本	16	1,161	中国	16	32,645
カザフスタン	16	408	アンゴラ	16	5,334
スウェーデン	16	206	ブラジル	15	819
ベルギー	16	180	アイスランド	16	642
フィンランド	16	165	アルゼンチン	16	425
ブラジル	15	102	カザフスタン	16	241
イタリア	16	28	モンテネグロ	16	38
ウクライナ	16	22	トルコ	16	37
ナミビア	16	16	アゼルバイジャン	16	37
モンゴル	16	15	フランス	16	36

鉛			亜鉛		
国(地域)	年次	(1,000t)	国(地域)	年次	(1,000t)
中国	16	4,243	中国	16	6,274
日本	16	465	スペイン	16	439
ドイツ	16	270	ブラジル	15	395
ブラジル	15	139	カザフスタン	16	326
カザフスタン	16	134	フィンランド	16	291
ベルギー	16	114	イタリア	16	179
ブルガリア	16	80	ベルギー	16	155
スウェーデン	16	61	日本	16	118
ポーランド	16	58	ポーランド	16	114
イタリア	16	56	ナミビア	16	89

a スピーゲルを除く。　b すず以外でめっきした全ての金属。　c 熱間圧延棒鋼を除く。

5-11　工業生産量-機械器具(1)

内燃機関				ディーゼル機関			
国（地域）	年次	（1,000台）		国（地域）	年次	（1,000台）	
アンゴラ	16	26,646		日本	16	1,432	
日本	16	1,194		ドイツ	16	267	
イギリス	14	262		メキシコ	16	215	
デンマーク	16	39		トルコ	16	44	
ブラジル	15	33		スウェーデン	16	44	
ドイツ	16	13		フィンランド	16	24	
ペルー	14	2		アンゴラ	16	8	
ベラルーシ	16	0		スロバキア	16	5	
				アルジェリア	15	3	
				ベラルーシ	16	1	

コンバイン				旋盤			
国（地域）	年次	（台）		国（地域）	年次	（台）	
日本	16	20,867		ドイツ	16	5,905	
ロシア	16	6,057		トルコ	16	5,468	
メキシコ	16	4,437		ブラジル	15	1,559	
ブラジル	15	1,894		ブルガリア	16	1,022	
ポーランド	16	1,135		スペイン	16	976	
アルゼンチン	16	649		ロシア	16	738	
アルジェリア	15	603		チェコ	16	542	
カザフスタン	16	544		ポーランド	16	516	
クロアチア	16	381		スロバキア	16	427	
フィンランド	16	367		ベラルーシ	16	247	

ボール盤、中ぐり盤				掘削機械			
国（地域）	年次	（台）		国（地域）	年次	（台）	
ドイツ	16	12,505		ドイツ	16	28,230	
日本	16	4,708		ブラジル	15	16,957	
エクアドル	15	3,643		スウェーデン	16	5,109	
トルコ	16	2,004		フィンランド	16	3,682	
ベラルーシ	16	1,858		トルコ	16	1,975	
韓国	15	1,786		オランダ	14	1,742	
スペイン	16	1,033		ロシア　a	16	1,398	
クロアチア	16	912		ベラルーシ	16	1,296	
ポーランド	15	698		チリ	16	446	
イギリス	14	555		ポーランド	16	306	

5-11　工業生産量－機械器具(2)

冷蔵庫			洗濯機、乾燥機		
国(地域)	年次	(1,000台)	国(地域)	年次	(1,000台)
ブラジル b	15	6,910	ウズベキスタン	16	172,233
メキシコ	16	5,428	中国	16	76,209
ポーランド	16	3,113	キルギス	16	15,600
ロシア	16	2,004	トルコ	16	9,387
ルーマニア	14	1,259	ポーランド	16	9,049
ハンガリー	16	680	ブラジル	15	8,209
エジプト	15	149	ロシア	16	4,040
リトアニア	16	143	イタリア	16	3,005
ウズベキスタン	16	142	日本	16	2,585
チリ	16	138	ベトナム	16	2,040

デスクトップパソコン			固定電話		
国(地域)	年次	(1,000台)	国(地域)	年次	(1,000台)
ブラジル	15	1,483	中国	16	105,248
ドイツ	16	797	ブラジル	15	8,024
エジプト	15	281	トルコ	16	1,372
ロシア	16	271	ポーランド	16	432
イタリア	16	153	ロシア	16	254
イギリス	16	113	カザフスタン	16	175
キューバ	16	55	スウェーデン	16	96
スウェーデン	16	54	ウズベキスタン	16	54
スペイン	16	54	イギリス	16	40
セルビア	16	48	ベラルーシ	16	8

ラジオ			テレビ		
国(地域)	年次	(1,000台)	国(地域)	年次	(1,000台)
マレーシア	16	13,985	ブラジル	15	20,031
ポルトガル	16	8,587	ポーランド	16	17,326
ブラジル	15	7,065	トルコ	14	14,332
ハンガリー	16	3,677	スロバキア	16	10,499
デンマーク	16	1,857	ロシア c	16	8,382
エジプト	15	1,800	ハンガリー	14	7,931
ドイツ	16	1,299	マレーシア	16	7,745
スペイン	14	635	アルゼンチン	16	3,203
日本	16	471	チェコ	15	2,087
アルゼンチン	16	234	日本	16	1,944

5-11　工業生産量－機械器具(3)

バス			乗用自動車		
国（地域）	年次	（1,000台）	国（地域）	年次	（1,000台）
トルコ	16	57	日本	16	8,405
ロシア	16	43	ドイツ	16	5,734
日本	16	35	スペイン	16	2,482
メキシコ	16	7	メキシコ	16	2,282
イギリス	14	5	ブラジル	15	2,142
チェコ	15	5	イギリス	14	1,573
イラク	16	5	トルコ	16	1,368
ポーランド	16	5	チェコ	16	1,344
ブラジル	15	4	ロシア	16	1,120
フランス	16	3	スロバキア	16	973

トラック			自動二輪車		
国（地域）	年次	（1,000台）	国（地域）	年次	（1,000台）
スペイン	16	396	中国	16	23,907
ドイツ	16	384	ベトナム	16	3,536
メキシコ	16	369	パキスタン	15	1,777
ロシア	16	137	ブラジル	15	1,264
ブラジル	15	68	ポルトガル	16	611
トルコ	16	57	マレーシア	16	311
ポルトガル	16	42	イタリア	16	267
オランダ	16	22	オランダ	16	207
スウェーデン	16	21	フランス	16	120
エクアドル	16	7	メキシコ	16	66

a 掘削機のみ。　　b 単一の冷蔵庫及び冷凍庫を含む。　　c ビデオモニタ及びビデオプロジェクタを含む。

第6章　エネルギー

6-1　エネルギーバランス－生産・輸出入・消費量
〔出典〕
　UN, *Energy Statistics Yearbook 2020*
　2023年9月ダウンロード
〔解説〕
　　一次エネルギー生産量＋輸入－輸出－国際輸送燃料－在庫変動＝供給量。
　一次エネルギー：自然界に存在する形状で得られるエネルギー。石油、石炭、天然ガ
　ス、水力、地熱など。
　一次エネルギー生産量
　　固形：石炭（褐炭を含む。）、亜炭、泥炭及びオイルシェールなど。
　　液体：原油、天然ガス液、液体バイオ燃料など。
　　ガス：天然ガス及びバイオガス。
　　電力：水力、風力、潮汐（ちょうせき）、波力、太陽光発電などの一次電力。
　　熱：原子力、地熱、太陽熱などの一次熱。
　エネルギー輸出入量：一次及び二次エネルギー。
　国際輸送燃料：国際輸送のための航空機及び船舶用燃料。バンカーともいう。一次及
　び二次エネルギー。
　在庫変動：在庫積増は「プラス」、在庫取崩は「マイナス」。一次及び二次エネルギー。
　最終エネルギー消費量：非エネルギー利用、エネルギー利用（産業、運輸、その他）
　による。

6-2　石炭・原油・天然ガス・電力供給量
〔出典〕
　UN, *Energy Statistics Yearbook 2020*
　2023年10月ダウンロード

6-3　ガス生産量
〔出典〕
　UN, *Energy Statistics Yearbook 2020*
　2023年10月ダウンロード
〔解説〕
　天然ガス：メタン、エタン、プロパンなど炭化水素ガスの混合物。
　製造ガス：ガス工場などで製造されるガス。
　コークス炉ガス：コークス製造の際に発生するガス。
　高炉ガス：溶鉱炉から排出される副産ガス。
　他の回収ガス：製造などで回収された可燃性ガス。
　液化石油ガス：原油・天然ガスの採掘時、又は石油精製の過程で得られるプロパン、
　ブタンを主成分としたガスを加圧冷却して液化したもの。**LP ガス**ともいう。

6-4　電力発電量
〔出典〕
UN, *Energy Statistics Yearbook 2020*
2023年9月ダウンロード
〔解説〕
　火力、水力、原子力、風力、太陽光及びその他（地熱、潮汐、波力など）による発電量。自家発電を含む。
発電量：総発電量。
発電能力：純設備容量。

6-5　石炭・原油・天然ガス・ウラン埋蔵量
〔出典〕
UN, *Energy Statistics Yearbook 2020*
2023年10月ダウンロード
〔解説〕
　各資源の確認可採埋蔵量（現在の技術・経済条件下で、採掘できることが確認された量）。
無煙炭、瀝青（れきせい）**炭、亜瀝青炭、褐炭**：石炭を石炭化度（石炭の根源植物が石炭に変質する過程の進行度合い）の高い方から順に無煙炭、瀝青炭、亜瀝青炭、褐炭及び亜炭・泥炭に分類し、一般に無煙炭から褐炭までを石炭と呼ぶ。

6-1　エネルギーバランス－生産・輸出入・消費量 （2020年）(1-A)

（単位：ペタジュール）

国（地域）	一次エネルギー生産量						輸入	輸出
	総計	固形	液体	ガス	電力	熱		
世界	586,995	207,208	179,577	142,844	24,323	33,043	224,480	230,448
アジア								
日本	1,811	573	18	81	601	539	14,966	493
アラブ首長国連邦	9,465	...	7,510	1,934	19	3	2,209	7,229
イラク	8,916	2	8,524	371	18	...	482	7,473
イラン	13,893	* 127	5,402	8,241	61	63	231	2,979
インド	23,600	19,641	* 1,476	* 975	* 1,043	* 465	* 16,916	2,618
インドネシア	20,464	15,639	2,051	2,217	72	486	1,779	11,555
ウズベキスタン	1,730	63	126	1,523	18	...	141	106
オマーン	3,341	0	1,980	1,360	0	...	80	2,279
カザフスタン	6,650	1,857	3,647	1,102	44	...	545	4,403
カタール	9,216	0	3,004	6,213	...	...	10	7,304
韓国	2,169	243	75	15	92	1,744	12,412	2,589
北朝鮮	582	535	...	...	46	...	45	...
クウェート	6,353	0	5,616	735	0	2	211	4,996
サウジアラビア	25,618	...	20,838	4,776	* 2	* 2	776	16,742
タイ	2,598	623	806	1,125	43	0	3,436	538
中国	111,744	84,194	8,561	7,652	7,382	3,956	35,876	3,294
トルクメニスタン	3,255	0	435	2,820	0	...	0	2,186
トルコ	1,826	754	142	43	410	478	4,757	361
パキスタン	2,220	* 886	182	893	136	124	1,475	31
フィリピン	1,229	633	34	140	35	387	1,412	242
ベトナム	2,509	1,504	393	310	302	0	2,347	354
マレーシア	3,837	118	1,235	2,380	103	...	2,304	2,226
北アメリカ								
アメリカ合衆国	90,604	13,330	31,733	33,127	2,681	9,734	19,832	23,212
カナダ	21,671	1,489	11,077	6,505	1,537	1,062	3,242	12,772
トリニダード・トバゴ	1,226	0	153	1,073	0	...	82	687
メキシコ	6,284	548	4,099	1,141	200	296	4,285	2,918
南アメリカ								
アルゼンチン	3,108	100	1,348	1,420	125	116	368	341
コロンビア	4,025	1,632	1,786	426	181	...	189	3,469
チリ	* 535	* 335	17	45	128	11	1,080	29
ブラジル	13,393	3,241	7,541	788	1,671	152	2,273	3,574
ベネズエラ	2,070	38	1,336	470	225	...	212	1,264
ペルー	890	105	225	439	119	2	323	319
ヨーロッパ								
イギリス	4,894	314	2,156	1,536	343	545	4,756	2,938
イタリア a	1,469	383	302	222	329	234	5,486	1,068
ウクライナ	2,329	716	104	629	50	831	1,241	52
オーストリア	501	237	37	35	183	9	1,372	583
オランダ	1,136	129	116	740	87	64	7,652	5,279
ギリシャ	191	100	11	6	62	13	1,558	814
スイス b	519	103	0	6	146	264	625	136
スウェーデン	1,411	489	19	8	363	532	1,382	714
スペイン c	1,407	244	81	15	370	697	4,544	1,187
セルビア d	458	369	37	15	36	0	257	61
チェコ	987	594	16	32	18	327	888	229
ドイツ	4,034	1,820	263	493	717	742	8,994	1,360
ノルウェー	8,727	63	4,011	4,107	543	3	455	7,986

6-1　エネルギーバランス－生産・輸出入・消費量（2020年）(1-B)

（単位：ペタジュール）

国（地域）	国際輸送燃料 航空	国際輸送燃料 船舶	在庫変動	最終エネルギー消費量 総計	非エネルギー利用	エネルギー利用 産業	エネルギー利用 運輸	エネルギー利用 その他	1人当たり (ギガジュール)
世界	4,364	8,153	2,458	386,175	41,308	120,106	87,951	136,810	49
アジア									
日本	116	197	-175	11,058	1,255	3,164	2,621	4,018	88
アラブ首長国連邦	196	666	-54	2,387	261	1,324	430	371	257
イラク	12	10	6	883	31	172	399	280	21
イラン	14	58	0	8,211	1,225	2,010	1,882	3,094	94
インド	* 56	* 60	-396	27,220	* 2,082	12,203	1,911	11,024	19
インドネシア	19	* 15	309	6,696	469	2,466	1,039	2,722	25
ウズベキスタン	* 5	…	-36	1,299	41	266	243	748	39
オマーン	7	* 8	…	927	152	237	141	397	204
カザフスタン	9	5	20	1,735	* 66	514	317	837	91
カタール	136	…	33	902	285	330	162	124	327
韓国	125	399	-81	7,380	2,119	1,928	1,436	1,897	142
北朝鮮	…	…	…	573	7	347	55	163	22
クウェート	19	21	-1	745	112	284	181	168	171
サウジアラビア	158	* 111	-62	* 6,426	* 1,288	* 1,696	1,680	* 1,763	* 179
タイ	75	42	137	3,969	909	1,096	1,242	723	56
中国	210	450	3,453	86,180	11,076	41,294	* 10,568	23,242	60
トルクメニスタン	7	…	…	702	…	31	186	484	112
トルコ	81	22	-12	4,413	273	1,313	1,119	1,709	52
パキスタン	11	1	-33	2,974	185	899	655	1,235	13
フィリピン	25	4	-11	1,385	56	266	431	632	12
ベトナム	38	6	-53	3,185	80	1,798	501	806	33
マレーシア	28	16	* -9	2,560	565	749	861	384	77
北アメリカ									
アメリカ合衆国	656	659	393	61,400	5,851	11,100	23,323	21,126	183
カナダ	14	19	201	7,973	872	1,882	2,398	2,822	210
トリニダード・トバゴ	4	3	0	449	350	47	32	19	296
メキシコ	80	7	77	4,023	186	1,290	1,508	1,039	32
南アメリカ									
アルゼンチン	48	* 6	-5	2,214	122	516	739	837	49
コロンビア	26	5	-967	1,137	42	270	423	402	22
チリ	17	1	-16	1,125	42	430	354	299	58
ブラジル	43	156	-35	9,599	485	3,298	3,564	2,252	45
ベネズエラ	3	3	…	691	13	199	315	163	24
ペルー	11	9	-9	704	5	199	293	207	21
ヨーロッパ									
イギリス	205	79	-12	4,811	274	844	1,413	2,280	72
イタリア a	64	103	-23	4,525	287	1,004	1,233	2,002	76
ウクライナ	…	1	70	2,013	154	675	338	845	46
オーストリア	13	1	-44	1,118	84	307	333	394	126
オランダ	94	492	40	2,324	545	561	400	818	133
ギリシャ	15	69	35	631	35	106	220	270	60
スイス b	29	0	8	725	18	139	222	345	84
スウェーデン	15	106	131	1,336	72	488	281	495	129
スペイン c	66	267	-98	3,250	243	789	1,105	1,113	69
セルビア d	3	1	-8	393	30	83	92	187	53
チェコ	5	…	-41	1,084	98	273	271	441	103
ドイツ	196	56	-231	9,024	898	2,272	2,200	3,655	108
ノルウェー	7	13	37	863	102	262	193	306	161

6-1　エネルギーバランス－生産・輸出入・消費量（2020年）（2-A）

（単位：ペタジュール）

国（地域）	一次エネルギー生産量						輸入	輸出
	総計	固形	液体	ガス	電力	熱		
ハンガリー	449	133	62	59	12	183	949	327
フィンランド	761	399	12	7	87	256	975	403
フランス e	4,976	533	129	48	417	3,850	5,359	1,159
ブルガリア	453	238	5	4	21	185	440	157
ベラルーシ	187	96	78	7	3	4	1,379	497
ベルギー	571	95	18	10	65	383	3,198	1,326
ポーランド	2,423	2,110	81	156	72	5	2,453	596
ポルトガル f	254	132	12	3	94	12	866	263
ルーマニア	941	263	159	307	87	125	599	213
ロシア	60,041	10,157	21,905	24,843	777	2,359	1,001	29,356
アフリカ								
アルジェリア	5,506	0	2,483	3,020	3	...	53	3,150
エジプト	3,656	176	1,258	2,133	84	5	933	850
チュニジア	207	46	72	81	3	6	327	77
ナイジェリア	9,932	5,033	3,283	1,589	28	...	941	4,147
南アフリカ	6,313	6,106	2	39	40	127	1,236	1,898
モロッコ	100	63	0	3	21	12	803	2
リビア	1,334	25	864	445	0	...	295	946
オセアニア								
オーストラリア	18,950	12,512	870	5,348	202	18	2,090	15,144
ニュージーランド	727	109	49	166	96	307	315	72

6-1 エネルギーバランス－生産・輸出入・消費量 (2020年) (2-B)

(単位：ペタジュール)

国（地域）	国際輸送燃料 航空	国際輸送燃料 船舶	在庫変動	最終エネルギー消費量 総計	非エネルギー利用	エネルギー利用 産業	エネルギー利用 運輸	エネルギー利用 その他	1人当たり (ギガジュール)
ハンガリー	4	...	-32	839	98	187	191	363	86
フィンランド	12	13	-14	1,019	63	434	166	356	184
フランス e	113	41	-87	5,832	532	1,083	1,640	2,578	87
ブルガリア	6	4	-5	417	20	111	138	148	60
ベラルーシ	5	...	12	789	118	181	156	333	82
ベルギー	50	267	29	1,606	295	428	329	554	139
ポーランド	20	13	-37	3,193	248	675	930	1,340	83
ポルトガル f	22	29	-42	658	48	189	212	209	64
ルーマニア	2	2	-32	1,032	58	253	278	442	53
ロシア	206	288	-260	21,650	3,669	6,410	3,810	7,761	149
アフリカ									
アルジェリア	9	4	8	1,693	150	308	564	672	39
エジプト	23	13	...	2,386	301	607	704	774	22
チュニジア	4	0	3	326	7	79	100	141	27
ナイジェリア	15	11	62	* 5,698	58	312	718	* 4,610	* 27
南アフリカ	* 40	117	-15	2,434	181	909	638	706	41
モロッコ	12	6	-9	664	22	126	225	292	18
リビア	1	4	...	363	10	29	236	88	55
オセアニア									
オーストラリア	161	27	195	3,365	221	944	1,325	873	131
ニュージーランド	22	7	7	565	55	162	193	154	112

a サンマリノ及びバチカンを含む。　b リヒテンシュタインを含む。　c カナリア諸島を含む。　d コソボを除く。　e モナコ及び海外県（仏領ギアナ、グアドループ島、マルチニーク島、マヨット島及びレユニオン）を含む。　f アゾレス諸島及びマディラ諸島を含む。

6-2　石炭・原油・天然ガス・電力供給量 (2020年) (1)

国 (地域)	石炭 (褐炭を除く)		原油		天然ガス		電力	
	供給 (1,000t)	1人 当たり (kg)	供給 (1,000t)	1人 当たり (kg)	供給 (兆ジュール)	1人 当たり (100万 ジュール)	供給 (100万kWh)	1人 当たり (kWh)
世界	6,751,278	861	3,648,207	465	156,789,265	19,996	26,832,215	3,422
アジア								
日本	173,882	1,388	118,345	945	4,364,766	34,850	1,017,778	8,126
アゼルバイジャン	* 1	0	5,312	516	494,672	48,097	24,825	2,414
アラブ首長国連邦	3,211	346	27,459	2,957	2,690,487	289,696	* 137,282	* 14,782
イエメン	108	3	1,329	41	5,212	161	2,939	91
イスラエル	7,578	865	11,356	1,297	380,361	43,433	66,042	7,541
イラク	...	...	30,435	715	687,040	16,144	110,032	2,586
イラン	1,481	17	78,776	902	8,525,668	97,670	321,218	3,680
インド	956,143	685	* 226,752	* 162	* 2,446,593	* 1,752	* 1,533,199	* 1,098
インドネシア	143,761	529	47,632	175	1,651,012	6,073	274,780	1,011
ウズベキスタン	1163	35	1,370	41	1,610,852	48,047	69,037	2,059
オマーン	...	...	8,153	1,794	1,043,782	229,736	38,173	8,402
カザフスタン	72,839	3,838	15,374	810	938,465	49,447	110,136	5,803
カタール	...	...	3,003	1,088	1,764,882	639,361	49,259	17,845
韓国	118,033	2,277	132,198	2,550	2,306,604	44,491	578,595	11,160
北朝鮮	17,315	669	532	21	...	...	15,210	588
クウェート	...	...	27,841	6,385	1,050,700	240,962	74,757	17,144
サウジアラビア	64	2	127,625	3,545	5,306,856	147,425	338,751	9,411
シリア	...	...	6,421	309	116,870	5,626	16,048	773
シンガポール	703	119	44,807	7,582	416,389	70,457	53,702	9,087
タイ	19,122	268	55,828	781	1,775,411	24,839	215,810	3,019
中国	a 4,145,200	a 2,909	699,697	491	13,751,430	9,651	7,762,020	5,447
トルクメニスタン	...	...	8,600	1,376	870,292	139,237	19,333	3,093
トルコ	40,927	486	32,755	389	1,847,506	21,959	306,109	3,638
バーレーン	...	...	11,093	7,508	673,471	455,827	33,579	22,727
パキスタン	25,040	110	9,845	43	1,351,136	5,947	130,972	576
バングラデシュ	4,584	27	1,156	7	1,219,570	7,284	91,430	546
フィリピン	...	...	4,815	43	156,009	1,391	103,215	920
ブルネイ	...	...	7,731	17,502	108,352	245,294	5,736	12,985
ベトナム	100,718	1,042	15,908	165	344,201	3,561	242,055	2,504
香港	5,215	695	...	...	191,705	25,557	47,888	6,384
マレーシア	34,389	1,036	23,653	712	1,671,798	50,355	181,000	5,452
ミャンマー	2,054	38	419	8	176,819	3,310	22,135	414
北アメリカ								
アメリカ合衆国 b	170,226	507	682,459	2,031	33,503,868	99,731	4,307,358	12,822
カナダ	3,580	94	58,871	1,554	5,236,365	138,204	594,276	15,685
キューバ	2	0	4,114	364	34,916	3,090	20,829	1,843
グアテマラ	1,114	64	165	10	...	...	12,731	733
コスタリカ	0	0	...	...	...	...	11,237	2,193
ドミニカ共和国	1,229	112	498	45	49,638	4,513	16,629	1,512
トリニダード・トバゴ	...	...	50	33	629,436	414,608	9,225	6,076
プエルトリコ	...	...	...	...	53,292	16,289	18,774	5,739
メキシコ	9,624	76	27,512	218	3,740,411	29,686	318,559	2,528
南アメリカ								
アルゼンチン	1,507	33	20,731	460	1,810,893	40,210	149,637	3,323
ウルグアイ	...	...	1,901	554	2,505	730	12,924	3,769
エクアドル	...	...	6,417	365	20,929	1,190	30,158	1,715
コロンビア	8,789	173	17,236	338	486,903	9,560	80,600	1,583
チリ	12,013	622	7,388	383	224,476	11,631	83,994	4,352
ブラジル	21,844	102	90,279	423	1,233,008	5,783	645,916	3,030
ベネズエラ	62	2	4,511	158	522,742	18,348	73,613	2,584
ペルー	649	19	3,288	99	267,767	8,040	52,841	1,587

6-2　石炭・原油・天然ガス・電力供給量（2020年）(2)

国（地域）	石炭（褐炭を除く） 供給 (1,000t)	石炭（褐炭を除く） 1人当たり (kg)	原油 供給 (1,000t)	原油 1人当たり (kg)	天然ガス 供給 (兆ジュール)	天然ガス 1人当たり (100万ジュール)	電力 供給 (100万kWh)	電力 1人当たり (kWh)
ヨーロッパ								
アイルランド	684	138	2,838	574	211,887	42,839	32,138	6,498
イギリス	7,202	107	44,522	664	2,901,223	43,263	329,169	4,909
イタリア c	7,724	130	55,650	935	2,715,274	45,608	312,731	5,253
ウクライナ	38,762	883	2,856	65	951,541	21,670	144,574	3,293
オーストリア	2,838	319	8,083	907	339,282	38,088	74,762	8,393
オランダ	6,493	372	50,402	2,891	1,471,205	84,384	120,894	6,934
ギリシャ	266	25	22,250	2,117	229,274	21,810	57,116	5,433
スイス d	36	4	2,814	326	134,066	15,519	66,078	7,649
スウェーデン	1,991	192	17,494	1,687	58,679	5,659	138,836	13,390
スペイン e	4,102	87	55,154	1,164	1,299,572	27,438	266,653	5,630
スロバキア	2,594	475	5,575	1,022	190,183	34,853	29,157	5,343
セルビア f	223	30	3,320	451	92,550	12,578	37,351	5,076
チェコ	5,289	502	6,068	576	338,512	32,144	71,364	6,777
デンマーク	1,237	212	7,065	1,213	114,292	19,619	35,616	6,114
ドイツ	31,236	375	84,150	1,010	3,470,390	41,647	553,637	6,644
ノルウェー	898	167	11,680	2,171	211,337	39,283	133,783	24,867
ハンガリー	1,253	129	6,714	689	407,941	41,838	46,607	4,780
フィンランド	2,725	493	10,746	1,943	98,619	17,835	83,926	15,178
フランス g	7,464	112	33,731	505	1,631,262	24,406	486,723	7,282
ブルガリア	828	119	4,890	701	117,005	16,765	37,358	5,353
ベラルーシ	743	77	16,309	1,693	701,680	72,836	38,048	3,949
ベルギー	2,863	248	27,184	2,351	703,828	60,876	89,056	7,703
ポーランド	63,476	1,652	25,607	666	795,815	20,709	171,310	4,458
ポルトガル h	949	92	10,903	1,059	240,554	23,359	54,535	5,296
ルーマニア	121	6	10,499	540	445,900	22,935	58,727	3,021
ロシア	155,412	1,067	243,209	1,670	19,012,514	130,565	1,081,002	7,424
アフリカ								
アルジェリア	8	0	25,503	587	1,794,348	41,295	79,094	1,820
アンゴラ	...	...	2,272	68	* 50,540	* 1,512	16,400	491
エジプト	1,775	17	31,157	290	2,370,871	22,062	196,411	1,828
ガーナ	...	...	526	16	126,192	3,921	18,427	573
カメルーン	...	...	0	0	34,580	1,305	9,067	342
ケニア	822	16	...	...	...	...	11,724	226
コートジボワール	...	...	2,719	101	88,770	3,311	10,093	376
コンゴ民主共和国	...	...	0	0	...	...	13,166	142
ザンビア	1,101	58	372	20	...	...	14,028	741
ジンバブエ	1,949	124	...	...	...	...	8,694	555
スーダン	...	...	* 4,234	* 95	...	...	* 17,485	* 393
タンザニア	690	11	...	...	33,807	548	8,068	131
チュニジア	...	...	1,167	96	245,131	20,156	21,034	1,729
ナイジェリア	43	0	...	...	717,440	3,444	32,432	156
南アフリカ	174,469	2,967	13,557	231	196,052	3,334	235,702	4,008
モザンビーク	31	1	...	...	33,757	1,083	14,873	477
モロッコ	10,136	272	4	0	31,666	850	40,289	1,082
リビア	...	...	2,031	305	323,000	48,543	30,758	4,622
オセアニア								
オーストラリア	29,178	1,137	18,049	703	1,764,744	68,747	265,178	10,330
ニュージーランド	368	73	3,686	728	180,518	35,668	44,543	8,801
パプアニューギニア	...	...	1,437	147	39,263	4,027	4,476	459

a 褐炭を含む。　b 石炭及び原油はプエルトリコを含む。　c サンマリノ及びバチカンを含む。　d リヒテンシュタインを含む。　e カナリア諸島を含む。　f コソボを除く。　g モナコ及び海外県（仏領ギアナ、グアドループ島、マルチニーク島、マヨット島及びレユニオン）を含む。　h アゾレス諸島及びマディラ諸島を含む。

6-3 ガス生産量（2020年）（1）

国（地域）	生産量（兆ジュール）					生産量(1,000t)
	天然ガス	製造ガス	コークス炉ガス	高炉ガス	他の回収ガス	液化石油ガス
世界	157,749,761	376,775	3,320,502	6,772,214	658,728	284,901
アジア						
日本	167,889	...	266,508	331,130	49,224	2,846
アゼルバイジャン	1,034,594	...	...	...	...	201
アフガニスタン	3,129	...	...	...	...	...
アラブ首長国連邦	2,148,616	...	...	...	...	11,961
イスラエル	495,175	...	...	...	...	374
イラク	412,680	...	...	...	...	1,776
イラン	9,156,436	...	8,834	15,982	...	4,780
インド	* 1,083,578	* 1,102	* 188,003	* 398,287	...	12,072
インドネシア	2,462,373	...	...	...	...	1,874
ウズベキスタン	1,692,208	...	...	...	...	750
オマーン	1,511,302	...	...	...	...	667
カザフスタン	1,224,568	...	12,135	20,234	...	2,618
カタール	6,903,036	...	...	...	...	7,285
韓国	12,393	...	142,777	219,137	26,025	2,476
クウェート	817,000	...	...	...	...	6,402
サウジアラビア	5,306,856	...	...	...	...	* 10,367
シリア	116,870	...	...	3	...	162
タイ	1,193,772	...	...	...	...	5,366
中国	8,501,974	264,677	1,816,220	4,765,796	508,100	44,890
トルクメニスタン	3,133,420	...	...	...	...	1,079
トルコ	16,902	...	36,300	52,000	...	971
バーレーン	673,471	...	...	...	...	124
パキスタン	991,762	...	...	...	...	744
バングラデシュ	991,521	...	...	...	...	15
東ティモール	188,725	...	...	...	...	...
フィリピン	156,009	...	...	2,931	...	152
ブルネイ	414,523	...	...	...	...	619
ベトナム	344,201	...	...	...	...	782
香港	...	27,947	...	...	...	...
マレーシア	2,640,175	...	...	...	...	2,385
ミャンマー	661,296	...	...	...	...	7
ヨルダン	5,820	...	...	...	...	54
北アメリカ						
アメリカ合衆国	36,703,407	54,087	45,206	72,286	...	75,281
カナダ	7,209,027	...	22,789	19,454	...	1,406
キューバ	34,916	3,300	...	11	...	39
トリニダード・トバゴ	1,192,151	...	...	...	...	360
バルバドス	386	...	...	...	...	...
メキシコ	1,275,488	...	9,700	17,630	...	3,045
南アメリカ						
アルゼンチン	1,577,341	...	3,592	20,440	...	2,416
エクアドル	20,929	...	...	...	...	178
コロンビア	473,372	...	762	821	...	749
スリナム	269	...	...	...	...	...
チリ	45,717	...	3,676	3,372	...	461
ブラジル	860,787	...	67,308	...	...	5,264
ベネズエラ	522,742	...	...	...	...	551
ペルー	487,281	...	...	...	...	1,318
ボリビア	608,826	...	...	...	...	540

6-3　ガス生産量（2020年）（2）

国（地域）	生産量（兆ジュール）					生産量(1,000t)
	天然ガス	製造ガス	コークス炉ガス	高炉ガス	他の回収ガス	液化石油ガス
ヨーロッパ						
アイルランド	76,828	…	…	…	…	52
アルバニア	2,061	…	…	…	…	…
イギリス	1,599,414	…	12,755	33,067	…	2,868
イタリア a	156,739	…	11,506	10,825	1,526	1,290
ウクライナ	694,528	…	80,030	76,648	20,550	305
エストニア	…	2,610	11,096	…	…	…
オーストリア	29,926	…	10,217	25,967	3,462	117
オランダ	811,680	…	17,093	31,597	…	1,307
クロアチア	32,800	…	…	…	…	184
スイス	1,476	…	…	…	…	97
スウェーデン	391	…	7,926	13,159	1,625	401
スペイン b	2,320	…	5,513	13,001	…	920
スロバキア	2,544	…	9,640	14,880	2,597	137
セルビア c	15,133	…	…	8,310	…	100
チェコ	7,593	9,265	18,063	17,847	3,910	312
デンマーク	71,434	…	…	…	…	113
ドイツ	187,515	…	58,300	125,509	20,638	2,885
ノルウェー	4,560,755	…	…	3,064	…	6,237
ハンガリー	61,645	…	7,386	6,401	…	144
フィンランド	394	…	7,095	9,048	3,993	245
フランス d	8,674	…	…	62,309	…	886
ブルガリア	2,224	…	…	…	…	77
ベラルーシ	5,865	…	…	…	…	399
ベルギー	266	…	8,921	18,252	2,896	1,036
ポーランド	158,002	…	65,419	19,443	3,516	657
ボスニア・ヘルツェゴビナ	…	…	6,285	3,735	…	…
ルーマニア	340,414	…	…	9,743	…	514
ロシア	27,603,132	…	262,669	220,602	…	27,624
アフリカ						
アルジェリア	3,355,568	…	…	2,536	…	8,413
アンゴラ	*286,900	…	…	…	…	1,497
エジプト	2,370,530	15	…	4,137	…	1,844
ガーナ	100,406	…	…	…	…	85
ガボン	19,660	…	…	…	…	10
カメルーン	90,440	…	…	…	…	25
コートジボワール	88,770	…	…	…	…	28
コンゴ共和国	40,024	…	…	…	…	8
赤道ギニア	228,893	…	…	…	…	464
タンザニア	33,807	…	…	…	…	…
チュニジア	89,547	…	…	…	…	113
ナイジェリア	1,765,100	…	…	…	…	136
南アフリカ	42,790	13,733	11,184	10,016	…	199
モザンビーク	185,337	…	…	…	…	…
リビア	494,000	…	…	…	…	300
オセアニア						
オーストラリア	5,923,572	39	20,169	16,467	…	3,541
ニュージーランド	181,094	…	5,470	6,110	271	169
パプアニューギニア	526,234	…	…	…	…	17

a サンマリノ及びバチカンを含む。　b カナリア諸島を含む。　c コソボを除く。　d モナコ及び海外県（仏領ギアナ、グアドループ島、マルチニーク島、マヨット島及びレユニオン）を含む。

6-4　電力発電量（2020年）（1）

国（地域）	発電量（100万kWh）							発電能力 (1,000kW)
	総計	火力	水力	原子力	風力	太陽光	その他	
世界	26,815,938	17,131,921	4,447,719	2,673,935	1,596,313	836,603	129,447	7,776,863
アジア								
日本	1,017,778	783,522	87,548	38,752	8,970	79,087	19,900	353,667
アゼルバイジャン	25,839	24,627	1,070	…	96	47	…	* 7,625
アラブ首長国連邦	* 137,310	* 131,835	…	…	…	5,475	…	34,901
イスラエル	72,285	67,702	…	…	204	4,163	216	20,006
イラク	91,423	86,449	4,916	…	…	57	…	* 27,412
イラン	324,845	302,092	15,887	5,790	566	510	…	* 80,467
インド	* 1,533,307	* 1,200,660	* 160,909	* 43,029	* 67,418	* 61,291	…	458,430
インドネシア	274,780	240,582	19,900	…	…	9	14,289	67,587
ウズベキスタン	66,516	61,502	4,999	…	16	0	…	17,502
オマーン	38,173	38,045	…	…	…	128	…	* 8,603
カザフスタン	110,890	98,711	9,660	…	1,029	1,490	…	25,976
カタール	49,259	49,259	…	…	…	…	…	* 10,590
韓国	578,595	386,067	7,148	160,184	3,151	17,967	4,077	139,145
クウェート	74,757	74,544	…	…	33	180	…	* 19,252
サウジアラビア	339,119	338,283	…	…	* 6	* 830	…	* 79,779
シンガポール	53,702	53,080	…	…	…	622	…	12,021
タイ	188,870	176,452	4,656	…	3,124	4,636	1	49,550
中国	7,779,060	5,330,250	1,355,210	366,250	466,470	260,857	23	2,258,250
トルクメニスタン	22,534	22,531	3	…	…	…	…	* 5,202
トルコ	306,703	181,526	78,094	…	24,828	10,950	11,304	95,891
バーレーン	33,374	33,363	…	…	* 1	* 10	…	* 6,982
パキスタン	130,458	80,734	33,991	11,495	2,882	795	561	39,669
バングラデシュ	84,759	83,474	878	…	6	401	…	22,035
フィリピン	103,215	82,851	7,209	…	1,026	1,373	10,757	26,899
ベトナム	240,543	156,672	73,461	…	976	9,434	…	78,066
香港	35,189	35,189	…	…	…	…	…	13,129
マレーシア	182,658	154,011	26,217	…	…	2,430	…	* 35,863
ミャンマー	23,643	15,194	8,370	…	…	79	…	6,830
ラオス	* 39,967	* 13,665	* 26,262	…	…	* 41	…	9,998
レバノン	18,344	17,200	1,025	…	…	* 120	…	* 3,773
北アメリカ								
アメリカ合衆国	4,260,044	2,643,838	308,213	823,150	341,818	119,329	23,696	1,147,892
カナダ	651,896	126,288	386,617	98,195	35,638	4,846	312	150,245
キューバ	19,428	19,055	112	…	* 68	* 193	…	6,660
グアテマラ	12,803	* 5,971	5,966	…	317	222	326	4,162
コスタリカ	11,743	225	8,294	…	1,459	76	1,689	3,602
ドミニカ共和国	16,629	13,880	1,176	…	1,139	434	…	* 4,739
トリニダード・トバゴ	9,225	9,220	…	…	0	5	…	2,517
パナマ	10,970	2,685	7,353	…	584	318	30	4,117
プエルトリコ	18,774	18,321	51	…	143	259	…	* 6,126
ホンジュラス	10,059	5,232	2,701	…	707	1,113	307	3,011
メキシコ	314,549	245,464	26,817	8,131	19,702	9,115	5,320	95,045
南アメリカ								
アルゼンチン	144,924	99,199	24,262	10,707	9,412	1,345	…	45,565
ウルグアイ	13,557	3,526	4,094	…	5,476	462	…	4,925
エクアドル	31,248	6,800	24,333	…	77	38	…	8,095
コロンビア	79,550	29,361	49,977	…	10	201	…	19,758
チリ	83,994	48,331	21,873	…	5,602	7,971	216	30,001
パラグアイ	46,373	2	46,371	…	…	…	…	8,761
ブラジル	621,198	143,017	396,328	14,053	57,050	10,750	…	179,517
ベネズエラ	74,265	11,656	62,510	…	88	9	* 1	33,116
ペルー	52,803	19,624	30,510	…	1,814	856	…	15,229

6-4　電力発電量（2020年）（2）

国（地域）	発電量（100万kWh）							発電能力 (1,000kW)
	総計	火力	水力	原子力	風力	太陽光	その他	
ヨーロッパ								
アイルランド	32,290	19,453	1,224	...	11,549	64	...	11,244
イギリス	311,259	164,286	8,156	50,278	75,369	13,158	11	101,367
イタリア a	280,531	180,805	49,495	...	18,762	24,942	6,528	116,383
ウクライナ	146,993	55,258	7,487	76,203	1,932	5,969	144	* 56,982
オーストリア	72,566	18,368	45,354	...	6,792	2,043	10	b 26,312
オランダ	123,554	94,804	46	4,087	15,339	8,765	512	42,233
ギリシャ	48,252	31,055	3,440	...	9,310	4,447	...	20,795
スイス	71,638	3,847	41,022	24,025	145	2,599	...	22,941
スウェーデン	163,833	13,618	72,440	49,198	27,526	1,051	...	43,672
スペイン c	263,373	93,778	33,998	58,299	56,444	20,667	187	108,421
スロバキア	28,838	7,897	4,799	15,444	4	663	31	7,707
セルビア d	37,956	27,219	9,749	...	976	13	...	7,884
チェコ	81,517	44,933	3,437	30,043	699	2,287	118	21,402
デンマーク	28,733	11,205	17	...	16,330	1,181	...	15,489
ドイツ	572,666	300,857	24,876	64,382	132,102	48,641	1,808	233,745
ノルウェー	154,255	2,436	141,593	...	9,911	27	289	39,026
ハンガリー	34,930	15,358	244	16,055	655	2,459	159	10,708
フィンランド	68,950	21,392	15,883	23,291	7,938	218	227	17,301
フランス e	531,762	57,031	66,532	353,833	39,792	13,398	1,176	136,637
ブルガリア	40,767	17,827	3,320	16,626	1,477	1,481	36	11,192
ベラルーシ	38,548	37,441	399	338	194	176	...	11,339
ベルギー	89,389	35,273	1,315	34,435	12,764	5,105	498	25,702
ポーランド	158,043	137,254	2,937	...	15,800	1,958	94	49,368
ポルトガル f	53,078	25,214	13,633	...	12,299	1,716	217	21,655
ルーマニア	55,935	20,088	15,701	11,466	6,945	1,733	...	20,585
ロシア	1,089,668	655,850	214,388	215,745	1,241	2,022	421	* 300,458
アフリカ								
アルジェリア	79,155	78,433	50	...	8	665	...	* 21,653
アンゴラ	16,400	4,428	11,954	...		18	...	7,252
エジプト	197,201	173,500	15,038	...	4,233	4,430	...	59,530
エチオピア	15,526	35	14,850	...	608	32	...	4,556
ガーナ	20,170	12,820	7,293	...	...	57	...	5,288
カメルーン	9,009	3,555	5,434	...	...	20	...	1,749
ケニア	11,604	891	4,233	...	1,331	88	5,060	3,173
コートジボワール	11,274	7,887	3,376	...		11	...	2,242
コンゴ民主共和国	12,929	* 985	11,914	...		30	...	* 3,197
ザンビア	15,237	2,294	12,793	...		150	...	3,046
ジンバブエ	6,712	2,882	3,805	...		24	...	* 2,364
スーダン	* 16,758	* 6,686	* 10,051	...		* 21	...	3,944
タンザニア	7,954	4,763	3,139	...		51	...	* 1,608
チュニジア	21,633	20,572	46	...	465	333	216	6,249
ナイジェリア	32,432	24,701	7,686	...	* 3	42	...	12,004
南アフリカ	239,520	212,410	6,239	9,903	5,937	5,031	...	* 58,882
モザンビーク	18,886	3,113	15,703	...		70	...	2,753
モロッコ	40,057	31,353	1,290	...	4,592	1,520	1,302	14,432
リビア	29,499	29,491	...	...		8	...	* 10,516
オセアニア								
オーストラリア	265,178	208,599	15,150	...	20,396	21,033	...	86,711
ニュージーランド	44,543	9,467	24,266	...	2,305	160	8,346	9,902
パプアニューギニア	4,476	2,997	1,077	...	...	2	400	* 1,336

a サンマリノ及びバチカンを含む。　b 総最大出力。　c カナリア諸島を含む。　d コソボを除く。　e モナコ及び海外県（仏領ギアナ、グアドループ島、マルチニーク島、マヨット島及びレユニオン）を含む。　f アゾレス諸島及びマディラ諸島を含む。

6-5 石炭・原油・天然ガス・ウラン埋蔵量

国（地域）	無煙炭・瀝青炭 （100万t）	亜瀝青炭・褐炭 （100万t）	原油 a （100万t）	天然ガス （10億m³）	ウラン （t）
アジア					
日本	340	10	* 4	* 21	6,600
アラブ首長国連邦	…	…	12,976	6,091	…
イラク	…	…	19,571	3,694	…
イラン	1,203	…	* 21,433	34,020	700
インド	85,562	4,714	603	1,489	77,000
インドネシア	17,394	8,274	337	2,839	8,400
ウズベキスタン	1,375	1,853	81	1,086	59,400
カザフスタン	25,605	12,100	3,932	936	285,600
カタール	…	…	2,646	24,528	…
クウェート	…	…	13,981	1,784	…
サウジアラビア	…	…	40,869	8,325	…
中国	124,059	7,555	3,542	3,841	120,000
トルコ	380	12,466	* 46	* 7	7,300
モンゴル	1,170	1,350	* 35	…	30,600
北アメリカ					
アメリカ合衆国	222,641	30,483	* 6,857	10,441	207,400
カナダ	4,346	2,236	27,060	1,987	357,500
メキシコ	1,160	51	864	324	2,800
南アメリカ					
アルゼンチン	500	500	342	332	8,600
コロンビア	4,881	380	294	135	…
ブラジル	1,547	5,049	1,733	424	155,100
ベネズエラ	731	…	48,035	5,617	…
ペルー	102	100	88	414	1,300
ヨーロッパ					
イギリス	70	500	333	206	…
ウクライナ	32,039	2,336	* 54	604	84,800
スペイン b	868	319	* 19	* 3	14,000
セルビア c	402	7,112	* 7	31	…
チェコ	1,107	2,604	* 2	4	1,300
デンマーク	…	…	57	31	…
ドイツ	21	36,300	* 31	39	3,000
ノルウェー	2	5	* 994	1,857	…
ハンガリー	276	2,633	* 4	* 8	…
フランス d	95	21	* 11	* 10	11,500
ポーランド	16,203	5,429	* 15	95	…
ロシア	69,634	90,730	14,768	32,271	216,500
アフリカ					
アルジェリア	59	…	1,537	4,504	19,500
エジプト	16	22	413	1,846	…
ガボン	…	…	274	* 28	4,800
ジンバブエ	502	…	…	…	1,400
ナイジェリア	287	57	4,978	5,111	…
ナミビア	…	…	…	* 62	248,200
ニジェール	70	6	* 20	…	325,000
南アフリカ	9,893	…	* 2	10	175,300
リビア	…	…	6,297	1,505	…
オセアニア					
オーストラリア	62,095	44,164	263	3,471	1,174,000
ニュージーランド	825	6,750	* 17	* 28	…

a 天然ガス液を含む。　b カナリア諸島を含む。　c コソボを除く。　d モナコ及び海外県（仏領ギアナ、グアドループ島、マルチニーク島、マヨット島及びレユニオン）を含む。

第7章　科学技術・情報通信

7-1　国内研究費
〔出典〕
OECD, *OECD. Stat, Science, Technology and Patents*
2023年11月ダウンロード
〔解説〕
　　OECD の定義及び分類による。「企業」のデータについては、人文・社会科学を除く自然科学分野のみを計上している場合もある。
国内研究費：当該国内で使用された研究費。外国から割り当てられた資金で実施される研究・開発を含む。
財源：政府、企業、大学等、民間非営利団体、海外の5つの分類のうち、政府及び企業について掲載した。
研究主体：政府、企業、大学等、民間非営利団体の4つの分類のうち、政府、企業及び大学等について掲載した。
政府：中央・地方政府。主に政府に管理され、政府の資金によって運営されている非営利団体を含む。
企業：営利を目的とする会社、機関など。それらが運営する非営利団体を含む。
大学等：大学及びその他の高等教育機関。高等教育機関が直接管理・運営する実験施設及び病院を含む。

7-2　研究者数
〔出典〕
OECD, *OECD. Stat, Science, Technology and Patents*
2023年11月ダウンロード
〔解説〕
研究者数：研究・開発に従事する大学院博士課程の在籍者などを含み、研究・開発機関などにおける研究補助者、技能者、研究事務従事者などを除く。
フルタイム換算：研究開発業務に専従した時間割合を勘案すること。
政府、企業、大学等：「7-1　国内研究費」の解説を参照。

7-3　産業財産権（工業所有権）
〔出典〕
特許庁「特許行政年次報告書」（2023年版）
2023年9月ダウンロード
〔解説〕
　　産業財産権とは、特許権、意匠権、商標権などをいい、農業・鉱業・商業などの産業に関する知的財産を含む。
特許権：自然法則を利用した、新規性のある、産業上有用な発明に対して与えられる独占権。
意匠権：新たに考え出された物品の形状などに関するデザインに対して与えられる独占的排他的使用権。
商標権：登録した商標（商品・役務に使用する文字・図形などのマーク）の独占的排他的使用権。

7-4　電話
〔出典〕
ITU, *ICT Statistics Home Page*
2023年 9 月ダウンロード
〔解説〕
固定電話契約数：加入者の電話機及びファクシミリを公衆交換電話網（PSTN）に接続する主要な回線（アナログ、ISDN、VoIP、WLL）の契約数。公衆電話及び衛生契約を含む。
移動電話契約数：PSTN へのアクセスを提供する移動電話サービス業者との契約数。

7-5　インターネット利用率
〔出典〕
ITU, *ICT Statistics Home Page*
2023年11月ダウンロード
〔解説〕
　原則として、各国の調査報告による。国により、インターネット・サービス・プロバイダー加入者数に基づく推計値の場合がある。

7-6　OECD 加盟国のブロードバンド契約数
〔出典〕
OECD, *Broadband Portal*
2023年10月ダウンロード
〔解説〕
　ブロードバンド回線（DSL、ケーブルインターネットなど、大容量のデータを短時間に送受信可能とする回線）の12月現在の契約数。
DSL（Digital Subscriber Line）：電話用のメタリックケーブルにモデムなどを設置する方式。
ケーブル：ケーブルテレビ用のケーブルを用いて提供するインターネット接続サービス。
光ファイバー：光ファイバーを使用した通信ケーブル。一般的に使用されているメタルケーブルより、高速なデータの伝送を行うことができる。

7-1　国内研究費

国（地域）	年次	国内研究費（購買力平価による100万米ドル）					
		総額	財源別割合（%）		研究主体別割合（%）		
			政府	企業	政府	企業	大学等
アジア							
日本	21	177,427.5	* 15.5	78.1	8.4	78.6	11.9
イスラエル a	20	21,146.2	8.9	40.0	1.2	90.4	7.7
韓国	21	119,582.8	22.8	76.1	9.8	79.1	9.1
シンガポール	20	12,369.8	34.3	58.3	12.3	63.4	24.2
台湾	21	55,560.7	15.1	84.2	8.8	84.3	6.9
中国	21	667,638.6	19.0	78.0	15.3	76.9	7.8
トルコ	21	36,233.0	27.5	54.6	4.5	61.3	34.2
北アメリカ							
アメリカ合衆国 a	*21	806,013.0	19.9	67.9	8.3	77.6	10.4
カナダ	*21	34,402.0	30.9	44.0	6.9	55.0	37.7
コスタリカ	21	321.3	46.8	29.3	9.8	31.7	58.4
メキシコ	*17	8,079.1	76.8	19.1	26.2	22.5	50.2
南アメリカ							
アルゼンチン	21	5,607.9	58.5	21.1	38.0	39.1	21.7
コロンビア	*20	2,227.7	25.0	53.4	6.2	51.6	21.3
チリ	*20	1,612.4	39.3	34.7	11.1	35.6	47.6
ヨーロッパ							
アイスランド	21	608.2	25.0	48.8	2.8	a 71.7	25.5
アイルランド	21	6,066.2	16.8	55.5	3.5	80.5	* 16.0
イギリス	*21	97,792.6	19.4	58.5	5.1	70.9	22.5
イタリア	21	40,138.3	35.1	53.9	14.0	60.2	* 24.0
エストニア	21	1,013.9	37.0	50.9	9.3	55.8	33.6
オーストリア	21	17,486.9	28.5	53.0	7.5	68.9	23.1
オランダ	21	25,652.6	30.7	56.5	a 5.5	66.1	28.5
ギリシャ	21	4,850.1	44.5	38.3	22.3	47.1	30.1
スイス	21	22,213.7	26.8	65.9	a 0.9	68.3	28.2
スウェーデン	*21	21,402.3	23.3	60.7	4.4	72.4	23.0
スペイン	21	27,556.9	37.5	50.2	16.9	56.2	26.6
スロバキア	21	1,721.7	37.9	45.7	18.5	56.0	25.4
スロベニア	21	1,975.3	24.3	48.7	13.5	73.3	12.3
チェコ	21	9,568.4	32.3	36.1	16.7	62.8	20.3
デンマーク	19	10,091.1	a 28.7	59.2	3.0	62.1	34.5
ドイツ	21	153,724.2	a 30.0	a 62.8	a 14.8	66.9	18.3
ノルウェー	21	8,580.6	46.6	43.4	13.2	53.9	33.0
ハンガリー	21	5,864.1	35.1	50.6	a 10.2	a 75.5	a 13.8
フィンランド	21	9,061.6	25.6	58.1	7.3	68.8	23.1
フランス	21	77,224.8	32.5	55.4	11.7	65.7	20.5
ベルギー	21	23,395.9	17.3	64.4	8.6	74.7	16.2
ポーランド	21	20,668.7	37.4	51.0	2.0	63.1	34.7
ポルトガル	21	6,358.0	35.6	53.7	4.7	59.7	33.3
ラトビア	21	488.9	33.9	33.5	18.4	37.3	44.3
リトアニア	21	1,362.5	29.8	36.1	15.7	49.2	35.1
ルーマニア	21	3,280.1	31.6	55.2	30.0	60.4	9.2
ルクセンブルク	21	877.2	47.0	44.2	24.4	50.6	25.0
ロシア	20	47,954.2	67.8	29.2	32.8	56.6	9.8
アフリカ							
南アフリカ	20	4,797.8	56.3	26.9	24.3	30.0	41.1
オセアニア							
オーストラリア	19	* 24,057.4	...	...	* 9.5	* 51.0	* 35.7
ニュージーランド	21	3,602.2	31.6	50.1	17.1	59.0	23.9

a 定義が異なる。

7-2　研究者数(2021年)

(単位：人)

国（地域）	研究者数（実数）		研究者数（フルタイム換算）			
	総数	女	総数	政府	企業	大学等
アジア						
日本 a	983,604	175,419	704,502	30,436	529,053	137,303
イスラエル b	...	...	...	...	...	*a 9,466
韓国	586,666	130,055	470,728	27,989	390,409	43,773
シンガポール b	46,061	...	42,579	2,673	23,058	16,848
台湾	208,660	48,290	167,766	15,598	122,949	29,023
中国	...	...	2,405,509	414,096	1,391,898	599,515
トルコ	288,986	107,203	168,879	6,268	112,962	49,649
北アメリカ						
アメリカ合衆国 b	* 1,797,567	...	* 1,493,075	a 57,477	1,201,000	175,941
カナダ b	...	...	191,670	8,200	117,630	65,340
コスタリカ	4,543	2,002	2,053	547	439	1,060
メキシコ *c	54,578	18,256	39,125	6,450	15,268	16,746
南アメリカ						
アルゼンチン	93,925	50,519	57,981	29,224	6,098	22,224
チリ *ab	15,751	5,494	9,962	1,359	2,647	5,114
ヨーロッパ						
アイスランド	4,703	2,128	2,561	130	1,359	1,072
アイルランド	36,541	13,653	26,081	698	12,333	* 13,051
イギリス	...	...	...	7,797	...	...
イタリア a	217,582	78,539	158,960	24,508	72,353	* 57,204
エストニア	9,033	3,765	5,370	537	2,319	2,417
オーストリア a	96,270	30,086	56,533	3,817	36,015	16,230
オランダ	143,445	43,385	106,099	a 6,205	73,162	26,732
ギリシャ a	76,660	29,688	45,345	8,824	13,184	23,083
スイス	82,695	31,013	52,222	a 661	25,429	a 26,133
スウェーデン	119,061	41,226	84,695	4,011	63,200	17,484
スペイン a	255,385	106,232	154,125	23,418	60,374	69,984
スロバキア a	30,040	12,239	17,519	3,197	4,759	9,555
スロベニア a	16,282	5,604	11,068	1,895	6,627	2,432
チェコ	69,536	18,845	48,080	8,326	25,611	13,964
デンマーク	...	...	* 45,017	* 1,646	* 25,288	* 17,877
ドイツ	691,264	202,940	461,645	a 63,701	277,043	a 120,901
ノルウェー	66,898	25,787	38,971	4,614	a 19,711	14,646
ハンガリー a	65,202	19,106	43,324	6,717	26,261	10,346
フィンランド	65,815	21,590	43,554	3,425	27,018	12,672
フランス	467,519	139,651	333,800	30,391	205,942	91,582
ベルギー	a 112,423	37,685	a 76,233	6,404	a 47,062	22,175
ポーランド a	215,761	78,183	135,650	3,547	72,092	59,458
ポルトガル a	110,953	47,226	56,365	1,801	24,788	28,846
ラトビア a	9,143	4,555	4,537	646	1,166	2,725
リトアニア	19,609	9,506	11,036	1,691	3,419	5,927
ルーマニア	29,347	13,681	19,113	6,508	6,335	6,078
ルクセンブルク	3,746	1,120	3,136	710	1,033	1,393
ロシア b	346,497	134,389	397,187	131,003	184,864	78,864
アフリカ						
南アフリカ b	61,406	28,597	27,636	2,513	3,055	21,716
オセアニア						
オーストラリア b	...	...	...	8,239	...	69,247
ニュージーランド	42,000	...	26,000	2,100	12,000	13,000

a 定義が異なる。　b 2020年。　c 2017年。

7-3　産業財産権（工業所有権）（2021年）

（単位：件数）

国（地域）	特許 a		意匠 b		商標 b	
	出願 c	登録 d	出願	登録	出願	登録
アジア						
日本	289,200	184,372	30,846	26,527	184,109	178,104
イスラエル	9,609	5,488	1,299	1,197	11,878	11,576
インド	61,573	30,721	e 21,446	e 13,013	464,954	334,690
韓国	237,998	145,882	64,925	56,038	285,274	141,415
シンガポール	14,590	6,488	2,554	2,441	30,639	28,252
タイ	8,242	2,994	e 5,687	e 2,701	45,106	36,492
中国	1,585,663	695,946	e 805,710	e 785,521	f 25,396	f 26,521
トルコ	8,476	3,387	15,609	13,169	191,462	128,664
フィリピン	4,393	1,449	e 1,372	e 829	38,764	34,457
香港	21,943	14,662	e 1,882	e 2,108	e 35,240	e 32,719
マレーシア	7,534	6,876	e 1,739	e 965	40,371	39,769
北アメリカ						
アメリカ合衆国	591,473	327,307	56,395	33,644	668,198	378,238
カナダ	37,155	22,687	7,051	4,899	82,075	46,086
メキシコ	16,161	10,369	4,093	3,768	180,464	133,132
南アメリカ						
ブラジル	24,232	26,872	e 6,711	e 5,468	375,356	170,196
ペルー	1,235	571	e 389	e 347	e 35,210	e 30,277
ヨーロッパ						
イギリス	18,855	10,895	19,761	16,915	198,563	179,366
イタリア	11,078	7,254	1,215	1,097	51,910	42,329
ウクライナ	3,393	2,298	2,424	2,273	38,700	30,548
オーストリア	2,047	1,038	e 400	e 311	8,843	7,765
オランダ	3,470	2,264	...	...	...	...
ギリシャ	926	252	g 135	120	f 1,096	f 1,110
スイス	1,555	724	2,779	2,636	37,860	37,686
スウェーデン	2,196	717	e 253	e 205	10,086	8,569
スペイン	1,434	716	1,392	1,378	54,282	43,373
チェコ	600	444	e 177	e 261	9,045	7,407
デンマーク	1,276	368	185	156	3,981	3,672
ドイツ	58,569	21,113	5,899	4,929	92,149	73,207
ノルウェー	1,580	650	1,373	1,256	18,048	17,327
ハンガリー	446	107	132	94	5,338	4,557
フランス	14,759	15,493	6,038	3,974	116,237	118,954
ベルギー	1,214	1,005	...	...	...	...
ポーランド	3,488	3,319	1,224	1,049	17,481	16,794
ポルトガル	753	191	e 244	e 242	22,073	19,908
ルクセンブルク	1,553	1,036	...	...	...	...
ルーマニア	817	376	276	272	10,626	8,361
ロシア	30,977	23,662	8,052	7,001	106,067	72,620
欧州特許庁	188,778	108,799	−	−	−	−
欧州連合知的財産庁	−	−	37,235	36,963	198,992	185,957
ベネルクス知的財産庁	−	−	−	616	26,587	26,429
ユーラシア特許庁	3,643	2,416	−	−	−	−
アフリカ						
エジプト	2,224	508	2,537	632	37,519	15,638
南アフリカ	10,960	6,107	e 1,561	e 1,668	e 39,863	e 16,874
モロッコ	2,803	745	1,099	1,067	17,097	14,955
オセアニア						
オーストラリア	32,409	17,155	e 8,120	e 7,945	88,424	72,599
ニュージーランド	6,852	2,149	e 1,431	e 1,240	29,695	27,430

a 居住者及び非居住者の合計。　b 居住者、非居住者及び国際登録出願の合計。　c PCT国内移行件数を含む。　d PCT国際出願に基づく登録件数を含む。　e 国際登録出願を除く。　f 国際登録出願のみ。　g 非居住者を除く。

7-4 電話 (2022年)

国 (地域)	固定電話契約数		移動電話契約数	
	総数(1,000)	100人当たり	総数(1,000)	100人当たり
アジア				
日本	a 60,721	a 48.99	207,648	167.52
アラブ首長国連邦	2,286	24.21	20,036	212.22
イスラエル	3,574	39.54	13,758	152.22
イラン	29,342	33.14	145,668	164.50
インド	27,450	1.94	1,142,930	80.65
インドネシア	8,424	3.06	316,553	114.90
韓国	22,810	44.02	76,992	148.59
サウジアラビア	6,773	18.60	48,198	132.38
シンガポール	1,906	31.90	9,351	156.48
タイ	4,368	6.09	126,414	176.32
台湾	12,313	51.53	30,260	126.65
中国	179,414	12.58	1,780,610	124.88
トルコ	11,198	13.12	90,298	105.81
フィリピン	4,885	4.23	166,454	144.04
香港	3,673	49.05	21,861	291.91
マレーシア	8,453	24.91	47,952	141.29
北アメリカ				
アメリカ合衆国 *	91,623	27.08	372,682	110.17
カナダ *	11,312	29.42	35,082	91.23
メキシコ	27,185	21.32	127,872	100.29
南アメリカ				
アルゼンチン	7,615	16.73	60,237	132.36
チリ	2,217	11.31	26,415	134.75
ブラジル	27,258	12.66	212,926	98.89
ヨーロッパ				
イギリス	29,798	44.14	81,564	120.82
イタリア	19,982	33.85	78,503	132.97
ウクライナ	1,739	…	49,304	…
オーストリア	3,544	39.65	11,035	123.44
オランダ	4,570	26.02	20,737	118.07
ギリシャ	4,907	47.25	11,326	109.06
スイス *	2,919	33.39	10,450	119.56
スウェーデン	b 1,261	b 12.05	13,194	125.07
スペイン *	18,687	39.29	59,020	124.10
デンマーク	712	12.10	7,444	126.55
ドイツ	38,580	46.28	104,400	125.23
ノルウェー	140	2.58	6,015	110.68
フィンランド	186	3.36	7,130	128.68
フランス	37,740	58.40	76,807	118.85
ベルギー	2,953	25.33	11,874	101.87
ポーランド	5,277	13.24	52,589	131.94
ポルトガル	5,437	52.94	12,792	124.55
ルーマニア	2,222	11.30	23,219	118.11
ロシア	b 23,864	b 16.36	245,267	…
アフリカ				
アルジェリア	5,576	12.42	49,019	109.17
エジプト	11,600	10.45	* 103,450	* 93.21
南アフリカ	1,310	2.19	100,260	167.40
モロッコ	2,645	…	52,959	…
オセアニア				
オーストラリア	6,409	24.48	28,018	107.03
ニュージーランド	757	14.60	5,947	114.69

a 一部のデータは2021年。　b 2021年。

7-5　インターネット利用率

（単位：%）

国（地域）	2005	2010	2015	2020	2022
アジア					
日本 a	70.80	78.20	83.00	83.40	84.90
アラブ首長国連邦	* 40.00	68.00	#* 90.50	100.00	100.00
イスラエル	25.19	67.50	77.35	90.13	b 90.30
イラン	* 8.10	15.90	45.34	75.57	b 78.60
インド	* 2.39	* 7.50	* 14.90	43.41	*b 46.31
インドネシア	3.60	10.92	# 22.06	53.73	66.48
韓国	73.50	83.70	89.90	96.51	97.17
サウジアラビア	12.71	41.00	69.62	97.86	100.00
シンガポール	61.00	* 71.00	83.20	92.00	95.95
タイ	15.03	22.40	# 39.32	77.84	87.98
台湾	58.01	71.50	78.04	88.96	86.27
中国	8.52	34.30	* 50.30	70.05	75.61
トルコ	15.46	39.82	53.75	77.67	83.44
フィリピン	* 5.40	25.00	* 36.90	* 47.11	*b 52.68
香港	56.90	72.00	84.95	92.41	95.61
マレーシア	48.63	56.30	71.06	89.56	97.40
北アメリカ					
アメリカ合衆国	* 67.97	71.69	74.55	* 90.62	*b 91.75
カナダ	71.66	80.30	* 90.00	92.30	*b 92.83
メキシコ	* 17.21	* 31.05	57.43	71.49	b 75.63
南アメリカ					
アルゼンチン	17.72	* 45.00	68.04	85.51	88.38
チリ	* 31.18	* 45.00	76.63	* 86.37	*b 90.19
ブラジル	21.02	40.65	58.33	81.34	80.53
ヨーロッパ					
イギリス	70.00	85.00	92.00	94.82	*b 96.68
イタリア	35.00	53.68	# 58.14	70.48	85.06
ウクライナ	* 3.75	23.30	48.88	75.04	b 79.22
オーストリア	58.00	75.17	83.94	87.53	93.61
オランダ	81.00	90.72	# 91.72	91.33	92.52
ギリシャ	24.00	44.40	66.84	78.12	83.17
スイス	70.10	83.90	87.48	* 94.35	b 95.57
スウェーデン	84.83	90.00	90.61	94.54	95.01
スペイン	47.88	65.80	78.69	93.21	94.49
デンマーク	82.74	88.72	96.33	96.55	97.86
ドイツ	68.71	82.00	87.59	89.81	91.63
ノルウェー	81.99	93.39	96.81	94.61	99.00
フィンランド	74.48	86.89	# 86.42	92.17	92.99
フランス	42.87	77.28	# 78.01	* 84.71	85.33
ベルギー	* 55.82	77.64	85.05	91.53	94.01
ポーランド	38.81	62.32	68.00	83.18	86.94
ポルトガル	34.99	53.30	68.63	78.26	84.50
ルーマニア	* 21.50	39.93	55.76	78.46	85.50
ロシア	15.23	49.00	# 70.10	84.99	90.42
アフリカ					
アルジェリア	5.84	12.50	* 38.20	* 63.95	*b 70.77
エジプト	12.75	21.60	37.82	71.91	72.20
南アフリカ	7.49	* 24.00	* 51.92	* 70.32	*b 72.31
モロッコ	15.08	* 52.00	57.08	84.12	b 88.13
オセアニア					
オーストラリア	63.00	* 76.00	84.56	* 96.39	*b 96.24
ニュージーランド	* 62.72	* 80.46	* 85.20	* 92.87	*b 95.91

a 総務省「通信利用動向調査」による。　　b 2021年。

7-6　OECD加盟国のブロードバンド契約数（2022年）

(100人当たり)

国（地域）	総計	DSL	ケーブル	光ファイバー	契約数 (1,000)
OECD加盟国	**34.92**	**8.32**	**11.27**	**13.16**	**481,605**
アジア					
日本	35.68	0.37	5.06	30.25	44,581
イスラエル	27.75	12.95	6.65	8.15	2,650
韓国	45.43	0.78	4.66	40.00	23,537
トルコ	22.28	13.10	1.66	6.69	18,999
北アメリカ					
アメリカ合衆国 *	38.45	4.40	24.15	7.86	128,216
カナダ *	42.55	6.41	21.07	12.04	16,565
コスタリカ	21.20	1.60	11.00	8.47	1,106
メキシコ	19.87	3.08	7.52	8.17	25,547
南アメリカ					
コロンビア	17.61	1.54	10.06	4.93	8,890
チリ	22.46	0.36	6.60	14.84	4,454
ヨーロッパ					
アイスランド	37.44	6.64	0.03	30.70	142
アイルランド	31.51	12.79	7.20	9.79	1,612
イギリス *	41.31	28.66	8.02	4.59	28,006
イタリア	31.55	5.23	0.00	5.89	18,596
エストニア	37.11	6.59	6.23	17.64	494
オーストリア	28.95	15.66	10.69	2.39	2,621
オランダ	44.06	11.64	19.38	13.05	7,800
ギリシャ	42.34	42.11	0.00	0.19	4,479
スイス *	48.16	21.91	12.34	12.99	4,229
スウェーデン	40.61	1.05	6.43	32.99	4,259
スペイン	35.55	1.76	3.60	29.54	16,929
スロバキア	33.83	7.40	3.16	14.40	1,861
スロベニア	32.18	6.44	8.44	16.98	679
チェコ	37.82	9.42	5.74	7.64	4,042
デンマーク	44.80	6.79	15.17	22.16	2,646
ドイツ	44.76	29.42	10.37	4.10	37,504
ノルウェー	45.66	0.57	9.19	31.74	2,492
ハンガリー	35.87	5.17	15.99	13.38	3,473
フィンランド	34.41	2.52	9.54	21.61	1,912
フランス	46.62	14.30	4.97	26.45	31,928
ベルギー	43.38	17.49	22.89	2.15	5,072
ポーランド	24.28	3.40	7.87	9.94	9,184
ポルトガル	43.54	1.73	11.57	27.69	4,473
ラトビア	25.90	4.53	0.67	19.58	489
リトアニア	28.56	4.04	0.61	22.60	809
ルクセンブルク	38.21	11.28	3.69	22.62	250
オセアニア					
オーストラリア	35.32	16.71	7.85	8.69	9,182
ニュージーランド	37.02	3.94	0.64	25.48	1,898

第8章　運輸・観光

8-1　道路
〔出典〕
OECD, *OECD. Stat, Transport*
2023年11月ダウンロード
〔解説〕
高速道路：主に自動車のために設計、建設された(1)中央帯により往復交通が方面別
　に分離され、(2)道路と同じ高さに踏切、鉄道及び路面電車の軌道又は歩道がない、
　(3)特定の車両に対する専用の標識がある道路。
舗装道路：アスファルト、コンクリート又は石畳で表面が覆われた道路。
未舗装道路：アスファルト、コンクリート又は石畳で表面が覆われていない道路。

8-2　自動車保有台数
〔出典〕
公益財団法人　矢野恒太記念会「世界国勢図会」（2023/24）
〔解説〕
　路上を走行する自動車の登録台数。
乗用車：座席数10席未満で、タクシー、ハイヤーなどを含む。
トラック・バス：国により、大型を除く場合がある。

8-3　鉄道輸送量
〔出典〕
The World Bank, *World Development Indicators*
2023年10月ダウンロード
〔解説〕
　国により調査期間が異なる。
人キロ：旅客1人を1キロメートル輸送した場合、1人キロという。
トンキロ：貨物1トンを1キロメートル運送した場合、1トンキロという。

8-4　商船船腹量
〔出典〕
一般社団法人　日本船主協会「海運統計要覧」（2021年）
2023年9月ダウンロード
〔解説〕
　経済活動に従事している100総トン以上の船舶の年末現在の全容量。単位の1総ト
ンは、100立方フィート又は2.83立方メートル。
　原則として、各国の海外自治領及び第二船籍制度については本国の船籍に含めて
いる。

8-5　海上貨物輸送量（月平均）

〔出典〕
UN, *Monthly Bulletin of Statistics Online*
2023年9月ダウンロード

〔解説〕
　当該国の港において、あらゆる国の船舶によって積荷又は揚荷された貿易貨物（輸送用容器を含む。）及び家畜の重量。保税倉庫への揚荷又は保税倉庫からの積荷を含む。郵便物、金銀塊、貨幣、乗客荷物、船用燃料、船舶用品、底荷、他の船舶に積み込まれずに取引される船舶そのもの、政府専用船により輸送された政府用品及び積替え貨物（輸入船舶から輸出船舶へ積み替えられたもの）は除く。

8-6　航空輸送量

〔出典〕
The World Bank, *World Development Indicators*
2023年10月ダウンロード

〔解説〕
　旅客輸送量：航空旅客には、国内登録航空会社の国内外の旅客が含まれる。
　貨物輸送量：各飛行段階(離陸から次の着陸までの航空機の運航)で輸送される貨物量、速達貨物量及び外交上の貨物量。単位については「8-3　鉄道輸送量」の解説を参照。

8-7　到着旅行客数

〔出典〕
UN, *Statistical Yearbook 2023, 66th issue*
2023年10月ダウンロード

〔解説〕
　旅行客の到着数（延べ人数）。
　旅行客：外国人入国者のうち、収入を得ることを目的としない、滞在期間が1年を超えない旅行者。移民、国境地帯居住者、本国と駐在国を移動する軍人・外交官・領事官、乗換客などを除く。

8-8　旅行収支

〔出典〕
The World Bank, *World Development Indicators*
2023年10月ダウンロード

〔解説〕
　他国の旅行客から得た収入額及び自国の旅行客が外国で支出した額。旅行費用（宿泊費、現地での交通費等）及び国際旅客運賃（渡航時の旅客運賃）。国により一部の費用を除く場合がある。

8-1　道路

（単位：km）

国（地域）	年次	高速道路	舗装道路	未舗装道路
アジア				
日本 a	21	9,100	352,145	212,172
アゼルバイジャン	18	19,176	19,056	120
アルメニア	17	...	5,956	1,619
イスラエル	18	622	...	...
カザフスタン	18	96,246	83,240	13,006
ジョージア	16	20,727	...	...
トルコ	18	2,842	224,319	20,392
北アメリカ				
アメリカ合衆国	17	108,394	4,359,571	2,199,009
ヨーロッパ				
アイルランド	18	916	...	...
アルバニア	13	1,000	...	...
イギリス	17	* 3,803	* 418,888	...
イタリア	17	6,943	...	...
ウクライナ	18	164,000	160,560	3,440
エストニア	18	154	...	...
オーストリア	18	1,743	...	...
オランダ	18	2,756	129,921	...
北マケドニア	18	287	9,117	5,442
クロアチア	18	1,310	23,345	2,036
スイス	18	1,462	...	...
スウェーデン	18	2,132	129,767	83,792
スペイン	18	15,585	149,007	1,033
スロバキア	18	482	...	...
スロベニア	18	623	37,978	−
セルビア	17	963	28,113	15,163
チェコ	18	1,252	129,411	−
デンマーク	18	1,329	...	...
ドイツ	18	13,141	...	...
ノルウェー	18	599	80,179	14,716
ハンガリー	18	1,982	77,124	134,194
フィンランド	18	926	50,676	27,266
フランス	18	11,671	...	...
ブルガリア	18	757	19,556	320
ベラルーシ	18	...	88,911	13,623
ベルギー	10	1,763	105,185	48,262
ポーランド	18	1,637	303,957	120,607
ボスニア・ヘルツェゴビナ	18	198	9,150	1,008
ポルトガル	18	3,065	...	...
マルタ	16	...	* 2,410	* 446
モルドバ	18	...	9,079	367
モンテネグロ	18	...	6,296	2,742
ラトビア	18	−	58,443	−
リトアニア	18	324	26,196	59,376
リヒテンシュタイン	18	−	420	...
ルーマニア	18	823	...	...
ルクセンブルク	18	165	...	...
ロシア	18	1,293	1,075,978	453,396

a 国土交通省「道路統計年報2022」による。

8-2　自動車保有台数(1)

（単位：1,000台）

国（地域）	2015	2020	乗用車	トラック・バス	1,000人当たり自動車数（台）(2020)
アジア					
日本	77,403	76,703	62,194	14,509	612.4
アラブ首長国連邦	2,140	3,181	2,969	213	342.6
イスラエル	2,959	3,541	3,194	347	404.3
イラク	3,900	4,715	1,868	2,847	110.8
イラン	14,130	15,963	13,958	2,005	182.9
インド	28,860	45,687	34,338	11,349	32.7
インドネシア	16,646	21,114	15,798	5,317	77.7
カザフスタン	4,397	4,283	3,768	515	225.7
韓国	20,990	23,730	19,224	4,506	457.7
シリア	6,900	9,810	6,804	3,006	472.2
タイ	15,491	19,773	10,539	9,235	276.6
台湾	7,677	8,193	6,985	1,208	343.9
中国	162,845	318,034	273,409	44,625	223.2
トルコ	15,361	18,513	13,099	5,414	220.0
パキスタン	3,220	4,554	4,005	549	20.0
フィリピン	3,785	4,317	1,528	2,789	38.5
ベトナム	2,170	4,785	4,512	273	49.5
マレーシア	13,309	17,749	15,751	1,998	534.6
北アメリカ					
アメリカ合衆国	264,194	289,037	116,261	172,776	860.4
カナダ	23,215	26,788	25,423	1,366	707.0
メキシコ	37,354	45,087	33,988	11,099	357.8
南アメリカ					
アルゼンチン	13,736	14,025	10,617	3,408	311.4
エクアドル	2,267	2,678	1,708	970	152.3
コロンビア	5,332	5,660	3,360	2,299	111.1
チリ	4,445	4,751	3,395	1,355	246.1
ブラジル	42,743	45,722	37,862	7,860	214.5
ベネズエラ	4,510	4,235	3,300	934	148.6
ペルー	2,444	2,945	1,835	1,110	88.4
ヨーロッパ					
アイルランド	2,316	2,672	2,215	457	540.2
イギリス	38,220	42,404	36,455	5,949	632.3
イタリア	42,242	45,000	39,718	5,282	756.3
ウクライナ	9,100	8,450	6,900	1,550	192.4
オーストリア	5,202	5,634	5,092	542	632.4
オランダ	9,395	10,248	9,050	1,198	587.8
ギリシャ	6,205	6,491	5,316	1,175	617.5
クロアチア	1,663	1,940	1,734	206	473.6
スイス	4,924	5,216	4,728	487	603.8
スウェーデン	5,279	5,637	4,944	693	543.7
スペイン	27,463	29,708	25,169	4,538	627.2

8-2　自動車保有台数(2)

（単位：1,000台）

国（地域）	2015	2020	乗用車	トラック・バス	1,000人当たり自動車数（台）(2020)
スロバキア	2,379	2,799	2,444	355	513.0
セルビア	2,042	2,431	2,165	266	330.3
チェコ	5,890	6,932	6,130	802	658.2
デンマーク	2,838	3,147	2,720	427	540.3
ドイツ	48,427	52,276	48,249	4,027	627.3
ノルウェー	3,183	3,416	2,794	622	635.0
ハンガリー	3,711	4,516	3,919	597	463.1
フィンランド	3,028	3,191	2,748	443	577.2
フランス	43,482	45,421	38,458	6,963	704.4
ブルガリア	3,630	3,386	2,867	519	485.1
ベラルーシ	3,502	3,724	3,271	453	386.6
ベルギー	6,426	6,820	5,827	993	589.9
ポーランド	24,250	29,238	25,114	4,124	760.8
ポルトガル	5,872	6,591	5,300	1,291	640.0
ルーマニア	6,036	8,518	7,275	1,243	438.1
ロシア	51,355	56,674	49,259	7,414	389.2
アフリカ					
アルジェリア	5,370	6,240	4,245	1,995	143.6
エジプト	5,734	6,918	5,301	1,617	64.4
ナイジェリア	9,093	11,605	4,819	6,786	55.7
南アフリカ	9,600	10,339	6,890	3,449	175.8
モロッコ	3,440	4,120	2,950	1,170	112.3
リビア	2,630	3,260	2,564	696	489.9
オセアニア					
オーストラリア	17,201	18,924	14,679	4,245	737.2
ニュージーランド	3,708	4,399	3,016	1,383	869.2

8-3　鉄道輸送量（2021年）

国（地域）	旅客 (100万人キロ)	貨物 (100万トンキロ)	国（地域）	旅客 (100万人キロ)	貨物 (100万トンキロ)
アジア			オランダ	10,900	7,188
日本 a	289,891	18,042	北マケドニア	25	375
アゼルバイジャン	104	5,316	ギリシャ	653	579
イスラエル	1,956	1,085	クロアチア	540	3,172
イラク b	100	249	スイス	14,308	12,024
イラン	11,231	32,920	スウェーデン	8,008	23,246
インド	231,126	719,762	スペイン	17,002	10,299
インドネシア c	29,066	15,573	スロバキア	2,052	8,580
ウズベキスタン	3,130	24,619	スロベニア	542	4,937
カザフスタン d	8,649	302,156	セルビア	191	2,925
韓国	c 100,381	6,757	チェコ	6,820	16,326
キルギス	21	1,003	デンマーク e	6,560	2,592
ジョージア	273	3,322	ドイツ	d 58,822	123,067
サウジアラビア	e 135	b 1,852	ノルウェー	1,780	4,305
シリア	f 1,223	b 2,206	ハンガリー	5,435	11,346
スリランカ g	7,407	127	フィンランド	2,903	10,749
タイ	h 6,020	j 2,562	フランス	86,853	35,751
中国	946,499	c 3,018,200	ブルガリア	1,205	4,658
トルクメニスタン h	2,340	13,327	ベラルーシ	4,486	44,478
トルコ	10,683	15,900	ベルギー	6,970	j 6,698
パキスタン e	24,903	8,080	ポーランド	15,844	54,387
バングラデシュ k	10,040	1,053	ポルトガル	2,912	2,699
ベトナム d	1,516	3,759	ラトビア	361	7,367
マレーシア d	929	818	リトアニア	329	14,566
モンゴル	91	18,345	ルーマニア c	5,906	13,312
ヨルダン b	504	344	ルクセンブルク	304	176
北アメリカ			ロシア	103,447	2,638,562
アメリカ合衆国	d 12,460	2,239,401	**アフリカ**		
カナダ	536	430,170	アルジェリア	d 348	c 908
キューバ m	1,285	1,351	エジプト	n 40,837	b 1,592
メキシコ	466	92,437	ガボン d	87	409
南アメリカ			カメルーン	d 225	874
アルゼンチン h	8,361	8,377	ケニア	m 109	p 1,399
ウルグアイ	g 8	m 284	コンゴ民主共和国	7	192
チリ	738	d 3,585	チュニジア	633	413
ブラジル	c 16,486	m 9,394	ボツワナ	r 94	m 674
ヨーロッパ			南アフリカ	d 3,502	n 113,342
アイルランド	870	70	モーリタニア	n 47	b 7,536
イギリス d	24,188	15,212	モザンビーク j	247	1,193
イタリア	27,693	24,262	モロッコ	4,464	3,148
ウクライナ d	10,696	175,587	**オセアニア**		
エストニア	290	2,128	オーストラリア	9,328	453,091
オーストリア	8,433	21,781	ニュージーランド	d 802	4,444

a 国土交通省「鉄道輸送統計年報　2021年度分」による。データの年次は2021年度。　b 2010年。　c 2019年。　d 2020年。
e 2018年。　f 2013年。　g 2015年。　h 2017年。　j 2011年。　k 2016年。　m 2007年。　n 2008年。　p 2004年。
r 2006年。

8-4　商船船腹量（2020年末）

船籍 （国・地域）	商船合計 a		貨物船		オイルタンカー		鉱石・ばら荷運搬船	
	（隻）	（1,000総t）	（隻）	（1,000総t）	（隻）	（1,000総t）	（隻）	（1,000総t）
世界	123,488	1,429,630	61,910	1,353,803	8,528	289,732	12,402	485,138
アジア								
日本	5,308	28,823	3,343	27,897	539	5,315	446	10,422
イラン	1,102	11,842	603	11,603	71	8,056	42	1,170
インド	1,807	10,239	629	9,077	108	4,555	84	2,409
インドネシア	10,312	20,840	4,138	18,027	727	5,023	260	4,209
韓国	3,051	12,941	1,289	12,224	188	620	132	2,742
キプロス	1,057	23,301	851	22,482	53	2,413	268	11,275
クウェート	238	2,613	53	2,557	24	2,100	...	...
サウジアラビア	390	7,643	128	7,471	56	5,934	5	219
シンガポール	3,100	88,218	2,185	84,871	358	13,452	545	29,061
タイ	773	3,526	481	2,415	188	833	24	645
台湾	1,270	5,037	230	4,461	29	170	41	2,078
中国	6,927	62,028	3,539	57,209	635	9,493	1,101	31,064
トルコ	1,570	4,886	825	4,461	98	812	39	965
バングラデシュ	539	2,200	396	2,150	144	214	56	1,476
フィリピン	2,788	4,773	1,799	4,444	198	278	105	1,844
ベトナム	1,512	5,952	1,201	5,623	104	1,320	170	1,966
香港	2,596	128,909	2,493	128,773	233	21,790	1,072	57,333
マレーシア	1,564	6,859	471	5,256	126	1,290	12	369
北アメリカ								
アメリカ合衆国	5,962	13,628	685	10,327	37	1,624	57	1,134
アンティグア・ バーブーダ	626	4,683	596	4,626	2	44	29	520
カナダ	1,000	3,004	300	2,330	9	355	51	1,028
ケイマン諸島	166	4,936	147	4,836	19	1,364	40	1,576
パナマ	8,187	226,433	6,698	221,400	544	30,675	2,558	106,300
バハマ	1,288	59,094	1,085	53,323	180	13,691	273	9,956
バミューダ島	143	10,193	136	10,187	11	578	...	...
ベリーズ	509	2,686	355	2,450	28	590	...	978
南アメリカ								
ブラジル	768	3,724	100	2,669	31	1,466	11	341
ヨーロッパ								
イギリス	1,734	23,163	602	21,298	58	2,189	120	8,836
イタリア	1,477	14,357	671	13,682	31	1,023	35	1,656
オランダ	1,438	7,163	779	6,051	4	11	13	126
ギリシャ	1,319	37,160	982	37,065	268	20,650	163	9,682
スウェーデン	415	2,214	246	2,100	9	10	7	23
スペイン	1,210	2,841	207	2,391	11	54	4	14
デンマーク	1,119	22,983	572	22,275	32	1,312	10	328
ドイツ	618	7,288	279	7,024	19	288	...	...
ノルウェー	2,195	20,324	1,082	16,818	71	4,157	73	2,453
フランス	956	6,814	232	6,275	16	1,708	3	5
ベルギー	245	5,527	85	4,355	19	2,281	18	1,136
ポルトガル	929	17,248	659	17,114	23	1,378	79	3,603
マルタ	2,097	80,506	1,926	79,403	248	15,769	558	22,972
ロシア	4,068	11,120	1,712	7,602	341	2,445	41	272
アフリカ								
カメルーン	191	1,904	80	1,588	22	1,296	4	48
リベリア	3,948	187,533	3,800	184,025	595	47,227	1,476	73,995
オセアニア								
マーシャル諸島	3,815	165,733	3,534	159,573	555	42,040	1,683	70,576

a 貨物船以外の漁船、調査船及び作業船などを含む。

8-5　海上貨物輸送量（月平均）

（単位：1,000 t）

国（地域）	積荷			揚荷		
	2019	2020	2021	2019	2020	2021
アジア						
アゼルバイジャン	687	726	740	19	30	30
イスラエル a	1,634	1,594	1,594	3,174	3,194	3,194
イラン	6,796	5,520	6,303	4,699	4,319	5,127
クウェート	4,187	4,187	...	43,792	43,792	...
シンガポール b	c 49,441	...	...	...	...	...
バングラデシュ	592	592	661	8,267	8,267	9,251
香港 d	9,238	7,936	7,883	17,093	16,993	13,490
マレーシア e	f 11,047	...	...	f 13,160	...	...
北アメリカ						
カナダ	g 18,940	...	...	g 9,522	...	...
メキシコ	10,883	9,959	9,967	11,026	8,407	9,563
南アメリカ						
アルゼンチン h	...	...	...	j 2,285	...	...
エクアドル	k 2,753	...	...	k 1,226	...	...
ペルー	...	1,355	...	...	2,002	2,002
ヨーロッパ						
ウクライナ	j 8,428	...	...	j 1,342	...	...
エストニア	1,899	...	2,199	1,146	...	1,079
ギリシャ	j 3,858	...	...	j 4,991	...	...
クロアチア	387	491	486	1,200	1,044	1,195
スウェーデン	5,374	5,413	5,413	6,771	6,595	6,595
スロベニア	542	487	461	1,301	1,040	1,211
ドイツ	m 9,638	...	...	m 14,604	...	...
ノルウェー	9,982	11,208	11,208	2,515	2,446	2,446
フィンランド	4,441	4,184	4,198	3,998	3,819	3,640
フランス	m 9,263	...	...	m 17,303	...	...
ブルガリア	1,410	1,410	...	1,215	1,215	...
ポーランド	2,491	2,739	2,721	5,158	4,403	4,991
ポルトガル	2,173	2,222	2,281	3,836	3,477	3,863
モンテネグロ	86	86	...	85	85	...
ラトビア	4,755	...	2,642	760	...	836
リトアニア	2,995	2,938	2,938	1,688	1,670	1,670
ルーマニア	2,228	1,980	1,980	2,197	1,955	1,955
ロシア	3,674	8,467	7,610	181	262	517
アフリカ						
ケニア	g 1,412	...	...	g 232	...	...
モロッコ	...	2,847	2,779	...	4,805	4,618
オセアニア						
オーストラリア	125,922	126,233	128,317	8,181	7,872	8,329
ニュージーランド	3,632	3,439	3,424	2,048	1,914	2,212

a 商業港のみ。　b 「積荷」は「揚荷」を含む。　c 2016年。　d 河川輸送を含む。　e マレー半島のみ。積替え貨物を含む。　f 2013年。　g 2011年。　h 再輸出、輸送用容器を除く。　j 2014年。　k 2012年。　m 2017年。

8-6　航空輸送量(1)

国（地域）	旅客輸送量（1,000人）		貨物輸送量（100万トンキロ）	
	2015	2021	2015	2021
世界	3,525,115	2,279,975	188,363	219,227
アジア				
日本	114,128	45,410	8,662	10,947
アゼルバイジャン	1,803	1,103	687	3,174
アラブ首長国連邦	84,344	28,423	15,963	15,301
イスラエル	6,331	2,437	759	716
イラン	13,873	13,696	96	274
インド	98,928	83,965	1,834	908
インドネシア	90,095	33,550	759	773
ウズベキスタン	2,487	2,011	114	38
オマーン	6,366	2,075	412	254
カザフスタン	5,082	8,765	38	31
カタール	25,263	14,833	7,563	15,862
韓国	66,093	34,020	11,294	15,370
キプロス	23	103	0	0
クウェート	3,753	2,183	216	200
サウジアラビア	33,432	29,404	827	679
シリア	18	672	0	3
シンガポール	33,585	2,312	6,332	3,667
スリランカ	4,912	872	382	412
タイ	56,448	12,735	2,137	604
中国	436,184	440,301	19,806	20,961
トルコ	96,605	69,066	2,882	9,338
バーレーン	5,314	1,840	240	523
パキスタン	8,468	4,931	183	76
バングラデシュ	3,998	3,751	57	84
フィリピン	37,023	6,887	605	530
ブルネイ	1,150	28	115	23
ベトナム	29,945	14,755	384	677
マレーシア	50,346	4,965	2,006	1,119
ヨルダン	3,065	1,695	169	103
レバノン	2,591	1,603	54	22
北アメリカ				
アメリカ合衆国	798,222	666,153	37,866	46,005
エルサルバドル	2,598	1,412	14	11
カナダ	80,228	24,951	2,075	3,240
キューバ	1,295	22	21	22
コスタリカ	1,526	669	9	2
トリニダード・トバゴ	2,618	652	43	59
パナマ	12,193	8,208	122	150
メキシコ	46,967	54,218	714	963
南アメリカ				
アルゼンチン	14,245	6,708	244	88
エクアドル	5,678	1,535	64	4
コロンビア	30,910	26,167	1,317	1,605
チリ	15,007	10,303	1,392	1,284

8-6　航空輸送量(2)

国（地域）	旅客輸送量（1,000人）		貨物輸送量（100万トンキロ）	
	2015	2021	2015	2021
ブラジル	102,039	61,897	1,494	1,294
ベネズエラ	7,086	265	4	0
ペルー	13,878	9,054	330	258
ボリビア	4,115	4,312	10	20
ヨーロッパ				
アイスランド	4,135	1,499	108	149
アイルランド	115,929	74,065	139	86
イギリス	131,513	26,632	5,423	4,097
イタリア	28,604	2,449	945	1,151
ウクライナ	4,621	3,283	38	28
オーストリア	14,719	18,901	351	125
オランダ	35,688	19,349	5,293	4,346
ギリシャ	11,237	8,726	26	12
クロアチア	1,783	768	1	0
スイス	27,012	10,989	1,409	1,231
スウェーデン	58,637	20,067	594	349
スペイン	60,564	43,441	1,035	851
セルビア	2,427	1,277	3	14
チェコ	3,378	1,418	27	0
ドイツ	117,223	33,073	6,986	11,533
フィンランド	13,036	2,806	713	750
フランス	65,040	32,001	4,098	4,107
ブルガリア	1,064	41	2	0
ベルギー	11,473	5,404	1,480	1,827
ポーランド	4,449	3,676	115	215
ポルトガル	12,707	8,057	344	500
マルタ	1,583	598	3	3
ラトビア	2,527	1,599	2	2
ルーマニア	3,635	2,719	5	2
ルクセンブルク	1,831	1,082	6,309	8,589
ロシア	76,846	96,852	4,761	5,888
アフリカ				
アルジェリア	5,401	1,950	22	13
アンゴラ	1,245	312	46	31
エジプト	11,110	5,563	377	589
エチオピア	7,075	7,066	1,229	3,717
ケニア	4,570	2,459	233	300
チュニジア	3,496	1,676	10	6
ナイジェリア	4,613	4,486	25	2
マダガスカル	459	110	26	3
南アフリカ	18,883	9,322	893	15
モーリシャス	1,467	153	169	87
モロッコ	7,044	4,741	53	59
オセアニア				
オーストラリア	69,779	24,573	1,907	1,245
ニュージーランド	14,385	8,730	1,155	318
フィジー	1,337	134	84	6

8-7　到着旅行客数(1)

（単位：1,000人）

到着国（地域）	調査対象 a	1995	2005	2010	2020	2021
アジア						
日本 b	VF	3,345	6,728	8,611	4,116	246
イスラエル b	TF	2,215	1,903	2,803	831	397
イラン	VF	452	1,889	2,938	1,550	989
インド	TF	2,124	3,919	5,776	c 6,337	c 7,010
韓国 d	VF	3,753	6,023	8,798	2,519	967
サウジアラビア	TF	3,325	8,037	10,850	4,138	3,477
シンガポール e	TF	6,070	7,079	9,161	2,086	325
タイ	TF	c 6,952	c 11,567	15,936	6,702	428
中国	TF	20,034	46,809	55,664	7,967	...
トルコ	TF	7,083	20,273	f 31,364	f 15,894	f 29,925
フィリピン c	TF	1,760	2,623	3,520	1,483	164
香港	TF	...	14,773	20,085	1,359	89
マレーシア g	TF	7,469	16,431	24,577	4,333	135
北アメリカ						
アメリカ合衆国	TF	43,318	49,206	60,010	19,212	22,100
カナダ	TF	16,932	# 18,771	16,219	2,960	3,062
グアテマラ	TF	...	...	1,119	396	602
メキシコ c	TF	20,241	21,915	23,290	24,824	31,860
南アメリカ						
アルゼンチン	TF	2,289	3,823	# 6,800	2,090	297
チリ	TF	1,540	2,027	c 2,801	c 1,119	c 190
ブラジル c	TF	1,991	5,358	5,161	2,146	746
ヨーロッパ						
アイルランド h	TF	4,818	7,333	7,134	...	...
イギリス	TF	21,719	28,039	28,911	10,714	6,287
イタリア j	TF	31,052	36,513	43,626	25,190	26,888
ウクライナ	TF	3,716	17,631	21,203	3,141	3,973
オーストリア k	TCE	17,173	19,952	22,004	15,091	12,728
オランダ	TCE	6,574	10,012	10,883	7,265	6,248
ギリシャ	TF	10,130	14,765	15,007	7,374	14,705
クロアチア	TCE	1,485	* 7,743	m 9,111	m 5,545	m 10,641
スイス	TCE	n 6,946	n 7,229	n 8,628	p 3,690	p 4,390
スウェーデン	TCE	r 2,310	4,883	5,183	1,957	2,990
スペイン	TF	32,971	55,914	52,677	18,933	31,181
スロバキア	TF	903	1,515	1,327	...	...
チェコ	TF	3,381	9,404	8,629	3,919	...
デンマーク	VF	...	26,927	26,730	16,066	18,405
ドイツ s	TCE	14,847	21,500	26,875	12,449	11,688
ハンガリー	TF	2,878	9,979	9,510	7,417	7,929
フィンランド	TF	s 1,779	3,140	3,670	896	807
フランス	TF	* 60,033	t 74,988	t 76,647	* 41,684	* 48,395

8-7　到着旅行客数(2)

（単位：1,000人）

到着国（地域）	調査対象 a	1995	2005	2010	2020	2021
ブルガリア	TF	3,466	4,837	6,047	1,290	2,300
ベルギー	TCE	5,560	6,747	7,186	2,584	3,243
ポーランド	TF	19,215	15,200	12,470	8,418	9,722
ポルトガル	TCE	9,511	10,612	s 6,756	s 4,208	s 6,345
ルーマニア	VF	5,445	5,839	7,498	5,023	6,789
ロシア	VF	10,290	22,201	22,281	6,359	...
アフリカ						
エジプト	VF	3,133	8,608	14,731	3,677	...
チュニジア	TF	4,120	6,378	c 7,828	c 2,012	c 2,475
南アフリカ	TF	u 4,488	u 7,369	# 8,074	v 2,802	v 2,256
モロッコ c	TF	2,602	5,843	9,288	2,778	3,722
オセアニア						
オーストラリア w	VF	3,726	5,499	5,790	1,828	246
ニュージーランド	TF	...	2,353	2,435	948	205

a TF-非居住観光客の国境への到着。　TCE-あらゆる種類の宿泊施設への非居住観光客の到着。　VF-非居住訪問者の国境への到着。　b 海外に居住する自国民を除く。　c 海外に居住する自国民を含む。　d 海外に居住する国民及び乗務員を含む。　e 陸路で到着するマレーシア国民を除く。　f トルコ国籍の海外居住者を含む。　g ジョホール・カウスウェイを通って陸路国境を越えるシンガポール居住者を含む。　h 北アイルランドからの旅行者を含む。　j 季節労働者及び国境労働者を除く。　k 費用を伴う宿泊のみ。知人・親戚宅及び二次的住宅を除く。　m 海上観光船での到着を除く。　n 療養施設を含む。　p 全ての団体観光施設。　r 野営（キャンプ）を除く。　s あらゆる種類の宿泊施設に滞在中の非居住観光客。　t 非居住者の到着。　u 仕事目的又は契約労働者の到着は除く。　v 乗り継ぎを除く。　w 海外に居住する国民及び乗務員を除く。

8-8　旅行収支

（単位：100万米ドル）

国（地域）	旅行収入			旅行支出		
	2010	2015	2020	2010	2015	2020
アジア						
日本	15,356	27,285	11,395	39,306	23,252	6,741
イスラエル	5,638	6,605	2,661	4,683	7,506	2,175
インド	...	21,472	13,413	...	17,686	15,777
インドネシア	7,618	12,054	3,533	8,432	9,800	1,980
韓国	14,315	18,711	11,776	20,788	27,957	16,705
サウジアラビア	7,536	11,183	5,960	22,076	20,366	9,069
シンガポール	14,178	16,617	a 20,416	18,700	23,658	a 25,346
タイ	23,796	44,851	15,360	7,155	9,539	3,681
トルコ	26,318	35,648	13,771	5,817	5,635	1,639
フィリピン	3,441	6,414	2,769	5,964	11,868	4,872
ベトナム	4,450	7,350	3,232	1,470	3,595	4,360
香港	27,208	42,491	a 42,313	17,357	23,059	a 26,498
マカオ	22,688	31,620	9,442	883	1,435	886
マレーシア	19,619	19,194	3,386	9,258	11,599	5,206
北アメリカ						
アメリカ合衆国	161,821	230,574	84,205	123,831	144,669	48,837
カナダ	18,440	...	...	37,225	...	...
メキシコ	12,628	18,729	11,449	9,001	12,668	4,286
南アメリカ						
アルゼンチン	5,605	5,441	1,702	6,448	9,348	2,746
チリ	2,362	3,412	1,034	1,736	2,518	720
ブラジル	5,522	6,254	3,099	18,883	20,356	6,490
ヨーロッパ						
アイルランド	8,185	11,476	4,160	7,176	5,704	2,334
イタリア	...	41,415	20,459	...	30,312	12,965
オーストリア	...	20,422	15,362	...	11,337	5,551
オランダ	...	17,558	10,926	...	20,234	7,436
ギリシャ	13,857	17,547	6,193	3,400	3,535	1,500
スイス	17,883	20,140	9,994	14,332	19,675	10,372
スウェーデン	10,674	...	...	13,973	...	...
スロバキア	2,334	2,480	1,303	2,146	2,266	1,291
チェコ	8,068	6,766	3,890	4,354	4,819	3,495
デンマーク	5,704	6,685	a 9,097	9,082	8,918	a 10,485
ドイツ	49,116	50,669	b 58,372	90,866	85,334	b 101,231
ノルウェー	5,299	6,370	2,196	14,658	16,485	4,230
ハンガリー	6,595	6,929	4,224	2,897	2,456	1,334
フィンランド	4,496	4,011	1,757	5,268	5,786	1,940
フランス	56,178	66,441	35,958	46,695	47,713	31,193
ベルギー	12,680	8,975	7,447	20,884	15,856	13,928
ポーランド	9,875	11,164	8,379	8,888	8,285	5,547
ポルトガル	12,984	16,007	10,522	4,692	4,576	3,536
ルクセンブルク	4,519	6,182	4,454	3,626	2,333	2,458
ロシア	13,239	13,186	4,961	30,169	38,432	10,800
アフリカ						
エジプト	13,633	6,897	4,874	2,696	3,636	2,578
南アフリカ	10,309	9,140	2,716	8,139	5,734	1,594
モロッコ	8,176	7,765	4,514	1,879	2,155	1,509
オセアニア						
オーストラリア	31,064	36,249	26,234	27,851	34,071	7,654
ニュージーランド	6,523	9,464	a 10,961	3,039	3,721	a 4,603

a 2018年。　b 2019年。

第9章　貿易

9-1　国別輸出入総額
〔出典〕
UN, *Monthly Bulletin of Statistics Analytical Trade Tables*
2023年11月ダウンロード
〔解説〕
貿易方式：貿易を記録するには、一般的に「一般貿易方式」又は「特別貿易方式」
が用いられる。各方式の定義は次のとおりである。輸送途中で通過しただけ又は
積み替えられただけの商品は計上されない。
一般貿易方式：
　輸出…(1)国産品（全部又は一部が国内で生産された商品）の輸出、(2)市場に
　流通していた外国商品の再輸出、(3)保税倉庫に保管されていた外国商品の再
　輸出の合計。
　輸入…(1)国内での消費を目的とする商品の輸入、(2)外国商品の保税倉庫への
　搬入の合計。
特別貿易方式：
　輸出…(1)国産品（全部又は一部が国内で生産された商品）の輸出、(2)市場に
　流通していた外国商品の再輸出の合計。
　輸入…(1)国内での消費を目的とする商品の輸入、(2)国内での消費を目的とす
　る外国商品の保税倉庫からの搬出の合計。
輸出額：FOB 価格（free on board：本船渡し価格）。本船に約定品を積み込むまでの
費用を売り手が負担する取引条件。
輸入額：CIF 価格（cost, insurance and freight：保険料・運賃込み価格）。本船に約定
品を積み込むまでの費用、仕向港までの運賃及び保険料を売り手が負担する取引
条件。

9-2　貿易指数
〔出典〕
UN, *Monthly Bulletin of Statistics Analytical Trade Tables*
2023年11月ダウンロード
〔解説〕
　輸出額は FOB 価格、輸入額は CIF 価格。輸出入額については「9-1　国別輸出入総
額」の解説を参照。指数算出時の価格は、米ドル換算による。
数量指数：輸出入の数量の変化を示す。
価格指数：輸出入の平均価格の変化を示す。

9-3　輸出依存度・輸入依存度
〔出典〕
IMF, *The Principal Global Indicators*
2020年12月ダウンロード
〔解説〕
　国内総生産（GDP）に対する輸出額及び輸入額の割合。原則として、輸出額は
FOB 価格、輸入額は CIF 価格。輸出入額については「9-1　国別輸出入総額」の解説
を参照。

9-4　商品分類別輸出入額
〔出典〕

UN, *Comtrade Database*

2022年11月ダウンロード

〔解説〕

　各国の最新年の輸出額（FOB 価格）及び輸入額（CIF 価格）。商品分類は標準国際貿易分類（SITC：Standard International Trade Classification）第4版の大分類による。輸出入額及び貿易方式については「9-1　国別輸出入総額」の解説を参照。

　商品分類：　SITC コード（5桁）は、左から1桁目が大分類、2桁目が中分類、3桁目が小分類、4桁目が細分類、5桁目が細々分類。

　　大分類は次のとおりである。

　0　食料品及び動物（食用）

　1　飲料及びたばこ

　2　非食品原材料（鉱物性燃料を除く。）

　3　鉱物性燃料

　4　動植物性油脂

　5　化学製品

　6　工業製品

　7　機械類及び輸送用機器

　8　雑製品（中分類による内訳　81…プレハブ建築物、衛生器具、配管工事関係品、暖房器具及び照明器具、82…家具及びその部品、83…旅行用具、ハンドバッグ類、84…衣類及びその付属品、85…履物、87…光学機器、医療用機器、計測機器及び制御機器、88…写真用機器、その他の光学用品及び時計、89…その他の雑製品）

　9　その他（中分類による内訳　91…郵便小包（種類別に分類されないもの）、93…特殊取扱品（種類別に分類されないもの）、96…金貨以外の貨幣（法定通貨でないもの。）、97…金（非貨幣用。金鉱石及び濃縮したものを除く。））

9-5　主要商品別輸出入額
〔出典〕

UN, *Comtrade Database*

2022年11月ダウンロード

〔解説〕

　商品名の後の括弧内の数字はSITCコード（「9-4　商品分類別輸出入額」の解説を参照）。輸出額はFOB価格、輸入額はCIF価格（「9-1　国別輸出入総額」の解説を参照）。原則として、出典資料に記載されている国について、最新年の主要商品別輸出入額上位10か国を掲載。ただし、日本が11位以下で出典資料に記載されている場合には、10位の国に代えて括弧付きで掲載。

　肉類（牛肉以外）：生鮮、冷蔵又は冷凍の肉。牛肉その他のくず肉を含む。

　魚類：生鮮、冷蔵又は冷凍の魚。

　甲殻類、軟体動物：生鮮、冷蔵又は冷凍のもの。塩漬けなどを含む。

　小麦、メスリン：未製粉のもの。メスリンは、小麦とライ麦を混合したもの。

　とうもろこし：未製粉のもの。種子を含み、スイートコーンを除く。

　野菜、いも、豆類：生鮮、冷蔵、冷凍又は簡単な保存状態にしたもの。いも、豆類は乾燥品を含む。

　果実、ナッツ：生鮮又は乾燥品。採油用ナッツを除く。

　羊毛：羊以外の獣毛及びウールトップを含む。

　鉄鉱石：精鉱を含む。

　石炭：凝結させたものを除く。

原油：瀝青（れきせい）油を含む。
石油製品：揮発油、灯油、軽油、燃料油、潤滑油など。
紙、板紙：特定の形状に切ったもの及び製品を除く。
真珠、貴石、半貴石：未加工品、合成品及び再生品を含む。製品を除く。
銅：沈殿銅を除く。
アルミニウム：合金及び加工品を含む。
自動データ処理機械：データをメディアに転写するための機械。周辺機器を含む。
通信機器及び同付属品等：通信や音声の録音・再生装置。
乗用自動車：運転手を含む乗車定員 9 人以下のもの。
自動車部品・付属品等：シャシー及び車体を含む。
航空機等：ヘリコプター、飛行船、気球、宇宙船、関連機器及び部品を含む。
船舶等：浮体構造物（浮き桟橋など）を含む。
衣類：帽子、手袋などの付属品を含む。

9-6　主要相手国別輸出入額
〔出典〕
　UN, *Comtrade Database*
　2022年11月ダウンロード
〔解説〕
　　輸出額はFOB価格、輸入額はCIF価格。輸出入額及び貿易方式については「9-1
　国別輸出入総額」の解説を参照。
　相手国：各国の最新年の貿易相手国について、主要先進国は輸出、輸入それぞれ上
　　位10か国を、それ以外の国は上位 5 か国を掲載。

9-1　国別輸出入総額(2022年)

(単位：100万米ドル)

国（地域）	貿易方式	輸出	輸入	国（地域）	貿易方式	輸出	輸入
世界 *a		21,814,976	22,080,883	エストニア e	一般/特別	22,405	26,228
アジア				オーストリア	特別	211,392	231,941
日本	一般	746,720	897,017	オランダ	特別	965,762	898,005
イスラエル	特別	72,538	107,724	ギリシャ	特別	57,392	97,696
インド	一般	449,536	729,825	クロアチア	特別	25,306	44,301
インドネシア	一般	292,305	237,163	スイス f	特別	401,707	356,491
韓国	一般	683,584	731,370	スウェーデン	特別	197,826	202,182
カンボジア	一般	23,078	31,855	スペイン	特別	418,364	493,354
キプロス	一般	3,697	11,734	スロバキア	特別	107,771	112,471
サウジアラビア	一般	408,349	186,545	スロベニア	特別	69,701	69,738
シンガポール	一般	516,016	475,832	チェコ	特別	241,458	236,260
タイ	特別	283,504	303,590	デンマーク	一般	128,862	126,440
中国	一般	3,604,481	2,715,370	ドイツ *a	特別	1,460,058	1,250,750
トルコ b	特別	254,201	363,709	ノルウェー g	一般	270,866	106,741
フィリピン	一般	80,952	142,725	ハンガリー	特別	151,540	164,294
ブルネイ	特別	14,362	12,599	フィンランド	特別	85,907	97,220
ベトナム	一般	360,341	351,858	フランス h	特別	618,153	818,521
香港	一般	611,366	668,945	ブルガリア	特別	50,239	58,049
マレーシア	一般	352,338	295,276	ベルギー	特別	635,514	623,217
ミャンマー	一般	20,412	18,593	ポーランド	特別	360,542	381,187
ラオス	特別	9,509	8,785	ポルトガル	特別	82,355	114,790
北アメリカ				マルタ	一般	3,207	8,352
アメリカ合衆国 c	一般	2,064,056	3,246,432	ラトビア	特別	24,011	29,486
カナダ d	一般	596,958	567,379	リトアニア	特別	46,340	54,938
コスタリカ	特別	15,183	20,844	ルーマニア	特別	96,707	132,491
メキシコ d	一般	578,188	604,566	ルクセンブルク	特別	17,274	26,528
南アメリカ				ロシア	一般	460,852	205,969
アルゼンチン	特別	90,072	82,345	アフリカ			
コロンビア	特別	57,106	76,904	アルジェリア	特別	65,102	40,905
チリ b	一般	97,489	104,407	エジプト	一般	48,361	84,077
ブラジル b	特別	334,463	289,064	ナイジェリア	一般	63,262	60,548
ヨーロッパ				南アフリカ d	一般	123,387	110,630
アイスランド		7,403	9,707	モロッコ	特別	43,384	72,928
アイルランド	一般	213,991	145,856	オセアニア			
イギリス	一般	529,130	814,245	オーストラリア d	一般	412,540	289,203
イタリア	特別	657,039	689,256	ニュージーランド b	一般	46,320	54,665

a 2021年。　b 「輸入」はCIF価格及びFOB価格。　c プエルトリコ及び米領バージン諸島を含む。　d 「輸入」はFOB価格。
e EU域外は一般貿易方式、EU域内は特別貿易方式。　f リヒテンシュタインを含む。　g スバールバル諸島及びヤンマイエン島を含む。　h モナコを含む。

9-2　貿易指数

(2000年=100)

国（地域）	輸出						輸入					
	数量指数			価格指数			数量指数			価格指数		
	2018	2019	2020	2018	2019	2020	2018	2019	2020	2018	2019	2020
アジア												
日本	107	108	95	90	93	95	127	125	116	139	135	127
イスラエル	129	123	112	155	152	143	146	149	146	144	140	134
インド	328	337	...	228	211	...	342	336	...	226	208	...
韓国	435	417	421	81	75	70	235	231	238	145	138	125
サウジアラビア	...	...	...	298	272	...	...	...	...	...	...	...
シンガポール	...	...	...	98	96	88	...	...	...	119	117	107
タイ	229	219	204	125	133	124	243	231	203	124	125	110
トルコ	423	450	427	150	143	141	234	222	243	161	154	145
香港	221	210	209	125	127	127	230	212	207	129	131	131
北アメリカ												
アメリカ合衆国	173	173	157	129	129	...	170	171	164	134	133	...
カナダ	122	125	117	148	142	137	160	161	144	132	132	131
メキシコ	...	...	...	70	70	60	...	...	...	74	74	66
南アメリカ												
アルゼンチン	131	147	127	179	168	163	209	165	148	124	117	113
コロンビア	162	160	...	195	187	144	385	415	365	115	110	...
ブラジル	301	663	...	75	68	48	164	139	...	98	87	64
ヨーロッパ												
アイスランド	189	189	173	155	147	140	175	160	140	186	173	171
アイルランド	199	205	226	111	106	103	169	172	167	118	109	109
イギリス	138	133	...	117	...	...	160	164	...	118	...	...
イタリア	105	105	95	215	210	217	106	105	96	198	187	182
エストニア	...	...	...	248	234	227	...	...	...	175	155	150
オーストリア	190	194	181	143	136	135	172	173	161	155	147	142
オランダ	206	210	206	140	133	130	202	211	208	136	128	123
ギリシャ	...	...	...	175	164	...	...	...	...	185	181	165
スイス	146	145	131	252	260	284	139	139	120	226	226	245
スウェーデン	160	162	161	130	124	121	189	187	180	145	137	133
スペイン	204	209	181	148	142	143	176	178	150	144	137	135
スロバキア	...	...	...	209	197	197	...	...	...	161	149	146
スロベニア	...	...	...	236	255	250	...	...	...	250	277	261
チェコ	...	...	...	168	161	162	...	...	...	160	152	151
デンマーク	146	152	144	147	144	148	157	161	160	143	137	136
ドイツ	185	179	161	156	153	154	170	169	158	159	158	153
ノルウェー	102	101	107	176	171	127	179	180	174	145	148	144
ハンガリー	327	332	...	116	110	...	279	288	...	122	115	...
フィンランド	97	98	88	130	124	122	115	115	106	171	159	160
フランス	123	126	102	155	148	156	158	161	139	135	128	131
ベルギー	106	106	100	158	154	156	105	102	96	162	158	159
ポーランド	445	461	463	185	179	178	323	329	325	165	158	158
ラトビア	...	...	...	408	386	391	...	...	...	...	...	...
リトアニア	476	502	510	189	179	174	421	438	423	169	158	152
ロシア	437	411	328	...	...	...	703	725	688	...	...	...
アフリカ												
南アフリカ	...	...	...	114	106	...	...	...	...	90	77	...
オセアニア												
オーストラリア	236	240	230	232	243	234	243	240	236	132	126	120
ニュージーランド	167	170	...	175	171	...	269	270	...	120	116	...

9-3　輸出依存度・輸入依存度

(単位：%)

国（地域）	輸出依存度					輸入依存度				
	2013	2014	2015	2016	2017	2013	2014	2015	2016	2017
アジア										
日本	13.9	14.2	14.2	13.1	14.3	16.1	16.7	14.8	12.3	13.8
インド	16.3	15.8	12.5	11.7	11.6	24.4	22.7	18.4	16.0	17.3
インドネシア	20.0	19.8	17.5	15.5	16.6	20.4	20.0	16.6	14.5	15.4
韓国	40.8	38.6	35.9	33.0	35.3	37.6	35.4	29.8	27.1	29.4
サウジアラビア	50.3	45.3	31.1	28.5	32.2	22.5	23.0	26.7	21.7	19.5
シンガポール	133.4	129.9	112.5	106.1	109.1	121.3	116.3	96.3	91.6	95.8
中国	22.9	22.2	20.4	19.1	18.9	20.2	18.6	15.0	14.2	15.3
トルコ	16.0	16.9	16.7	16.5	18.4	26.5	25.9	24.0	23.0	27.4
香港	166.6	162.6	150.5	144.2	145.8	190.1	187.0	168.9	161.1	164.0
北アメリカ										
アメリカ合衆国	9.4	9.3	8.2	7.8	7.9	13.9	13.8	12.7	12.0	12.3
カナダ	25.2	26.5	26.3	25.7	25.7	25.6	26.3	27.6	27.0	26.8
メキシコ	29.8	30.2	32.5	34.7	35.4	31.4	31.9	35.5	35.9	36.3
南アメリカ										
アルゼンチン	13.5	12.7	8.8	10.4	…	12.1	11.5	9.3	10.0	…
ブラジル	9.8	9.1	10.7	10.3	10.6	10.1	9.7	9.8	8.0	7.6
ヨーロッパ										
アイルランド	49.0	46.9	42.4	43.6	41.0	30.8	31.8	26.5	27.0	26.5
イギリス	17.4	15.8	15.2	15.2	16.6	23.5	21.9	21.4	22.0	23.3
イタリア	24.3	24.6	25.0	24.9	26.3	22.5	22.0	22.4	22.0	23.5
オーストリア	38.9	38.4	38.2	37.1	38.3	40.4	39.0	38.8	38.4	39.9
オランダ	77.5	76.4	75.2	73.4	78.9	68.0	66.9	67.6	64.5	69.5
スイス	31.7	32.4	31.4	32.4	33.0	28.0	27.7	25.8	26.7	27.8
スウェーデン	28.9	28.6	28.1	27.1	28.3	27.7	28.2	27.8	27.5	28.6
スペイン	22.9	23.5	23.6	23.2	24.3	24.5	26.1	26.1	25.1	26.7
デンマーク	32.1	31.3	31.4	31.0	31.3	28.3	28.0	28.3	27.8	28.4
ドイツ	38.4	38.3	39.3	38.4	39.2	31.4	30.9	31.2	30.4	31.5
ノルウェー	29.8	28.9	26.8	24.1	25.7	17.2	17.9	19.7	19.6	20.8
フィンランド	27.6	27.2	25.7	24.0	26.6	28.7	28.1	26.0	25.5	27.7
フランス	20.7	20.4	20.8	20.4	20.7	24.3	23.8	23.6	23.2	24.1
ベルギー	89.8	88.2	85.8	83.6	85.4	86.6	84.7	81.3	79.7	81.2
ポーランド	39.0	39.8	41.6	43.3	44.6	39.6	40.4	40.7	42.3	44.5
ルクセンブルク	29.8	28.8	29.7	26.9	25.2	43.2	40.2	40.4	37.1	36.6
ロシア	22.8	24.1	25.0	22.1	22.5	…	…	…	…	…
ユーロ圏	19.1	19.1	19.4	19.0	19.7	17.6	17.3	17.2	16.5	17.6
アフリカ										
南アフリカ	26.2	26.6	25.4	25.8	…	29.5	29.9	28.4	26.7	…
オセアニア										
オーストラリア	16.7	16.5	15.2	15.2	16.7	16.0	16.3	16.9	15.5	16.5

9-4　商品分類別輸出入額（2021年）（1）

（単位：100万米ドル）

| 商品分類 | アジア | | | | | | | |
| | 日本
（一般貿易方式） | | イスラエル
（特別貿易方式） | | インド
（一般貿易方式） | | インドネシア
（一般貿易方式） | |
	輸出	輸入	輸出	輸入	輸出	輸入	輸出	輸入
総額	757,066	772,276	60,160	92,159	394,814	570,402	231,522	196,190
食料品及び動物（食用）	7,466	59,052	1,929	7,101	40,339	9,436	16,987	19,597
飲料及びたばこ	1,559	8,339	88	878	1,178	534	1,253	857
非食品原材料	13,050	62,946	1,152	1,469	14,487	28,688	20,461	11,276
鉱物性燃料	10,228	154,728	…	9,131	56,398	170,395	45,110	28,838
動植物性油脂	274	1,653	41	340	1,641	17,378	30,794	300
化学製品	94,747	88,594	12,655	11,524	62,588	79,104	18,718	32,624
工業製品	90,684	73,110	12,445	17,451	107,650	69,944	43,822	32,673
機械類及び輸送用機器	419,211	215,826	18,847	30,971	68,001	118,184	26,981	56,532
雑製品	61,820	95,312	10,735	11,533	42,426	19,568	25,775	10,329
その他	58,026	12,716	2,267	1,760	106	57,171	1,620	3,162

| 商品分類 | アジア | | | | | | | |
| | 韓国
（一般貿易方式） | | サウジアラビア
（一般貿易方式） | | シンガポール
（一般貿易方式） | | タイ
（特別貿易方式） | |
	輸出	輸入	輸出	輸入	輸出	輸入	輸出	輸入
総額	644,411	615,014	286,467	152,695	457,474	406,622	266,675	268,205
食料品及び動物（食用）	7,549	32,591	3,543	20,411	10,429	9,382	32,618	14,538
飲料及びたばこ	1,818	1,598	202	800	3,702	3,771	2,099	567
非食品原材料	9,340	42,942	3,037	2,601	3,003	2,723	13,436	9,378
鉱物性燃料	40,015	137,563	212,585	7,385	45,936	75,397	9,633	41,170
動植物性油脂	109	2,136	383	1,198	222	2,209	1,357	249
化学製品	101,023	65,632	45,727	18,492	60,080	33,774	28,571	32,698
工業製品	79,551	62,613	7,223	21,989	15,335	20,458	34,449	48,533
機械類及び輸送用機器	356,063	207,527	10,234	51,436	240,134	206,305	117,792	92,743
雑製品	48,194	59,727	2,321	16,691	38,596	33,253	22,819	19,977
その他	750	2,685	1,211	11,693	40,037	19,351	3,900	8,352

| 商品分類 | アジア | | | | | | | |
| | 中国
（一般貿易方式） | | トルコ
（一般貿易方式） | | フィリピン
（一般貿易方式） | | 香港
（一般貿易方式） | |
	輸出	輸入	輸出	輸入 a	輸出	輸入	輸出	輸入
総額	3,362,302	2,684,363	225,214	271,426	74,620	124,390	670,926	713,173
食料品及び動物（食用）	70,787	123,023	20,988	11,393	4,541	13,922	7,635	22,892
飲料及びたばこ	2,751	7,625	1,216	1,008	518	610	1,478	3,553
非食品原材料	21,357	426,181	6,630	24,441	3,906	2,468	3,493	2,508
鉱物性燃料	41,678	402,518	8,310	17,410	882	15,428	638	11,319
動植物性油脂	2,331	14,577	1,875	2,441	1,485	1,632	53	239
化学製品	264,241	264,079	16,392	44,891	1,947	15,041	18,894	23,311
工業製品	543,361	210,818	63,718	47,769	4,880	16,398	44,442	47,927
機械類及び輸送用機器	1,618,638	1,005,704	60,682	70,868	49,632	51,358	486,712	485,864
雑製品	756,725	169,424	39,669	12,250	5,763	7,440	73,713	83,706
その他	40,432	60,413	5,734	38,954	1,066	94	33,868	31,854

9-4　商品分類別輸出入額（2021年）（2）

(単位：100万米ドル)

商品分類	アジア		北アメリカ					
	マレーシア (一般貿易方式)		アメリカ合衆国 b (一般貿易方式)		カナダ (一般貿易方式)		コスタリカ (特別貿易方式)	
	輸出	輸入	輸出	輸入	輸出	輸入 c	輸出	輸入
総額	299,230	238,250	1,753,137	2,932,976	501,463	489,391	14,345	18,428
食料品及び動物（食用）	9,345	15,415	129,449	148,743	50,244	35,677	4,850	1,962
飲料及びたばこ	603	635	6,851	32,991	1,438	5,017	87	195
非食用原材料	6,952	14,099	97,640	51,726	52,759	12,760	393	461
鉱物性燃料	37,246	29,854	239,634	223,738	119,708	30,230	3	1,674
動植物性油脂	19,102	3,566	3,882	9,949	5,187	1,116	291	76
化学製品	25,948	26,949	270,499	329,956	45,618	62,635	953	3,530
工業製品	30,767	25,676	145,291	344,172	61,632	67,425	1,393	3,534
機械類及び輸送用機器	125,803	100,554	532,575	1,151,221	100,783	192,814	1,043	4,363
雑製品	42,483	15,742	165,624	505,437	26,977	60,213	5,298	2,632
その他	980	5,758	161,692	135,043	37,118	21,503	34	1

商品分類	北アメリカ		南アメリカ					
	メキシコ (一般貿易方式)		アルゼンチン (特別貿易方式)		コロンビア (特別貿易方式)		チリ (一般貿易方式)	
	輸出	輸入 c	輸出	輸入	輸出	輸入	輸出	輸入
総額	494,596	506,565	77,934	63,184	41,390	61,099	94,677	92,191
食料品及び動物（食用）	32,326	26,387	31,927	1,884	6,809	6,908	16,578	8,826
飲料及びたばこ	9,568	858	994	154	48	448	2,037	733
非食用原材料	11,876	12,400	3,745	4,694	2,491	1,052	39,608	1,911
鉱物性燃料	27,395	42,327	2,060	5,802	19,165	3,766	772	14,004
動植物性油脂	298	1,505	5,936	75	683	769	408	754
化学製品	15,534	58,095	4,115	14,846	3,785	14,285	4,313	11,667
工業製品	35,002	65,163	764	7,971	2,578	9,647	27,562	11,581
機械類及び輸送用機器	286,305	214,702	5,407	23,014	1,354	18,909	1,964	32,162
雑製品	46,979	48,232	392	4,077	1,328	4,677	575	10,546
その他	29,312	36,898	22,593	666	3,151	636	859	7

商品分類	南アメリカ		ヨーロッパ					
	ブラジル (特別貿易方式)		アイスランド (特別貿易方式)		アイルランド (一般貿易方式)		イギリス (一般貿易方式)	
	輸出	輸入 a	輸出	輸入	輸出	輸入	輸出	輸入
総額	280,815	234,690	5,974	7,838	195,998	122,755	470,548	688,237
食料品及び動物（食用）	54,366	9,616	2,609	700	14,347	8,785	18,266	51,754
飲料及びたばこ	1,681	921	34	134	2,080	1,199	9,684	8,797
非食用原材料	105,799	5,698	93	746	2,446	1,237	12,682	20,157
鉱物性燃料	38,353	31,873	69	592	1,121	7,313	37,419	70,265
動植物性油脂	2,520	1,562	102	50	135	437	835	2,234
化学製品	12,937	64,151	116	730	121,353	30,638	70,165	80,957
工業製品	29,065	27,620	2,537	923	3,323	8,163	48,404	83,346
機械類及び輸送用機器	26,083	79,570	250	2,922	29,599	48,246	151,065	209,854
雑製品	4,699	13,674	135	1,040	20,584	14,537	51,607	94,329
その他	5,310	5	29	1	1,011	2,201	70,420	66,543

9-4　商品分類別輸出入額（2021年）（3）

（単位：100万米ドル）

商品分類	ヨーロッパ							
	イタリア（特別貿易方式）		エストニア（一般/特別貿易方式）d		オーストリア（特別貿易方式）		オランダ（特別貿易方式）	
	輸出	輸入	輸出	輸入	輸出	輸入	輸出	輸入
総額	615,910	568,202	22,282	24,152	201,647	218,972	696,130	622,870
食料品及び動物（食用）	41,731	42,694	1,484	1,685	11,606	12,917	83,964	55,171
飲料及びたばこ	14,857	4,536	165	331	4,082	1,768	7,588	5,374
非食品原材料	8,509	24,425	1,946	1,148	6,044	9,924	33,670	23,208
鉱物性燃料	18,337	75,436	3,720	3,786	4,067	11,454	62,740	79,069
動植物性油脂	2,996	5,196	317	236	471	954	5,906	8,266
化学製品	88,174	94,590	1,368	2,855	27,923	31,156	128,531	89,168
工業製品	110,147	90,758	3,218	3,573	41,649	35,741	59,252	63,519
機械類及び輸送用機器	201,168	152,361	6,392	7,043	74,521	74,723	197,336	190,336
雑製品	109,769	64,453	3,020	2,264	21,530	29,666	86,001	85,806
その他	20,224	13,753	653	1,230	9,755	10,671	31,143	22,953

商品分類	ヨーロッパ							
	ギリシャ（特別貿易方式）		スイス e（特別貿易方式）		スウェーデン（特別貿易方式）		スペイン（特別貿易方式）	
	輸出	輸入	輸出	輸入	輸出	輸入	輸出	輸入
総額	94,489	154,570	379,771	323,356	189,845	187,116	391,559	426,060
食料品及び動物（食用）	13,675	14,874	8,078	11,365	9,911	15,370	55,167	35,579
飲料及びたばこ	2,153	1,572	2,604	2,639	1,452	1,862	5,790	3,837
非食品原材料	4,391	4,157	2,532	2,971	16,145	4,941	10,395	17,826
鉱物性燃料	26,646	40,057	4,277	10,895	13,190	18,242	23,126	55,087
動植物性油脂	1,726	867	38	413	432	1,071	6,271	4,868
化学製品	13,208	25,337	144,390	62,598	24,635	20,800	59,848	71,008
工業製品	14,485	17,705	20,936	32,706	31,090	25,060	59,561	47,138
機械類及び輸送用機器	8,915	28,280	43,895	57,658	68,569	68,284	106,404	113,926
雑製品	6,690	15,165	65,356	48,515	16,241	22,433	39,005	53,600
その他	2,598	6,558	87,666	93,596	8,180	9,054	25,993	23,190

商品分類	ヨーロッパ							
	スロバキア（特別貿易方式）		スロベニア（特別貿易方式）		チェコ（特別貿易方式）		デンマーク（一般貿易方式）	
	輸出	輸入	輸出	輸入	輸出	輸入	輸出	輸入
総額	104,733	105,142	46,692	49,067	227,161	211,839	125,015	121,784
食料品及び動物（食用）	3,393	5,041	1,733	2,645	7,806	9,486	19,090	12,584
飲料及びたばこ	261	809	219	353	1,534	1,498	1,545	1,603
非食品原材料	2,268	3,194	1,420	1,997	6,058	4,715	4,544	3,750
鉱物性燃料	3,352	8,982	1,918	3,663	5,035	12,072	5,548	9,902
動植物性油脂	181	237	89	129	508	417	874	901
化学製品	4,634	9,223	12,889	14,389	16,771	26,171	30,389	16,668
工業製品	17,754	15,632	8,368	8,016	33,714	33,756	10,950	16,965
機械類及び輸送用機器	63,547	51,100	15,388	13,451	126,738	98,329	31,382	38,607
雑製品	9,156	10,598	4,563	4,190	27,797	24,258	18,382	19,081
その他	188	327	105	234	1,201	1,138	2,309	1,724

9-4　商品分類別輸出入額（2021年）（4）

(単位：100万米ドル)

商品分類	ヨーロッパ							
	ドイツ（特別貿易方式）		ノルウェー f（一般貿易方式）		ハンガリー（特別貿易方式）		フィンランド（特別貿易方式）	
	輸出	輸入	輸出	輸入	輸出	輸入	輸出	輸入
総額	1,635,600	1,424,675	161,687	99,193	141,157	139,132	81,500	86,264
食料品及び動物（食用）	75,073	87,415	14,570	6,739	9,447	6,370	1,846	4,901
飲料及びたばこ	9,713	11,578	131	1,738	672	855	209	669
非食品原材料	32,063	58,514	2,570	6,600	2,818	2,814	9,647	6,975
鉱物性燃料	42,551	124,241	107,849	5,479	4,514	12,531	5,704	10,214
動植物性油脂	3,999	4,684	304	1,404	930	367	23	516
化学製品	291,010	209,743	4,488	10,176	17,955	18,678	6,139	9,046
工業製品	204,548	182,891	11,863	13,469	14,351	19,815	20,310	10,152
機械類及び輸送用機器	733,162	498,341	11,152	38,244	77,625	62,999	25,338	27,919
雑製品	187,784	183,733	3,534	14,309	12,162	12,497	5,048	7,786
その他	55,697	63,535	5,226	1,036	683	2,205	7,236	8,086

商品分類	ヨーロッパ							
	フランス g（特別貿易方式）		ベルギー（特別貿易方式）		ポーランド（特別貿易方式）		ポルトガル（特別貿易方式）	
	輸出	輸入	輸出	輸入	輸出	輸入	輸出	輸入
総額	585,148	714,842	386,354	393,655	317,832	335,451	75,243	98,337
食料品及び動物（食用）	53,214	58,678	33,114	27,965	34,914	22,711	6,123	11,049
飲料及びたばこ	22,182	6,484	4,454	3,547	6,081	2,600	2,371	917
非食品原材料	15,681	16,747	9,742	21,642	7,173	9,919	3,566	3,706
鉱物性燃料	18,683	71,504	34,066	54,406	7,039	20,957	4,340	11,238
動植物性油脂	2,262	2,768	1,617	2,966	726	1,719	1,186	967
化学製品	122,106	103,833	133,341	106,918	29,647	48,192	7,645	15,866
工業製品	62,494	91,302	65,100	51,027	59,238	59,876	16,807	15,573
機械類及び輸送用機器	192,442	238,596	77,245	94,670	115,340	115,548	20,660	28,447
雑製品	75,864	111,785	23,933	29,309	57,164	45,806	12,324	10,499
その他	20,220	13,145	3,741	1,205	509	8,123	220	76

商品分類	ヨーロッパ							
	ラトビア（特別貿易方式）		リトアニア（特別貿易方式）		ルクセンブルク（特別貿易方式）		ロシア（一般貿易方式）	
	輸出	輸入	輸出	輸入	輸出	輸入	輸出	輸入
総額	19,459	23,086	40,818	44,571	16,247	25,537	492,314	293,497
食料品及び動物（食用）	2,550	2,488	4,876	3,753	1,211	2,227	24,875	23,566
飲料及びたばこ	676	660	1,352	899	299	828	1,353	4,184
非食品原材料	3,155	1,229	2,757	2,126	239	1,989	24,036	11,496
鉱物性燃料	1,148	2,144	4,136	7,350	26	1,605	212,418	2,278
動植物性油脂	32	134	115	304	6	24	4,950	2,040
化学製品	1,950	2,986	7,936	7,117	1,914	3,179	31,133	42,554
工業製品	3,708	3,403	4,720	6,258	6,201	3,911	73,720	34,710
機械類及び輸送用機器	3,950	6,792	7,804	11,678	4,419	8,101	22,952	124,221
雑製品	1,960	2,403	6,657	4,005	1,515	2,454	6,164	34,568
その他	330	847	464	1,082	417	1,217	90,713	13,882

9-4　商品分類別輸出入額（2021年）（5）

（単位：100万米ドル）

商品分類	アフリカ		オセアニア			
	南アフリカ（一般貿易方式）		オーストラリア（一般貿易方式）		ニュージーランド（一般貿易方式）	
	輸出	輸入 c	輸出	輸入 c	輸出	輸入 a
総額	121,321	93,440	342,036	261,586	73,366	49,882
食料品及び動物（食用）	9,745	4,970	32,887	13,311	43,242	4,642
飲料及びたばこ	1,432	729	1,901	2,740	2,729	736
非食品原材料	21,224	2,122	148,508	3,474	9,095	954
鉱物性燃料	10,500	15,480	94,765	26,858	781	3,992
動植物性油脂	331	857	820	662	336	290
化学製品	8,836	13,485	7,576	29,425	3,427	5,792
工業製品	39,434	11,197	12,600	30,450	3,837	6,158
機械類及び輸送用機器	19,612	27,021	11,095	105,812	4,602	19,425
雑製品	2,801	9,610	6,044	40,220	2,961	7,082
その他	7,407	7,968	25,840	8,635	2,356	811

a CIF価格及びFOB価格。　b プエルトリコ及び米領バージン諸島を含む。　c FOB価格。　d EU域外は一般貿易方式、EU域内は特別貿易方式。　e リヒテンシュタインを含む。　f スバールバル諸島及びヤンマイエン島を含む。　g モナコを含む。

9-5　主要商品別輸出入額(1)

（単位：100万米ドル）

牛肉（011） 国（地域）	2020	2021	肉類（牛肉以外）（012） 国（地域）	2020	2021	魚類（034） 国（地域）	2020	2021
輸出			**輸出**			**輸出**		
アメリカ合衆国 a	6,554	9,265	アメリカ合衆国 a	11,303	12,597	ノルウェー d	9,740	12,281
ブラジル	7,447	7,967	ブラジル	8,115	9,905	中国	6,574	6,494
オーストラリア	6,615	6,844	スペイン	7,962	8,444	チリ	4,654	5,536
ニュージーランド	2,399	4,612	オランダ	6,425	7,007	スウェーデン	3,870	4,369
オランダ	2,555	3,189	ドイツ	6,614	5,530	アメリカ合衆国 a	2,912	3,283
カナダ	2,203	3,147	ニュージーランド	2,856	5,395	ベトナム	2,703	3,048
インド	2,795	3,001	ポーランド	3,785	4,382	ロシア	2,798	3,035
アルゼンチン	2,707	2,733	オーストラリア	3,436	4,232	オランダ	2,353	2,806
アイルランド	2,201	2,546	カナダ	3,788	4,059	デンマーク	2,153	2,581
（日本）	271	489	（日本）	36	30	（日本）	926	1,044
輸入			**輸入**			**輸入**		
中国	10,178	12,488	中国	19,928	18,809	アメリカ合衆国 a	8,774	11,126
アメリカ合衆国 a	6,430	7,613	日本	6,783	7,159	日本	6,422	7,116
日本	3,343	3,713	アメリカ合衆国 a	2,745	3,995	中国	5,002	4,815
韓国	2,896	3,560	メキシコ b	2,717	3,929	スウェーデン	4,201	4,712
ドイツ	2,107	2,313	ドイツ	4,020	3,907	フランス c	3,277	3,919
イタリア	1,994	2,257	フランス c	2,825	3,466	スペイン	2,960	3,393
オランダ	1,680	1,922	香港	3,399	3,094	イタリア	2,223	2,820
チリ	1,095	1,718	イギリス	2,907	2,749	ドイツ	2,634	2,720
香港	1,834	1,555	イタリア	2,552	2,594	韓国	2,327	2,644
イギリス	1,273	1,534	韓国	2,035	2,453	ポーランド	2,308	2,627

甲殻類、軟体動物（036） 国（地域）	2020	2021	小麦、メスリン（041） 国（地域）	2020	2021	米（042） 国（地域）	2020	2021
輸出			**輸出**			**輸出**		
インド	4,323	5,843	ロシア	7,918	7,302	インド	7,980	9,624
エクアドル	3,829	5,326	アメリカ合衆国 a	6,318	7,287	タイ	3,710	3,342
中国	3,295	3,662	オーストラリア	2,698	7,106	ベトナム	2,791	3,006
ベトナム	2,475	2,834	カナダ	6,299	6,640	パキスタン	2,101	2,153
インドネシア	1,946	2,163	ウクライナ	3,594	4,723	アメリカ合衆国 a	1,889	1,929
スペイン	1,094	1,663	フランス c	4,544	4,536	中国	916	1,036
アルゼンチン	1,211	1,378	アルゼンチン	2,029	2,454	イタリア	723	728
モロッコ	822	1,244	ドイツ	2,119	1,989	ミャンマー	773	671
タイ	876	942	ルーマニア	949	1,820	カンボジア	471	423
（日本）	401	754	インド	243	1,723	（日本）	59	63
輸入			**輸入**			**輸入**		
アメリカ合衆国 a	5,620	7,613	インドネシア	2,616	3,548	中国	1,459	2,187
中国	4,643	5,843	中国	2,262	3,039	フィリピン	922	1,197
スペイン	2,687	3,660	ナイジェリア	2,151	2,723	サウジアラビア	1,404	1,095
日本	2,826	2,855	トルコ e	2,335	2,693	アメリカ合衆国 a	1,284	1,018
イタリア	1,531	2,277	エジプト	2,694	2,465	ベトナム	127	719
韓国	1,446	1,513	イタリア	2,026	2,303	エチオピア	317	687
フランス c	1,152	1,473	フィリピン	1,628	1,951	ベナン	393	640
香港	925	1,078	ブラジル	1,459 e	1,851	マレーシア	589	576
オランダ	579	734	日本	1,525	1,784	イギリス	625	575
タイ	654	705	モロッコ	1,422	1,590	（日本）	503	520

9-5　主要商品別輸出入額(2)

(単位：100万米ドル)

とうもろこし (044)			野菜、いも、豆類 (054)			果実、ナッツ (057)		
国(地域)	2020	2021	国(地域)	2020	2021	国(地域)	2020	2021
輸出			**輸出**			**輸出**		
アメリカ合衆国 a	9,575	19,112	スペイン	7,871	8,822	アメリカ合衆国 a	14,057	14,812
アルゼンチン	6,047	8,380	中国	8,065	8,536	スペイン	10,783	11,855
ウクライナ	4,885	5,855	メキシコ	8,380	8,507	オランダ	7,759	8,288
ブラジル	5,853	4,189	オランダ	7,891	8,414	メキシコ	6,749	7,781
ルーマニア	1,226	1,936	カナダ	5,508	5,408	チリ	6,061	6,253
フランス c	1,717	1,922	アメリカ合衆国 a	4,820	4,977	中国	6,827	6,057
ハンガリー	1,016	1,039	ベルギー	2,386	2,533	タイ	3,927	5,808
インド	389	936	フランス c	2,369	2,482	ベトナム	4,955	5,330
南アフリカ	566	809	イタリア	1,822	2,113	トルコ	4,709	5,221
（日本）	0	0	（日本）	81	75	（日本）	211	290
輸入			**輸入**			**輸入**		
中国	2,481	8,023	アメリカ合衆国 a	12,724	13,388	アメリカ合衆国 a	18,330	20,776
メキシコ b	3,090	5,124	ドイツ	7,097	7,700	中国	11,647	15,234
日本	3,293	4,739	イギリス	4,357	4,244	ドイツ	11,566	11,688
韓国	2,371	3,224	フランス c	3,516	3,788	オランダ	7,916	8,137
ベトナム	2,402	2,853	カナダ b	3,326	3,464	フランス c	5,876	6,315
エジプト	1,881	2,411	オランダ	2,785	3,170	イギリス	6,176	6,141
スペイン	1,653	2,199	中国	2,126	3,029	ロシア	5,083	5,301
コロンビア	1,222	1,776	ベルギー	2,066	2,249	カナダ b	4,655	5,105
オランダ	1,290	1,530	日本	2,094	2,192	香港	4,025	4,791
イタリア	1,214	1,436	イタリア	1,900	2,161	（日本）	3,249	3,261

コーヒー、代用品 (071)			茶、マテ茶 (074)			アルコール飲料 (112)		
国(地域)	2020	2021	国(地域)	2020	2021	国(地域)	2020	2021
輸出			**輸出**			**輸出**		
ブラジル	5,530	6,373	中国	2,169	2,529	フランス c	15,039	19,730
ドイツ	3,424	3,803	スリランカ	1,354	1,420	イタリア	9,145	10,872
スイス f	3,056	3,796	ケニア	1,241	1,213	イギリス	7,537	8,942
コロンビア	2,802	3,491	インド	747	751	メキシコ	7,115	8,439
ベトナム	2,444	2,638	アラブ首長国連邦	322	344	スペイン	4,167	4,919
イタリア	1,793	2,159	ドイツ	312	343	ドイツ	3,474	4,119
フランス c	1,622	1,642	オランダ	247	311	アメリカ合衆国 a	3,959	4,098
インドネシア	1,346	1,448	アメリカ合衆国 a	257	278	オランダ	3,467	3,928
ホンジュラス	872	1,292	ポーランド	274	274	シンガポール	2,227	2,937
（日本）	140	160	日本	177	210	（日本）	666	1,045
輸入			**輸入**			**輸入**		
アメリカ合衆国 a	6,177	7,427	アメリカ合衆国 a	686	761	アメリカ合衆国 a	21,474	25,500
ドイツ	3,831	4,267	パキスタン	590	595	イギリス	6,299	6,947
フランス c	3,100	3,316	ロシア	438	470	ドイツ	5,118	5,836
イタリア	1,600	1,851	イギリス	373	333	中国	4,125	5,061
カナダ b	1,371	1,586	ドイツ	242	293	カナダ b	3,420	3,749
オランダ	1,344	1,526	香港	242	278	フランス c	3,151	3,516
日本	1,342	1,507	フランス c	263	269	オランダ	2,867	3,350
スペイン	1,094	1,225	エジプト	197	221	ロシア	2,516	2,939
イギリス	1,336	1,175	モロッコ	202	208	シンガポール	2,161	2,797
ロシア	1,037	1,175	（日本）	182	199	日本	2,400	2,535

9-5　主要商品別輸出入額(3)

(単位：100万米ドル)

採油用種子 (222)	2020	2021	製材、まくら木 (248)	2020	2021	パルプ、くず紙 (251)	2020	2021
国(地域)			国(地域)			国(地域)		
輸出			**輸出**			**輸出**		
ブラジル	28,961	39,061	カナダ	7,893	13,657	アメリカ合衆国 a	7,627	9,677
アメリカ合衆国 a	26,884	28,440	ロシア	4,349	6,292	ブラジル	5,987	6,731
カナダ	6,803	7,691	スウェーデン	3,443	5,440	カナダ	4,981	6,111
アルゼンチン	3,160	3,067	ドイツ	2,828	4,728	インドネシア	2,536	3,285
パラグアイ	2,216	3,047	アメリカ合衆国 a	2,920	3,835	スウェーデン	2,508	3,169
オーストラリア	805	2,360	フィンランド	1,842	3,149	フィンランド	2,155	3,082
ウクライナ	1,775	2,033	オーストリア	1,586	2,745	チリ	2,101	2,771
オランダ	1,641	1,904	ブラジル	1,277	1,658	オランダ	1,144	1,474
ルーマニア	1,046	1,724	ラトビア	842	1,539	ドイツ	1,049	1,416
（日本）	15	18	（日本）	66	94	（日本）	592	771
輸入			**輸入**			**輸入**		
中国	43,098	57,774	アメリカ合衆国 a	9,795	16,202	中国	16,860	20,188
ドイツ	4,824	5,959	中国	7,804	8,114	ドイツ	3,184	4,699
日本	2,886	3,992	イギリス	2,235	4,012	アメリカ合衆国 a	3,114	4,184
オランダ	3,734	3,986	日本	1,936	2,799	インド	1,809	3,218
メキシコ b	3,008	3,514	ドイツ	1,737	2,752	イタリア	1,723	2,350
アルゼンチン	1,989	2,630	オランダ	1,337	2,175	インドネシア	1,250	2,000
スペイン	1,673	2,485	イタリア	1,247	1,912	オランダ	1,291	1,762
タイ	1,713	2,370	フランス c	1,213	1,878	韓国	1,306	1,734
トルコ e	2,175	2,323	ベルギー	758	1,212	フランス c	1,080	1,397
エジプト	1,796	2,284	オーストリア	666	1,196	日本	1,062	1,275

綿花 (263)	2020	2021	羊毛 (268)	2020	2021	鉄鉱石 (281)	2020	2021
国(地域)			国(地域)			国(地域)		
輸出			**輸出**			**輸出**		
アメリカ合衆国 a	6,030	5,770	オーストラリア	1,529	2,339	オーストラリア	80,234	115,827
ブラジル	3,246	3,428	中国	584	786	ブラジル	25,789	44,661
インド	1,560	2,854	ニュージーランド	243	518	南アフリカ	6,118	9,860
ギリシャ	453	1,625	南アフリカ	308	412	カナダ	5,718	8,077
オーストラリア	309	1,440	モンゴル	232	324	ウクライナ	4,239	6,811
ベナン	462	626	ドイツ	135	204	スウェーデン	3,080	4,722
ブルキナファソ	262	455	チェコ	148	183	インド	3,875	4,159
トルコ	219	409	イタリア	131	173	中国	1,627	3,897
エジプト	162	220	ウルグアイ	94	166	ロシア	1,978	3,812
（日本）	8	7	（日本）	0	0	（日本）	0	0
輸入			**輸入**			**輸入**		
中国	3,591	4,187	中国	1,908	2,715	中国	123,732	182,642
ベトナム	2,215	3,062	イタリア	588	885	日本	9,655	17,979
トルコ e	1,673	2,475	インド	158	215	韓国	6,931	12,079
パキスタン	1,318	1,771	ドイツ	162	203	ドイツ	3,660	6,951
インドネシア	777	1,110	チェコ	171	195	ベトナム	1,495	3,242
インド	369	541	イギリス	81	139	フランス c	1,170	2,385
タイ	228	335	韓国	114	132	トルコ e	1,051	2,046
韓国	191	264	ルーマニア	107	104	オマーン	994	1,876
メキシコ b	214	262	ポーランド	81	104	マレーシア	1,163	1,599
（日本）	96	110	（日本）	79	66	インドネシア	682	1,544

9-5　主要商品別輸出入額(4)

（単位：100万米ドル）

石炭 (321)			原油 (333)			石油製品 (334)		
国(地域)	2020	2021	国(地域)	2020	2021	国(地域)	2020	2021
輸出			**輸出**			**輸出**		
オーストラリア	30,097	46,598	サウジアラビア	...	150,844	アラブ首長国連邦	47,548	88,833
インドネシア	14,534	26,538	ロシア	72,564	110,968	アメリカ合衆国 a	60,709	84,937
ロシア	12,388	17,584	アラブ首長国連邦	105,123	99,039	ロシア	45,360	69,966
アメリカ合衆国 a	6,093	9,709	カナダ	47,574	81,940	インド	26,175	54,037
カナダ	3,399	6,090	アメリカ合衆国 a	50,286	69,356	オランダ	34,735	52,288
南アフリカ	3,924	6,018	ノルウェー d	22,559	41,535	サウジアラビア	27	52,250
コロンビア	3,543	4,380	ナイジェリア	26,322	35,998	シンガポール	27,392	41,362
モンゴル	2,124	2,759	ブラジル	19,614	30,609	韓国	23,169	37,024
モザンビーク	591	1,079	アンゴラ	18,297	27,811	中国	25,596	32,478
（日本）	1	2	（日本）	...	0	（日本）	5,558	7,227
輸入			**輸入**			**輸入**		
中国	16,412	27,050	中国	178,453	258,053	アメリカ合衆国 a	36,320	64,098
インド	15,871	25,710	アメリカ合衆国 a	81,630	138,384	シンガポール	31,235	46,630
日本	15,963	25,162	インド	64,580	106,407	アラブ首長国連邦	16,175	33,297
韓国	9,489	14,524	韓国	44,462	67,020	オランダ	17,867	27,999
ドイツ	2,711	5,313	日本	43,495	63,103	フランス c	16,513	25,059
トルコ e	2,721	4,077	ドイツ	27,496	40,339	メキシコ b	17,025	24,779
マレーシア	2,301	4,020	オランダ	21,980	35,433	韓国	12,738	23,532
ベトナム	3,594	3,934	イタリア	16,215	29,921	ドイツ	15,134	22,175
ブラジル	1,816	e 3,172	スペイン	18,215	29,581	マレーシア	13,379	20,033
フィリピン	1,577	2,889	タイ	17,636	25,421	（日本）	11,035	18,460

天然ガス (343)			医薬品 (54)			紙、板紙 (641)		
国(地域)	2020	2021	国(地域)	2020	2021	国(地域)	2020	2021
輸出			**輸出**			**輸出**		
ノルウェー d	12,558	55,343	ドイツ	100,829	120,621	ドイツ	12,373	15,271
アメリカ合衆国 a	18,672	39,766	スイス f	93,282	106,170	アメリカ合衆国 a	9,311	10,342
オーストラリア	0	37,195	アメリカ合衆国 a	57,850	81,768	スウェーデン	7,532	8,319
ドイツ	9,454	13,923	ベルギー	48,066	75,672	中国	7,358	7,949
ベルギー	1,904	10,839	アイルランド	70,768	74,089	フィンランド	6,286	7,337
カナダ	5,072	10,626	中国	22,067	48,650	カナダ	4,532	5,165
マレーシア	7,106	8,831	フランス c	38,766	40,095	フランス c	3,612	4,652
インドネシア	5,397	7,479	イタリア	37,822	38,425	イタリア	3,587	4,594
ロシア	6,746	7,320	オランダ	34,701	37,811	インドネシア	3,634	3,686
（日本）	0	0	（日本）	7,838	7,847	（日本）	1,971	2,454
輸入			**輸入**			**輸入**		
中国	36,929	53,558	アメリカ合衆国 a	147,418	158,531	アメリカ合衆国 a	8,403	9,551
ドイツ	22,777	46,134	ドイツ	69,841	83,648	ドイツ	8,056	9,132
日本	30,057	38,977	ベルギー	38,493	49,809	中国	6,727	8,145
イタリア	10,214	26,991	中国	36,979	44,352	フランス c	4,409	5,221
イギリス	5,808	26,219	スイス f	39,496	42,808	イタリア	3,962	4,822
韓国	15,718	25,456	日本	29,528	38,143	ポーランド	3,689	4,757
フランス c	7,206	18,245	フランス c	33,228	36,861	イギリス	4,291	4,553
ベルギー	3,735	17,900	イタリア	32,045	34,293	メキシコ b	3,126	3,915
メキシコ b	4,702	12,726	イギリス	26,961	27,581	カナダ b	2,836	3,298
インド	7,909	12,079	オランダ	22,017	26,303	（日本）	1,478	1,510

9-5　主要商品別輸出入額(5)

(単位：100万米ドル)

真珠、貴石、半貴石（667）			鉄鋼（67）			銅（682）		
国（地域）	2020	2021	国（地域）	2020	2021	国（地域）	2020	2021
輸出			**輸出**			**輸出**		
インド	16,031	26,741	中国	46,451	84,454	チリ	16,755	23,779
香港	12,561	18,125	日本	24,129	34,753	ドイツ	8,774	13,033
アラブ首長国連邦	8,918	17,095	ドイツ	24,423	34,233	日本	7,895	10,268
アメリカ合衆国 a	11,651	16,704	韓国	22,246	30,861	中国	5,437	9,355
ベルギー	8,333	12,662	ロシア	16,828	29,315	ザンビア	5,733	8,437
イスラエル	5,514	8,985	イタリア	16,833	26,567	韓国	4,471	7,308
ボツワナ	3,749	6,714	インド	12,562	23,610	ロシア	5,606	5,941
ロシア	3,264	4,561	インドネシア	11,222	21,372	ポーランド	3,242	5,152
中国	1,582	3,111	トルコ	10,114	18,941	アメリカ合衆国 a	3,183	5,093
（日本）	145	256	フランス c	10,234	16,399	イタリア	2,747	4,356
輸入			**輸入**			**輸入**		
インド	16,891	29,080	中国	39,171	45,669	中国	43,522	52,463
アメリカ合衆国 a	14,021	22,615	アメリカ合衆国 a	23,604	45,563	アメリカ合衆国 a	7,944	14,546
香港	13,135	18,275	ドイツ	23,247	36,996	イタリア	5,003	8,953
アラブ首長国連邦	8,757	15,139	イタリア	14,641	26,829	ドイツ	6,528	8,691
ベルギー	8,153	11,692	トルコ e	9,559	17,411	タイ	3,495	5,854
中国	6,480	11,630	フランス c	11,360	17,339	韓国	3,029	5,431
イスラエル	2,891	6,318	韓国	10,849	17,154	インド	3,308	5,027
ボツワナ	1,998	2,962	ポーランド	9,790	16,970	トルコ e	2,921	4,759
スイス f	1,953	2,538	タイ	9,977	15,760	フランス c	2,697	4,128
（日本）	748	997	（日本）	6,611	9,678	（日本）	1,024	1,633

アルミニウム（684）			自動データ処理機械（752）			テレビ受像機（761）		
国（地域）	2020	2021	国（地域）	2020	2021	国（地域）	2020	2021
輸出			**輸出**			**輸出**		
中国	13,094	19,463	中国	170,178	204,529	中国	31,900	39,951
ドイツ	9,176	11,748	メキシコ	31,997	33,319	メキシコ	13,062	15,597
カナダ	6,722	9,882	香港	24,230	31,732	ポーランド	4,778	6,466
ロシア	5,213	8,343	アメリカ合衆国 a	24,776	26,821	ベトナム	4,505	5,739
インド	4,490	7,950	ドイツ	15,745	18,636	スロバキア	4,376	5,231
アラブ首長国連邦	3,898	7,213	チェコ	14,380	14,957	オランダ	3,392	4,213
マレーシア	3,103	6,433	オランダ	12,517	14,465	ハンガリー	3,443	3,986
アメリカ合衆国 a	4,933	5,800	タイ	11,795	14,176	アメリカ合衆国 a	2,607	2,616
ノルウェー d	3,171	5,092	シンガポール	7,316	9,492	チェコ	2,226	2,350
（日本）	1,496	2,007	（日本）	1,585	1,625	（日本）	1,140	1,254
輸入			**輸入**			**輸入**		
アメリカ合衆国 a	12,439	19,392	アメリカ合衆国 a	104,948	118,182	アメリカ合衆国 a	22,210	27,083
ドイツ	9,739	14,316	中国	33,920	41,400	ドイツ	6,114	7,214
中国	6,299	9,568	ドイツ	27,720	33,370	オランダ	3,745	4,740
日本	4,638	7,464	香港	20,823	27,127	日本	4,000	4,503
メキシコ b	4,769	6,937	日本	19,631	18,844	イギリス	4,291	3,692
イタリア	3,780	5,913	オランダ	16,371	18,217	フランス c	2,884	3,588
トルコ e	2,996	5,849	イギリス	16,179	16,284	イタリア	1,790	2,973
韓国	3,999	5,778	フランス c	10,348	11,867	韓国	1,835	2,584
オランダ	3,478	5,475	カナダ b	9,844	11,455	ポーランド	1,980	2,450
フランス c	3,671	5,389	チェコ	9,545	11,222	カナダ b	2,209	2,436

9-5　主要商品別輸出入額(6)

(単位：100万米ドル)

通信機器及び同付属品等 (764)			乗用自動車 (781)			自動車部品・付属品等 (784)		
国（地域）	2020	2021	国（地域）	2020	2021	国（地域）	2020	2021
輸出			**輸出**			**輸出**		
中国	270,786	314,871	ドイツ	122,814	140,321	ドイツ	55,623	65,982
香港	84,873	95,400	日本	80,962	85,545	中国	33,344	46,457
ベトナム	72,172	84,899	アメリカ合衆国 a	45,643	54,682	アメリカ合衆国 a	33,978	36,036
アメリカ合衆国 a	38,166	42,250	韓国	35,639	44,318	日本	27,532	33,012
韓国	27,371	34,136	メキシコ	40,247	39,910	メキシコ	26,856	30,687
アラブ首長国連邦	22,053	26,590	スペイン	31,511	33,944	韓国	15,790	19,282
ドイツ	24,370	25,521	イギリス	26,555	30,186	イタリア	12,898	15,385
オランダ	23,781	24,829	カナダ	32,009	29,140	チェコ	13,541	14,828
シンガポール	14,056	16,974	スロバキア	24,311	26,644	ポーランド	12,578	14,622
（日本）	7,968	8,894	中国	9,928	24,389	フランス c	12,908	14,235
輸入			**輸入**			**輸入**		
アメリカ合衆国 a	120,061	141,788	アメリカ合衆国 a	145,659	148,145	アメリカ合衆国 a	60,759	74,756
香港	82,032	95,743	ドイツ	65,982	67,707	ドイツ	34,823	39,096
中国	65,445	81,589	中国	44,924	52,853	中国	25,865	30,340
ドイツ	36,786	38,545	フランス c	36,464	40,162	メキシコ b	22,007	26,032
日本	34,440	38,416	イギリス	34,729	34,084	フランス c	13,295	16,823
ベトナム	25,054	32,823	カナダ b	21,954	27,809	スペイン	14,639	16,253
アラブ首長国連邦	22,347	29,828	イタリア	22,978	25,861	カナダ b	14,474	14,326
オランダ	26,650	27,404	ベルギー	22,334	24,172	イギリス	12,212	13,036
イギリス	23,125	21,632	オーストラリア b	13,344	18,061	ロシア	9,197	12,654
メキシコ b	18,011	21,302	（日本）	10,155	11,591	（日本）	6,324	7,525

航空機等 (792)			船舶等 (793)			衣類 (84)		
国（地域）	2020	2021	国（地域）	2020	2021	国（地域）	2020	2021
輸出			**輸出**			**輸出**		
フランス c	29,051	30,999	中国	21,740	24,722	中国	141,501	176,050
ドイツ	28,669	27,674	韓国	18,731	22,025	ベトナム	28,065	30,621
イギリス	12,315	12,815	日本	10,866	9,680	ドイツ	24,713	28,418
カナダ	9,679	10,441	イタリア	5,641	7,900	イタリア	22,826	27,811
アメリカ合衆国 a	9,288	9,548	ドイツ	6,286	7,248	トルコ	15,351	18,729
スペイン	5,061	4,694	オランダ	4,639	5,977	インド	12,973	16,150
シンガポール	5,504	4,198	ポーランド	3,598	5,505	スペイン	12,109	16,073
アイルランド	3,618	3,842	インド	4,390	4,290	オランダ	11,978	15,201
中国	2,453	3,115	サウジアラビア	3,553	3,847	マレーシア	9,901	14,538
ブラジル	2,398	2,609	フランス c	2,353	2,658	（日本）	698	867
輸入			**輸入**			**輸入**		
アメリカ合衆国 a	28,566	25,747	ロシア	1,480	5,084	アメリカ合衆国 a	82,417	106,287
アイルランド	15,054	17,365	インド	5,354	4,802	ドイツ	40,080	46,603
中国	9,399	13,013	中国	2,477	3,732	フランス c	23,674	27,058
ドイツ	14,145	12,435	アメリカ合衆国 a	2,294	3,369	日本	26,265	26,527
フランス c	13,056	11,307	オランダ	2,460	3,235	イギリス	26,318	23,227
カナダ b	6,196	6,482	イタリア	763	3,074	スペイン	17,519	19,858
イギリス	7,834	6,047	フランス c	1,838	2,806	イタリア	15,782	18,263
日本	4,186	5,699	韓国	2,641	2,732	オランダ	14,418	18,045
シンガポール	6,502	4,991	ドイツ	2,558	2,693	ポーランド	10,977	13,662
アラブ首長国連邦	3,151	3,535	（日本）	380	823	中国	9,491	12,307

a プエルトリコ及び米領バージン諸島を含む。　b FOB価格。　c モナコを含む。　d スバールバル諸島及びヤンマイエン島を含む。　e CIF価格及びFOB価格。　f リヒテンシュタインを含む。

9-6　主要相手国別輸出入額(1)

(単位：100万米ドル)

主要先進国

日本 (一般貿易方式)			アメリカ合衆国 (一般貿易方式) a			イギリス (一般貿易方式)		
相手国	2020	2021	相手国	2020	2021	相手国	2020	2021
輸出総額	641,283	757,066	輸出総額	1,430,254	1,753,137	輸出総額	395,692	470,548
中国	141,399	163,860	カナダ	255,022	306,927	アメリカ合衆国 a	55,608	59,891
アメリカ合衆国 a	118,793	135,976	メキシコ	212,672	276,459	ドイツ	41,632	40,957
韓国	44,688	52,568	中国	124,649	151,065	スイス b	18,354	39,648
香港	32,012	35,446	日本	64,091	74,961	オランダ	25,321	37,016
タイ	25,525	33,025	韓国	51,212	65,769	アイルランド	27,824	29,135
ドイツ	17,581	20,761	ドイツ	57,163	64,806	フランス c	23,872	26,360
シンガポール	17,697	20,051	イギリス	58,975	61,431	中国	18,513	20,890
ベトナム	17,118	19,105	オランダ	45,508	53,574	ベルギー	13,654	19,965
マレーシア	12,596	15,614	ブラジル	35,047	46,882	イタリア	11,027	12,171
オーストラリア	12,145	15,257	インド	27,394	40,130	スペイン	11,138	11,205
輸入総額	635,402	772,276	輸入総額	2,405,382	2,932,976	輸入総額	634,175	688,237
中国	163,851	185,664	中国	457,164	541,531	中国	75,479	91,162
アメリカ合衆国 a	71,767	82,966	メキシコ	328,862	388,358	ドイツ	74,403	75,513
オーストラリア	35,791	52,241	カナダ	276,196	363,905	アメリカ合衆国 a	58,222	59,691
韓国	26,600	32,082	日本	122,484	139,390	オランダ	46,244	41,621
サウジアラビア	18,448	27,510	ドイツ	117,393	138,195	ノルウェー d	13,511	35,966
アラブ首長国連邦	16,397	27,129	ベトナム	83,212	108,196	ベルギー	28,810	31,064
タイ	23,779	26,352	韓国	78,292	98,808	フランス c	30,102	30,653
ドイツ	21,225	23,648	インド	53,567	77,019	イタリア	23,695	25,907
ベトナム	22,046	23,002	アイルランド	65,759	74,048	ロシア	24,502	24,851
マレーシア	15,928	19,722	スイス b	75,504	63,530	スペイン	18,567	20,452

主要先進国

イタリア (特別貿易方式)			カナダ (一般貿易方式) e			ドイツ (特別貿易方式)		
相手国	2020	2021	相手国	2020	2021	相手国	2020	2021
輸出総額	498,804	615,910	輸出総額	388,377	501,463	輸出総額	1,385,852	1,635,600
ドイツ	64,060	79,761	アメリカ合衆国 a	284,478	378,065	アメリカ合衆国 a	119,199	144,604
フランス c	51,614	63,224	中国	18,861	22,387	中国	110,372	123,585
アメリカ合衆国 a	48,473	58,373	イギリス	14,855	13,153	フランス c	103,733	121,000
スイス b	28,827	32,227	日本	9,244	11,566	オランダ	89,122	108,856
スペイン	23,816	30,990	メキシコ	4,589	6,536	ポーランド	74,132	92,311
イギリス	25,778	27,694	ドイツ	4,492	5,181	イタリア	69,120	88,749
ベルギー	17,053	21,368	韓国	3,510	5,039	オーストリア	66,782	81,497
ポーランド	15,032	19,449	オランダ	4,060	3,831	イギリス	76,507	77,393
中国	14,678	18,518	フランス c	2,772	3,230	スイス b	66,166	73,725
オランダ	13,025	18,023	ベルギー	2,040	3,150	ベルギー	49,415	60,548
輸入総額	426,476	568,202	輸入総額	404,863	489,391	輸入総額	1,173,167	1,424,675
ドイツ	70,024	91,042	アメリカ合衆国 a	197,728	237,435	中国	134,919	170,640
フランス c	35,737	46,208	中国	57,055	68,507	オランダ	88,521	106,763
中国	36,842	45,627	メキシコ	22,333	26,711	アメリカ合衆国 a	78,403	86,799
オランダ	25,471	33,147	ドイツ	12,882	15,139	ポーランド	66,815	81,518
スペイン	23,303	30,111	日本	10,093	12,323	イタリア	61,573	77,221
ベルギー	20,792	24,848	イタリア	6,716	8,350	フランス c	64,339	73,091
ロシア	10,337	22,053	韓国	7,160	8,243	スイス b	53,823	60,656
アメリカ合衆国 a	16,883	18,692	ベトナム	6,091	7,842	チェコ	49,961	58,582
ポーランド	10,944	14,802	イギリス	5,834	6,267	ベルギー	39,052	57,692
スイス b	11,099	13,224	ブラジル	4,905	5,966	オーストリア	44,026	52,956

9-6　主要相手国別輸出入額(2)

（単位：100万米ドル）

主要先進国

フランス（特別貿易方式）c

相手国	2020	2021	相手国	2020	2021
輸出総額	488,562	585,148	輸入総額	582,775	714,842
ドイツ	69,891	81,695	ドイツ	101,024	119,891
イタリア	37,139	46,409	ベルギー	56,006	76,281
ベルギー	35,959	44,709	オランダ	50,231	63,548
スペイン	35,640	43,453	イタリア	48,601	59,444
アメリカ合衆国 a	37,083	41,246	スペイン	45,923	55,979
イギリス	30,988	33,292	中国	41,152	48,194
中国	19,960	28,339	アメリカ合衆国 a	27,911	31,089
オランダ	18,440	23,638	イギリス	21,942	23,398
スイス b	16,465	20,068	スイス b	16,546	18,951
ポーランド	10,658	14,178	ポーランド	14,040	17,349

アジア

イスラエル（特別貿易方式）

相手国	2020	2021
輸出総額	50,153	60,160
アメリカ合衆国 a	13,136	16,323
中国	4,240	4,398
インド	1,599	2,735
オランダ	2,463	2,234
イギリス	3,713	2,058
輸入総額	69,261	92,159
中国	7,670	10,728
アメリカ合衆国 a	8,048	8,638
スイス b	5,227	6,618
ドイツ	5,230	6,561
トルコ	3,498	4,764

インド（一般貿易方式）

相手国	2020	2021
輸出総額	275,489	394,814
アメリカ合衆国 a	49,321	71,510
アラブ首長国連邦	17,953	25,447
中国	19,008	23,037
バングラデシュ	7,913	14,093
香港	9,537	11,290
輸入総額	367,980	570,402
中国	58,799	87,535
アラブ首長国連邦	23,901	43,070
アメリカ合衆国 a	26,616	41,387
スイス b	11,313	29,492
サウジアラビア	17,724	27,689

インドネシア（一般貿易方式）

相手国	2020	2021
輸出総額	163,192	231,522
中国	31,782	53,782
アメリカ合衆国 a	18,669	25,820
日本	13,665	17,855
インド	10,394	13,289
マレーシア	8,099	12,006
輸入総額	141,569	196,190
中国	39,635	56,227
シンガポール	12,341	15,452
日本	10,672	14,644
アメリカ合衆国 a	8,642	11,309
マレーシア	6,933	9,451

アジア

韓国（一般貿易方式）

相手国	2020	2021
輸出総額	512,710	644,411
中国	132,555	162,920
アメリカ合衆国 a	74,396	96,307
ベトナム	48,543	56,729
香港	30,630	37,470
日本	25,092	30,063
輸入総額	467,498	615,014
中国	108,870	138,621
アメリカ合衆国 a	57,765	73,657
日本	46,025	54,636
オーストラリア	18,701	32,913
サウジアラビア	15,980	24,271

サウジアラビア（一般貿易方式）

相手国	2020	2021
輸出総額	185,699	286,467
アラブ首長国連邦	8,917	14,750
中国	8,182	10,958
インド	3,096	9,133
エジプト	1,784	7,783
アメリカ合衆国 a	1,847	4,954
輸入総額	131,313	152,695
中国	26,509	30,235
アメリカ合衆国 a	14,104	16,217
アラブ首長国連邦	8,980	12,471
インド	6,367	8,074
ドイツ	6,809	7,491

シンガポール（一般貿易方式）

相手国	2020	2021
輸出総額	373,684	457,474
中国	51,339	67,747
香港	46,194	60,147
マレーシア	33,264	42,130
アメリカ合衆国 a	40,226	39,317
インドネシア	21,428	28,801
輸入総額	328,624	406,622
中国	47,368	54,611
マレーシア	41,706	53,729
アメリカ合衆国 a	35,154	40,573
韓国	15,545	22,195
日本	18,108	21,804

9-6　主要相手国別輸出入額(3)

（単位：100万米ドル）

アジア

タイ（特別貿易方式）			中国（一般貿易方式）			トルコ（一般貿易方式）f		
相手国	2020	2021	相手国	2020	2021	相手国	2020	2021
輸出総額	**231,388**	**266,675**	**輸出総額**	**2,589,098**	**3,362,302**	**輸出総額**	**169,658**	**225,214**
アメリカ合衆国 a	34,402	41,225	アメリカ合衆国 a	452,493	577,125	ドイツ	15,980	19,311
中国	29,757	36,577	香港	271,708	349,442	アメリカ合衆国 a	10,184	14,722
日本	22,878	24,558	日本	142,597	165,823	イギリス	11,237	13,704
ベトナム	11,168	12,276	韓国	112,476	148,847	イタリア	8,083	11,473
マレーシア	8,739	11,875	ベトナム	113,815	137,905	イラク	9,143	11,126
輸入総額	**207,696**	**268,205**	**輸入総額**	**2,069,568**	**2,684,363**	**輸入総額**	**219,514**	**271,426**
中国	49,849	66,427	韓国	173,100	213,445	中国	23,041	32,238
日本	27,712	35,572	日本	174,655	205,524	ロシア	17,829	28,959
アメリカ合衆国 a	15,131	14,576	アメリカ合衆国 a	136,340	180,972	ドイツ	21,733	21,726
マレーシア	10,280	12,051	オーストラリア	117,694	163,730	アメリカ合衆国 a	11,525	13,148
韓国	7,661	9,895	ドイツ	105,111	119,920	イタリア	9,200	11,563

アジア

フィリピン（一般貿易方式）			香港（一般貿易方式）			マレーシア（一般貿易方式）		
相手国	2020	2021	相手国	2020	2021	相手国	2020	2021
輸出総額	**65,214**	**74,620**	**輸出総額**	**551,516**	**670,926**	**輸出総額**	**234,050**	**299,230**
アメリカ合衆国 a	10,026	11,859	中国	304,708	401,692	中国	37,879	46,352
中国	9,830	11,531	アメリカ合衆国 a	39,943	39,950	シンガポール	33,816	41,847
日本	10,034	10,722	インド	13,222	17,479	アメリカ合衆国 a	25,984	34,366
香港	9,226	9,932	日本	14,095	15,303	香港	16,217	18,494
シンガポール	3,774	4,195	ベトナム	10,968	13,400	日本	14,883	18,167
輸入総額	**95,067**	**124,390**	**輸入総額**	**573,061**	**713,173**	**輸入総額**	**190,405**	**238,250**
中国	22,010	28,210	中国	251,123	315,903	中国	40,965	55,270
日本	9,219	11,832	シンガポール	41,236	54,188	シンガポール	17,526	22,619
韓国	7,243	9,630	韓国	32,808	41,987	アメリカ合衆国 a	16,594	18,080
インドネシア	6,120	9,030	日本	33,469	37,187	日本	14,650	17,791
アメリカ合衆国 a	7,404	8,278	アメリカ合衆国 a	22,942	29,945	インドネシア	8,730	13,488

北アメリカ　　南アメリカ

コスタリカ（特別貿易方式）			メキシコ（一般貿易方式）e			アルゼンチン（特別貿易方式）		
相手国	2020	2021	相手国	2020	2021	相手国	2020	2021
輸出総額	**11,623**	**14,345**	**輸出総額**	**416,982**	**494,596**	**輸出総額**	**54,884**	**77,934**
アメリカ合衆国 a	5,055	6,270	アメリカ合衆国 a	330,434	386,087	ブラジル	7,941	11,767
オランダ	896	1,037	カナダ	11,139	12,895	中国	5,244	6,156
ベルギー	614	748	中国	7,788	9,079	アメリカ合衆国 a	3,310	4,995
グアテマラ	596	701	ドイツ	6,585	7,427	インド	2,508	4,293
パナマ	485	583	日本	3,623	3,977	チリ	2,888	4,205
輸入総額	**14,456**	**18,428**	**輸入総額**	**382,980**	**506,565**	**輸入総額**	**42,356**	**63,184**
アメリカ合衆国 a	5,401	6,957	アメリカ合衆国 a	168,197	221,312	中国	8,656	13,525
中国	2,091	2,938	中国	73,506	101,021	ブラジル	8,649	12,392
メキシコ	977	1,183	韓国	14,706	18,963	アメリカ合衆国 a	4,414	5,922
グアテマラ	408	500	ドイツ	13,871	17,214	パラグアイ	2,218	2,915
ドイツ	383	417	日本	13,893	17,079	ドイツ	1,988	2,527

9-6　主要相手国別輸出入額(4)

(単位：100万米ドル)

南アメリカ

コロンビア (特別貿易方式)	2020	2021	チリ (一般貿易方式)	2020	2021	ブラジル (特別貿易方式)　g	2020	2021
相手国	2020	2021	相手国	2020	2021	相手国	2020	2021
輸出総額	**31,056**	**41,390**	**輸出総額**	**74,081**	**94,677**	**輸出総額**	**209,180**	**280,815**
アメリカ合衆国 a	9,465	11,624	中国	28,685	36,524	中国	67,788	87,908
中国	2,751	3,661	アメリカ合衆国 a	9,786	14,933	アメリカ合衆国 a	21,619	31,338
パナマ	1,429	2,385	日本	6,624	7,238	アルゼンチン	8,489	11,878
インド	795	2,239	韓国	4,183	4,826	オランダ	6,705	9,316
ブラジル	1,274	2,049	ブラジル	3,082	4,582	チリ	3,850	7,019
輸入総額	**43,487**	**61,099**	**輸入総額**	**59,201**	**92,191**	**輸入総額**	**166,336**	**234,690**
中国	10,399	14,796	中国	16,431	27,515	中国	36,738	53,464
アメリカ合衆国 a	10,634	14,192	アメリカ合衆国 a	10,534	16,027	アメリカ合衆国 a	29,722	41,503
メキシコ	2,926	3,800	ブラジル	4,358	7,736	アルゼンチン	8,218	12,413
ブラジル	2,435	3,502	アルゼンチン	3,309	4,914	ドイツ	9,683	11,921
ドイツ	1,644	2,065	ドイツ	2,294	2,947	インド	4,350	7,234

ヨーロッパ

アイスランド (特別貿易方式)	2020	2021	アイルランド (一般貿易方式)	2020	2021	エストニア (一般/特別貿易方式)　h	2020	2021
相手国	2020	2021	相手国	2020	2021	相手国	2020	2021
輸出総額	**4,580**	**5,974**	**輸出総額**	**184,131**	**195,998**	**輸出総額**	**16,901**	**22,282**
オランダ	931	1,625	アメリカ合衆国 a	56,971	62,174	フィンランド	2,535	3,090
スペイン	791	706	イギリス	16,594	21,505	ラトビア	1,467	2,154
イギリス	508	572	ドイツ	19,925	21,022	アメリカ合衆国 a	1,321	1,994
フランス c	369	480	ベルギー	20,399	16,002	スウェーデン	1,693	1,973
アメリカ合衆国 a	348	464	中国	11,337	13,243	ロシア	1,414	1,426
輸入総額	**5,697**	**7,838**	**輸入総額**	**98,389**	**122,755**	**輸入総額**	**17,763**	**24,152**
ノルウェー d	501	761	イギリス	22,537	23,071	ロシア	1,606	2,773
中国	481	695	アメリカ合衆国 a	14,813	21,436	ドイツ	1,732	2,254
ドイツ	512	669	フランス c	10,894	12,200	中国	1,653	2,107
アメリカ合衆国 a	383	645	中国	7,003	9,997	フィンランド	1,598	2,043
デンマーク	408	596	ドイツ	7,756	8,630	リトアニア	961	1,326

ヨーロッパ

オーストリア (特別貿易方式)	2020	2021	オランダ (特別貿易方式)	2020	2021	ギリシャ (特別貿易方式)	2020	2021
相手国	2020	2021	相手国	2020	2021	相手国	2020	2021
輸出総額	**162,145**	**201,647**	**輸出総額**	**551,353**	**696,130**	**輸出総額**	**35,070**	**94,489**
ドイツ	49,238	59,519	ドイツ	121,984	160,431	イタリア	3,691	9,294
イタリア	10,024	13,329	ベルギー	56,465	74,138	ドイツ	2,686	6,768
アメリカ合衆国 a	10,478	12,352	フランス c	42,457	56,096	キプロス	2,097	5,558
スイス b	8,952	10,219	アメリカ合衆国 a	27,675	33,250	トルコ	1,528	4,869
ポーランド	6,274	8,068	イタリア	21,994	30,116	ブルガリア	1,682	4,438
輸入総額	**164,636**	**218,972**	**輸入総額**	**484,089**	**622,870**	**輸入総額**	**55,534**	**154,570**
ドイツ	57,170	87,011	ドイツ	85,522	108,105	ドイツ	6,606	16,233
イタリア	10,399	13,599	中国	51,228	63,423	イタリア	4,603	12,175
スイス b	9,159	11,161	ベルギー	47,352	61,614	中国	4,275	11,849
チェコ	6,847	10,198	アメリカ合衆国 a	39,139	47,494	ロシア	3,336	10,177
オランダ	4,513	9,718	フランス c	17,023	22,031	イラク	2,284	9,792

9-6　主要相手国別輸出入額(5)

(単位：100万米ドル)

ヨーロッパ

スイス（特別貿易方式）b			スウェーデン（特別貿易方式）			スペイン（特別貿易方式）		
相手国	2020	2021	相手国	2020	2021	相手国	2020	2021
輸出総額	**318,580**	**379,771**	**輸出総額**	**154,936**	**189,845**	**輸出総額**	**312,081**	**391,559**
アメリカ合衆国 a	73,148	62,674	ノルウェー d	16,337	20,252	フランス c	48,195	59,692
ドイツ	48,962	55,240	ドイツ	16,128	19,463	ドイツ	33,805	38,320
中国	17,435	33,066	アメリカ合衆国 a	12,622	15,304	イタリア	23,406	31,422
インド	11,567	31,409	デンマーク	11,669	14,697	ポルトガル	22,627	29,416
イタリア	15,480	20,197	フィンランド	10,834	13,456	イギリス	18,748	21,704
輸入総額	**290,402**	**323,356**	**輸入総額**	**149,436**	**187,116**	**輸入総額**	**329,739**	**426,060**
ドイツ	56,612	62,360	ドイツ	26,979	31,822	ドイツ	39,010	45,268
イギリス	16,635	36,390	ノルウェー d	13,481	19,039	中国	33,510	41,200
アメリカ合衆国 a	20,890	24,293	オランダ	14,569	18,802	フランス c	32,584	40,391
イタリア	23,673	24,050	デンマーク	10,087	12,972	イタリア	20,338	26,752
中国	17,669	19,791	中国	9,248	12,803	アメリカ合衆国 a	16,053	20,213

ヨーロッパ

スロバキア（特別貿易方式）			スロベニア（特別貿易方式）			チェコ（特別貿易方式）		
相手国	2020	2021	相手国	2020	2021	相手国	2020	2021
輸出総額	**86,708**	**104,733**	**輸出総額**	**37,471**	**46,692**	**輸出総額**	**192,307**	**227,161**
ドイツ	19,595	22,734	ドイツ	6,759	8,181	ドイツ	62,861	73,641
チェコ	9,057	12,128	スイス b	4,545	6,263	スロバキア	14,639	18,295
ポーランド	6,777	8,702	イタリア	3,491	4,905	ポーランド	11,988	15,248
ハンガリー	5,424	7,583	クロアチア	3,003	3,648	フランス c	9,024	10,473
フランス c	6,245	6,740	オーストリア	2,391	3,022	オーストリア	7,979	10,163
輸入総額	**84,998**	**105,142**	**輸入総額**	**36,513**	**49,067**	**輸入総額**	**171,440**	**211,839**
ドイツ	15,895	20,074	ドイツ	5,130	6,403	ドイツ	39,943	47,463
チェコ	8,572	10,268	中国	2,676	6,309	中国	31,037	35,413
中国	5,733	7,656	スイス b	4,635	5,411	ポーランド	13,504	17,269
ロシア	3,896	6,587	イタリア	3,957	5,191	スロバキア	7,024	9,398
ポーランド	4,954	5,837	オーストリア	2,737	3,256	イタリア	6,947	8,951

ヨーロッパ

デンマーク（一般貿易方式）			ノルウェー（一般貿易方式）d			ハンガリー（特別貿易方式）		
相手国	2020	2021	相手国	2020	2021	相手国	2020	2021
輸出総額	**106,871**	**125,015**	**輸出総額**	**82,749**	**161,687**	**輸出総額**	**119,971**	**141,157**
ドイツ	13,444	16,168	イギリス	14,324	33,171	ドイツ	33,478	37,603
スウェーデン	9,262	11,630	ドイツ	9,971	30,920	イタリア	6,300	8,243
ノルウェー d	6,153	7,166	オランダ	8,151	12,782	ルーマニア	6,242	7,454
イギリス	4,977	6,285	スウェーデン	8,064	12,599	スロバキア	6,442	7,313
アメリカ合衆国 a	4,924	5,921	フランス c	4,289	11,666	オーストリア	5,209	6,404
輸入総額	**95,778**	**121,784**	**輸入総額**	**81,624**	**99,193**	**輸入総額**	**113,423**	**139,132**
ドイツ	20,925	25,133	中国	9,740	13,119	ドイツ	27,893	33,019
スウェーデン	12,030	15,385	スウェーデン	8,646	11,165	中国	9,017	9,825
オランダ	8,096	10,030	ドイツ	9,261	10,984	オーストリア	6,588	8,486
中国	7,535	9,803	アメリカ合衆国 a	5,521	6,273	スロバキア	5,320	8,157
ポーランド	4,340	5,339	イギリス	4,433	4,593	ポーランド	6,596	7,942

9-6　主要相手国別輸出入額(6)

（単位：100万米ドル）

ヨーロッパ								
フィンランド (特別貿易方式)			ベルギー (特別貿易方式)			ポーランド (特別貿易方式)		
相手国	2020	2021	相手国	2020	2021	相手国	2020	2021
輸出総額	**65,607**	**81,500**	**輸出総額**	**295,079**	**386,354**	**輸出総額**	**254,169**	**317,832**
ドイツ	8,886	10,756	ドイツ	49,084	65,824	ドイツ	73,513	91,052
スウェーデン	6,818	8,353	フランス c	39,414	53,116	チェコ	15,030	19,030
アメリカ合衆国 a	5,434	5,408	オランダ	34,329	47,638	フランス c	14,191	18,109
オランダ	4,284	4,969	アメリカ合衆国 a	25,732	26,691	イギリス	14,568	16,138
ロシア	3,416	4,361	イギリス	17,693	23,950	イタリア	10,731	14,089
輸入総額	**68,267**	**86,264**	**輸入総額**	**294,198**	**393,655**	**輸入総額**	**254,660**	**335,451**
ドイツ	10,537	12,540	オランダ	56,484	83,001	ドイツ	55,800	70,636
ロシア	6,675	10,052	ドイツ	42,844	63,246	中国	36,790	49,663
スウェーデン	7,455	9,870	フランス c	33,091	40,561	ロシア	11,521	20,114
中国	6,149	7,795	アイルランド	14,478	21,998	イタリア	12,759	16,741
オランダ	3,135	3,857	アメリカ合衆国 a	15,543	19,271	オランダ	10,028	13,714

ヨーロッパ								
ポルトガル (特別貿易方式)			ラトビア (特別貿易方式)			リトアニア (特別貿易方式)		
相手国	2020	2021	相手国	2020	2021	相手国	2020	2021
輸出総額	**61,491**	**75,243**	**輸出総額**	**15,197**	**19,459**	**輸出総額**	**32,838**	**40,818**
スペイン	15,598	20,126	リトアニア	2,478	3,456	ロシア	4,386	4,421
フランス c	8,351	9,868	エストニア	1,772	2,067	ラトビア	3,031	3,801
ドイツ	7,296	8,293	イギリス	871	1,491	ドイツ	2,663	3,350
アメリカ合衆国 a	3,055	4,195	ドイツ	1,099	1,416	ポーランド	2,091	3,236
イギリス	3,503	3,910	ロシア	1,293	1,416	アメリカ合衆国 a	1,453	2,556
輸入総額	**77,883**	**98,337**	**輸入総額**	**17,315**	**23,086**	**輸入総額**	**33,344**	**44,571**
スペイン	25,246	32,289	リトアニア	3,103	3,975	ドイツ	4,299	5,695
ドイツ	10,386	12,211	ドイツ	1,807	2,431	ポーランド	4,347	5,390
フランス c	5,813	6,594	ポーランド	1,762	2,215	ロシア	2,936	5,295
オランダ	4,305	5,245	ロシア	1,064	2,096	ラトビア	2,611	3,445
イタリア	4,059	5,064	エストニア	1,477	2,046	オランダ	1,835	2,340

ヨーロッパ						アフリカ		
ルクセンブルク (特別貿易方式)			ロシア (一般貿易方式)			南アフリカ (一般貿易方式) e		
相手国	2020	2021	相手国	2020	2021	相手国	2020	2021
輸出総額	**13,506**	**16,247**	**輸出総額**	**337,104**	**492,314**	**輸出総額**	**85,227**	**121,321**
ドイツ	3,516	4,079	中国	49,146	68,679	中国	9,794	13,571
フランス c	2,198	2,604	オランダ	24,819	42,145	アメリカ合衆国 a	7,131	12,974
ベルギー	1,680	2,078	ドイツ	18,619	29,646	ドイツ	6,399	9,374
オランダ	742	1,045	トルコ	15,929	26,426	日本	3,793	8,227
イタリア	535	690	ベラルーシ	15,979	23,130	イギリス	4,241	8,177
輸入総額	**20,883**	**25,537**	**輸入総額**	**231,664**	**293,497**	**輸入総額**	**68,943**	**93,440**
ドイツ	5,025	6,036	中国	54,913	72,693	中国	14,309	19,227
ベルギー	5,068	6,003	ドイツ	23,382	27,351	ドイツ	6,294	7,545
フランス c	2,242	3,122	アメリカ合衆国 a	13,213	17,265	アメリカ合衆国 a	4,436	6,576
オランダ	805	1,077	ベラルーシ	12,605	15,636	インド	3,582	5,348
アメリカ合衆国 a	660	868	韓国	7,159	12,987	サウジアラビア	2,686	4,102

9-6　主要相手国別輸出入額(7)

(単位：100万米ドル)

オセアニア

オーストラリア（一般貿易方式）e			ニュージーランド（一般貿易方式）f		
相手国	2020	2021	相手国	2019	2020
輸出総額	**245,046**	**342,036**	**輸出総額**	**38,877**	**73,366**
中国	100,086	116,818	中国	10,790	22,826
日本	30,332	30,319	オーストラリア	5,286	9,391
韓国	15,920	22,593	アメリカ合衆国 a	4,296	7,888
インド	6,891	13,624	日本	2,312	4,068
アメリカ合衆国 a	12,990	11,022	韓国	1,111	2,294
輸入総額	**211,973**	**261,586**	**輸入総額**	**37,098**	**49,882**
中国	61,054	72,859	中国	8,368	11,847
アメリカ合衆国 a	25,142	26,615	オーストラリア	4,482	5,639
日本	12,734	15,779	アメリカ合衆国 a	3,591	4,260
タイ	10,216	11,570	日本	2,107	3,213
ドイツ	9,825	11,185	ドイツ	1,760	2,414

a プエルトリコ及び米領バージン諸島を含む。　b リヒテンシュタインを含む。　c モナコを含む。　d スバールバル諸島及びヤンマイエン島を含む。　e 「輸入」はFOB価格。　f 「輸入」はCIF価格及びFOB価格。　g 2021年の「輸入」はCIF価格及びFOB価格。　h EU域外は一般貿易方式、EU域内は特別貿易方式。

第 10 章　国際収支・金融・財政

10-1　国際収支
〔出典〕

IMF, *Balance of Payments and International Investment Position Statistics*
2023年12月ダウンロード
〔解説〕

　一定期間における当該国の対外経済取引を体系的に記録したもの（国際通貨基金
（IMF）の国際収支マニュアル第6版による。）。

貿易・サービス収支：生産活動の成果である諸品目の取引を計上。貿易収支は、財
貨の取引（輸出入）を計上する項目で、一般商品、仲介貿易商品及び非貨幣用金
に区分。一般商品については、輸入、輸出ともに FOB 価格（「9-1　国別輸出入総
額」の解説を参照）。サービス収支は、サービス取引を計上する項目で、輸送、
旅行及びその他サービスに区分。

第一次所得収支：生産過程に関連した所得及び財産所得を計上。雇用者報酬、投資
収益及びその他第一次所得に区分。

第二次所得収支：経常移転による所得の再配分を計上。「移転」とは、「交換」と
対比させる取引の概念であり、当事者の一方が経済的価値のあるもの（財貨、
サービス、金融資産及び非金融非生産資産）を無償で相手方に提供する取引を指
す。居住者の部門によって、「一般政府」と「一般政府以外」に区分。

資本移転等収支：資本移転及び非金融非生産資産の取得処分を計上。

金融収支：対外金融資産負債に係る取引を計上。直接投資、証券投資、金融派生商
品、その他投資及び外貨準備に区分し、さらに、それぞれ資産及び負債に区分。
資産・負債が増加した場合は「プラス」、減少した場合は「マイナス」。

10-2　外貨準備高
〔出典〕

IMF, *International Financial Statistics*
2023年9月ダウンロード
〔解説〕

　通貨当局が為替介入に使用する資金であるほか、通貨危機等により、他国に対し
て外貨建て債務の返済が困難になった場合等に使用する準備資産（各年末現在）。
金、SDR、IMF リザーブポジション及びその他外貨準備からなる。

金：純金1トロイオンス＝35SDR で米ドルに換算。

SDR：Special Drawing Rights（特別引出権）は、 IMF 加盟国の準備資産を補完する手
段として、IMF が1969年に創設した国際準備資産（各国の出資割当額に比例して配
分）。

IMF リザーブポジション：IMF 加盟国がその出資割当額に応じて、ほぼ無条件で借り
ることのできる相当額。

10-3　為替相場
〔出典〕

IMF, *International Financial Statistics*
2023年9月ダウンロード

10-4　マネーストック
〔出典〕
IMF, *International Financial Statistics*
2023年9月ダウンロード
〔解説〕
　金融部門から経済全体に供給されている通貨の総量。具体的には、一般法人、個人、地方公共団体などの通貨保有主体（金融機関及び中央政府以外の経済主体。非居住者を除く。）が保有する現金通貨や預金通貨などの通貨量の残高。国により、定義が異なる。
現金通貨：国内経済において法定通貨として認められた紙幣と硬貨。
預金通貨：通貨当局と預金銀行において、小切手又は要求に応じて支払われる預金。
準通貨：解約して、現金通貨や預金通貨に替えることにより、決済手段になる金融商品。定期預金など。
政策金利：中央銀行が政策的判断に基づいて裁量的に決定する金利。

10-5　主要国の財政収支
〔出典〕
財務省「財政関係基礎データ」（令和5年4月）
2023年9月ダウンロード
〔解説〕
　財務省において、各国の財政統計を取りまとめたもの。

10-6　OECD 加盟国の一般政府財政収支（対名目 GDP 比）
〔出典〕
OECD, *OECD.Stat, Economic Projections, OECD Economic Outlook No 114 - November 2023*
2023年12月ダウンロード
〔解説〕
一般政府：中央政府、州政府、地方政府及び社会保障基金。

10-7　OECD 加盟国の国内総生産に対する税収
〔出典〕
OECD, *OECD.Stat, Public Sector, Taxation and Market Regulation*
2023年12月ダウンロード

10-1　国際収支（2022年）（1）

（単位：100万米ドル）

国（地域）	経常収支	貿易・サービス収支	第一次所得収支	第二次所得収支	資本移転等収支	金融収支	外貨準備	誤差脱漏
アジア								
日本	90,963.1	-158,671.0	268,701.1	-19,067.0	-865.2	54,054.9	-49,784.3	-36,043.0
イスラエル	20,339.7	15,423.1	-4,767.3	9,683.9	494.7	18,214.7	2,639.2	-2,619.7
イラク	58,009.5	57,917.3	-946.2	1,038.4	-27.0	54,991.0	23,335.7	-2,991.5
インド	-79,050.9	-134,661.0	-41,709.0	97,319.1	-59.6	-81,294.3	-30,610.4	-2,183.8
インドネシア	12,873.8	42,426.6	-35,926.4	6,373.6	451.4	13,032.4	3,998.0	-292.9
韓国	29,830.9	9,513.4	22,884.2	-2,566.7	1.3	38,833.4	-27,877.1	9,001.2
キプロス a	-2,357.4	61.8	-2,199.7	-219.5	48.6	-2,149.9	98.6	158.9
サウジアラビア	153,485.7	187,668.7	10,881.8	-45,064.9	-3,917.6	142,956.2	5,674.3	-6,611.8
シンガポール	90,239.4	169,176.5	-75,138.2	-3,799.0	...	88,865.2	-113,779.8	-1,374.1
タイ	-15,742.4	-10,414.9	-14,359.5	9,032.0	561.0	-16,837.0	-10,261.4	-1,655.7
中国	401,855.4	576,330.0	-193,606.5	19,132.0	-309.9	314,175.3	103,147.1	-87,370.3
トルコ	-48,751.0	-39,812.0	-8,565.0	-374.0	-35.0	-21,336.6	12,311.4	27,449.4
パキスタン	-11,997.9	-37,457.9	-5,373.0	30,833.0	406.0	-11,456.1	-11,961.3	135.8
バングラデシュ	-14,369.6	-33,677.0	-2,649.8	21,957.2	226.9	-17,016.3	-11,670.9	-2,873.6
フィリピン	-18,115.7	-53,802.9	5,225.2	30,462.1	-0.2	-20,171.6	-7,259.2	-2,055.7
ベトナム	-1,074.0	13,093.0	-19,728.0	5,561.0	...	-32,208.8	-22,738.8	-31,134.8
マレーシア	12,271.2	29,255.6	-13,576.8	-3,407.6	-103.0	8,762.0	12,009.5	-3,406.3
ミャンマー b	67.7	167.2	-2,533.7	2,434.2	-	-2,417.9	128.9	-2,485.6
北アメリカ								
アメリカ合衆国	-971,594.0	-951,187.0	148,552.0	-168,959.0	-4,603.0	-804,790.9	5,814.1	171,406.1
カナダ	-7,622.1	3,078.3	-7,627.4	-3,073.0	-42.0	-1,835.1	11,068.9	5,828.9
コスタリカ	-2,469.0	2,090.6	-5,129.4	569.7	20.4	-2,765.7	1,802.6	-317.0
メキシコ	-18,045.6	-42,292.0	-33,831.0	58,077.4	-76.3	-14,981.1	-1,780.7	3,140.7
南アメリカ								
アルゼンチン	-4,290.1	5,443.2	-11,858.2	2,124.9	179.5	-7,582.4	6,880.8	-3,471.8
コロンビア	-21,333.3	-16,585.0	-17,056.5	12,308.2	...	-20,483.6	553.5	849.7
チリ	-27,101.8	-11,016.6	-16,519.6	434.4	2.2	-25,388.9	-9,218.4	1,710.8
ブラジル	-53,619.5	4,535.6	-61,896.8	3,741.7	244.6	-55,382.3	-7,295.9	-2,007.4
ベネズエラ c	-3,870.0	2,874.0	-6,918.0	174.0	...	-6,665.5	-6,347.5	-2,795.5
ペルー	-9,908.2	1,690.9	-17,372.6	5,773.4	-	-14,335.6	-4,782.5	-4,427.4
ヨーロッパ								
ユーロ圏	-81,466.3	73,869.3	22,071.2	-177,405.7	163,558.9	82,743.2	17,762.2	650.5
アイルランド	57,806.9	213,051.1	-150,295.2	-4,948.9	-1,140.4	54,003.0	466.5	-2,663.1
イタリア	-30,222.0	-29,993.3	18,383.8	-18,614.6	11,077.1	-8,315.6	2,000.8	10,832.5
エストニア	-1,230.9	-209.9	-895.7	-125.3	140.8	-1,547.2	162.9	-457.1
オーストリア	-1,290.1	1,735.5	-320.4	-2,703.2	586.9	-9,386.8	667.5	-8,678.6
オランダ	93,836.5	108,950.4	-9,150.8	-5,963.1	112,473.6	202,557.4	255.9	-3,752.7
ギリシャ	-22,622.9	-21,631.0	-675.5	-316.4	3,220.4	-17,228.0	-2,015.8	2,174.4
スペイン	8,095.1	16,549.9	6,768.8	-15,222.6	12,947.6	27,589.0	4,396.1	6,545.2
スロバキア	-8,452.4	-5,943.1	-1,645.4	-863.8	1,276.4	-7,830.8	1,350.3	-654.8
スロベニア	-617.4	1,352.1	-1,278.4	-691.1	-230.8	-1,783.5	175.2	-935.3

10-1　国際収支（2022年）（2）

（単位：100万米ドル）

国（地域）	経常収支	貿易・サービス収支	第一次所得収支	第二次所得収支	資本移転等収支	金融収支	外貨準備	誤差脱漏
ドイツ	172,458.7	87,290.2	157,625.1	-72,455.7	-19,464.7	243,715.3	4,744.6	90,720.1
フィンランド	-7,317.7	-6,890.6	2,329.2	-2,756.3	158.2	-10,786.2	389.9	-3,628.7
フランス	-56,671.7	-89,629.7	81,078.4	-48,120.5	11,313.7	-60,018.6	1,677.0	-14,660.8
ベルギー	-5,304.0	-8,895.5	9,004.1	-5,413.7	968.1	-5,349.9	143.7	-1,014.0
ポルトガル	-3,107.8	-5,083.5	-3,596.0	5,573.6	2,381.2	-513.4	-61.8	214.3
マルタ	-1,019.6	1,534.4	-2,136.6	-417.4	196.1	-2,033.2	133.4	-1,209.6
ラトビア	-1,936.7	-1,838.5	-622.2	524.0	271.8	-614.7	-458.6	1,050.1
リトアニア	-3,874.0	-1,421.5	-2,529.0	64.2	1,061.1	-2,338.8	87.2	474.0
ルクセンブルク	6,167.6	30,383.9	-23,710.0	-506.4	155.5	6,337.8	95.2	14.7
ユーロ圏以外								
アイスランド	-673.4	-102.2	-244.3	-326.9	-25.2	-487.4	-458.2	211.2
イギリス	-101,738.5	-87,928.4	14,683.3	-28,493.3	-3,824.6	-82,817.3	-1,730.1	22,745.7
ウクライナ	7,972.0	-25,737.0	8,481.0	25,228.0	183.0	7,894.0	-2,264.1	-261.0
スイス	81,231.3	109,089.0	-15,704.9	-12,152.8	-110.7	49,238.1	-21,146.4	-31,882.6
スウェーデン	28,491.0	17,467.5	21,398.7	-10,375.3	472.3	-1,588.6	7,946.0	-30,552.0
チェコ	-17,365.7	-271.4	-15,713.6	-1,380.8	305.2	-17,360.2	-12,207.0	-299.7
デンマーク	53,067.1	44,258.9	12,951.8	-4,143.7	558.1	40,100.1	7,222.4	-13,525.1
ノルウェー	174,554.5	164,200.4	17,217.9	-6,863.8	-291.2	145,167.5	-2,511.4	-29,095.8
ハンガリー	-14,240.1	-7,438.1	-5,376.2	-1,425.8	3,947.0	-15,764.3	872.2	-5,471.2
ポーランド	-16,697.0	12,782.0	-27,269.0	-2,210.0	3,313.0	-13,227.1	12,790.9	156.9
ロシア	237,882.8	293,312.6	-47,124.0	-8,305.0	-4,579.7	…	…	…
アフリカ								
アルジェリア	19,036.0	22,441.0	-5,359.8	1,954.8	-17.7	19,563.6	18,824.8	545.4
エジプト	-10,536.6	-20,848.3	-17,581.4	27,893.2	2.4	-12,338.9	-9,937.8	-1,804.7
ナイジェリア	1,018.6	-7,958.1	-12,872.6	21,849.3	…	-6,553.3	-3,381.6	-7,571.9
南アフリカ	-1,697.6	8,516.1	-8,635.0	-1,578.6	-1,901.2	-4,044.5	4,251.0	-445.7
モロッコ	-4,775.2	-15,227.4	-1,847.1	12,299.4	2.2	-2,650.5	-180.9	2,122.5
オセアニア								
オーストラリア	17,770.1	97,218.9	-77,748.9	-1,698.5	-576.2	17,518.5	2,703.8	326.0
ニュージーランド	-21,627.3	-13,865.1	-7,527.9	-235.6	-294.9	-15,141.1	-815.4	6,780.5

a ユーロ参加国。　b 2019年。　c 2016年。

10-2　外貨準備高(1)

（単位：100万米ドル）

国（地域）	2005	2010	2015	2020	2022	金	SDR	IMF リザーブ ポジション	外貨
アジア									
日本	835,506	1,071,311	1,208,212	1,345,523	1,179,546	1,267	59,275	10,815	1,108,189
アラブ首長国連邦	21,010	32,785	93,685	103,293	134,177	112	3,154	800	130,111
イスラエル	28,059	70,907	90,575	173,292	194,231	...	3,732	757	189,742
イラク	12,114	50,367	51,071	48,718	89,611	195	17	386	89,012
インド	132,500	276,243	335,181	550,184	522,599	1,179	18,182	5,215	498,022
インドネシア	33,296	93,035	103,390	131,266	132,762	118	7,411	1,055	124,178
オマーン	4,358	13,024	17,543	15,006	17,499	3	977	174	16,346
カザフスタン	6,180	25,339	20,641	12,685	15,112	527	1,950	264	12,371
カタール	4,543	30,642	36,535	37,616	42,179	137	1,309	282	40,451
韓国	210,340	291,516	363,312	437,282	417,437	156	14,837	3,400	399,043
キプロス a	4,214	539	356	415	934	21	568	113	232
クウェート	8,990	21,373	28,393	48,245	47,978	118	4,252	726	42,882
サウジアラビア	155,259	445,281	616,489	453,732	459,891	484	20,606	3,921	434,880
シンガポール	116,165	225,724	247,733	362,295	287,901	230	6,318	1,548	279,805
タイ	50,826	167,703	151,504	248,993	202,639	366	5,428	1,263	195,582
台湾	253,971	382,739	426,692	530,598	555,566	634	...	...	554,932
中国	822,479	2,867,906	3,347,942	3,241,940	3,192,700	3,011	51,160	10,839	3,127,691
トルコ	50,766	80,914	93,725	51,119	79,067	1,178	7,331	150	70,408
パキスタン	10,138	14,457	17,930	14,696	6,256	97	44	0	6,115
バングラデシュ	2,773	10,588	27,045	42,345	32,951	21	2,701	178	30,050
フィリピン	16,174	55,630	74,269	98,818	87,086	236	3,751	787	82,312
ベトナム	9,051	12,467	28,250	94,834	86,540	...	1,846	0	84,693
香港	124,247	268,653	358,659	491,631	423,907	3	...	...	423,904
マカオ	6,689	23,726	18,891	25,145	25,971	−	...	...	25,971
マレーシア	69,917	104,947	94,038	105,343	112,452	58	5,737	1,407	105,250
レバノン	12,348	32,011	39,203	25,466	16,229	430	2	168	15,629
北アメリカ									
アメリカ合衆国	67,168	135,487	119,222	147,031	244,897	12,180	160,537	34,970	37,209
カナダ	32,968	57,004	79,698	90,428	106,952	−	22,875	4,348	79,729
グアテマラ	3,675	5,649	7,522	18,056	20,024	10	707	73	19,234
コスタリカ	2,313	4,627	7,834	7,232	8,554	...	584	95	7,875
トリニダード・トバゴ	4,964	9,098	9,865	6,839	6,722	3	1,028	178	5,513
ホンジュラス	2,328	2,672	3,732	8,098	8,371	1	54	52	8,264
メキシコ	74,060	120,277	173,647	191,964	194,305	180	15,816	3,538	174,771
南アメリカ									
アルゼンチン	27,267	49,829	23,513	35,750	41,290	92	5,750	−	35,448
ウルグアイ	3,074	7,644	15,630	16,244	15,121	0	842	165	14,113
エクアドル	1,757	1,480	2,104	5,286	6,541	51	0	38	6,453
コロンビア	14,803	27,778	46,109	58,254	56,439	7	3,387	659	52,387
チリ	16,930	27,817	38,633	39,152	39,088	0	3,222	669	35,197
パラグアイ	1,297	4,138	5,672	8,718	9,054	12	128	62	8,851
ブラジル	53,299	287,114	354,280	351,628	317,313	194	18,853	4,413	293,853
ペルー	13,655	42,708	60,467	72,727	...	...	2,362	517	...
ボリビア	1,373	8,195	11,667	2,731	1,339	64	531	35	709
ヨーロッパ									
ユーロ圏 b	203,516	318,944	350,696	440,348	573,350	16,131	...	...	314,542

10-2　外貨準備高(2)

(単位：100万米ドル)

国（地域）	2005	2010	2015	2020	2022	金	SDR	IMFリザーブポジション	外貨
アイルランド	787	1,853	2,008	7,108	12,356	18	5,558	1,227	5,553
イタリア	29,458	51,933	50,857	65,588	85,387	3,672	28,267	5,714	46,638
エストニア	1,944	2,556	407	1,982	2,202	0	395	82	1,725
オーストリア	7,326	10,075	13,134	13,870	17,182	419	7,391	1,457	7,915
オランダ	10,104	19,533	18,296	17,726	28,583	917	18,217	3,307	5,175
ギリシャ	680	1,503	2,365	5,191	5,576	171	1,073	765	3,567
スペイン	10,414	19,634	44,817	64,624	76,920	422	16,001	3,581	55,930
スロバキア	14,957	774	1,861	7,468	8,481	47	1,739	368	6,327
スロベニア	8,084	932	753	1,123	2,088	5	1,059	217	808
ドイツ	50,653	68,189	63,779	69,419	103,438	5,025	51,638	10,079	36,696
フィンランド	10,600	7,412	8,418	10,572	13,254	73	4,747	896	7,530
フランス	32,298	60,021	58,990	80,062	104,078	3,649	37,908	7,627	52,837
ベルギー	8,607	16,893	16,707	19,839	28,364	341	14,205	2,406	11,099
ポルトガル	4,150	4,315	6,963	6,819	10,513	573	3,707	621	5,612
マルタ	2,577	536	569	919	1,196	0	333	59	803
ラトビア	2,245	7,270	3,231	4,896	4,082	10	585	23	3,464
リトアニア	3,730	6,346	1,508	4,502	5,035	9	757	149	4,120
ルクセンブルク	245	751	698	985	2,746	3	2,066	478	199
ユーロ圏以外									
アイスランド	1,039	5,702	4,976	6,302	5,775	3	562	93	5,117
イギリス	54,509	84,543	138,019	161,691	158,795	465	40,738	7,306	110,286
ウクライナ	19,027	33,375	12,411	27,591	26,970	41	1,693	0	25,236
スイス	38,372	225,283	568,581	1,021,857	864,585	1,557	12,231	2,287	848,510
スウェーデン	22,361	42,783	54,010	50,820	57,152	188	8,917	1,746	46,300
チェコ	29,352	41,931	64,164	165,564	139,302	18	3,392	748	135,145
デンマーク	33,037	73,618	63,021	68,885	92,295	100	6,554	1,162	84,478
ノルウェー	46,986	53,215	57,456	75,259	72,077	–	7,285	1,479	63,313
ハンガリー	18,557	44,855	33,024	39,485	35,854	142	2,470	401	32,842
ブルガリア	8,105	15,490	20,846	35,444	38,670	61	1,975	131	36,504
ポーランド	41,029	89,000	91,555	140,687	153,682	342	5,638	1,435	146,266
ルーマニア	20,041	43,541	35,328	46,057	49,927	155	3,643	–	46,129
ロシア	176,514	444,953	322,041	460,743	449,277	3,493	23,054	4,924	417,807
アフリカ									
アルジェリア	56,582	162,915	144,948	49,163	61,999	260	4,238	749	56,753
アンゴラ	3,197	19,679	23,791	13,782	13,655	...	1,011	151	12,493
エジプト	20,731	33,743	13,400	34,225	25,012	188	13	364	24,447
ケニア	1,799	4,320	7,514	8,296	7,968	0	568	18	7,383
コンゴ民主共和国	131	1,300	1,216	748	...	...	909	–	...
ナイジェリア	28,314	32,377	28,317	36,730	35,564	...	4,998	234	30,333
ボツワナ	6,309	7,885	7,546	4,941	4,279	...	331	76	3,872
南アフリカ	18,779	38,392	41,815	47,591	53,435	188	5,888	873	46,487
モロッコ	16,223	22,752	22,031	34,689	31,059	33	1,914	196	28,916
リビア	39,739	99,894	73,856	72,754	80,062	175	4,242	543	75,102
オセアニア									
オーストラリア	42,070	38,798	42,874	39,242	53,471	85	12,315	2,590	38,480
ニュージーランド	8,893	16,723	14,700	13,733	14,400	–	2,858	480	11,061
パプアニューギニア	721	3,036	1,695	...	...	...	6	1	...

a ユーロ参加国。　b 欧州中央銀行の外貨準備高を含む。

10-3　為替相場(1)

(1米ドル当たり年平均値)

国（地域）	通貨単位	相場	2018	2019	2020	2021	2022
アジア							
日本	円	市場	110.423	109.010	106.775	109.754	131.498
アラブ首長国連邦	UAEディルハム	公定	3.673	3.673	3.673	3.673	3.673
イスラエル	新シェケル	市場	3.591	3.565	3.442	3.230	3.360
イラク	イラクディナール	市場	1,182.75	1,182.00	1,192.00	1,450.00	1,450.00
イラン	イランリアル	公定	40,864.33	42,000.00	42,000.00	42,000.00	...
インド	インドルピー	市場	68.389	70.420	74.100	73.918	78.604
インドネシア	ルピア	市場	14,236.94	14,147.67	14,582.20	14,308.14	14,849.85
オマーン	オマーンリアル	公定	0.385	0.385	0.385	0.385	0.385
カザフスタン	テンゲ	公定	344.706	382.747	412.953	425.908	460.165
カタール	カタールリヤル	公定	3.640	3.640	3.640	3.640	3.640
韓国	ウォン	市場	1,100.16	1,165.36	1,180.27	1,143.95	1,291.45
クウェート	クウェートディナール	公定	0.302	0.304	0.306	0.302	0.306
サウジアラビア	サウジアラビアリヤル	公定	3.750	3.750	3.750	3.750	3.750
シンガポール	シンガポールドル	市場	1.349	1.364	1.380	1.343	1.379
スリランカ	スリランカルピー	市場	162.465	178.745	185.593	198.764	...
タイ	バーツ	公定	32.310	31.048	31.294	31.977	35.061
台湾	新台湾ドル	市場	30.163	30.927	29.583	28.024	29.806
中国	人民元	市場	6.616	6.908	6.901	6.449	6.737
トルコ	トルコリラ	市場	4.828	5.674	7.009	8.850	16.549
ネパール	ネパールルピー	市場	108.930	112.609	118.345	118.134	125.199
パキスタン	パキスタンルピー	市場	121.824	150.036	161.838	162.906	204.867
バングラデシュ	タカ	公定	83.466	84.454	84.871	85.084	91.745
フィリピン	フィリピンペソ	市場	52.661	51.796	49.624	49.255	54.478
ベトナム	ドン	市場	22,602.05	23,050.24	23,208.37	23,159.78	23,271.21
香港	香港ドル	市場	7.839	7.836	7.757	7.773	7.831
マレーシア	リンギット	公定	4.035	4.142	4.203	4.143	4.401
ミャンマー	チャット	公定	1,429.81	1,518.26	1,381.62	...	...
北アメリカ							
カナダ	カナダドル	市場	1.296	1.327	1.341	1.254	1.302
グアテマラ	ケツァル	市場	7.519	7.697	7.722	7.734	7.748
パナマ	バルボア	公定	1.000	1.000	1.000	1.000	1.000
メキシコ	メキシコペソ	市場	19.244	19.264	21.486	20.272	20.127
南アメリカ							
アルゼンチン	アルゼンチンペソ	市場	28.095	48.148	70.539	94.991	130.617
ウルグアイ	ウルグアイペソ	市場	30.725	35.255	42.013	43.555	41.171
コロンビア	コロンビアペソ	市場	2,955.70	3,281.62	3,693.28	3,744.24	4,256.19
チリ	チリペソ	市場	641.277	702.897	792.727	758.955	873.314
ブラジル	レアル	主要	3.654	3.944	5.155	5.394	5.164
ペルー	ソル	市場	3.287	3.337	3.495	3.881	3.835
ボリビア	ボリビアーノ	市場	6.910	6.910	6.910	6.910	6.910
ヨーロッパ							
ユーロ圏	ユーロ	市場	0.847	0.893	0.876	0.845	0.950

10-3　為替相場(2)

（1米ドル当たり年平均値）

国（地域）	通貨単位	相場	2018	2019	2020	2021	2022
ユーロ圏以外							
アイスランド	アイスランドクローナ	公定	108.300	122.607	135.422	126.989	135.280
イギリス	スターリングポンド	市場	0.750	0.783	0.780	0.727	0.811
ウクライナ	フリヴニャ	公定	27.200	25.846	26.958	27.286	32.342
クロアチア	クーナ	市場	6.279	6.623	6.614	6.360	7.160
スイス	スイスフラン	市場	0.978	0.994	0.939	0.914	0.955
スウェーデン	スウェーデンクローナ	公定	8.693	9.458	9.210	8.577	10.114
チェコ	チェココルナ	公定	21.730	22.932	23.210	21.678	23.357
デンマーク	デンマーククローネ	市場	6.315	6.669	6.542	6.287	7.076
ノルウェー	ノルウェークローネ	公定	8.133	8.800	9.416	8.590	9.614
ハンガリー	フォリント	公定	270.212	290.660	307.997	303.141	372.596
ブルガリア	レフ	公定	1.657	1.747	1.716	1.654	1.860
ポーランド	ズロチ	市場	3.612	3.839	3.900	3.862	4.458
ルーマニア	レウ	市場	3.942	4.238	4.244	4.160	4.688
ロシア	ルーブル	公定	62.668	64.738	72.105	73.654	68.485
アフリカ							
アルジェリア	アルジェリアンディナール	公定	116.594	119.354	126.777	135.064	141.995
アンゴラ	クワンザ	市場	252.856	364.826	578.259	631.442	460.568
ウガンダ	ウガンダシリング	主要	3,727.07	3,704.05	3,718.25	3,587.05	3,689.82
エジプト	エジプトポンド	市場	17.767	16.771	15.759	15.645	19.160
ガーナ	ガーナセディ	市場	4.59	5.22	5.60	5.81	8.27
カメルーン	CFAフラン	公定	555.446	585.911	575.586	554.531	623.760
ケニア	ケニアシリング	主要	101.302	101.991	106.451	109.638	117.866
コンゴ民主共和国	コンゴフラン	公定	1,622.524	1,647.760	1,851.122	1,989.391	...
スーダン	スーダンポンド	市場	24.329	45.767	53.996	370.791	546.759
セネガル	CFAフラン	公定	555.446	585.911	575.586	554.531	623.760
タンザニア	タンザニアシリング	公定	2,263.782	2,288.207	2,294.146	2,297.764	...
チュニジア	チュニジアディナール	市場	2.647	2.934	2.812	2.794	3.104
ナイジェリア	ナイラ	主要	306.084	306.921	358.811	401.152	425.979
マダガスカル	アリアリ	公定	3,334.75	3,618.32	3,787.75	3,829.98	4,096.12
南アフリカ	ランド	主要	13.234	14.448	16.459	14.779	16.356
モロッコ	モロッコディルハム	公定	9.386	9.617	9.497	8.988	10.161
オセアニア							
オーストラリア	オーストラリアドル	市場	1.338	1.439	1.453	1.331	1.442
ニュージーランド	ニュージーランドドル	市場	1.445	1.518	1.542	1.414	1.577

10-4　マネーストック（2022年）（1）

国（地域）・ 通貨単位	年末残高					政策 金利 （年末） （%）
	合計	現金通貨	預金通貨	準通貨	株式以外の 有価証券	
アジア						
日本	1,592,412	119,050	951,428	521,934	−	a …
（10億円）						
アラブ首長国連邦	1,704	102	865	736	−	…
（10億UAEディルハム）						
イラク b	139,737	71,526	48,418	19,793	−	…
（10億イラクディナール）						
インドネシア	8,528,022	897,799	4,598,795	3,006,866	24,563	5.50
（10億ルピア）						
カザフスタン	34,296	3,361	9,537	21,399	−	…
（10億テンゲ）						
韓国	3,758,235	162,856	1,074,128	2,351,367	169,885	1.75
（10億ウォン）						
クウェート	38	2	11	26	−	3.50
（10億クウェートディナール）						
タイ	24,912	2,028	863	21,974	46	1.75
（10億バーツ）						
トルコ	8,292	307	2,804	5,149	31	7.50
（10億トルコリラ）						
ネパール	5,653	512	383	4,758	−	8.50
（10億ネパールルピー）						
パキスタン	27,326	7,668	15,295	4,363	0	…
（10億パキスタンルピー）						
バングラデシュ	21,477	2,665	1,847	13,482	3,484	4.00
（10億タカ）						
フィリピン	18,913	2,020	4,685	11,719	488	…
（10億フィリピンペソ）						
マカオ	717	20	52	645	−	…
（10億マカオパタカ）						
マレーシア	2,135	146	508	1,445	36	…
（10億リンギット）						
ミャンマー c	74,683	16,046	7,149	51,488	−	7.00
（10億チャット）						
北アメリカ						
アメリカ合衆国	26,915	2,170	6,589	18,155		…
（10億米ドル）						
グアテマラ	435	71	128	229	7	3.75
（10億ケツァル）						
コスタリカ	21,266	994	15,547	108	4,617	9.00
（10億コスタリカコロン）						
メキシコ	12,315	2,475	4,051	5,736	53	…
（10億メキシコペソ）						
南アメリカ						
ウルグアイ	1,528	78	1,242	133	75	15.00
（10億ウルグアイペソ）						
コロンビア	719,336	116,051	70,185	283,965	249,134	14.00
（10億コロンビアペソ）						
チリ	232,929	11,608	56,223	102,287	62,811	…
（10億チリペソ）						
パラグアイ	146,583	15,274	50,062	44,755	36,492	…
（10億グアラニー）						
ブラジル	9,491	293	349	6,130	2,718	20.47
（10億レアル）						
ペルー b	482	83	122	266	11	2.50
（10億ソル）						

10-4　マネーストック（2022年）(2)

国（地域）・通貨単位	年末残高					政策金利（年末）(%)
	合計	現金通貨	預金通貨	準通貨	株式以外の有価証券	
ヨーロッパ						
ユーロ圏	15,970	1,545	9,685	4,685	55	d ...
（10億ユーロ）						
アイルランド	396	24	263	195	-87	...
（10億ユーロ）						
イタリア	2,124	241	1,486	392	5	...
（10億ユーロ）						
エストニア	30	4	22	4	0	...
（10億ユーロ）						
オーストリア	476	40	330	102	5	...
（10億ユーロ）						
オランダ	1,148	84	524	526	14	...
（10億ユーロ）						
ギリシャ	232	35	162	36	-0	...
（10億ユーロ）						
スペイン	1,740	170	1,386	150	34	...
（10億ユーロ）						
スロバキア	81	16	53	12	-0	...
（10億ユーロ）						
ドイツ	4,208	374	2,882	920	32	...
（10億ユーロ）						
フィンランド	269	27	185	18	38	...
（10億ユーロ）						
フランス	3,397	289	1,465	1,614	29	...
（10億ユーロ）						
ベルギー	738	53	284	370	31	...
（10億ユーロ）						
ポルトガル	300	33	164	103	0	...
（10億ユーロ）						
ユーロ圏以外						
アイスランド	2,550	73	747	1,731	–	7.75
（10億アイスランドクローナ）						
ウクライナ	2,502	666	1,346	488	1	...
（10億フリヴニャ）						
チェコ b	5,611	691	4,366	555	-1	3.75
（10億チェココルナ）						
ノルウェー	3,072	38	2,774	258	3	...
（10億ノルウェークローネ）						
ポーランド b	1,985	340	1,384	256	4	1.75
（10億ズロチ）						
ルーマニア	603	101	297	205	–	...
（10億レウ）						
ロシア b	83,761	13,200	22,808	47,747	6	8.50
（10億ルーブル）						
アフリカ						
エジプト	7,403	831	1,218	5,353	–	16.75
（10億エジプトポンド）						
ナイジェリア	52,181	2,567	18,153	31,067	394	16.50
（10億ナイラ）						
南アフリカ	4,715	129	1,045	2,922	619	...
（10億ランド）						
オセアニア						
オーストラリア	3,131	97	1,603	1,023	409	...
（10億オーストラリアドル）						

a 基準割引率及び基準貸付利率。　b 2021年。　c 2020年。　d 主要リファイナンシング・オペ金利 (Main Refinancing Operations Rate) 。

10-5 主要国の財政収支

国 (地域)	種類	年度	普通入 a (A)	歳出 (B)	収支尻 (C)=(A)-(B)	公債 依存度 (C)/(B)	利払費 (D)	利払費/ 歳出規模 (D)/(B)
日本 b	実績	19	658,578	1,013,665	-355,087	35.0	75,961	7.5
(億円)	実績	20	682,290	1,475,974	-793,684	53.8	73,771	5.0
	実績	21	747,666	1,446,495	-698,829	48.3	71,938	5.0
	補正後予算	22	744,143	1,392,196	-648,052	46.5	72,880	5.2
	予算	23	787,582	1,143,812	-356,230	31.1	84,723	7.4
アメリカ合衆国 c	実績	19	3,463,364	4,446,960	-983,596	22.1	375,158	8.4
(100万米ドル)	実績	20	3,421,164	6,553,621	-3,132,457	47.8	345,470	5.3
	実績	21	4,047,111	6,822,470	-2,775,359	40.7	352,338	5.2
	実績	22	4,897,399	6,273,324	-1,375,925	21.9	475,887	7.6
	予算(推計値)	23	4,802,483	6,371,827	-1,569,344	24.6	660,647	10.4
イギリス d	実績	19	756,748	813,899	-57,151	7.0	49,606	6.1
(100万	実績	20	724,218	1,046,397	-322,179	30.8	40,969	3.9
スターリングポンド)	実績	21	840,047	984,098	-144,051	14.6	72,516	7.4
	推定値	22	934,012	1,100,712	-166,700	15.1	111,416	10.1
	推定値	23	966,028	1,127,346	-161,318	14.3	76,897	6.8
ドイツ e	実績	19	356,734	343,186	13,548	-3.9	12,084	3.5
(100万ユーロ)	実績	20	311,333	441,798	-130,465	29.5	6,457	1.5
	実績	21	341,238	556,617	-215,379	38.7	3,881	0.7
	予算(推計値)	22	356,849	495,791	-138,942	28.0	16,234	3.3
	予算(推計値)	23	430,681	476,291	-45,610	9.6	39,864	8.4
フランス f	実績	19	233,342	330,254	-96,912	29.3	40,256	12.2
(100万ユーロ)	実績	20	205,031	381,760	-176,728	46.3	35,802	9.4
	実績	21	247,255	418,773	-171,518	41.0	37,807	9.0
	予算	22	272,577	439,247	-166,670	37.9	50,544	11.5
	予算	23	288,543	445,396	-156,853	35.2	50,825	11.4

a 税収とその他の収入の合計(公債収入を除く)。 b 会計年度は4月～翌年3月。 c 連邦政府の統合予算、会計年度は前年10月～9月。 d 中央政府の一般会計、会計年度は4月～翌年3月。 e 連邦政府予算の一般会計、会計年度は1月～12月。 f 中央政府の一般会計、会計年度は1月～12月。

10-6　OECD加盟国の一般政府財政収支（対名目GDP比）

（単位：％）

国（地域）	2013	2014	2015	2016	2017	2018	2019	2020	2021	2022
OECD加盟国 a	-4.4	-3.7	-3.1	-3.0	-2.3	-2.8	-3.2	-10.2	-7.3	-3.4
アジア										
日本	-7.6	-5.6	-3.7	-3.6	-3.1	-2.5	-3.0	-9.0	-6.2	* -5.8
イスラエル	-4.1	-2.3	-1.2	-1.8	-1.1	-3.6	-3.8	-10.7	-3.4	0.4
韓国	1.3	1.2	1.2	2.2	2.7	3.0	1.0	-2.7	-0.3	-1.8
北アメリカ										
アメリカ合衆国	-6.0	-5.3	-4.7	-5.4	-4.5	-6.2	-6.8	-14.8	-11.5	-4.0
カナダ	-1.5	0.2	-0.1	-0.5	-0.1	0.4	-0.0	-10.9	-4.4	-0.8
南アメリカ										
コロンビア	-1.5	-3.1	-3.4	-4.6	-3.8	-5.2	-4.1	-8.8	-7.8	* -5.3
ヨーロッパ										
ユーロ圏	-3.1	-2.5	-2.0	-1.5	-0.9	-0.4	-0.6	-7.1	-5.3	-3.6
アイルランド	-6.4	-3.6	-2.0	-0.8	-0.3	0.1	0.5	-5.0	-1.5	1.7
イタリア	-2.9	-3.0	-2.6	-2.4	-2.4	-2.2	-1.5	-9.6	-8.8	-8.0
エストニア	0.2	0.7	0.1	-0.4	-0.5	-0.6	0.1	-5.4	-2.5	-1.0
オーストリア	-2.0	-2.7	-1.0	-1.5	-0.8	0.2	0.6	-8.0	-5.8	-3.5
オランダ	-3.0	-2.3	-1.9	0.1	1.4	1.5	1.8	-3.7	-2.2	-0.1
ギリシャ	-13.5	-3.7	-5.9	0.2	0.8	0.9	0.9	-9.7	-6.9	-2.3
スペイン	-7.5	-6.1	-5.3	-4.3	-3.1	-2.6	-3.1	-10.1	-6.7	-4.7
スロバキア	-2.9	-3.1	-2.7	-2.6	-1.0	-1.0	-1.2	-5.4	-5.2	-2.0
スロベニア	-14.6	-5.5	-2.8	-1.9	-0.1	0.7	0.7	-7.6	-4.6	-3.0
ドイツ	0.0	0.6	1.0	1.2	1.3	1.9	1.5	-4.3	-3.7	-2.5
フィンランド	-2.5	-3.0	-2.4	-1.7	-0.7	-0.9	-0.9	-5.6	-2.8	-0.8
フランス	-4.1	-3.9	-3.6	-3.6	-3.0	-2.3	-3.1	-9.0	-6.5	-4.8
ベルギー	-3.1	-3.1	-2.4	-2.4	-0.7	-0.9	-2.0	-8.9	-5.4	-3.5
ポルトガル	-5.1	-7.4	-4.4	-1.9	-3.0	-0.3	0.1	-5.8	-2.9	-0.3
ラトビア	-1.2	-1.6	-1.5	-0.0	-0.3	-0.7	-0.5	-4.5	-7.2	-4.6
リトアニア	-2.6	-0.6	-0.3	0.3	0.4	0.5	0.5	-6.5	-1.1	-0.7
ルクセンブルク	0.8	1.3	1.3	1.9	1.4	3.0	2.2	-3.4	0.6	-0.3
ユーロ圏以外										
アイスランド	-1.2	0.4	-0.3	12.6	1.0	1.0	-1.6	-8.9	-8.5	-4.0
イギリス	-5.3	-5.5	-4.6	-3.3	-2.5	-2.2	-2.5	-13.0	-7.9	-4.6
スイス	-0.4	-0.2	0.5	0.2	1.1	1.3	1.3	-3.1	-0.3	1.2
スウェーデン	-1.5	-1.6	-0.0	1.0	1.4	0.8	0.5	-2.8	0.0	1.1
チェコ	-1.3	-2.1	-0.6	0.7	1.5	0.9	0.3	-5.8	-5.1	-3.2
デンマーク	-1.2	1.1	-1.3	-0.1	1.8	0.8	4.1	0.4	4.1	3.3
ノルウェー	10.6	8.6	6.0	4.0	5.0	7.8	6.5	-2.6	10.6	26.0
ハンガリー	-2.6	-2.8	-2.0	-1.8	-2.5	-2.1	-2.0	-7.6	-7.2	-6.2
ポーランド	-4.3	-3.7	-2.6	-2.4	-1.5	-0.2	-0.7	-6.9	-1.8	-3.7
オセアニア										
オーストラリア	-1.9	-1.8	-1.0	-1.6	-0.6	-0.6	-1.2	-12.2	-4.8	-1.8
ニュージーランド	-0.6	0.5	0.2	1.2	1.6	0.9	-0.5	-8.1	* -6.0	* -2.8

a　トルコ、コスタリカ、メキシコ及びチリを除く。

10-7　OECD加盟国の国内総生産に対する税収（2020年）

(単位：%)

国（地域）	国内総生産に対する税収	主な税収の構成比					
		所得税	法人税	社会保険料		資産税	財・サービス税
				被保険者負担分	事業主負担分		
OECD加盟国	33.6	24.1	9.0	10.4	14.4	5.7	32.1
アジア							
日本	33.2	18.7	11.7	18.0	18.8	8.1	20.9
イスラエル	29.6	21.9	9.2	9.7	5.4	10.3	35.3
韓国	27.7	18.8	12.1	12.1	12.6	14.2	24.4
トルコ	23.9	13.2	8.7	11.4	16.9	4.4	42.9
北アメリカ							
アメリカ合衆国	25.8	40.6	4.9	11.3	12.2	12.4	17.2
カナダ	34.3	36.9	11.8	5.9	7.9	12.0	21.5
コスタリカ	22.7	6.8	8.4	...	4.7	2.0	33.3
メキシコ	17.8	21.0	20.1	...	...	1.9	37.2
南アメリカ							
コロンビア	18.8	7.7	23.0	...	...	9.7	41.4
チリ	19.4	10.2	24.3	7.7	0.3	5.3	54.8
ヨーロッパ							
アイスランド	36.1	43.1	6.1	...	...	6.2	31.7
アイルランド	19.9	32.9	16.1	5.1	10.6	5.0	28.4
イギリス	32.1	28.6	7.3	8.2	12.2	11.6	31.2
イタリア	42.7	26.8	4.8	5.9	21.2	5.7	26.9
エストニア	33.3	18.1	4.9	1.5	32.6	0.6	39.9
オーストリア	42.2	22.2	5.1	14.9	17.3	1.4	27.1
オランダ	40.0	22.9	7.8	12.6	13.9	4.3	30.5
ギリシャ	38.9	16.3	3.1	18.1	15.1	7.8	38.5
スイス	27.5	32.1	11.0	12.2	11.3	8.1	20.0
スウェーデン	42.3	28.8	7.0	6.1	15.1	2.2	28.5
スペイン	36.7	23.7	5.3	5.4	27.3	6.7	26.7
スロバキア	35.2	10.8	8.6	10.7	26.7	1.4	34.6
スロベニア	37.2	14.1	5.2	22.3	16.4	1.7	33.6
チェコ	34.7	13.4	9.4	9.5	28.9	0.6	31.1
デンマーク	47.1	54.2	6.1	0.1	0.1	4.2	30.6
ドイツ	37.9	27.0	4.3	16.8	19.0	3.3	25.7
ノルウェー	38.8	29.4	6.2	10.2	16.8	3.4	32.0
ハンガリー	36.1	14.6	3.6	16.1	14.5	2.9	45.1
フィンランド	41.8	30.0	5.1	8.6	16.8	3.6	33.8
フランス	45.3	21.0	5.1	7.9	22.2	8.7	27.1
ベルギー	42.5	27.8	7.7	9.7	19.1	8.0	24.4
ポーランド	35.5	14.8	6.4	15.8	14.4	3.6	36.2
ポルトガル	35.3	19.9	7.9	11.8	17.9	4.2	37.5
ラトビア	31.8	19.3	2.3	9.0	22.1	3.0	44.0
リトアニア	30.8	23.0	5.1	25.3	2.1	1.0	37.7
ルクセンブルク	38.1	25.5	12.5	13.6	11.9	10.0	22.8
オセアニア							
オーストラリア	28.5	40.1	18.8	0.0	0.0	10.1	26.5
ニュージーランド	33.8	38.5	15.4	0.0	0.0	5.5	38.0

第 11 章　国際開発援助

11-1　開発途上国への公的開発資金の流れ
〔出典〕
OECD, *Statistics on Resource Flows to Developing Countries*
2023年 6 月ダウンロード
〔解説〕
公的開発資金（ODF：Official Development Finance）：政府開発援助（ODA：Official Development Assistance）及びその他の公的資金（OOF：Other Official Flows）が含まれる。
・**政府開発援助**（ODA）：開発途上国・地域又は国際機関を対象とする、(1)公的機関又はその実施機関によって供与される、(2)開発途上国の経済開発や福祉の向上に寄与することを主たる目的とする、(3)譲許的性格を有する（有償資金協力の場合、貸付条件（金利、償還期間等）が受取国にとって有利に設定されている）、の 3 条件を満たす援助。軍事目的のものは含まない。各国が相手国に直接行う「二国間援助」と、国際機関を経由して行う「多国間援助」がある。二国間援助には、贈与（無償資金協力、技術協力）及び政府貸付等（有償資金協力）があり、多国間援助には、国連機関、国際機関及び国際金融機関等への拠出・出資などがある。
・**その他の公的資金**（OOF）：ODA としての条件を満たさない公的資金。輸出信用、直接投資、国際機関に対する融資など。
開発援助委員会（DAC：Development Assistance Committee）：OECD の中で、開発援助（開発途上国（地域）の経済・社会開発に対する援助）について専門的な議論、検討を行っている組織であり、OECD 加盟国のうち31か国及び欧州連合で構成。

11-2　国際機関から開発途上国への公的開発資金の流れ
〔出典〕
OECD, *Statistics on Resource Flows to Developing Countries*
2023年 6 月ダウンロード
〔解説〕
純額ベース（一定期間における開発途上国の受取額から返済額を差し引いたもの）。「譲許的援助」と「非譲許的援助」とに区分されている。
国際連合：国際連合、その補助機関などの資金協力の合計。
その他：カリブ開発銀行、アラブ経済社会開発基金など。

11-3　DAC 加盟国の経済協力支出額
〔出典〕
OECD, *Statistics on Resource Flows to Developing Countries*
2023年 6 月ダウンロード
〔解説〕
純額ベース。国民総所得（GNI）については「3-8　国民総所得」の解説を参照。
民間資金（PF：Private Flows）：銀行貸付、民間輸出信用、直接投資、開発途上国及び国際機関の証券・債券の購入など。

11-4　DAC 加盟国の二国間 ODA の地域別配分
〔出典〕
OECD, *Statistics on Resource Flows to Developing Countries*
2023年6月ダウンロード
〔解説〕
　総額ベース。ODA の地域別実績の割合（地域別に分類できない援助を除く。）。地域区分は DAC による。

11-5　DAC 加盟国の二国間 ODA の分野別配分
〔出典〕
OECD, *Statistics on Resource Flows to Developing Countries*
2023年6月ダウンロード
〔解説〕
　ODA の約束額（援助国と被援助国間で協力の内容を取り決めた交換公文書に基づく額）による分野別の配分割合。分野の区分は DAC による。
社会・行政基盤：教育、保健、人口政策、リプロダクティブ・ヘルス、政府及び市民社会、水供給・衛生など。
経済基盤：運輸・通信、エネルギーなど。
生産：農林水産業（農村開発を含む。）、鉱工業・建設、貿易・観光など。
その他：プログラム援助、債務救済、人道支援、行政経費など。含まれる項目は国により異なる。債務救済には、非 ODA 債務救済を含む。

11-6　経済協力資金受取額
〔出典〕
OECD, *OECD.stat, Development*
2023年10月ダウンロード
〔解説〕
　純額ベース。ODA、OOF 及び PF の総額。
後発開発途上国（LDCs：Least Developed Countries）：国連による開発途上国の所得別分類で、開発途上国の中でも特に開発が遅れている国。これらの国は、DAC が作成する「援助受取国・地域リスト」にも掲載されている。

11-7　開発途上国の社会・環境指標
〔出典〕
UNDP, *Human Development Report 2021/2022*
2022年10月ダウンロード
The World Bank, *World Development Indicators*
2023年10月ダウンロード
〔解説〕
　各国政府が国際機関に提供した情報及び国際機関の研究調査等に基づき、UNDP（(1)〜(4)）及び世界銀行（(5)〜(16)）が取りまとめたもの。データの年次が「2009-19」のように表記されているものは、その期間内に入手できた直近の年次データであることを示す。
(1)**人間開発指数**（HDI）：健康、知識、生活水準という人間開発の3つの側面に関して、ある国における平均達成度を測るための指標。HDI は0〜1の間の数値で表され、1に近いほど人間開発が進んでいることを示す。
(2)**国際貧困ライン以下の人口割合**：国際貧困ライン（1人1日当たりの生活費1.90米ドル―購買力平価換算）以下の人口割合。「購買力平価」は、「3-9　OECD 加盟国の購買力平価の推移」の解説を参照。

(3)**多次元貧困指数（MPI）**：健康、知識、生活水準の面における深刻な貧困の度合いを数値化した指標。数値が大きいほど多次元貧困度が高い。

(4)**平均就学年数**：25歳以上の人が生涯を通じて受けた教育年数の平均。

(5)**5歳未満の発育阻害児の割合**： WHO の「子どもの成長と発育の評価基準」（WHO Child Growth Standards）による身長年齢比の中央値から、標準偏差がマイナス2を下回る生後0～59か月児の割合（推計値）。

(6)**乳児死亡率**：出生時から満1歳に達する日までに死亡する確率。出生1,000人当たりの死亡数で表す。

(7)**5歳未満児死亡率**：出生時から満5歳に達する日までに死亡する確率。出生1,000人当たりの死亡数で表す。

(8)**栄養不良の人口割合**：食物摂取量が慢性的に十分でない人口割合。

(9)**安全に管理された飲料水を利用している人口割合**：自宅にあり、必要な時に入手でき、排泄物や化学物質によって汚染されていない、改善された水源から飲料水を利用している人口割合。改善された水源とは、水道、管井戸、保護された掘削井戸、保護された泉及び梱包又は配達される水など。

(10)**電力を利用できる人口割合**：電力を利用することができる人口割合。

(11)**妊産婦死亡率**：出生10万人当たり、妊娠中又は妊娠終了から42日以内に、妊娠関連の原因で死亡した女性の人数（推計値）。

(12)**医師などが補助した出産の割合**：妊娠・陣痛中及び産後の女性に対して、必要な監督及び自己分娩や新生児の世話に関する助言を与えるように訓練を受けた人が補助を行った分娩の割合。

(13)**15～19歳女性の出生率**：15～19歳の女性1,000人当たりの出生数。

(14)**15～49歳既婚女性の避妊実行率**：本人又は相手が少なくとも1つの近代的方法による避妊を実施している女性の割合。近代的方法とは、避妊手術、ピル、子宮内避妊器具（IUD）、男性用コンドーム、注射型避妊薬、インプラント（ノルプラント（皮下埋込式避妊薬）を含む。）、バリア避妊法、女性用コンドーム及び緊急避妊法など。

(15)**幼児へのはしかワクチン接種率**：生後12か月又は調査日までに、はしかワクチンの接種を受けた生後12～23か月の幼児の割合。

(16)**結核罹患率**：人口10万人当たりの結核罹患患者数（推計値）。

11-8　難民の人口

〔出典〕

UNHCR, *Global Trends 2020, 2021, 2022*

2023年7月ダウンロード

〔解説〕

UNHCR による推計値を含む暫定値。各年12月31日現在。

総数：難民のほか、庇護（ひご）希望者（自国を離れ、他国で庇護申請を希望し、法的な難民としての認定を待つ人々）、帰還民（出身国へ帰還した人々）、国内避難民（他国へ逃れることができず国内で避難しているため、国際法に基づく保護や援助を受けることができない人々）、無国籍者など UNHCR の援助対象者が含まれる。

難民：人種、宗教、国籍、政治的意見又は特定の社会集団に属するという理由で、自国にいると迫害を受けるおそれがあるために他国へ逃れ、国際的保護を必要とする人々。難民と同様の保護を受けている者を含む。

11-1　開発途上国への公的開発資金の流れ

（単位：10億米ドル（2020年基準））

形態	2016	2017	2018	2019	2020	2021
公的開発資金（ODF）	194.1	201.6	201.8	200.7	253.1	240.5
政府開発援助（ODA）	168.3	171.6	167.9	167.0	194.8	191.7
二国間 a	123.5	125.2	124.3	121.0	128.7	138.0
国際機関による支出	44.8	46.4	43.5	46.1	66.1	53.7
その他のODF	25.9	29.9	33.9	33.7	58.3	48.8
二国間 a	-0.6	-2.5	0.0	-3.9	0.8	2.9
国際機関による支出	26.5	32.4	33.9	37.6	57.5	45.9
[参考]						
DAC加盟国のODA（純額）b	155.2	154.9	151.3	150.5	162.6	174.7
二国間贈与	104.1	104.1	99.9	99.7	100.5	109.2

a DAC加盟国及びDAC非加盟国による支出。　　b 「二国間」及び「国際機関向け」の合計。

11-2　国際機関から開発途上国への公的開発資金の流れ

（単位：100万米ドル）

機関	2010〜2011 a	2017	2018	2019	2020	2021
譲許的援助総額	35,290	43,954	43,354	44,744	66,110	56,856
国際開発協会　　　　（IDA）	7,434	9,513	10,894	12,670	15,498	13,564
米州開発銀行　　　　（IDB）	0	1,083	873	531	584	708
アフリカ開発銀行　（AfDB）	2,051	2,547	2,076	1,650	2,420	1,979
アジア開発銀行　　（AsDB）	0	1,106	704	1,559	2,816	1,459
欧州連合機関　(EU Institutions)	14,770	16,054	16,758	14,914	20,805	20,605
国際連合　　　　　　（UN）	4,504	5,807	5,390	5,707	4,874	5,556
国際通貨基金　　　　（IMF）	1,001	55	-136	246	8,694	3,769
その他	5,530	7,788	6,794	7,466	10,419	9,218
非譲許的援助総額	26,350	30,780	33,604	36,554	57,467	48,594
国際復興開発銀行　（IBRD）	10,013	6,000	7,676	10,573	16,011	12,461
国際金融公社　　　　（IFC）	1,559	－	－	－	－	－
米州開発銀行　　　　（IDB）	3,587	1,735	3,469	2,660	5,583	4,084
アフリカ開発銀行　（AfDB）	1,601	3,410	2,256	675	767	-1,330
アジア開発銀行　　（AsDB）	3,193	4,644	6,696	7,402	12,328	8,097
欧州復興開発銀行　（EBRD）	2,159	1,357	2,169	5,594	6,158	1,365
欧州連合機関　(EU Institutions)	2,394	486	784	-538	-219	-331
その他	1,845	13,150	10,554	10,189	16,840	24,248

a 年平均。

11-3　DAC加盟国の経済協力支出額（2021年）

（単位：100万米ドル）

供与国	経済協力		政府開発援助（ODA）			その他の公的資金（OOF）	公的輸出信用 a	民間資金（1年超）	民間非営利団体による贈与
	総額	対GNI比（%）	総額	二国間	国際機関への拠出・出資				
DAC加盟国	467,433	0.84	184,792	129,315	55,477	2,764	14,440	253,829	11,608
アジア									
日本	38,494	0.75	15,765	11,621	4,145	712	−691	22,072	636
韓国	14,814	0.81	2,998	2,293	704	−423	−568	12,252	555
北アメリカ									
アメリカ合衆国	238,682	1.00	47,528	38,229	9,299	2,216	18,221	165,567	5,151
カナダ	10,009	0.51	6,258	4,885	1,372	112	−284	1,074	2,848
ヨーロッパ									
アイスランド	71	0.28	71	58	13	...	...	...	...
アイルランド	1,155	0.30	1,155	622	533	...	...	...	...
イギリス	16,200	0.52	16,278	9,828	6,449	−78	...	...	...
イタリア	11,963	0.56	6,272	2,489	3,783	−68	1,522	4,180	58
オーストリア	1,935	0.41	1,492	709	783	−83	−173	699	...
オランダ	−8,239	−0.82	5,266	3,768	1,498	...	−2,330	−11,175	...
ギリシャ	165	0.08	341	74	266	...	...	−176	...
スイス	3,903	0.50	3,911	2,953	959	−18	190	−704	524
スウェーデン	10,480	1.60	5,934	3,920	2,015	−84	−661	5,291	...
スペイン	7,401	0.52	3,358	1,171	2,188	...	36	4,005	2
スロバキア	167	0.15	155	37	119	−0	...	12	...
スロベニア	386	0.63	116	46	70	0	30	240	...
チェコ	364	0.13	366	89	278	−2	...	...	...
デンマーク	3,858	0.94	2,914	2,006	908	186	570	...	189
ドイツ	68,835	1.58	32,456	23,959	8,496	1,272	−1,259	34,855	1,513
ノルウェー	6,138	1.22	4,673	3,491	1,182	−1,033	−245	2,743	...
ハンガリー	6,334	4.09	435	253	182	...	...	5,899	...
フィンランド	3,349	1.10	1,498	702	795	21	...	1,831	...
フランス	19,036	0.63	16,722	10,312	6,410	37	...	2,276	...
ベルギー	5,536	0.92	2,649	1,352	1,297	−24	83	2,828	...
ポーランド	971	0.15	971	284	687	...	...	...	...
ポルトガル	439	0.18	439	151	287	...	...	...	...
ルクセンブルク	555	1.02	539	364	175	...	...	...	16
オセアニア									
オーストラリア	3,546	0.22	3,546	3,069	478	...	...	...	...
ニュージーランド	884	0.36	685	579	106	20	...	63	116

a 民間輸出信用を保証する資金を含む。

11-4　DAC加盟国の二国間ODAの地域別配分（2020-2021年平均）

（単位：％）

供与国	南アジア・中央アジア	その他アジア・オセアニア	ラテンアメリカ・カリブ海諸国	ヨーロッパ	中東・北アフリカ	サブサハラアフリカ
DAC加盟国	19.2	10.3	8.2	6.8	14.3	41.2
アジア						
日本	44.1	28.9	4.4	1.1	11.5	10.1
韓国	22.9	32.0	13.7	0.6	6.8	24.1
北アメリカ						
アメリカ合衆国	12.0	5.0	9.5	2.9	17.8	52.8
カナダ	11.5	5.5	17.3	4.0	19.5	42.3
ヨーロッパ						
アイスランド	5.9	0.3	1.0	2.0	13.9	77.0
アイルランド	3.7	3.8	4.0	1.5	11.4	75.5
イギリス	21.9	4.2	6.0	4.2	16.8	46.8
イタリア	9.8	2.0	5.0	4.9	24.3	53.9
オーストリア	12.1	5.5	7.3	36.6	17.3	21.1
オランダ	7.8	1.0	1.2	3.3	18.1	68.6
ギリシャ	2.4	21.5	0.5	27.9	23.6	24.0
スイス	17.7	7.8	13.5	12.1	13.8	35.1
スウェーデン	11.9	2.4	6.9	8.8	14.8	55.2
スペイン	2.4	1.4	51.0	3.9	17.8	23.4
スロバキア	8.3	2.9	0.1	59.4	10.3	19.0
スロベニア	2.0	0.8	0.9	75.8	6.0	14.5
チェコ	12.9	5.8	1.7	33.7	23.8	22.0
デンマーク	14.2	1.1	0.5	4.2	21.1	59.0
ドイツ	17.6	12.1	9.1	8.5	25.8	26.9
ノルウェー	13.2	4.8	8.6	4.2	21.7	47.5
ハンガリー	12.8	14.3	3.5	31.0	24.7	13.8
フィンランド	23.9	3.0	1.6	5.2	21.3	45.0
フランス	9.6	11.9	20.7	3.6	17.5	36.7
ベルギー	0.9	3.4	7.3	2.4	14.2	71.8
ポーランド	12.0	9.0	0.8	62.3	7.2	8.6
ポルトガル	0.9	22.7	5.3	0.5	4.1	66.6
ルクセンブルク	8.8	11.3	5.1	3.4	7.5	63.8
オセアニア						
オーストラリア	13.0	80.8	0.1	0.1	3.6	2.4
ニュージーランド	5.1	89.4	0.9	0.0	1.9	2.7

11-5　DAC加盟国の二国間ODAの分野別配分（2021年）

（単位：%）

供与国	社会・行政基盤	教育 a	保健	人口政策	経済基盤	運輸・通信	生産	農林水産業	マルチセクター	その他
DAC加盟国	**40.3**	**7.4**	**11.7**	**5.4**	**13.0**	**4.4**	**5.8**	**3.6**	**8.2**	**32.6**
アジア										
日本	27.8	3.2	11.4	0.2	35.8	21.8	8.4	2.6	8.3	19.7
韓国	45.8	7.2	14.9	2.5	31.5	23.6	9.0	7.1	5.1	8.6
北アメリカ										
アメリカ合衆国	39.5	2.3	11.5	15.2	3.1	0.1	2.5	2.1	2.2	52.7
カナダ	54.4	10.6	21.8	9.4	5.0	0.1	6.3	5.5	4.0	30.3
ヨーロッパ										
アイスランド	48.9	11.2	20.6	4.8	7.5	0.3	5.9	5.8	6.3	31.4
アイルランド	39.3	7.1	15.1	0.8	0.2	0.0	5.0	4.6	8.0	47.5
イギリス	34.3	6.3	10.9	2.8	11.7	1.2	6.9	2.7	11.1	36.1
イタリア	28.5	7.0	13.3	0.5	4.4	1.8	3.4	2.8	6.0	57.6
オーストリア	51.0	26.3	9.3	0.1	8.2	0.0	3.7	2.7	5.1	32.0
オランダ	46.4	3.9	4.6	6.0	5.9	0.0	6.7	5.4	13.1	27.9
ギリシャ	43.5	2.5	40.8	–	–	–	–	–	0.1	56.4
スイス	46.6	7.2	14.0	0.6	7.8	0.3	7.6	4.8	5.3	32.7
スウェーデン	44.2	9.4	5.1	1.4	7.3	0.4	4.9	2.7	12.6	31.0
スペイン	50.5	5.1	29.2	0.8	1.6	0.1	5.8	5.3	5.4	36.8
スロバキア	68.9	6.8	34.8	0.6	4.2	0.0	3.3	1.2	0.8	22.8
スロベニア	79.2	37.0	32.3	0.2	1.6	0.3	0.9	0.8	0.4	18.0
チェコ	52.8	7.8	23.2	0.9	4.5	0.2	5.6	4.8	3.8	33.4
デンマーク	49.1	4.4	7.2	3.1	10.2	0.0	3.1	2.2	5.4	32.2
ドイツ	43.0	12.9	10.5	0.7	15.7	3.0	7.7	5.1	9.8	23.8
ノルウェー	52.3	9.7	24.7	1.5	7.2	0.3	5.8	5.2	14.7	19.9
ハンガリー	80.2	50.4	24.5	–	4.4	2.2	9.4	8.8	0.2	5.8
フィンランド	56.4	15.9	5.1	4.6	12.2	0.4	3.6	1.9	5.5	22.3
フランス	34.6	10.9	6.2	0.6	23.1	6.8	7.2	3.5	19.1	16.0
ベルギー	27.8	7.9	8.8	0.8	3.2	1.8	6.7	4.5	19.8	42.5
ポーランド	78.1	44.9	18.6	0.0	5.3	4.9	1.3	1.1	0.9	14.5
ポルトガル	76.9	37.8	26.1	0.2	2.1	1.7	1.0	0.6	3.1	16.9
ルクセンブルク	44.3	13.8	13.6	1.1	11.2	1.9	7.5	7.4	4.0	32.9
オセアニア										
オーストラリア	54.7	6.8	21.9	3.0	8.0	4.1	6.5	4.5	9.1	21.7
ニュージーランド	34.6	8.7	13.6	0 3	9.3	3.9	11.8	4.5	8.4	35.9

a 学生及び研修生の受入れを含む。

11-6　経済協力資金受取額(2021年)(1)

(単位：100万米ドル)

受取国(地域)	総額	政府開発援助(ODA)		
		二国間	国際機関	1人当たり受取額 (米ドル)
開発途上国	481,859	146,999	56,857	31.3
後発開発途上国	64,013	35,705	25,129	55.3
アジア				
アフガニスタン	4,659	3,590	1,067	116.1
イエメン	3,761	3,180	688	117.3
イラク	2,081	1,591	218	41.6
インド	19,337	3,546	-428	2.2
インドネシア	9,104	562	51	2.2
ウズベキスタン	2,349	534	606	33.5
カンボジア	1,585	1,003	356	81.9
北朝鮮	-11	12	6	0.7
シリア	9,676	9,033	657	454.4
中国	21,598	-396	-169	-0.4
トルコ	3,401	384	672	12.5
ネパール	1,605	580	987	52.2
パキスタン	3,826	834	1,865	11.7
バングラデシュ	7,338	3,489	1,552	29.8
フィリピン	5,604	1,549	84	14.3
ミャンマー	1,282	1,026	465	27.7
ヨルダン	3,969	2,493	951	309.0
ヨルダン川西岸及びガザ地区	2,195	1,435	724	420.5
レバノン	1,532	1,116	282	250.0
北アメリカ				
ハイチ	911	438	509	82.7
パナマ	6,063	93	-2	20.8
メキシコ	10,637	532	29	4.4
南アメリカ				
コロンビア	4,348	1,761	154	37.2
ブラジル	19,016	911	198	5.2
ペルー	5,174	248	56	9.0
ヨーロッパ				
ウクライナ	3,081	936	1,277	50.8
セルビア	2,744	221	313	73.1
モンテネグロ	1,935	24	108	210.4
アフリカ				
ウガンダ	2,047	1,373	1,142	54.9
エジプト	11,786	6,209	2,031	75.4
エチオピア	3,786	2,534	1,448	33.1
ガーナ	1,295	781	446	37.4
カメルーン	1,573	550	576	41.4
ケニア	3,762	1,488	1,655	59.3
コートジボワール	2,920	754	797	56.5
コンゴ民主共和国	3,683	1,720	1,816	36.9
ザンビア	970	626	445	55.0
スーダン	3,561	1,455	2,311	82.5

11-6　経済協力資金受取額(2021年)(2)

(単位：100万米ドル)

受取国(地域)	総額	政府開発援助(ODA)		
		二国間	国際機関	1人当たり受取額 (米ドル)
セネガル	1,253	824	556	81.7
ソマリア	2,233	1,806	589	140.4
タンザニア	3,476	1,139	1,428	40.4
チュニジア	1,117	793	300	89.2
ナイジェリア	5,954	1,599	1,758	15.7
ニジェール	1,774	826	949	70.3
ブルキナファソ	1,638	811	777	71.8
マダガスカル	1,180	435	613	36.2
マラウイ	811	584	571	58.1
マリ	1,418	926	491	64.7
南アフリカ	4,096	1,116	−76	17.5
南スーダン	2,100	1,505	603	196.1
モザンビーク	2,670	1,307	947	70.3
ルワンダ	1,315	677	638	97.7
オセアニア				
パプアニューギニア	602	977	205	118.8

11-7　開発途上国の社会・環境指標(1-A)

国（地域）	(1) 人間開発 指数 2021	順位	(2) 国際貧困 ライン以 下の人口 割合 (%) 2009-19	(3) 多次元 貧困指数 2009-20	(4) 平均 就学 年数 a (年) 2021	(5) 5歳未満 の発育 阻害児 の割合 (%) 2022	(6) 乳児 死亡率 (1,000人 当たり) 2021	(7) 5歳 未満児 死亡率 (1,000人 当たり) 2021	(8) 栄養不良 の人口 割合 (%) 2020
アジア									
アフガニスタン	0.478	180	...	0.272	3.0	33.1	43	56	29.8
アルメニア	0.759	85	1.1	0.001	11.3	7.2	10	11	3.5
イエメン	0.455	183	18.3	0.245	3.2	35.1	47	62	41.4
イラク	0.686	121	1.7	0.033	7.9	9.9	21	25	15.9
インド	0.633	132	22.5	0.123	6.7	31.7	26	31	16.3
インドネシア	0.705	114	2.7	0.014	8.6	31.0	19	22	6.5
カザフスタン	0.811	56	0.0	0.002	12.3	4.9	9	10	2.5
カンボジア	0.593	146	...	0.170	5.1	22.3	21	25	6.3
キルギス	0.692	118	0.6	0.001	11.4	10.3	16	17	5.3
シリア	0.577	150	...	0.029	5.1	25.4	18	22	...
タイ	0.800	66	0.1	0.002	8.7	11.8	7	8	8.8
タジキスタン	0.685	122	4.1	0.029	11.3	13.1	28	31	...
中国	0.768	79	0.5	0.016	7.6	4.6	5	7	2.5
トルクメニスタン	0.745	91	...	0.001	11.3	6.7	36	41	3.5
ネパール	0.602	143	15.0	0.074	5.1	26.7	23	27	5.5
パキスタン	0.544	161	4.4	0.198	4.5	34.0	53	63	16.9
バングラデシュ	0.661	129	14.3	0.104	7.4	26.4	23	27	11.4
東ティモール	0.607	140	22.0	0.222	5.4	45.1	43	51	26.2
フィリピン	0.699	116	2.7	0.024	9.0	28.8	21	26	5.2
ブータン	0.666	127	1.5	0.175	5.2	22.7	23	27	...
ベトナム	0.703	115	1.8	0.019	8.4	19.3	16	21	5.7
ミャンマー	0.585	149	1.4	0.176	6.4	24.1	34	42	3.1
モルディブ	0.747	90	0.0	0.003	7.3	13.9	5	6	...
モンゴル	0.739	96	0.5	0.028	9.4	6.1	13	15	3.6
ヨルダン	0.720	102	0.1	0.002	10.4	6.6	13	15	16.9
ラオス	0.607	140	10.0	0.108	5.4	27.7	34	43	5.1
北アメリカ									
エルサルバドル	0.675	125	1.3	0.032	7.2	10.0	11	12	7.7
グアテマラ	0.627	135	8.8	0.134	5.7	43.5	20	23	16.0
ジャマイカ	0.709	110	...	0.018	9.2	6.5	11	12	6.9
セントルシア	0.715	106	4.6	0.007	8.5	2.5	22	25	...
ドミニカ共和国	0.767	80	0.6	0.015	9.3	5.6	27	33	6.7
トリニダード・トバゴ	0.810	57	...	0.002	11.6	8.8	15	16	7.5
ニカラグア	0.667	126	3.4	0.074	7.1	14.9	11	13	18.6
ハイチ	0.535	163	24.5	0.200	5.6	19.5	45	59	47.2
バルバドス	0.790	70	...	0.009	9.9	6.0	11	12	3.4
ベリーズ	0.683	123	...	0.017	8.8	12.0	10	11	7.4
ホンジュラス	0.621	137	14.8	0.093	7.1	17.5	14	17	15.3
メキシコ	0.758	86	1.7	0.026	9.2	12.6	11	13	6.1
南アメリカ									
エクアドル	0.740	95	3.6	0.018	8.8	22.7	11	13	15.4
ガイアナ	0.714	108	...	0.007	8.6	7.6	23	28	4.9
コロンビア	0.752	88	4.9	0.020	8.9	11.2	11	13	8.2

11-7　開発途上国の社会・環境指標(1-B)

国（地域）	(9) 安全に管理された飲料水を利用している人口割合 b (%) 2022	(10) 電力を利用できる人口割合 (%) 2021	(11) 妊産婦死亡率 (出生10万人当たり) 2020	(12) 医師などが補助した出産の割合 (%) 2015-21	(13) 15〜19歳女性の出生率 (1,000人当たり) 2021	(14) 15〜49歳既婚女性の避妊実行率 (%) 2015-21	(15) 幼児へのはしかワクチン接種率 (%) 2021	(16) 結核罹患率 (10万人当たり) 2021
アジア								
アフガニスタン	30.0	97.7	620	62	83	19.8	63	189
アルメニア	82.4	100.0	27	100	19	28.0	94	27
イエメン	...	74.9	183	...	54	...	71	48
イラク	59.7	100.0	76	96	62	36.1	75	24
インド	...	99.6	103	89	17	56.4	89	210
インドネシア	30.3	99.2	173	95	34	57.2	72	354
カザフスタン	89.3	100.0	13	100	22	50.1	97	74
カンボジア	29.1	82.5	218	...	45	...	84	288
キルギス	76.5	99.7	50	100	35	37.8	93	130
シリア	...	88.8	30	...	39	...	59	18
タイ	...	100.0	29	99	33	71.3	96	143
タジキスタン	55.3	99.6	17	95	45	27.1	97	88
中国	...	100.0	23	100	11	80.5	99	55
トルクメニスタン	94.9	100.0	5	100	22	47.3	97	47
ネパール	16.1	89.9	174	77	64	44.2	90	229
パキスタン	50.6	94.9	154	68	42	25.0	81	264
バングラデシュ	59.1	99.0	123	59	75	59.1	97	221
東ティモール	...	100.0	204	57	34	24.1	79	486
フィリピン	47.9	97.5	78	84	48	40.4	57	650
ブータン	73.3	100.0	60	96	19	...	97	164
ベトナム	57.8	100.0	124	96	35	59.8	89	173
ミャンマー	57.4	72.5	179	60	33	51.3	44	360
モルディブ	...	100.0	57	100	7	14.9	99	38
モンゴル	39.3	100.0	39	99	27	45.2	95	428
ヨルダン	85.7	99.9	41	100	25	37.4	76	4
ラオス	17.9	100.0	126	64	73	51.0	73	143
北アメリカ								
エルサルバドル	...	97.9	43	100	56	...	86	49
グアテマラ	56.3	97.9	96	70	64	48.9	81	27
ジャマイカ	...	100.0	99	100	33	...	88	3
セントルシア	...	100.0	73	100	37	...	77	2
ドミニカ共和国	44.9	98.1	107	99	66	62.0	88	45
トリニダード・トバゴ	...	100.0	27	100	38	...	93	13
ニカラグア	55.5	86.3	78	94	86	...	83	45
ハイチ	...	47.2	350	42	53	31.8	65	159
バルバドス	...	100.0	39	98	42	...	77	0
ベリーズ	...	97.7	130	95	57	48.5	79	28
ホンジュラス	65.2	94.1	72	94	72	66.5	81	33
メキシコ	43.0	100.0	59	97	54	69.8	99	25
南アメリカ								
エクアドル	67.1	100.0	66	97	63	72.4	65	48
ガイアナ	...	92.9	112	98	67	28.6	94	83
コロンビア	73.9	100.0	75	99	59	75.9	86	41

11-7　開発途上国の社会・環境指標(2-A)

国（地域）	(1)人間開発指数 2021	順位 2021	(2)国際貧困ライン以下の人口割合 (%) 2009-19	(3)多次元貧困指数 2009-20	(4)平均就学年数 a (年) 2021	(5)5歳未満の発育阻害児の割合 (%) 2022	(6)乳児死亡率 (1,000人当たり) 2021	(7)5歳未満児死亡率 (1,000人当たり) 2021	(8)栄養不良の人口割合 (%) 2020
スリナム	0.730	99	...	0.011	9.8	7.6	15	17	8.2
パラグアイ	0.717	105	0.9	0.019	8.9	3.4	16	18	8.7
ブラジル	0.754	87	4.6	0.016	8.1	7.2	13	14	4.1
ペルー	0.762	84	2.2	0.029	9.9	10.1	11	14	8.3
ボリビア	0.692	118	3.2	0.038	9.8	11.1	20	25	13.9
ヨーロッパ									
アルバニア	0.796	67	1.3	0.003	11.3	8.3	8	10	3.9
ウクライナ	0.773	77	0.0	0.001	11.1	12.3	7	8	2.8
北マケドニア	0.770	78	3.4	0.001	10.2	3.7	5	5	3.3
セルビア	0.802	63	5.4	0.000	11.4	4.6	5	6	3.3
ボスニア・ヘルツェゴビナ	0.780	74	0.1	0.008	10.5	8.0	5	6	2.5
モルドバ	0.767	80	0.0	0.004	11.8	3.9	12	14	...
モンテネグロ	0.832	49	2.5	0.005	12.2	8.2	2	2	2.5
アフリカ									
アルジェリア	0.745	91	0.4	0.005	8.1	8.6	19	22	2.5
アンゴラ	0.586	148	49.9	0.282	5.4	43.6	47	69	20.8
ウガンダ	0.525	166	41.3	0.281	5.7	23.4	31	42	...
エジプト	0.731	97	3.8	0.020	9.6	20.4	16	19	5.1
エスワティニ	0.597	144	29.2	0.081	5.6	21.2	42	53	11.0
エチオピア	0.498	175	30.8	0.367	3.2	34.4	34	47	24.9
ガーナ	0.632	133	12.7	0.111	8.3	12.7	33	44	4.1
ガボン	0.706	112	3.4	0.070	9.4	13.4	29	40	17.2
カメルーン	0.576	151	26.0	0.232	6.2	26.9	47	70	6.7
ガンビア	0.500	174	10.3	0.204	4.6	13.6	34	48	21.6
ギニア	0.465	182	36.1	0.373	2.2	27.9	64	99	...
ギニアビサウ	0.483	177	68.4	0.341	3.6	27.7	50	74	...
ケニア	0.575	152	37.1	0.171	6.7	18.4	28	37	26.9
コートジボワール	0.550	159	29.8	0.236	5.2	20.2	56	75	4.4
コモロ	0.558	156	19.1	0.181	5.1	18.8	39	50	...
コンゴ共和国	0.571	153	39.6	0.112	6.2	16.5	32	43	31.6
コンゴ民主共和国	0.479	179	77.2	0.331	7.0	40.3	62	79	39.8
サントメ・プリンシペ	0.618	138	35.6	0.048	6.2	10.0	12	15	13.5
ザンビア	0.565	154	58.7	0.232	7.2	31.4	40	58	...
シエラレオネ	0.477	181	43.0	0.293	4.6	26.0	78	105	27.4
ジンバブエ	0.593	146	39.5	0.110	8.7	21.6	36	50	...
スーダン	0.508	172	12.2	0.279	3.8	36.0	39	55	12.8
セネガル	0.511	170	38.5	0.263	2.9	17.0	29	39	7.5
タンザニア	0.549	160	49.4	0.284	6.4	30.6	34	47	22.6
チャド	0.394	190	38.1	0.517	2.6	32.3	66	107	32.7
中央アフリカ	0.404	188	...	0.461	4.3	39.8	75	100	52.2
チュニジア	0.731	97	0.2	0.003	7.4	8.6	14	16	3.1
トーゴ	0.539	162	51.1	0.180	5.0	22.3	43	63	18.8
ナイジェリア	0.535	163	39.1	0.254	7.2	34.2	71	111	12.7
ナミビア	0.615	139	13.8	0.185	7.2	16.8	29	39	18.0
ニジェール	0.400	189	45.4	0.601	2.1	47.4	60	115	...
ブルキナファソ	0.449	184	43.8	0.523	2.1	21.8	52	83	18.0

11-7　開発途上国の社会・環境指標 (2-B)

国（地域）	(9) 安全に管理された飲料水を利用している人口割合 b (%) 2022	(10) 電力を利用できる人口割合 (%) 2021	(11) 妊産婦死亡率 (出生10万人当たり) 2020	(12) 医師などが補助した出産の割合 (%) 2015-21	(13) 15〜19歳女性の出生率 (1,000人当たり) 2021	(14) 15〜49歳既婚女性の避妊実行率 (%) 2015-21	(15) 幼児へのはしかワクチン接種率 (%) 2021	(16) 結核罹患率 (10万人当たり) 2021
スリナム	55.8	98.8	96	98	56	38.7	58	29
パラグアイ	64.2	100.0	71	98	70	66.4	68	48
ブラジル	87.3	99.5	72	99	45	...	73	48
ペルー	52.0	95.6	69	96	57	55.0	78	130
ボリビア	...	98.6	161	81	64	45.1	75	109
ヨーロッパ								
アルバニア	70.7	100.0	8	100	15	3.7	87	17
ウクライナ	87.6	100.0	17	...	16	...	88	71
北マケドニア	80.4	100.0	3	100	16	14.0	70	11
セルビア	75.1	100.0	10	100	15	21.3	78	15
ボスニア・ヘルツェゴビナ	87.0	100.0	6	100	10	...	68	25
モルドバ	75.2	100.0	12	100	28	43.9	83	84
モンテネグロ	85.1	99.8	6	99	10	11.6	18	16
アフリカ								
アルジェリア	70.6	99.8	78	99	12	44.9	80	54
アンゴラ	...	48.2	222	50	138	12.5	36	325
ウガンダ	18.7	45.2	284	74	108	42.7	90	199
エジプト	...	100.0	17	...	45	...	96	10
エスワティニ	...	82.9	240	...	70	...	80	348
エチオピア	13.2	54.2	267	50	69	35.6	54	119
ガーナ	44.5	86.3	263	79	64	24.3	94	136
ガボン	...	91.8	227	...	91	...	64	513
カメルーン	...	65.4	438	69	110	15.4	62	164
ガンビア	47.7	63.7	458	84	63	17.1	79	149
ギニア	...	46.8	553	55	115	10.6	47	175
ギニアビサウ	23.9	35.8	725	54	88	20.2	63	361
ケニア	...	76.5	530	70	64	61.2	89	251
コートジボワール	43.9	71.1	480	74	105	19.6	68	128
コモロ	...	87.9	217	...	58	...	82	35
コンゴ共和国	46.1	49.7	282	91	104	18.3	68	370
コンゴ民主共和国	11.6	20.8	547	85	109	17.6	55	318
サントメ・プリンシペ	36.3	78.5	146	97	79	46.0	77	114
ザンビア	...	46.7	135	80	117	47.5	90	307
シエラレオネ	10.3	27.5	443	87	101	20.9	87	289
ジンバブエ	26.5	49.0	357	86	94	65.8	85	190
スーダン	...	61.8	270	...	80	...	81	58
セネガル	26.7	68.0	261	75	66	25.5	87	113
タンザニア	11.3	42.7	238	64	124	32.0	76	208
チャド	6.2	11.3	1,063	39	138	6.7	55	140
中央アフリカ	6.1	15.7	835	40	161	14.4	41	540
チュニジア	74.3	99.9	37	100	7	44.3	95	36
トーゴ	19.4	55.5	399	69	78	21.4	70	33
ナイジェリア	29.0	59.5	1,047	43	102	12.0	59	219
ナミビア	...	55.2	215	...	65	...	90	457
ニジェール	...	18.6	441	44	170	10.0	80	79
ブルキナファソ	...	19.0	264	80	111	32.0	88	45

11-7　開発途上国の社会・環境指標(3-A)

国（地域）	(1) 人間開発指数 2021	順位	(2) 国際貧困ライン以下の人口割合 (%) 2009-19	(3) 多次元貧困指数 2009-20	(4) 平均就学年数 a (年) 2021	(5) 5歳未満の発育阻害児の割合 (%) 2022	(6) 乳児死亡率 (1,000人当たり) 2021	(7) 5歳未満児死亡率 (1,000人当たり) 2021	(8) 栄養不良の人口割合 (%) 2020
ブルンジ	0.426	187	72.8	0.409	3.1	56.5	38	53	...
ベナン	0.525	166	49.6	0.368	4.3	30.4	55	84	7.4
マダガスカル	0.501	173	78.8	0.384	5.1	38.6	45	66	48.5
マラウイ	0.512	169	69.2	0.252	4.5	34.0	31	42	17.8
マリ	0.428	186	50.3	0.376	2.3	23.8	62	97	9.8
南アフリカ	0.713	109	18.7	0.025	11.4	22.8	26	33	6.9
南スーダン	0.385	191	76.4	0.580	5.7	27.9	64	99	...
モーリタニア	0.556	158	6.0	0.261	4.9	22.1	32	41	10.1
モザンビーク	0.446	185	63.7	0.417	3.2	36.4	51	70	32.7
モロッコ	0.683	123	0.9	0.027	5.9	12.8	15	18	5.6
リビア	0.718	104	...	0.007	7.6	52.2	9	11	...
リベリア	0.481	178	44.4	0.259	5.1	26.6	57	76	38.3
ルワンダ	0.534	165	56.5	0.259	4.4	29.8	30	39	35.8
レソト	0.514	168	27.2	0.084	6.0	31.8	57	73	34.7
オセアニア									
バヌアツ	0.607	140	...	...	7.1	31.4	20	23	11.9
[参考] 先進国									
日本	0.925	19	...	...	13.4	5.0	2	2	3.2
アメリカ合衆国	0.921	21	...	...	13.7	3.6	5	6	2.5
ドイツ	0.942	9	...	...	14.1	2.1	3	4	2.5

11-7　開発途上国の社会・環境指標(3-B)

国（地域）	(9) 安全に管理された飲料水を利用している人口割合 b (%) 2022	(10) 電力を利用できる人口割合 (%) 2021	(11) 妊産婦死亡率 (出生10万人当たり) 2020	(12) 医師などが補助した出産の割合 (%) 2015-21	(13) 15〜19歳女性の出生率 (1,000人当たり) 2021	(14) 15〜49歳既婚女性の避妊実行率 (%) 2015-21	(15) 幼児へのはしかワクチン接種率 (%) 2021	(16) 結核罹患率 (10万人当たり) 2021
ブルンジ	...	10.2	494	85	54	22.9	90	100
ベナン	...	42.0	523	78	92	12.4	68	53
マダガスカル	22.2	35.1	392	46	119	42.7	39	233
マラウイ	17.8	14.2	381	96	118	64.7	90	132
マリ	...	53.4	440	67	150	16.4	70	50
南アフリカ	...	89.3	127	97	61	54.0	87	513
南スーダン	...	7.7	1,223	...	99	...	49	227
モーリタニア	...	47.7	464	70	78	12.8	63	81
モザンビーク	...	31.5	127	73	166	25.3	84	361
モロッコ	74.8	100.0	72	87	26	59.1	99	94
リビア	...	70.2	72	...	7	...	73	59
リベリア	...	29.8	652	84	123	23.9	58	308
ルワンダ	...	48.7	259	94	32	58.4	87	56
レソト	28.2	50.4	566	87	90	64.6	90	614
オセアニア								
バヌアツ	...	70.0	94	...	64	...	50	34
[参考]　先進国								
日本	98.7	100.0	4	100	3	33.1	98	11
アメリカ合衆国	97.5	100.0	21	99	16	66.1	91	3
ドイツ	99.9	100.0	4	96	7	...	97	5

a 2021年又は入手可能な最新年。　　b 2022年又は入手可能な最新年。

11-8　難民の人口(1)出身国別

(単位：1,000人)

出身国（地域）	2020		2021		2022	
	総数	難民	総数	難民	総数	難民
世界	91,920	20,650	94,664	21,327	112,564	29,413
アジア						
日本	0	0	0	0	0	0
アフガニスタン	5,810	2,595	7,320	2,713	9,544	5,662
イラク	2,109	333	1,937	344	1,745	288
イラン	213	135	212	143	192	122
シリア	13,615	6,690	13,968	6,849	13,795	6,548
スリランカ	183	143	189	151	172	148
中国	283	176	289	170	278	161
トルコ	138	94	151	105	175	92
パキスタン	298	133	295	133	308	112
パレスチナ a	114	100	114	104	119	105
ミャンマー	1,517	1,103	2,023	1,177	3,132	1,253
北アメリカ						
アメリカ合衆国 b	3	0	2	0	3	1
ラテンアメリカ・ 　　　**カリブ海諸国**						
エルサルバドル	287	46	332	52	332	59
コロンビア	9,755	190	7,467	116	7,650	109
ハイチ	107	26	184	29	240	30
ベネズエラ	5,991	171	6,967	199	9,977	234
ホンジュラス	546	34	518	52	563	65
ヨーロッパ						
アルバニア	33	16	42	20	55	21
ウクライナ	2,411	35	2,326	28	12,180	5,680
セルビア c	251	30	251	32	248	31
ボスニア・ヘルツェゴビナ	114	16	116	18	116	18
ロシア	97	53	112	69	173	80
アフリカ						
エチオピア	3,014	151	5,488	149	4,886	149
エリトリア	605	522	600	512	597	508
コンゴ民主共和国	7,633	840	7,522	908	7,853	932
スーダン	3,410	788	3,937	825	4,491	837
ソマリア	4,126	815	4,351	777	4,511	791
中央アフリカ	1,503	642	1,823	738	1,691	748
ナイジェリア	3,049	353	3,774	384	3,921	391
ブルンジ	515	373	469	324	413	321
マリ	535	165	636	183	684	227
南スーダン	4,340	2,189	4,655	2,363	3,926	2,295
ルワンダ	287	246	287	248	283	250
オセアニア						
パプアニューギニア	15	1	25	1	92	1
無国籍・不詳	3,371	235	3,312	157	3,621	155

a UNHCRの管轄下の難民のみ。　b 一部の国においては、出生国がアメリカ合衆国の者を含む。　c コソボを含む。

11-8　難民の人口(2)庁護国別

(単位：1,000人)

庁護国（地域）	2020 総数	2020 難民	2021 総数	2021 難民	2022 総数	2022 難民	居住者1,000人当たり難民割合
世界	91,920	20,650	94,664	21,327	112,564	29,413	-
アジア							
日本	26	1	26	1	30	17	0.0
イラク	1,834	270	1,648	280	1,533	274	6.0
イラン	800	800	802	798	3,425	3,425	39.0
トルコ	3,975	3,652	4,065	3,760	3,841	3,568	42.0
パキスタン	1,550	1,439	1,609	1,491	1,919	1,744	7.0
バングラデシュ	1,339	867	919	919	952	952	6.0
ヨルダン	708	703	761	713	744	698	62.0
レバノン	888	870	869	846	850	819	151.0
北アメリカ							
アメリカ合衆国	1,339	341	1,642	339	2,162	363	1.0
カナダ	198	109	197	130	258	141	4.0
ラテンアメリカ・カリブ海諸国							
エクアドル	532	105	568	57	565	60	31.0
コスタリカ	122	10	185	10	271	14	6.0
ブラジル	420	59	437	62	538	68	2.0
ベネズエラ	1,181	68	1,430	39	3,237	29	1.0
メキシコ	285	45	459	73	1,073	96	1.0
ヨーロッパ							
イギリス	210	132	242	137	497	329	5.0
イタリア	185	128	200	145	379	296	5.0
スウェーデン	295	248	279	241	313	278	26.0
スペイン	213	104	233	123	459	318	7.0
チェコ	6	2	4	2	438	435	41.0
ドイツ	1,469	1,211	1,525	1,256	2,356	2,075	25.0
フランス	556	436	577	500	690	613	9.0
ポーランド	8	3	10	5	975	971	23.0
ロシア	81	20	65	11	1,374	1,278	9.0
アフリカ							
ウガンダ	3,798	1,421	1,640	1,530	1,563	1,464	31.0
エジプト	329	273	341	281	359	295	3.0
エチオピア	3,537	800	6,020	821	5,493	880	7.0
カメルーン	1,960	436	1,453	457	1,542	474	17.0
ケニア	566	453	557	481	677	504	9.0
コンゴ民主共和国	7,125	490	6,976	524	7,292	521	5.0
スーダン	3,612	1,040	4,171	1,104	4,698	1,097	23.0
チャド	919	479	1,074	556	1,081	593	33.0
南スーダン	2,475	314	2,635	334	1,947	308	28.0
オセアニア							
オーストラリア	138	57	146	56	147	54	2.0
パプアニューギニア	25	11	36	12	104	11	1.0

第12章　労働・賃金

12-1　男女、年齢階級別労働力人口比率
〔出典〕
ILO, *ILOSTAT Database*
2023年11月ダウンロード
〔解説〕
労働力人口：労働供給を行う全ての人口。具体的には、特定の調査対象期間に就業又は失業していた人の総数。
年齢階級別労働力人口比率：年齢階級別15歳以上人口に占める年齢階級別労働力人口の割合。年齢階級が異なる国については注記。

12-2　男女別15歳以上就業者数
〔出典〕
ILO, *ILOSTAT Database*
2023年12月ダウンロード
〔解説〕
　調査期間中に働いていた一定年齢以上の有給の雇用者（軍隊を含む。）及び自営業主（家族従業者を含む。）の数。有給の休業者を含む。

12-3　産業別15歳以上就業者数
〔出典〕
ILO, *ILOSTAT Database*
2023年12月ダウンロード
〔解説〕
　勤め先の事業所の産業（事業内容）別就業者数。産業分類は国際標準産業分類（ISIC：International Standard Industrial Classification of All Economic Activities）の第4版（Rev. 4）による。

12-4　職業別15歳以上就業者数
〔出典〕
ILO, *ILOSTAT Database*
2023年12月ダウンロード
〔解説〕
　職業（本人の仕事の種類）別就業者数。職業分類は国際標準職業分類（ISCO：International Standard Classification of Occupations）による。

12-5　男女別15歳以上失業者数及び失業率
〔出典〕
ILO, *ILOSTAT Database*
2023年11月ダウンロード
〔解説〕
失業者：就業可能な状態にあるが仕事がなく、仕事を探している者。
失業率：労働力人口に占める失業者の割合。

12-6　男女別週当たり実労働時間
〔出典〕
　ILO, *ILOSTAT Database*
　2023年12月ダウンロード
〔解説〕
　　就業者の 1 週間当たり平均実労働時間。就業形態は、雇用者。労働時間は、調査期間に実際に働いた時間。産業分類は ISIC の第 4 版（Rev. 4）による。

12-7　男女別月平均賃金
〔出典〕
　ILO, *ILOSTAT Database*
　2023年11月ダウンロード
〔解説〕
　　雇用者 1 人当たり 1 か月平均賃金。産業分類は、ISIC の第 4 版（Rev. 4）による。第 3 版 1 （Rev. 3. 1）による場合は注記。

12-8　OECD 加盟国の労働生産性
〔出典〕
　公益財団法人　日本生産性本部「労働生産性の国際比較」（2022年版）
　2023年11月ダウンロード
〔解説〕
　　国内総生産（GDP）を就業者数で除したもの。

12-9　労働災害件数（死亡）
〔出典〕
　ILO, *ILOSTAT Database*
　2023年11月ダウンロード
〔解説〕
　労働災害：就業中の事故に起因する死亡、負傷及び疾病。国により定義、報告の種
　　　　　　類、対象などが異なる。産業分類は ISIC による。

12-10　労働争議
〔出典〕
　ILO, *ILOSTAT Database*
　2023年11月ダウンロード
〔解説〕
　労働争議：労働者又は雇用主が要求又は抵抗のために行う意図的な一時作業停止
　　　　　　（ストライキ及びロックアウト）。国により定義、集計方法、対象などが異なる。
　件数：ストライキ及びロックアウトの発生件数。前年より継続している場合を含む。
　参加人員：直接的又は間接的に参加した労働者（ストライキやロックアウトの結果、
　　　　　　作業不能となった労働者）。
　損失日数：作業停止により労働に従事しなかった延べ日数。

12-1 男女、年齢階級別労働力人口比率(1)

(単位：%)

年齢	アジア								
	日本 (2022)			アラブ首長国連邦 (2022)			イラン (2022)		
	計	男	女	計	男	女	計	男	女
15歳以上	62.5	71.4	54.2	77.4	89.5	55.3	40.5	67.5	13.6
15～19	19.7	18.7	20.8	8.0	10.8	3.7	10.3	17.0	2.8
20～24	74.6	73.6	75.6	68.3	77.7	50.4	38.2	59.7	14.6
25～29	91.2	94.2	87.7	89.2	97.6	74.6	53.3	85.2	22.9
30～34	88.4	95.8	80.6	87.7	98.9	68.8	54.7	91.5	20.1
35～39	87.8	96.5	78.9	86.4	99.2	62.2	55.3	93.1	19.4
40～44	88.9	96.0	81.5	86.3	97.7	62.7	56.2	93.4	18.6
45～49	89.1	95.9	81.9	83.7	97.4	57.0	52.7	89.3	16.6
50～54	87.7	94.5	80.7	81.1	95.2	49.3	42.6	74.1	11.2
55～59	84.8	93.5	75.8	70.7	90.2	36.7	31.9	56.1	6.7
60～64	75.1	86.6	64.0	55.0	74.7	21.8	20.9	36.0	4.0
65～	25.6	34.9	18.4	24.0	40.4	2.6	8.4	16.1	1.5

年齢	アジア								
	インド (2022)			インドネシア (2022)			韓国 (2022)		
	計	男	女	計	男	女	計	男	女
15歳以上	52.4	76.1	28.3	67.0	81.5	52.5	64.2	73.7	55.0
15～19	14.4	21.4	6.1	25.8	28.5	23.0	6.2	5.2	7.3
20～24	45.4	69.6	20.4	64.7	76.3	52.8	46.9	42.4	50.7
25～29	59.6	95.5	24.9	73.8	91.7	55.3	74.3	71.4	77.5
30～34	65.8	97.3	34.6	75.3	95.2	54.7	80.9	88.7	72.2
35～39	66.6	98.0	37.7	77.6	95.9	59.0	78.7	93.1	63.0
40～44	71.7	98.0	45.2	80.0	96.0	63.7	79.2	92.7	65.1
45～49	71.2	96.6	45.3	80.3	95.7	64.7	80.1	92.6	67.4
50～54	67.1	93.6	39.8	79.2	93.7	64.7	81.1	91.1	70.8
55～59	62.5	89.8	34.8	74.9	88.9	61.0	77.3	87.6	67.1
60～64	44.4	66.4	23.4	65.9	79.5	52.5	66.2	77.1	55.5
65～	22.7	35.2	9.9	46.4	60.9	33.6	38.6	49.1	30.4

年齢	アジア								
	サウジアラビア (2016)			シンガポール (2022)			タイ (2022)		
	計	男	女	計	男	女	計	男	女
15歳以上	55.0	78.3	22.2	70.0	77.0	63.4	67.5	76.0	59.9
15～19	2.7	4.6	1.0	15.8	19.4	12.3	12.9	17.7	8.1
20～24	32.6	48.9	15.8	57.3	57.4	57.1	61.8	69.5	54.2
25～29	65.0	90.8	33.8	89.3	87.6	91.1	86.5	92.2	80.9
30～34	72.2	97.0	36.1	93.7	97.6	90.0	89.1	94.9	83.3
35～39	75.7	98.2	37.8	91.7	98.0	86.0	89.5	95.2	83.9
40～44	74.6	98.2	33.2	89.8	97.4	83.3	89.0	94.7	83.4
45～49	70.8	96.5	23.2	89.1	96.1	82.7	87.9	94.7	81.7
50～54	62.6	88.4	12.1	84.2	93.8	75.2	84.2	93.3	75.9
55～59	53.8	79.9	7.4	78.0	88.6	67.1	78.5	88.8	69.0
60～64	32.6	53.5	1.8	67.5	79.2	56.1	56.3	68.2	47.3
65～	13.9	26.9	0.6	32.1	41.5	24.0	26.5	35.6	19.9

年齢	アジア								
	中国 (2010)			トルコ (2021)			パキスタン (2021)		
	計	男	女	計	男	女	計	男	女
15歳以上	71.0	78.2	63.7	51.4	70.3	32.8	52.7	80.7	24.5
15～19	33.5	34.8	32.0	24.9	34.5	14.6	33.1	47.9	16.7
20～24	72.8	76.2	69.3	59.0	72.9	44.9	56.3	85.9	27.7
25～29	88.9	95.8	82.1	69.9	90.4	49.4	60.6	96.4	29.2
30～34	90.2	97.0	83.2	69.7	94.0	45.1	61.3	98.8	27.8
35～39	90.8	97.0	84.4	70.1	94.1	45.9	63.4	98.3	29.4
40～44	90.7	96.5	84.8	69.7	93.1	46.1	64.7	98.7	30.2
45～49	87.7	95.1	80.1	66.2	90.3	42.2	64.7	98.0	31.1
50～54	76.3	89.8	62.4	55.5	77.4	33.2	60.6	93.5	26.1
55～59	67.1	80.4	53.8	41.3	60.7	22.2	51.6	84.1	18.1
60～64	49.5	58.3	40.6	29.4	44.5	14.8	36.9	58.5	11.7
65～	21.1	27.6	15.1	11.3	18.6	5.4	20.6	32.7	4.5

12-1　男女、年齢階級別労働力人口比率(2)

（単位：%）

年齢	アジア								
	バングラデシュ (2017)			フィリピン (2021)			ベトナム (2022)		
	計	男	女	計	男	女	計	男	女
15歳以上	**58.3**	**80.7**	**36.4**	**56.5**	**68.8**	**44.1**	**73.1**	**77.8**	**68.5**
15～19	30.6	41.0	18.5	16.5	21.6	11.2	23.5	24.9	22.0
20～24	51.9	74.5	33.9	48.6	58.1	38.5	71.3	74.6	67.7
25～29	65.5	94.0	43.1	69.2	83.1	54.2	89.5	92.9	86.0
30～34	70.8	97.9	47.3	71.2	87.4	54.3	91.7	95.0	88.4
35～39	72.7	97.7	49.2	73.3	89.1	56.8	93.4	96.4	90.6
40～44	71.9	97.2	46.0	74.9	89.2	59.9	93.2	96.1	90.3
45～49	70.2	96.7	43.7	74.6	88.5	60.7	92.1	95.9	88.4
50～54	66.3	94.7	36.7	71.6	84.6	58.4	87.7	93.5	82.1
55～59	62.5	91.1	30.7	67.0	79.5	54.8	77.6	86.2	68.9
60～64	52.0	78.3	19.3	52.6	63.5	42.4	61.9	67.2	57.5
65～	31.0	47.1	8.7	29.6	39.4	22.2	33.2	38.3	29.7

年齢	アジア						北アメリカ		
	香港 (2022)			ミャンマー (2020)			アメリカ合衆国 (2022)		
	計	男	女	計	男	女	計	男	女
15歳以上	**58.2**	**64.7**	**52.9**	**60.2**	**77.5**	**45.6**	a **62.2**	a **68.0**	a **56.8**
15～19	7.3	7.0	7.7	24.1	27.0	21.2	b 36.8	b 36.4	b 37.2
20～24	53.8	53.4	54.2	68.8	80.4	58.5	71.0	73.2	68.7
25～29	87.9	89.7	86.2	79.4	95.0	66.2	82.7	87.2	78.2
30～34	87.0	93.9	81.7	79.1	96.8	64.1	83.6	90.2	77.1
35～39	83.6	94.0	76.6	78.4	97.0	62.3	82.9	89.8	76.0
40～44	82.6	94.4	74.6	73.1	95.7	53.7	83.0	89.7	76.5
45～49	81.2	92.4	73.3	72.3	95.4	52.4	82.5	89.0	76.2
50～54	78.7	89.8	70.7	67.0	93.1	45.7	79.7	85.3	74.3
55～59	68.6	81.0	58.5	60.5	88.4	38.5	73.2	78.8	67.7
60～64	48.7	61.2	37.0	41.0	64.9	22.8	57.4	63.4	51.7
65～	13.3	19.3	7.9	15.6	27.7	7.8	19.2	23.7	15.5

年齢	北アメリカ						南アメリカ		
	カナダ (2022)			メキシコ (2022)			アルゼンチン c (2022)		
	計	男	女	計	男	女	計	男	女
15歳以上	**65.4**	**69.5**	**61.5**	**59.8**	**76.3**	**45.0**	**61.5**	**71.7**	**52.1**
15～19	51.6	50.0	53.3	29.6	39.8	19.5	16.4	19.0	13.4
20～24	77.2	77.0	77.3	60.1	74.1	46.4	60.5	69.1	51.9
25～29	87.7	89.6	85.7	74.8	91.5	58.9	77.6	87.4	68.1
30～34	88.9	93.0	84.7	76.0	94.1	59.7	83.5	94.3	72.7
35～39	89.1	93.6	84.6	77.0	95.1	61.4	85.7	95.5	76.5
40～44	89.7	93.3	86.1	76.6	95.1	60.4	86.5	96.1	78.1
45～49	89.2	92.5	85.9	75.3	93.8	59.5	85.4	94.2	77.0
50～54	86.9	90.0	83.8	71.3	91.4	53.7	81.5	91.7	72.0
55～59	76.9	82.1	71.9	63.9	85.7	45.6	73.7	84.8	63.2
60～64	56.9	62.8	51.2	48.2	67.8	32.0	56.1	75.7	37.6
65～	14.6	18.8	11.0	24.9	38.7	13.8	15.1	23.5	9.5

年齢	南アメリカ								
	コロンビア (2022)			チリ (2022)			ブラジル (2022)		
	計	男	女	計	男	女	計	男	女
15歳以上	**63.2**	**76.2**	**51.1**	**60.2**	**70.6**	**50.1**	**63.4**	**73.6**	**53.8**
15～19	22.9	27.7	17.6	9.8	11.5	8.0	36.8	41.2	32.3
20～24	66.1	77.0	55.7	47.6	53.0	42.0	74.3	82.0	66.4
25～29	80.4	91.5	69.5	76.0	81.9	70.0	81.0	89.9	72.0
30～34	83.8	95.4	72.7	82.9	90.8	74.9	82.7	92.0	73.4
35～39	83.7	95.8	72.6	83.1	92.1	74.0	82.6	92.4	73.2
40～44	81.8	94.5	70.0	83.3	93.0	73.5	81.3	90.9	72.2
45～49	79.7	93.7	66.6	79.5	90.8	68.3	78.5	88.7	68.9
50～54	74.9	91.9	59.3	76.0	88.0	64.4	71.7	83.4	60.6
55～59	65.6	87.6	47.2	69.1	94.6	53.5	60.1	74.1	47.5
60～64	51.8	74.8	32.3	57.9	77.1	40.4	42.1	56.7	29.5
65～	23.7	36.9	13.3	19.9	31.1	11.3	14.5	22.2	8.6

12-1 男女、年齢階級別労働力人口比率(3)

(単位：%)

年齢	南アメリカ						ヨーロッパ		
	ベネズエラ def (2020)			ペルー (2022)			アイルランド (2022)		
	計	男	女	計	男	女	計	男	女
15歳以上	g 53.8	g 65.1	g 42.6	72.5	79.0	66.0	64.8	70.5	59.4
15～19	19.5	24.5	14.4	48.6	51.4	45.6	32.8	32.0	33.8
20～24	56.1	68.1	43.8	65.3	71.3	59.4	74.3	76.2	72.3
25～29	70.5	86.2	56.2	76.4	81.7	70.3	87.6	90.1	85.2
30～34	77.3	91.2	64.6	82.1	88.3	75.4	86.3	91.7	81.1
35～39	79.5	91.2	65.9	83.4	91.2	75.6	86.4	94.2	79.3
40～44	79.7	91.9	66.1	85.9	91.4	80.8	87.6	94.2	81.5
45～49	79.7	90.8	69.4	86.5	92.7	80.1	85.8	91.4	80.3
50～54	73.1	88.9	57.0	85.1	91.5	78.9	82.6	89.7	75.7
55～59	63.5	81.1	46.9	80.6	88.9	72.8	77.6	84.4	71.1
60～64	45.8	62.4	30.1	73.6	83.4	63.7	59.6	70.2	49.3
65～	23.4	34.1	14.2	48.5	57.4	41.0	13.4	19.3	8.1

年齢	ヨーロッパ								
	イギリス (2019)			イタリア (2022)			ウクライナ ehj (2017)		
	計	男	女	計	男	女	計	男	女
15歳以上	63.2	68.2	58.5	49.1	58.1	40.7	k 62.0	k 69.0	k 55.7
15～19	34.6	34.2	35.0	6.7	7.9	5.6	7.3	8.8	5.6
20～24	75.9	78.1	73.6	44.8	51.8	37.3	55.3	61.3	48.8
25～29	87.3	92.0	82.4	70.6	77.0	63.9	78.6	90.8	65.7
30～34	87.7	94.4	81.0	78.4	88.7	67.8	82.7	91.8	73.4
35～39	87.6	94.6	80.8	80.3	91.1	69.4	84.7	90.9	78.6
40～44	87.8	93.1	82.5	81.2	91.0	71.4	86.0	88.6	83.6
45～49	87.6	92.4	82.9	81.0	91.4	70.7	83.2	84.7	81.9
50～54	85.4	89.2	81.8	78.0	89.5	66.9	78.3	80.5	76.3
55～59	77.4	81.8	73.2	70.3	82.8	58.4	59.1	69.3	51.0
60～64	57.6	63.2	52.3	43.3	52.0	35.2	18.5	21.9	16.1
65～	11.1	14.1	8.5	5.1	7.8	2.9	m 9.1	m 10.6	m 8.2

年齢	ヨーロッパ								
	オーストリア (2022)			オランダ (2022)			ギリシャ (2022)		
	計	男	女	計	男	女	計	男	女
15歳以上	61.5	66.7	56.6	67.9	72.4	63.6	52.3	60.4	44.7
15～19	36.8	40.8	32.6	77.7	78.2	77.2	5.1	5.4	4.7
20～24	74.5	76.1	72.8	85.4	84.8	85.9	46.6	50.4	42.8
25～29	87.2	89.5	84.7	90.2	91.8	88.5	81.3	83.6	78.6
30～34	89.6	93.4	85.7	90.7	94.3	87.0	86.6	94.1	79.3
35～39	90.6	94.8	86.4	89.5	94.9	84.0	87.0	95.4	78.3
40～44	91.9	94.5	89.2	88.9	92.5	85.3	86.9	94.9	78.6
45～49	91.2	93.9	88.5	88.7	91.9	85.5	86.6	95.8	77.9
50～54	88.3	90.2	86.4	86.7	90.6	82.9	83.0	92.7	72.9
55～59	80.4	83.6	77.2	82.8	87.7	77.9	68.5	83.6	55.9
60～64	33.7	47.4	20.4	67.2	75.9	58.5	45.1	57.3	33.6
65～	5.1	7.3	3.4	11.0	15.4	7.1	5.0	7.3	3.1

年齢	ヨーロッパ								
	スイス (2022)			スウェーデン (2022)			スペイン (2022)		
	計	男	女	計	男	女	計	男	女
15歳以上	66.6	71.9	61.5	67.1	70.4	63.7	57.9	62.9	53.2
15～19	53.9	58.1	49.4	41.2	37.5	45.1	11.5	12.5	10.6
20～24	75.1	74.5	75.8	73.1	76.9	69.0	54.6	57.4	51.7
25～29	90.1	91.9	88.2	85.9	88.4	83.2	84.1	86.8	81.4
30～34	91.4	95.3	87.6	91.1	94.3	87.7	88.2	91.2	85.3
35～39	90.2	94.9	85.3	92.9	96.2	89.4	89.1	93.1	85.2
40～44	90.4	94.4	86.2	93.0	95.0	90.8	89.8	94.1	85.5
45～49	90.1	94.5	85.6	93.9	96.2	91.6	88.4	93.0	83.7
50～54	88.1	92.3	83.9	92.9	95.0	90.8	84.4	90.0	78.7
55～59	84.8	89.6	79.8	89.1	92.1	86.0	75.6	82.9	68.6
60～64	64.9	71.7	58.4	73.1	75.3	70.8	53.8	59.5	48.5
65～	10.2	14.0	7.1	13.7	17.6	10.0	3.5	4.5	2.8

12-1　男女、年齢階級別労働力人口比率(4)

（単位：%）

ヨーロッパ

年齢	スロバキア （2022）			チェコ （2022）			デンマーク （2022）		
	計	男	女	計	男	女	計	男	女
15歳以上	61.5	67.3	56.2	59.9	67.9	52.2	63.4	67.4	59.4
15〜19	5.1	6.1	4.1	6.3	6.4	6.1	49.2	47.4	51.2
20〜24	47.0	58.1	35.4	50.5	58.7	41.7	75.2	76.7	73.6
25〜29	84.2	89.8	78.3	79.8	92.9	65.6	83.3	83.7	82.8
30〜34	89.0	95.1	82.6	81.1	97.7	63.4	87.0	91.1	82.7
35〜39	89.8	94.4	85.0	86.7	96.9	75.8	87.3	90.4	84.2
40〜44	92.8	95.2	90.3	93.8	97.1	90.2	89.9	93.1	86.6
45〜49	92.8	93.9	91.7	95.2	96.7	93.7	90.1	92.6	87.6
50〜54	88.7	89.8	87.6	94.1	95.4	92.7	89.4	91.2	87.6
55〜59	85.2	85.3	85.2	90.5	92.1	88.8	84.2	86.4	82.0
60〜64	48.7	53.2	44.6	56.2	67.1	45.7	64.4	71.0	57.9
65〜	4.9	6.3	3.9	7.0	9.4	5.3	11.0	16.0	6.7

ヨーロッパ

年齢	ドイツ （2022）			ノルウェー （2022）			ハンガリー （2022）		
	計	男	女	計	男	女	計	男	女
15歳以上	61.3	66.6	56.1	66.1	69.6	62.5	60.3	67.8	53.7
15〜19	30.6	33.2	28.0	53.6	50.8	56.4	7.1	8.6	5.5
20〜24	73.6	76.2	70.8	74.7	75.6	73.7	53.9	58.8	48.7
25〜29	84.6	88.3	80.5	87.1	88.7	85.3	86.9	92.1	81.4
30〜34	87.4	92.8	81.6	88.0	91.4	84.6	90.9	95.3	86.2
35〜39	88.1	93.8	82.2	88.1	89.7	86.4	91.7	95.7	87.6
40〜44	89.1	93.5	84.5	87.6	89.9	85.2	92.7	96.0	89.4
45〜49	89.5	93.1	86.0	85.6	85.6	85.6	92.6	94.5	90.5
50〜54	88.4	91.6	85.1	83.1	86.7	79.3	90.6	91.9	89.3
55〜59	84.2	88.0	80.3	80.0	83.8	76.0	82.2	85.8	78.9
60〜64	65.3	69.7	60.9	70.4	77.1	63.6	53.0	72.6	36.6
65〜	8.5	11.3	6.2	13.7	17.4	10.3	6.5	9.4	4.7

ヨーロッパ

年齢	フィンランド （2022）			フランス （2022）			ブルガリア （2022）		
	計	男	女	計	男	女	計	男	女
15歳以上	61.1	64.2	58.2	56.2	60.2	52.5	56.6	63.1	50.6
15〜19	38.8	35.1	42.5	16.7	19.3	14.0	4.5	5.2	＊3.8
20〜24	69.0	70.9	67.0	63.4	65.7	61.0	40.8	48.3	33.0
25〜29	82.2	83.8	80.6	86.4	90.4	82.6	78.5	85.3	71.4
30〜34	86.1	89.4	82.4	87.9	92.8	83.3	83.7	89.0	78.1
35〜39	89.8	92.1	87.4	88.1	93.4	83.3	86.8	89.7	83.6
40〜44	90.3	90.8	89.6	89.0	93.3	84.9	88.2	90.7	85.5
45〜49	90.1	90.1	90.2	89.3	92.9	85.9	88.8	90.6	86.9
50〜54	90.5	90.0	91.0	88.0	90.7	85.4	86.4	87.5	85.3
55〜59	86.5	86.7	86.4	81.4	84.3	78.7	81.6	83.2	80.1
60〜64	66.9	66.8	66.9	44.3	44.4	44.2	60.2	69.1	52.2
65〜	9.5	12.8	6.8	4.4	5.7	3.4	6.7	10.0	4.6

ヨーロッパ

年齢	ベルギー （2022）			ポーランド （2022）			ポルトガル （2022）		
	計	男	女	計	男	女	計	男	女
15歳以上	55.1	59.5	50.8	57.4	65.5	50.1	58.6	63.1	54.7
15〜19	14.1	13.8	14.4	5.5	6.9	4.0	8.3	8.5	8.1
20〜24	47.6	50.8	44.4	56.7	64.2	48.7	52.4	56.4	48.4
25〜29	85.1	88.1	82.1	85.0	91.6	78.1	87.1	86.5	87.7
30〜34	87.7	92.0	83.5	88.3	94.0	82.3	91.4	93.3	89.5
35〜39	87.4	92.4	82.5	89.1	94.6	83.3	93.2	93.9	92.6
40〜44	87.5	91.8	83.3	90.3	93.6	87.0	94.3	95.9	92.9
45〜49	85.7	89.4	81.8	89.2	92.1	86.3	92.1	94.6	89.9
50〜54	83.0	87.5	78.5	83.7	85.7	81.8	88.4	93.3	84.1
55〜59	75.5	81.4	69.6	75.0	80.2	70.0	80.1	85.4	75.6
60〜64	41.0	45.0	37.0	42.3	62.5	24.4	58.1	62.4	54.5
65〜	3.2	4.9	1.8	6.2	9.6	4.0	9.1	13.4	5.9

12-1　男女、年齢階級別労働力人口比率(5)

(単位：%)

年齢	ヨーロッパ								
	ルーマニア　(2022)			ルクセンブルク　(2022)			ロシア　(2022)		
	計	男	女	計	男	女	計	男	女
15歳以上	51.8	62.0	42.3	61.6	65.1	58.0	62.2	70.3	55.5
15〜19	7.6	9.9	5.1	18.2	18.0	18.5	5.6	6.4	4.8
20〜24	44.2	54.2	33.6	46.7	44.4	49.1	54.4	59.6	49.1
25〜29	78.3	88.9	67.2	85.7	85.3	86.1	88.8	95.0	82.3
30〜34	82.1	94.4	68.8	94.2	96.2	92.2	90.9	95.9	85.7
35〜39	83.9	93.3	73.8	92.7	94.7	90.6	92.6	96.0	89.4
40〜44	85.0	93.6	76.0	89.9	94.2	85.6	94.2	96.0	92.6
45〜49	83.8	91.3	76.0	91.1	93.5	88.6	94.0	95.2	93.0
50〜54	78.8	86.6	70.8	85.1	92.1	77.7	91.5	92.9	90.3
55〜59	67.4	76.5	58.3	66.5	75.4	56.8	75.6	85.2	67.8
60〜64	32.0	45.7	19.9	25.4	31.5	19.1	38.7	51.2	29.6
65〜	2.2	3.2	1.5	3.8	5.7	2.1	6.0	8.3	4.8

年齢	アフリカ								
	エジプト　(2021)			エチオピア　(2021)			ナイジェリア　(2022)		
	計	男	女	計	男	女	計	男	女
15歳以上	43.0	69.1	15.3	68.3	79.2	57.6	81.3	85.7	77.0
15〜19	13.4	23.3	2.4	46.1	50.2	41.7	55.3	59.1	51.1
20〜24	36.0	55.0	14.6	65.6	73.3	59.1	76.1	81.6	71.0
25〜29	55.5	91.9	19.3	77.4	90.6	66.6	86.9	92.0	83.5
30〜34	58.6	96.1	19.7	80.6	95.0	67.2	93.1	97.3	89.6
35〜39	59.0	96.3	21.7	81.6	95.4	69.5	94.3	98.7	90.2
40〜44	60.5	96.1	22.6	81.3	94.3	66.5	94.7	99.1	90.1
45〜49	59.6	95.0	23.2	82.1	94.5	68.2	94.4	98.5	90.4
50〜54	57.2	90.9	21.7	74.6	90.5	58.3	94.5	98.6	90.4
55〜59	54.5	84.1	21.9	73.5	89.7	55.7	93.8	97.4	88.8
60〜64	21.4	38.1	4.1	63.4	81.9	43.9	89.7	96.5	81.9
65〜	10.0	17.7	1.9	44.9	59.0	27.7	68.3	76.9	57.3

年齢	アフリカ			オセアニア					
	南アフリカ　(2022)			オーストラリア　(2022)			ニュージーランド　(2022)		
	計	男	女	計	男	女	計	男	女
15歳以上	56.9	63.5	50.8	66.7	71.1	62.3	71.3	75.9	66.9
15〜19	10.9	12.2	9.7	58.7	55.5	62.1	53.2	50.3	56.2
20〜24	48.5	53.4	43.5	83.7	84.9	82.5	81.6	84.8	78.1
25〜29	71.1	76.5	65.6	86.4	90.3	82.4	87.0	92.5	81.3
30〜34	75.5	80.4	70.4	85.8	91.6	80.0	87.5	93.7	81.3
35〜39	79.0	84.2	73.6	87.2	92.8	81.6	86.9	92.8	81.0
40〜44	79.7	86.1	73.1	86.6	91.2	82.1	89.5	93.4	85.8
45〜49	77.8	84.6	71.2	86.7	90.0	83.5	89.3	92.4	86.1
50〜54	73.3	80.3	67.1	84.0	87.4	80.7	88.1	91.1	85.3
55〜59	59.4	68.7	51.6	77.5	83.2	72.1	83.9	89.1	79.0
60〜64	28.9	35.5	23.7	60.3	66.6	54.3	76.0	81.6	70.7
65〜	13.9	18.5	11.3	15.0	19.4	11.2	25.2	30.5	20.5

a　16歳以上。　b　16〜19歳。　c　主要都市部のみ。　d　自家使用生産労働者を除く。　e　一部の地域を除く。　f　先住民を除く。　g　10歳以上。　h　施設にいる者、軍隊及び義務兵役にある者を除く。　j　自給自足労働者を含む。　k　15〜70歳。m　65〜70歳。

12-2　男女別15歳以上就業者数(2022年)

（単位：1,000人）

国（地域）	計	男	女	国（地域）	計	男	女
アジア				イタリア	23,099	13,350	9,749
日本	67,230	36,990	30,240	ウクライナ d	15,693	8,242	7,451
アラブ首長国連邦	7,303	5,536	1,767	エストニア	681	343	337
イスラエル	4,172	2,144	2,028	オーストリア	4,442	2,353	2,089
イラン	23,508	19,859	3,648	オランダ	9,587	5,075	4,511
インド	444,846	325,253	119,585	ギリシャ	4,141	2,392	1,749
インドネシア	135,208	82,241	52,967	スイス	4,713	2,515	2,198
カザフスタン ab	8,972	4,673	4,298	スウェーデン	5,256	2,793	2,463
韓国	28,229	15,960	12,269	スペイン	20,391	10,965	9,425
シンガポール	2,350	1,256	1,094	スロバキア	2,604	1,381	1,223
スリランカ c	7,999	5,373	2,626	スロベニア	986	537	450
タイ	39,221	21,058	18,163	チェコ	5,169	2,882	2,287
トルコ	30,752	20,818	9,935	デンマーク	2,994	1,575	1,420
パキスタン d	61,652	47,810	13,843	ドイツ	42,529	22,630	19,899
フィリピン d	41,060	25,191	15,869	ノルウェー	2,859	1,513	1,346
ベトナム	54,629	28,380	26,249	ハンガリー	4,709	2,500	2,209
マレーシア ace	14,957	9,129	5,828	フィンランド	2,640	1,361	1,280
				フランス	28,341	14,474	13,867
北アメリカ				ブルガリア	3,150	1,678	1,472
アメリカ合衆国 f	158,291	84,203	74,089	ベルギー	4,990	2,639	2,352
カナダ	19,693	10,316	9,377	ポーランド	16,742	9,108	7,634
コスタリカ	2,236	1,368	868	ポルトガル	4,909	2,470	2,439
メキシコ	57,282	34,441	22,841	ラトビア	891	440	452
				リトアニア	1,421	695	726
南アメリカ				ルーマニア	7,806	4,493	3,314
アルゼンチン g	12,881	7,241	5,640	ルクセンブルク	312	166	146
コロンビア	22,032	13,040	8,992	ロシア	71,974	36,917	35,056
チリ	8,877	5,126	3,751				
ブラジル	97,919	56,003	41,916	**アフリカ**			
ベネズエラ ach	13,551	8,187	5,365	エジプト d	27,241	22,960	4,281
ペルー	17,717	9,751	7,965	南アフリカ	17,861	9,836	8,025
				モロッコ ad	10,772	8,374	2,398
ヨーロッパ							
アイスランド	210	113	97	**オセアニア**			
アイルランド	2,547	1,358	1,189	オーストラリア	13,620	7,139	6,482
イギリス j	32,693	17,241	15,452	ニュージーランド	2,836	1,491	1,345

a 自家使用生産労働者を除く。　b 施設にいる者、軍隊及び義務兵役にある者を除く。　c 2020年。　d 2021年。　e 64歳以下。　f 16歳以上。　g 主要都市部のみ。　h 一部の地域を除く。先住民を除く。　j 2019年。

12-3　産業別15歳以上就業者数(1)

（単位：1,000人）

産業	アジア							
	日本 (2020)		イスラエル (2022)		インドネシア (2015)		韓国 (2022)	
	総数	男	総数	男	総数	男	総数	男
総数	66,330	36,829	4,172	2,144	117,833	72,788	28,229	15,960
農業、林業、漁業	2,088	1,292	32	23	38,937	24,245	1,526	932
鉱業、採石業	25	20	3	2	1,365	1,232	9	8
製造業	10,381	7,275	391	268	16,151	9,447	4,503	3,214
電気、ガス、蒸気、空調供給業	318	271	17	13	212	194	80	64
水供給、下水処理・廃棄物管理、浄化活動	344	294	16	12	279	222	154	128
建設業	4,883	4,073	209	189	7,961	7,773	2,123	1,887
卸売・小売業、自動車・オートバイ修理業	11,055	5,478	424	242	21,955	11,289	3,313	1,767
運輸・保管業	3,758	2,898	175	144	4,623	4,429	1,655	1,453
宿泊・飲食サービス業	3,891	1,489	165	95	5,167	2,323	2,182	849
情報通信業	3,414	2,457	288	186	575	438	981	656
金融・保険業	1,656	750	136	60	1,736	1,155	774	345
不動産業	1,083	631	30	19	292	193	552	339
専門・科学・技術サービス業	1,695	1,019	341	175	422	300	1,288	806
管理・支援サービス業	513	298	156	91	1,046	839	1,423	817
公務、国防、強制社会保障事業	268	133	418	235	4,034	3,005	1,213	697
教育	3,381	1,441	510	122	5,749	2,317	1,901	626
保健衛生、社会事業	8,580	2,108	484	103	1,505	539	2,714	486
芸術・娯楽、レクリエーション	3,604	1,942	79	41	440	323	482	249
その他のサービス業	1,798	674	107	37	2,638	1,821	1,119	591
雇主としての世帯活動等	2,372	1,646	70	11	2,745	704	80	2
治外法権機関、団体の活動	1,223	637	2	1	* 1	* 1	16	14
分類不能の産業	…	…	120	74	…	…	140	32

産業	アジア							
	トルコ (2022)		フィリピン (2021)		ベトナム (2022)		マレーシア ab (2020)	
	総数	男	総数	男	総数	男	総数	男
総数	30,752	20,818	41,060	25,191	54,629	28,380	14,957	9,129
農業、林業、漁業	4,866	2,822	9,988	7,556	18,350	9,207	1,566	1,213
鉱業、採石業	157	147	184	170	195	156	82	60
製造業	6,158	4,507	3,252	2,000	11,673	5,268	2,498	1,504
電気、ガス、蒸気、空調供給業	129	118	71	56	138	111	76	63
水供給、下水処理・廃棄物管理、浄化活動	219	197	80	65	181	108	84	66
建設業	1,846	1,755	4,160	4,077	4,526	4,078	1,173	1,024
卸売・小売業、自動車・オートバイ修理業	4,363	3,209	8,589	3,315	7,839	3,525	2,766	1,621
運輸・保管業	1,493	1,333	2,859	2,746	1,890	1,704	689	572
宿泊・飲食サービス業	1,699	1,193	1,370	651	2,667	870	1,540	831
情報通信業	282	215	405	256	314	207	223	133
金融・保険業	315	177	587	258	486	224	372	174
不動産業	329	261	182	82	368	219	82	43
専門・科学・技術サービス業	939	542	310	139	360	224	379	191
管理・支援サービス業	1,103	664	1,774	1,066	365	226	802	510
公務、国防、強制社会保障事業	2,022	1,614	2,581	1,418	1,265	868	735	495
教育	1,893	786	1,323	336	1,818	476	938	293
保健衛生、社会事業	1,836	550	647	201	594	208	560	158
芸術・娯楽、レクリエーション	153	107	288	144	278	140	58	31
その他のサービス業	813	607	706	364	1,088	529	267	140
雇主としての世帯活動等	132	10	1,705	290	197	12	66	6
治外法権機関、団体の活動	6	3	1	* 0	4	1	…	…
分類不能の産業	…	…	…	…	31	20	…	…

12-3　産業別15歳以上就業者数(2)

(単位：1,000人)

産業	北アメリカ				南アメリカ			
	アメリカ合衆国 c (2022)		メキシコ (2022)		アルゼンチン d (2022)		ブラジル (2022)	
	総数	男	総数	男	総数	男	総数	男
総数	158,291	84,203	57,282	34,441	12,881	7,241	97,919	56,003
農業、林業、漁業	2,565	1,817	7,128	6,002	80	59	8,512	6,837
鉱業、採石業	415	353	415	291	49	42	499	430
製造業	15,700	11,146	9,540	6,003	1,499	1,018	11,379	7,377
電気、ガス、蒸気、空調供給業	1,356	1,027	163	128	46	38	260	205
水供給、下水処理・廃棄物 管理、浄化活動	766	608	325	253	83	64	472	363
建設業	12,277	10,908	3,629	3,482	1,135	1,096	7,366	7,070
卸売・小売業、自動車・ オートバイ修理業	19,363	10,928	11,308	5,740	2,302	1,326	18,892	10,986
運輸・保管業	10,765	7,620	2,475	2,231	656	597	5,164	4,573
宿泊・飲食サービス業	9,810	4,721	4,037	1,665	482	267	5,336	2,291
情報通信業	6,890	4,702	561	353	271	190	1,701	1,205
金融・保険業	8,109	3,810	768	404	260	137	1,522	787
不動産業	3,291	1,657	256	139	69	40	643	363
専門・科学・技術サービス業	9,390	4,995	2,501	1,927	471	242	3,747	1,918
管理・支援サービス業	7,141	4,127	2,023	1,188	569	378	3,819	2,382
公務、国防、強制社会保障事業	5,792	2,852	2,259	1,327	1,090	603	5,124	3,099
教育	13,853	4,302	2,823	1,015	858	228	6,053	1,652
保健衛生、社会事業	22,066	4,902	1,911	636	849	240	5,931	1,435
芸術・娯楽、レクリエーション	3,073	1,528	448	325	210	127	1,016	625
その他のサービス業	4,491	1,778	1,499	632	582	269	4,211	1,617
雇主としての世帯活動等	655	61	2,277	198	822	511	5,834	511
治外法権機関、団体の活動	523	360	4	3	* 2	* ...	7	4
分類不能の産業	...	...	932	499	495	260	423	272

産業	ヨーロッパ							
	アイルランド (2022)		イギリス (2019)		イタリア (2022)		オーストリア (2022)	
	総数	男	総数	男	総数	男	総数	男
総数	2,547	1,358	32,693	17,241	23,099	13,350	4,442	2,353
農業、林業、漁業	101	86	340	250	875	647	157	91
鉱業、採石業	* 6	* ...	126	101	31	28	7	7
製造業	285	196	2,990	2,223	4,258	3,088	745	543
電気、ガス、蒸気、空調供給業	15	11	199	144	118	84	29	22
水供給、下水処理・廃棄物 管理、浄化活動	16	12	230	182	249	204	23	18
建設業	165	150	2,356	2,061	1,551	1,434	367	313
卸売・小売業、自動車・ オートバイ修理業	315	160	4,040	2,148	3,137	1,828	604	271
運輸・保管業	111	89	1,572	1,280	1,167	930	207	158
宿泊・飲食サービス業	168	76	1,745	804	1,405	701	253	107
情報通信業	163	112	1,389	991	689	478	160	104
金融・保険業	119	63	1,287	723	605	320	139	68
不動産業	13	* 6	391	177	156	86	38	15
専門・科学・技術サービス業	166	93	2,519	1,420	1,513	814	271	136
管理・支援サービス業	107	61	1,530	826	1,007	478	160	69
公務、国防、強制社会保障事業	133	63	2,111	997	1,142	746	296	147
教育	209	55	3,413	971	1,604	407	294	89
保健衛生、社会事業	332	71	4,401	975	1,883	546	496	120
芸術・娯楽、レクリエーション	51	26	878	473	308	174	75	38
その他のサービス業	57	16	938	369	746	267	107	31
雇主としての世帯活動等	* ...	* ...	50	14	637	81	5	* 0
治外法権機関、団体の活動	* ...	* ...	58	37	19	9	8	5
分類不能の産業	9	* 5	130	75	...	...	...	...

12-3　産業別15歳以上就業者数(3)

(単位：1,000人)

産業	ヨーロッパ							
	オランダ (2022)		ギリシャ (2022)		スイス (2022)		スウェーデン (2022)	
	総数	男	総数	男	総数	男	総数	男
総数	9,587	5,075	4,141	2,392	4,713	2,515	5,256	2,793
農業、林業、漁業	180	123	461	291	108	72	97	77
鉱業、採石業	16	13	12	11	2	2	12	10
製造業	804	618	413	297	577	411	493	369
電気、ガス、蒸気、空調供給業	41	31	33	25	25	19	34	24
水供給、下水処理・廃棄物　管理、浄化活動	40	32	37	31	15	13	25	18
建設業	415	366	149	143	333	287	336	298
卸売・小売業、自動車・　オートバイ修理業	1,443	799	717	417	524	267	536	315
運輸・保管業	451	347	204	172	207	153	206	161
宿泊・飲食サービス業	433	225	377	194	191	91	159	79
情報通信業	432	324	108	69	194	142	315	227
金融・保険業	298	183	74	33	247	142	121	64
不動産業	73	36	11	8	64	29	97	59
専門・科学・技術サービス業	849	502	259	137	410	247	532	305
管理・支援サービス業	447	250	91	54	167	97	246	142
公務、国防、強制社会保障事業	656	350	374	232	244	123	421	167
教育	751	268	344	99	355	125	578	159
保健衛生、社会事業	1,616	308	288	94	725	177	762	189
芸術・娯楽、レクリエーション	236	117	60	34	92	44	122	63
その他のサービス業	189	61	92	42	135	45	129	44
雇主としての世帯活動等	9	* 2	28	4	75	18	* …	* …
治外法権機関、団体の活動	* …	* …	4	3	5	* 2	* …	* …
分類不能の産業	209	118	5	3	18	9	32	19

産業	ヨーロッパ							
	スペイン (2022)		チェコ (2022)		デンマーク (2022)		ドイツ (2022)	
	総数	男	総数	男	総数	男	総数	男
総数	20,391	10,965	5,169	2,882	2,994	1,575	42,529	22,630
農業、林業、漁業	775	596	138	98	63	48	527	351
鉱業、採石業	29	24	20	18	* 4	* 3	71	56
製造業	2,505	1,798	1,357	916	337	235	8,089	5,907
電気、ガス、蒸気、空調供給業	93	62	60	46	18	13	369	270
水供給、下水処理・廃棄物　管理、浄化活動	145	121	68	51	16	13	268	219
建設業	1,321	1,196	402	373	194	173	2,627	2,247
卸売・小売業、自動車・　オートバイ修理業	2,986	1,500	568	250	458	262	5,368	2,581
運輸・保管業	1,099	870	314	239	125	98	2,058	1,556
宿泊・飲食サービス業	1,640	771	168	67	109	52	1,374	645
情報通信業	740	519	188	139	130	96	1,671	1,136
金融・保険業	473	223	120	56	83	48	1,311	654
不動産業	164	76	46	28	39	24	395	204
専門・科学・技術サービス業	1,114	576	269	140	173	94	2,345	1,151
管理・支援サービス業	1,044	472	117	61	112	57	1,993	1,032
公務、国防、強制社会保障事業	1,418	791	333	167	160	72	3,202	1,475
教育	1,498	485	373	72	259	107	2,862	821
保健衛生、社会事業	1,886	404	414	86	550	103	5,793	1,373
芸術・娯楽、レクリエーション	428	259	80	41	72	36	552	279
その他のサービス業	488	167	98	28	75	31	1,479	650
雇主としての世帯活動等	541	54	35	7	* 2	* …	151	* …
治外法権機関、団体の活動	* 3	* 1	* …	* …	* 3	* …	* …	* …
分類不能の産業	…	…	…	…	11	7	* 14	* …

12-3　産業別15歳以上就業者数(4)

（単位：1,000人）

産業	ヨーロッパ							
	ノルウェー (2022)		ハンガリー (2022)		フィンランド (2022)		フランス (2022)	
	総数	男	総数	男	総数	男	総数	男
総数	2,859	1,513	4,709	2,500	2,640	1,361	28,341	14,474
農業、林業、漁業	62	50	205	149	98	73	722	508
鉱業、採石業	70	55	8	7	7	6	39	33
製造業	208	154	991	603	334	241	3,096	2,124
電気、ガス、蒸気、空調供給業	17	13	39	28	16	11	184	124
水供給、下水処理・廃棄物管理、浄化活動	19	17	55	43	16	12	217	155
建設業	236	213	384	357	185	165	1,839	1,603
卸売・小売業、自動車・オートバイ修理業	348	187	596	279	291	157	3,705	1,988
運輸・保管業	136	108	291	219	136	108	1,444	1,060
宿泊・飲食サービス業	110	54	185	78	100	35	1,144	591
情報通信業	124	87	167	121	135	95	977	680
金融・保険業	60	32	99	37	48	22	955	416
不動産業	33	22	37	18	30	14	349	152
専門・科学・技術サービス業	174	97	229	105	194	104	1,853	964
管理・支援サービス業	129	76	136	72	140	73	1,205	632
公務、国防、強制社会保障事業	177	87	412	178	122	52	2,342	1,128
教育	234	75	361	77	185	57	2,147	679
保健衛生、社会事業	577	117	317	60	415	62	3,962	810
芸術・娯楽、レクリエーション	74	41	81	39	64	30	620	306
その他のサービス業	54	19	114	29	84	22	844	276
雇主としての世帯活動等	* ...	* ...	* ...	* ...	8	* ...	249	27
治外法権機関、団体の活動	* ...	* ...	* ...	* ...	* ...	* ...	15	7
分類不能の産業	12	* 7	...	...	31	18	434	212

産業	ヨーロッパ							
	ベルギー (2022)		ポーランド (2022)		ポルトガル (2022)		ルーマニア (2022)	
	総数	男	総数	男	総数	男	総数	男
総数	4,990	2,639	16,742	9,108	4,909	2,470	7,806	4,493
農業、林業、漁業	45	32	1,375	849	134	95	878	591
鉱業、採石業	* 3	* 3	177	159	10	9	56	49
製造業	568	417	3,266	2,209	822	495	1,541	889
電気、ガス、蒸気、空調供給業	30	21	196	151	20	13	83	66
水供給、下水処理・廃棄物管理、浄化活動	39	34	184	137	38	23	118	87
建設業	311	275	1,315	1,221	316	281	765	716
卸売・小売業、自動車・オートバイ修理業	616	348	2,273	1,013	717	372	1,382	612
運輸・保管業	277	219	1,100	862	225	180	555	481
宿泊・飲食サービス業	185	97	399	143	287	126	191	74
情報通信業	219	160	490	345	187	126	202	134
金融・保険業	155	82	393	156	103	53	115	40
不動産業	40	21	162	75	50	23	25	13
専門・科学・技術サービス業	323	178	702	294	256	117	221	93
管理・支援サービス業	292	128	471	256	163	81	214	153
公務、国防、強制社会保障事業	429	208	1,127	521	344	199	422	253
教育	481	143	1,294	258	443	109	370	85
保健衛生、社会事業	719	160	1,137	203	512	88	449	76
芸術・娯楽、レクリエーション	79	43	222	94	77	46	67	31
その他のサービス業	106	38	303	97	111	30	128	46
雇主としての世帯活動等	7	* ...	76	* 16	90	* ...	21	* ...
治外法権機関、団体の活動	67	30	* ...	...	* ...	* ...	* ...	* ...
分類不能の産業	...	...	79	49	...	...	...	...

12-3　産業別15歳以上就業者数(5)

(単位：1,000人)

産業	ヨーロッパ ロシア (2022)		アフリカ エジプト (2021)		オセアニア			
					オーストラリア ae (2020)		ニュージーランド e (2015)	
	総数	男	総数	男	総数	男	総数	男
総数	**71,974**	**36,917**	**27,241**	**22,960**	**12,673**	**6,691**	**2,357**	**1,244**
農業、林業、漁業	4,178	2,826	5,232	4,433	351	236	143	99
鉱業、採石業	1,683	1,410	40	39	243	202	7	5
製造業	10,131	6,372	3,414	3,143	934	671	264	190
電気、ガス、蒸気、空調供給業	1,793	1,382	215	201	87	65	14	10
水供給、下水処理・廃棄物管理、浄化活動	527	368	284	256	66	51	9	7
建設業	4,789	4,217	3,738	3,715	1,171	1,013	223	191
卸売・小売業、自動車・オートバイ修理業	11,203	4,230	4,077	3,450	1,763	931	347	185
運輸・保管業	6,416	5,011	2,421	2,396	626	493	101	72
宿泊・飲食サービス業	1,870	492	820	781	795	361	130	52
情報通信業	1,318	866	221	176	462	328	92	60
金融・保険業	1,611	507	201	146	483	248	69	33
不動産業	1,188	692	53	46	177	83	29	13
専門・科学・技術サービス業	2,655	1,220	555	459	864	443	137	70
管理・支援サービス業	1,759	1,135	234	211	459	238	97	48
公務、国防、強制社会保障事業	4,910	2,875	1,461	1,131	852	432	116	57
教育	6,878	1,197	2,125	1,044	1,092	314	201	53
保健衛生、社会事業	5,606	1,144	1,003	373	1,768	396	254	48
芸術・娯楽、レクリエーション	1,425	475	146	124	228	111	49	23
その他のサービス業	2,024	493	651	612	244	70	62	21
雇主としての世帯活動等	9	4	230	145	3	0	2	* ...
治外法権機関、団体の活動	* 1	* 1	* 3	* 2	1	0	* ...	* ...
分類不能の産業	...	...	116	78	2	2	13	8

a 自家使用生産労働者を除く。　b 64歳以下。　c 16歳以上。　d 主要都市部のみ。　e 施設にいる者、軍隊及び義務兵役にある者を除く。

12-4　職業別15歳以上就業者数(1)

新分類（ISCO-08）　　　　　　　　　　　　　　　　　　　　　　　　（単位：1,000人）

職業	アジア							
	日本 (2022)		イスラエル (2022)		インドネシア (2022)		韓国 (2022)	
	総数	男	総数	男	総数	男	総数	男
総数	67,230	36,990	4,172	2,144	135,208	82,241	28,229	15,960
管理職	1,240	1,080	317	216	2,814	1,923	436	373
専門職	12,770	6,650	1,270	558	7,992	3,172	5,885	2,985
技師、准専門職	↑	↑	583	254	3,887	2,708	4,854	2,343
事務補助員	14,010	5,540	261	81	5,973	3,395	3,269	1,148
サービス・販売従事者	20,960	10,940	738	272	34,396	15,994	2,681	1,274
農林漁業従事者	1,990	1,290	26	24	29,562	19,370	1,463	913
技能工及び関連職業の従事者	…	…	286	264	15,831	10,328	2,403	2,103
設備・機械の運転・組立工	13,620	10,880	227	206	8,704	7,560	3,053	2,698
単純作業従事者	4,890	2,690	189	99	25,441	17,210	4,045	2,092
軍隊	…	…	…	…	608	582	…	…
分類不能の職業	…	…	273	169	…	…	140	32

職業	アジア							
	スリランカ (2020)		タイ (2022)		トルコ (2022)		フィリピン (2021)	
	総数	男	総数	男	総数	男	総数	男
総数	7,999	5,373	39,221	21,058	30,752	20,818	41,060	25,191
管理職	512	374	1,290	814	1,677	1,367	3,287	1,532
専門職	531	191	2,355	907	3,730	1,907	2,241	776
技師、准専門職	695	453	1,923	867	1,991	1,385	1,664	871
事務補助員	306	140	1,881	550	2,152	1,232	2,666	1,122
サービス・販売従事者	757	541	8,098	3,164	5,957	3,802	8,108	3,257
農林漁業従事者	1,194	866	10,921	6,390	3,607	2,356	5,148	4,244
技能工及び関連職業の従事者	1,222	884	4,178	3,127	3,954	3,437	2,988	2,557
設備・機械の運転・組立工	729	618	3,992	2,845	2,973	2,612	3,172	2,877
単純作業従事者	1,834	1,154	4,512	2,341	4,711	2,719	11,697	7,871
軍隊	38	34	49	46	…	…	90	84
分類不能の職業	180	118	21	7	…	…	…	…

職業	アジア				北アメリカ			
	ベトナム (2022)		マレーシア ab (2020)		アメリカ合衆国 c (2022)		メキシコ (2022)	
	総数	男	総数	男	総数	男	総数	男
総数	54,629	28,380	14,957	9,129	158,291	84,203	57,282	34,441
管理職	366	272	808	608	18,546	10,942	1,722	1,048
専門職	2,649	1,162	1,868	782	35,905	16,557	5,439	2,821
技師、准専門職	1,246	558	1,547	1,063	26,999	11,910	4,163	2,082
事務補助員	914	436	1,242	384	13,622	3,669	3,290	1,438
サービス・販売従事者	7,249	2,765	3,632	1,862	23,105	9,687	12,810	5,707
農林漁業従事者	6,747	3,698	916	720	670	542	4,009	3,572
技能工及び関連職業の従事者	5,397	3,969	1,473	1,175	13,390	11,452	7,599	5,920
設備・機械の運転・組立工	5,628	3,093	1,690	1,278	9,321	7,476	5,832	4,645
単純作業従事者	22,976	11,809	1,780	1,258	16,733	11,968	10,897	6,466
軍隊	190	156	…	…	…	…	64	62
分類不能の職業	1,266	461	…	…	…	…	1,456	680

12-4　職業別15歳以上就業者数(2)

新分類（ISCO-08）　　　　　　　　　　　　　　　　　　　　　　　　　（単位：1,000人）

職業	南アメリカ							
	アルゼンチン d (2022)		チリ (2022)		ブラジル (2022)		ペルー (2022)	
	総数	男	総数	男	総数	男	総数	男
総数	12,881	7,241	8,877	5,126	97,919	56,003	17,717	9,751
管理職	432	287	368	259	3,416	2,075	91	62
専門職	964	357	1,389	680	11,895	4,898	1,201	584
技師、准専門職	966	538	1,073	494	8,059	4,471	1,250	788
事務補助員	989	453	477	221	8,173	3,148	951	453
サービス・販売従事者	2,207	1,018	1,847	775	21,969	9,353	3,179	979
農林漁業従事者	22	16	199	171	5,254	4,187	2,095	1,291
技能工及び関連職業の従事者	1,179	1,069	1,135	951	13,232	11,027	1,712	1,262
設備・機械の運転・組立工	719	625	695	657	8,763	7,554	1,411	1,349
単純作業従事者	1,464	674	1,639	873	16,007	8,279	5,728	2,901
軍隊	...	...	...	...	821	742	98	82
分類不能の職業	3,940	2,205	55	44	330	269	...	...

職業	ヨーロッパ							
	アイルランド (2022)		イギリス (2019)		イタリア (2022)		オーストリア (2022)	
	総数	男	総数	男	総数	男	総数	男
総数	2,547	1,358	32,693	17,241	23,099	13,350	4,442	2,353
管理職	237	147	3,865	2,442	867	625	229	152
専門職	655	308	8,630	4,417	3,476	1,584	934	434
技師、准専門職	310	156	4,034	1,942	3,899	2,369	803	437
事務補助員	224	58	3,083	932	2,946	1,059	419	125
サービス・販売従事者	453	154	5,694	1,814	3,975	1,602	765	264
農林漁業従事者	84	76	389	334	547	436	149	90
技能工及び関連職業の従事者	226	207	2,590	2,414	3,058	2,754	546	494
設備・機械の運転・組立工	142	120	1,592	1,399	1,616	1,324	232	199
単純作業従事者	192	117	2,674	1,435	2,499	1,389	354	146
軍隊	* 7	* 7	84	74	217	207	12	12
分類不能の職業	17	10	57	39	...	...	...	...

職業	ヨーロッパ							
	オランダ (2022)		ギリシャ (2022)		スイス (2022)		スウェーデン (2022)	
	総数	男	総数	男	総数	男	総数	男
総数	9,587	5,075	4,141	2,392	4,713	2,515	5,256	2,793
管理職	505	362	120	82	390	270	341	199
専門職	2,998	1,559	905	401	1,215	619	1,723	761
技師、准専門職	1,640	782	299	179	785	396	939	522
事務補助員	866	360	473	194	594	218	305	120
サービス・販売従事者	1,623	547	907	468	593	201	867	320
農林漁業従事者	127	104	423	268	99	75	90	67
技能工及び関連職業の従事者	633	575	388	358	431	379	448	417
設備・機械の運転・組立工	378	333	274	253	167	140	284	244
単純作業従事者	726	391	278	127	274	129	228	118
軍隊	28	23	...	...	3	2	17	16
分類不能の職業	63	40	73	62	162	85	14	9

12-4　職業別15歳以上就業者数(3)

新分類（ISCO-08）　　　　　　　　　　　　　　　　　　　　　　　　　　（単位：1,000人）

職業	ヨーロッパ							
	スペイン (2022)		スロバキア (2022)		チェコ (2022)		デンマーク (2022)	
	総数	男	総数	男	総数	男	総数	男
総数	20,391	10,965	2,604	1,381	5,169	2,882	2,994	1,575
管理職	889	581	148	92	263	194	82	58
専門職	3,934	1,645	411	162	960	450	835	371
技師、准専門職	2,459	1,501	438	223	834	473	547	310
事務補助員	2,113	677	259	57	448	102	189	57
サービス・販売従事者	4,235	1,693	435	159	802	264	542	196
農林漁業従事者	445	359	26	22	61	41	47	39
技能工及び関連職業の従事者	2,144	1,969	385	334	816	730	219	202
設備・機械の運転・組立工	1,612	1,388	338	252	686	507	151	131
単純作業従事者	2,453	1,056	148	65	295	120	314	177
軍隊	108	96	13	11	* 2	* 2	10	9
分類不能の職業	...	...	3	3	* ...	* ...	59	25

職業	ヨーロッパ							
	ドイツ (2022)		ノルウェー (2022)		ハンガリー (2022)		フィンランド (2022)	
	総数	男	総数	男	総数	男	総数	男
総数	42,529	22,630	2,859	1,513	4,709	2,500	2,640	1,361
管理職	1,756	1,249	231	154	207	129	60	38
専門職	9,455	4,776	821	331	887	424	695	352
技師、准専門職	8,406	3,883	443	266	731	271	498	220
事務補助員	5,556	1,922	164	72	378	114	137	38
サービス・販売従事者	5,737	2,163	584	195	680	256	487	144
農林漁業従事者	565	434	49	40	121	88	76	52
技能工及び関連職業の従事者	4,685	4,181	249	233	625	556	260	239
設備・機械の運転・組立工	2,633	2,221	170	144	639	445	197	163
単純作業従事者	3,229	1,467	98	43	421	199	183	82
軍隊	177	154	* 10	* 8	21	17	6	5
分類不能の職業	329	181	41	27	...	...	43	26

職業	ヨーロッパ							
	フランス (2022)		ベルギー (2022)		ポーランド (2022)		ポルトガル (2022)	
	総数	男	総数	男	総数	男	総数	男
総数	28,341	14,474	4,990	2,639	16,742	9,108	4,909	2,470
管理職	2,013	1,210	385	245	1,110	634	307	194
専門職	6,496	3,238	1,329	607	3,529	1,335	1,172	485
技師、准専門職	5,021	2,139	740	383	2,312	1,140	579	324
事務補助員	2,453	686	632	246	1,203	471	488	152
サービス・販売従事者	4,017	1,315	657	236	2,174	731	869	309
農林漁業従事者	791	609	52	43	1,289	791	106	81
技能工及び関連職業の従事者	2,802	2,520	445	415	2,448	2,184	599	510
設備・機械の運転・組立工	1,822	1,455	285	250	1,636	1,382	383	269
単純作業従事者	2,393	965	443	195	843	282	381	125
軍隊	206	170	22	19	104	98	24	22
分類不能の職業	327	166	...	...	95	61	...	...

12-4　職業別15歳以上就業者数(4)

新分類（ISCO-08）　　　　　　　　　　　　　　　　　　　　　（単位：1,000人）

職業	ヨーロッパ				アフリカ		オセアニア	
	ルーマニア (2022)		ロシア (2022)		エジプト (2021)		オーストラリア ae (2020)	
	総数	男	総数	男	総数	男	総数	男
総数	7,806	4,493	71,974	36,917	27,241	22,960	12,673	6,691
管理職	238	159	3,274	1,833	1,022	896	1,410	846
専門職	1,421	585	19,268	7,007	3,364	2,052	3,027	1,346
技師、准専門職	547	257	9,998	4,405	1,814	1,310	1,626	767
事務補助員	376	133	2,470	462	1,292	867	1,229	305
サービス・販売従事者	1,357	462	11,617	3,557	4,845	4,166	2,022	657
農林漁業従事者	623	418	1,559	801	4,921	4,136	293	228
技能工及び関連職業の従事者	1,383	1,117	8,889	7,440	5,325	5,256	1,260	1,182
設備・機械の運転・組立工	1,048	845	9,275	8,284	3,218	3,067	805	693
単純作業従事者	765	472	5,623	3,128	1,386	1,189	1,002	667
軍隊	49	45	...	...	...	...	0	0
分類不能の職業	...	...	...	...	53	21	0	0

a 自家使用生産労働者を除く。　b 64歳以下。　c 16歳以上。　d 主要都市部のみ。　e 施設にいる者、軍隊及び義務兵役にある者を除く。

旧分類（ISCO-88）　　　　　　　　（単位：1,000人）

職業	北アメリカ		アフリカ	
	カナダ a (2014)		南アフリカ (2022)	
	総数	男	総数	男
総数	17,802	9,328	17,861	9,836
議員・上級行政官・管理的職業従事者	1,452	936	1,423	955
専門的職業従事者	3,334	1,540	1,085	564
テクニシャン・準専門的職業従事者	2,998	1,145	1,470	646
事務従事者	2,168	554	1,568	465
サービス職業従事者・店舗等販売従事者	2,732	996	2,449	1,243
熟練農林漁業職業従事者	346	260	80	64
熟練職業従事者	1,817	1,666	1,668	1,471
装置・機械操作員、組立工	1,532	1,280	1,309	1,140
初級・単純職業従事者	1,423	951	4,501	2,149
軍隊	0	0	37	34
分類不能の職業	...	...	2,269	1,105

a 一部の地域を除く。

12-5　男女別15歳以上失業者数及び失業率(2022年)(1)

国（地域）	失業者数（1,000人）			失業率（%）		
	計	男	女	計	男	女
アジア						
日本	1,790	1,070	730	2.6	2.8	2.4
イスラエル	160	85	75	3.7	3.8	3.6
イラン	2,349	1,663	686	9.1	7.7	15.8
インド	22,539	16,786	5,750	4.8	4.9	4.6
インドネシア	4,848	3,123	1,726	3.5	3.7	3.2
カザフスタン ab	458	208	250	4.9	4.3	5.5
韓国	830	447	384	2.9	2.7	3.0
サウジアラビア	c 379	c 351	c 28	5.6	2.6	15.4
シンガポール	88	44	43	3.6	3.4	3.8
スリランカ d	453	219	234	5.4	3.9	8.2
タイ	372	178	194	0.9	0.8	1.1
台湾 d	460	260	200	3.8	3.9	3.8
中国	efg 9,520	...	...	fh 5.1	...	...
トルコ h	3,916	2,363	1,553	12.0	10.7	14.7
パキスタン h	4,172	2,777	1,395	6.3	5.5	9.2
フィリピン h	1,444	813	632	3.4	3.1	3.8
ベトナム	852	469	383	1.5	1.6	1.4
マレーシア dj	711	425	286	4.5	4.5	4.7
北アメリカ						
アメリカ合衆国 g	5,996	3,218	2,778	3.7	3.7	3.6
カナダ	1,098	590	508	5.3	5.4	5.1
コスタリカ	286	130	156	11.3	8.7	15.2
メキシコ	1,928	1,147	781	3.3	3.2	3.3
南アメリカ						
アルゼンチン k	941	473	468	6.8	6.1	7.7
コロンビア	2,598	1,230	1,367	10.6	8.6	13.2
チリ	803	439	364	8.3	7.9	8.9
ブラジル	9,958	4,516	5,442	9.2	7.5	11.5
ベネズエラ admnp	1,103	643	460	7.5	7.3	7.9
ペルー	794	353	441	4.3	3.5	5.3
ヨーロッパ						
アイスランド	8	5	3	3.8	4.1	3.4
アイルランド	119	62	57	4.5	4.4	4.6
イギリス r	1,269	703	566	3.7	3.9	3.5
イタリア	2,027	1,022	1,005	8.1	7.1	9.4
ウクライナ h	1,712	870	842	9.8	9.6	10.2
エストニア	40	22	18	5.6	6.1	5.1
オーストリア	233	128	105	5.0	5.2	4.8
オランダ	350	171	179	3.5	3.3	3.8
ギリシャ	588	245	343	12.4	9.3	16.4
スイス	212	106	105	4.3	4.1	4.6
スウェーデン	420	208	211	7.4	6.9	7.9
スペイン	3,025	1,393	1,632	12.9	11.3	14.8
スロバキア	170	87	83	6.1	5.9	6.4
スロベニア	41	21	20	4.0	3.8	4.3
チェコ	118	52	65	2.2	1.8	2.8
デンマーク	139	72	67	4.4	4.4	4.5
ドイツ	1,376	783	594	3.1	3.3	2.9
ノルウェー	96	53	43	3.2	3.4	3.1
ハンガリー	176	97	80	3.6	3.7	3.5
フィンランド	190	103	87	6.7	7.1	6.4
フランス	2,234	1,169	1,066	7.3	7.5	7.1

12-5　男女別15歳以上失業者数及び失業率(2022年)(2)

国(地域)	失業者数(1,000人)			失業率(%)		
	計	男	女	計	男	女
ブルガリア	140	78	62	4.3	4.5	4.1
ベルギー	294	163	130	5.6	5.8	5.3
ポーランド	498	267	231	2.9	2.9	2.9
ポルトガル	314	145	169	6.0	5.5	6.5
ラトビア	65	39	26	6.8	8.1	5.5
リトアニア	90	48	42	6.0	6.4	5.5
ルーマニア	464	288	176	5.6	6.0	5.1
ルクセンブルク	15	8	7	4.6	4.5	4.7
ロシア	2,895	1,449	1,446	3.9	3.8	4.0
アフリカ						
エジプト h	2,190	1,369	821	7.4	5.6	16.1
エチオピア h	1,517	647	870	3.9	2.9	5.3
タンザニア d	716	246	470	2.8	1.9	3.7
南アフリカ	7,238	3,711	3,527	28.8	27.4	30.5
モロッコ ah	1,508	1,025	482	12.3	10.9	16.7
オセアニア						
オーストラリア	524	279	244	3.7	3.8	3.6
ニュージーランド	97	47	49	3.3	3.1	3.5

a 自家使用生産労働者を除く。　b 施設にいる者、軍隊及び義務兵役にある者を除く。　c 1992年。　d 2020年。　e 2014年。　f 都市部のみ。　g 16歳以上。　h 2021年。　j 64歳以下。　k 主要都市部のみ。　m 一部の地域を除く。　n 先住民を除く。　p 10歳以上。　r 2019年。

12-6 男女別週当たり実労働時間(2022年)(1)

(単位：時間)

国（地域）	全産業			製造業			建設業		
	計	男	女	計	男	女	計	男	女
アジア									
日本 a	37	41	32	40	42	35	41	43	31
イスラエル	39	42	35	42	43	39	41	41	37
インドネシア b	43	45	40	45	46	43	46	46	44
韓国	38	40	35	41	42	39	39	39	37
タイ	44	45	44	49	49	48	45	45	46
トルコ	45	45	43	46	46	45	45	45	44
バングラデシュ c	51	52	50	56	57	56	50	50	49
フィリピン	42	43	41	46	45	46	43	43	44
ベトナム	46	46	45	48	48	48	46	47	46
マレーシア d	46	46	45	47	48	47	46	47	45
北アメリカ									
アメリカ合衆国 e	38	40	36	41	42	39	41	41	37
メキシコ	45	48	41	47	48	45	47	47	45
南アメリカ									
アルゼンチン f	37	41	31	42	43	37	40	41	37
コロンビア	47	49	45	48	49	47	48	48	47
チリ	42	43	40	44	44	43	43	43	42
ブラジル	39	41	37	42	42	41	40	40	39
ペルー	45	47	42	47	49	44	45	45	45
ヨーロッパ									
アイルランド	35	38	32	38	39	36	39	40	32
イギリス g	36	39	32	39	41	35	40	42	33
イタリア	35	38	32	38	39	35	38	39	33
ウクライナ dhj	39	40	39	40	40	40	42	42	39
オーストリア	32	36	29	35	36	31	35	36	29
オランダ	30	34	27	35	37	29	36	37	29
ギリシャ	38	39	36	39	39	38	38	38	37
スイス	36	40	31	40	41	36	40	41	30
スウェーデン	35	36	34	37	37	35	37	38	36
スペイン	36	38	33	38	39	36	38	38	36
チェコ	37	38	35	38	38	37	40	40	36
デンマーク	33	35	31	36	37	33	36	37	30
ドイツ	34	37	30	37	38	33	37	39	29
ノルウェー	33	36	31	37	37	33	37	38	29
ハンガリー	38	39	38	38	39	38	39	39	37
フィンランド	34	36	32	37	37	35	38	38	34
フランス	35	37	33	36	37	35	37	37	34
ベルギー	34	36	31	35	36	33	37	38	33
ポーランド	39	40	38	39	40	39	40	40	38
ポルトガル	38	39	36	39	39	38	39	39	37
ルーマニア	40	40	40	40	40	40	41	41	39
ロシア	40	40	39	40	40	40	41	41	39
アフリカ									
エジプト k	43	44	39	47	47	45	41	41	45
オセアニア									
オーストラリア dhm	32	35	29	36	38	31	37	38	30
ニュージーランド hn	33	37	30	37	38	34	37	38	32

12-6　男女別週当たり実労働時間（2022年）(2)

（単位：時間）

国（地域）	卸売・小売業、自動車・オートバイ修理業			宿泊・飲食サービス業			教育		
	計	男	女	計	男	女	計	男	女
アジア									
日本 a	p 35	p 41	p 30	30	37	26	35	39	32
イスラエル	39	42	35	34	37	31	32	34	31
インドネシア b	49	49	49	51	52	49	34	37	32
韓国	38	40	35	35	40	33	33	35	31
タイ	47	46	47	47	47	46	36	36	36
トルコ	47	48	45	49	50	46	35	36	34
バングラデシュ c	57	58	51	60	62	52	41	40	42
フィリピン	46	46	45	45	44	46	39	39	39
ベトナム	46	46	46	45	46	44	40	40	39
マレーシア d	47	47	46	46	47	45	40	41	39
北アメリカ									
アメリカ合衆国 e	37	39	34	32	34	31	36	37	36
メキシコ	48	50	46	46	49	44	33	34	33
南アメリカ									
アルゼンチン f	42	44	38	41	42	39	26	28	26
コロンビア	49	50	47	46	48	45	42	42	41
チリ	42	43	40	41	43	40	40	40	40
ブラジル	43	43	42	40	41	40	34	36	34
ペルー	47	48	45	44	49	42	39	41	38
ヨーロッパ									
アイルランド	32	35	29	29	31	27	30	33	29
イギリス g	33	37	28	30	34	27	34	38	32
イタリア	35	38	32	32	36	29	27	29	27
ウクライナ dhj	41	41	41	41	41	41	34	36	34
オーストリア	31	36	28	31	34	29	30	33	28
オランダ	27	31	22	22	24	21	30	33	29
ギリシャ	38	39	37	40	41	38	27	28	27
スイス	36	40	31	35	38	31	30	34	28
スウェーデン	34	36	31	29	30	28	35	37	35
スペイン	36	38	34	34	36	32	32	33	32
チェコ	37	39	36	36	39	35	34	35	34
デンマーク	30	32	27	24	27	23	33	34	33
ドイツ	32	36	28	29	32	26	31	34	29
ノルウェー	30	33	27	28	32	25	34	35	34
ハンガリー	38	39	38	37	38	36	38	38	38
フィンランド	33	35	30	29	30	29	32	34	32
フランス	35	37	33	34	36	32	33	34	33
ベルギー	33	35	30	28	31	25	31	33	30
ポーランド	39	39	38	38	39	37	36	37	36
ポルトガル	38	40	37	40	41	39	35	36	35
ルーマニア	40	40	40	41	41	41	38	39	38
ロシア	40	40	40	40	41	39	37	38	37
アフリカ									
エジプト k	49	49	46	48	48	47	35	36	34
オセアニア									
オーストラリア dhm	29	33	25	22	23	20	32	34	31
ニュージーランド hn	33	36	29	25	27	23	29	33	28

a 総務省統計局「労働力調査年報」による。　　b 2015年。　　c 2017年。　　d 自家使用生産労働者を除く。　　e 16歳以上。
f 主要都市部のみ。　　g 2019年。　　h 2020年。　　j 一部の地域を除く。　　k 2021年。　　m 施設にいる者、軍隊及び義務兵役にあ
る者を除く。　　n 自給自足労働者を含み、施設にいる者を除く。　　p 一部の産業を除く。

12-7　男女別月平均賃金(1)

（単位：米ドル）

国（地域）	年次	性別	全産業	製造業	建設業	教育
アジア						
日本 abc	21	計	2,801	2,687	3,036	3,407
		男	3,072	2,906	3,151	3,946
		女	2,311	2,018	2,306	2,841
イスラエル d	21	計	3,383	4,001	3,200	2,604
		男	4,064	4,281	3,253	3,014
		女	2,684	3,318	2,844	2,478
インドネシア	15	計	136	124	126	170
		男	144	137	121	191
		女	119	102	316	157
カザフスタン e	22	計	673	760	906	540
		男	772	821	930	521
		女	578	614	746	546
韓国 af	22	計	g 3,168	3,394	3,224	2,860
		男	g 3,659	3,664	3,399	3,485
		女	g 2,423	2,534	2,448	2,329
サウジアラビア chjk	22	計	1,799	1,519	1,337	3,012
		男	1,836	1,542	1,348	3,339
		女	1,645	1,259	1,238	2,658
シンガポール cjm	21	計	3,483	3,644	3,126	...
		男	3,629	3,943	3,303	...
		女	3,303	3,114	2,831	...
スリランカ	20	計	200	166	198	229
		男	217	202	193	254
		女	174	127	241	219
タイ	22	計	467	456	338	734
		男	465	487	337	797
		女	470	421	343	707
中国 cfn	21	計	813	826	781	679
トルコ	22	計	411	377	333	520
		男	424	389	332	573
		女	384	342	353	482
フィリピン	21	計	315	286	282	567
		男	306	292	279	554
		女	331	275	429	572
ベトナム	22	計	321	321	308	339
		男	338	346	312	373
		女	299	301	273	328
マレーシア hjp	20	計	698	605	608	1,210
		男	705	646	595	1,414
		女	687	536	678	1,118
北アメリカ						
アメリカ合衆国 r	22	計	4,845	5,458	5,015	4,766
		男	5,374	5,734	5,073	5,288
		女	4,277	4,777	4,561	4,530
コスタリカ hj	22	計	835	757	633	1,491
		男	832	772	626	1,472
		女	839	723	862	1,500

12-7　男女別月平均賃金(2)

(単位：米ドル)

国 (地域)	年次	性別	全産業	製造業	建設業	教育
メキシコ	22	計	400	415	387	543
		男	424	445	385	581
		女	364	359	442	521
南アメリカ						
アルゼンチン s	22	計	636	679	463	642
		男	720	712	459	684
		女	540	583	541	627
コロンビア	22	計	370	346	313	600
		男	374	354	295	669
		女	364	330	448	557
チリ	22	計	871	813	775	943
		男	934	845	767	1,138
		女	787	719	851	862
ブラジル	22	計	506	519	399	656
		男	550	550	389	780
		女	455	446	558	612
ペルー	22	計	424	387	425	570
		男	458	423	423	636
		女	372	311	462	524
ヨーロッパ						
イギリス	22	計	3,329	3,784	3,956	3,123
		男	3,895	3,988	4,287	3,785
		女	2,751	3,137	2,740	2,788
ウクライナ bjt	21	計	g 514	492	414	433
		男	g 570	541	423	448
		女	g 464	418	371	429
オーストリア r	22	計	4,482	u 5,185	4,518	4,805
		男	5,257	u 5,599	4,793	5,982
		女	3,586	u 3,974	3,243	4,315
オランダ r	22	計	5,147	u 6,016	5,898	4,790
		男	6,013	u 6,419	6,217	5,603
		女	4,255	u 4,959	4,165	4,226
ギリシャ r	22	計	1,963	uv 1,998	1,916	1,986
		男	2,101	uv 2,080	1,902	2,175
		女	1,794	uv 1,756	2,148	1,909
スイス	*22	計	6,491	7,323	6,222	6,114
		男	7,719	7,820	6,426	7,237
		女	5,159	6,097	4,819	5,529
スウェーデン r	*22	計	4,480	uv 4,883	4,435	3,959
		男	4,865	uv 4,998	4,484	4,230
		女	4,063	uv 4,503	4,054	3,854
スペイン r	22	計	2,852	uv 3,238	2,640	3,361
		男	3,148	uv 3,417	2,659	3,934
		女	2,528	uv 2,815	2,466	3,065
スロバキア r	22	計	1,350	uv 1,357	1,326	1,282
		男	1,475	uv 1,446	1,327	1,467
		女	1,217	uv 1,193	1,321	1,238
チェコ r	*22	計	2,077	uv 1,998	2,125	1,941
		男	2,344	uv 2,185	2,194	2,390
		女	1,787	uv 1,645	1,732	1,828

12-7　男女別月平均賃金(3)

（単位：米ドル）

国（地域）	年次	性別	全産業	製造業	建設業	教育
デンマーク r	*22	計	5,948	uv 6,819	5,160	5,700
		男	6,364	uv 6,854	5,306	5,564
		女	5,501	uv 6,729	4,254	5,788
ドイツ r	22	計	4,647	uv 5,545	4,327	4,624
		男	5,443	uv 5,975	4,500	5,764
		女	3,740	uv 4,277	3,385	4,185
ノルウェー p	22	計	5,528	5,582	5,203	5,182
		男	5,851	5,670	5,184	5,379
		女	5,126	5,282	5,409	5,080
フィンランド r	22	計	4,865	uv 5,330	4,880	4,704
		男	5,360	uv 5,565	4,977	5,135
		女	4,370	uv 4,652	4,406	4,474
フランス r	22	計	4,168	uv 4,859	4,022	3,903
		男	4,781	uv 5,181	4,054	4,851
		女	3,565	uv 4,133	3,837	3,533
ベルギー r	22	計	5,705	uv 6,916	5,565	5,495
		男	6,364	uv 7,224	5,611	6,129
		女	5,042	uv 6,164	5,232	5,232
ポーランド r	*22	計	1,349	uv 1,335	1,334	1,258
		男	1,433	uv 1,377	1,322	1,431
		女	1,258	uv 1,255	1,500	1,221
ポルトガル r	22	計	1,998	uv 1,765	1,395	2,668
		男	2,093	uv 1,954	1,309	3,161
		女	1,908	uv 1,477	1,930	2,511
ルーマニア r	*22	計	1,071	uv 956	1,128	1,167
		男	1,132	uv 1,023	1,129	1,324
		女	994	uv 858	1,116	1,116
ルクセンブルク r	22	計	7,418	uv 6,808	4,557	9,361
		男	8,027	uv 6,991	4,605	10,008
		女	6,666	uv 6,290	4,307	8,903
ロシア b	21	計	777	810	1,074	543
		男	910	881	1,090	551
		女	660	688	998	541
アフリカ						
エジプト	21	計	186	176	230	177
		男	190	179	231	186
		女	168	141	218	168
南アフリカ djw	19	計	263	300	255	554
		男	277	325	270	554
		女	240	262	138	588
オセアニア						
ニュージーランド j	22	計	3,798	4,013	3,975	3,392
		男	4,337	4,337	4,109	4,020
		女	3,234	3,297	3,259	3,177

a 雇用者5人以上の事業所。　b 一部の地域を除く。　c フルタイム雇用者のみ。　d 自給自足労働者を含む。　e 公的部門のみ。　f 民間部門のみ。　g 一部の産業を除く。　h 自家使用生産労働者を除く。　j 現在就いている主な仕事のみ。　k 施設にいる者及びコレクティブハウスにいる者を除く。　m 自国民及び居住者のみ。　n 都市部のみ。　p フルタイム換算。　r 16歳以上。　s 主要都市部のみ。　t 雇用者10人以上の事業所。　u 電気、ガス、蒸気及び空調供給業、水供給業、下水処理並びに廃棄物管理及び浄化活動を含む。　v 鉱業及び採石業を含む。　w ISIC第3版1。

12-8　OECD加盟国の労働生産性

（単位：購買力平価換算米ドル）

国（地域）	2005	2010	2015	2019	2020	2021	順位
OECD加盟国平均 a	69,745	81,061	92,357	99,194	101,165	107,462	－
アジア							
日本	64,669	71,853	81,225	79,246	79,353	81,510	29
イスラエル	71,215	76,011	82,482	92,345	94,396	104,955	18
韓国	53,156	65,439	73,864	82,064	87,477	89,634	24
トルコ	40,561	56,160	75,982	79,718	85,718	90,394	23
北アメリカ							
アメリカ合衆国	92,000	108,216	122,325	135,719	142,498	152,805	4
カナダ	72,648	80,650	89,629	97,734	98,550	106,161	17
コスタリカ	...	32,143	41,433	52,521	58,687	59,227	36
メキシコ	31,887	37,737	44,065	46,383	47,417	46,573	37
南アメリカ							
コロンビア	...	25,817	29,285	35,479	37,827	42,491	38
チリ	33,253	41,971	48,887	53,489	60,948	67,342	35
ヨーロッパ							
アイスランド	69,283	76,321	88,628	104,417	100,899	109,542	16
アイルランド	86,240	102,339	157,899	185,752	202,859	226,568	1
イギリス	68,552	78,559	88,662	99,198	94,186	101,405	19
イタリア	77,952	92,519	99,755	113,468	109,228	120,749	12
エストニア	36,612	50,681	59,882	74,897	78,015	87,919	26
オーストリア	76,876	87,472	103,893	118,324	116,086	122,366	10
オランダ	78,408	90,284	102,413	113,942	114,587	119,841	13
ギリシャ	60,477	65,959	66,990	69,418	64,579	71,254	33
スイス	77,702	101,249	119,118	129,401	129,783	141,411	5
スウェーデン	71,306	87,535	99,480	109,366	113,731	122,209	11
スペイン	62,744	78,811	90,779	99,453	92,799	97,737	20
スロバキア	40,357	59,098	67,247	67,762	68,607	71,238	34
スロベニア	50,270	59,009	71,138	86,691	85,580	94,951	21
チェコ	47,359	59,783	70,907	86,245	85,248	90,690	22
デンマーク	67,743	89,640	102,896	118,245	122,836	130,956	7
ドイツ	72,111	83,844	96,722	109,066	110,184	117,047	15
ノルウェー	96,810	113,238	118,603	131,552	124,722	153,118	3
ハンガリー	44,233	58,254	62,649	72,782	72,938	76,697	31
フィンランド	70,037	85,369	95,563	108,303	111,429	117,723	14
フランス	77,124	90,735	102,811	121,629	117,677	124,350	8
ベルギー	82,083	96,705	114,438	129,166	128,443	139,339	6
ポーランド	37,574	51,364	63,352	77,793	79,409	85,748	27
ポルトガル	47,293	58,851	67,562	75,747	73,276	77,970	30
ラトビア	32,036	43,661	55,112	67,121	68,780	76,538	32
リトアニア	33,610	49,890	62,746	78,201	80,435	88,397	25
ルクセンブルク	104,048	127,596	151,608	156,143	158,920	174,888	2
オセアニア							
オーストラリア	72,818	85,601	95,591	103,693	113,506	122,820	9
ニュージーランド	50,976	63,072	72,938	84,152	83,459	85,383	28

a 当該年のOECD加盟国ベース。OECD加盟国については、付録「本書で掲載している地域経済機構加盟国一覧」を参照。

12-9　労働災害件数（死亡）

国（地域）	報告	年次	総合	農林漁業	鉱業及び採石業	製造業	建設業	運輸・保管業
アジア								
日本	A	21	867	71	11	131	288	121
イスラエル	A	22	50	6	...	13	23	...
カザフスタン abc	A	17	211	13	28	29	60	20
韓国	B	22	874	...	...	...	...	...
シンガポール d	A	22	46	1	－	7	9	5
スリランカ	A	22	57	4	1	31	15	1
タイ ef	A	20	588	54	6	124	119	90
トルコ	A	*22	1,515	36	105	329	419	261
フィリピン gh	A	17	469	12	10	124	24	22
マレーシア g	A	18	221	11	...	1	47	4
ミャンマー	A	19	...	...	...	17	...	1
北アメリカ								
アメリカ合衆国 ej	A	21	5,190	457	95	384	1,015	1,025
カナダ	B	21	1,081	km 123	36	93	188	n 61
メキシコ	A	21	1,526	47	33	190	137	144
南アメリカ								
アルゼンチン e	A	22	334	44	3	57	52	65
チリ	B	18	160	km 22	5	18	27	n 42
ブラジル f	A	11	2,938	188	47	650	492	505
ヨーロッパ								
アイルランド	A	21	34	11	－	4	10	4
イギリス	A	18	249	44	1	32	34	68
イタリア f	A	21	601	81	2	87	133	89
ウクライナ e	A	22	437	50	19	74	58	55
オーストリア f	A	21	105	45	1	10	24	9
オランダ	A	21	25	－	－	4	3	3
スイス	A	21	35	2	－	3	10	4
スウェーデン f	A	21	39	6	1	3	10	7
スペイン	A	21	376	36	6	52	87	71
チェコ	A	21	88	7	－	10	17	13
デンマーク	A	21	43	8	－	4	7	13
ドイツ g	A	21	435	75	3	51	86	89
ノルウェー f	A	21	39	9	－	6	10	9
ハンガリー	A	21	82	6	－	14	28	19
フィンランド f	A	21	19	7	－	2	3	5
フランス g	B	21	674	23	2	83	117	93
ベルギー f	A	21	47	3	－	10	10	7
ポーランド	A	21	220	10	11	48	53	37
ポルトガル f	A	21	93	11	－	21	37	6
ルーマニア f	A	21	172	25	3	31	43	23
ロシア	A	06	2,900	km ...	...	...	...	n ...
アフリカ								
ジンバブエ	A	14	106	19	21	9	4	24
オセアニア								
オーストラリア e	B	17	191	km 43	3	7	28	n 53

注）報告… A 災害届出件数、　B 災害補償件数。

a 自家使用生産労働者を除く。　b 施設にいる者、軍隊及び義務兵役にある者を除く。　c 公的部門のみ。　d 一部の産業を除く。　e 職業病を含む。　f 通勤時の事故を含む。　g 民間部門のみ。　h 雇用者20人以上の事業所。　j 16歳以上。　k 漁業を除く。　m 狩猟業を含む。　n 通信業を含む。

12-10　労働争議

国（地域）	年次	件数	参加人員 (1,000人)	損失日数 (1,000日)	国（地域）	年次	件数	参加人員 (1,000人)	損失日数 (1,000日)
アジア					イギリス dew	22	749	b 328	2,518
日本 a	22	65	b 6	2	イタリア	09	e 889	be 267	...
インド cd	08	423	1,484	16,684	スイス x	22	9	17	25
韓国 ef	22	132	b 67	344	スウェーデン	22	4	b 1	5
キプロス e	22	20	3	5	スペイン y	22	679	b 193	709
スリランカ	22	22	6	17	デンマーク	21	160	b 17	...
タイ	20	2	400	0	ドイツ de	22	1,532	b 285	267
トルコ	18	12	...	...	ノルウェー x	22	5	14	188
フィリピン gh	22	6	1	15	ハンガリー det	22	4	b 38	34
香港	18	gj 5	...	...	フィンランド	22	64	178	963
					フランス	16	...	...	eghz 1,739
北アメリカ					ポーランド ey	22	29	b 4	43
アメリカ合衆国	22	k 24	bm 123	m 2,423	ポルトガル e	21	157	b 29	33
カナダ np	22	176	b 224	2,151	リトアニア	22	eh 2	...	...
パナマ eg	22	4	b 1	0	ルーマニア e	08	8	17	138
メキシコ er	22	7	27	s 0	ロシア A	08	4	2	29
南アメリカ					**アフリカ**				
アルゼンチン et	22	u 724	bv 831	v 4,564	アルジェリア e	04	35	57	629
ウルグアイ	21	79	...	...	ナイジェリア	06	189	b 209	7,786
エクアドル	12	e 12	...	...	ブルキナファソ	22	eh 5	...	...
チリ e	20	72	b 12,987	s 1	南アフリカ	22	87	154	s 3,344
ブラジル	20	...	e 133,480	...					
ペルー e	20	23	128	s 3,653	**オセアニア**				
					オーストラリア p	19	147	53	64
ヨーロッパ					ニューカレドニア	15	eg 20	...	...
アイルランド	19	pt 9	pt 43	...	ニュージーランド B	19	110	b 52	0

a 厚生労働省「令和4年労働争議統計調査結果」による。　b 間接的に影響を受けた労働者を除く。　c 政治的ストライキを除く。　d 10人以上。　e ストライキのみ。　f 8時間以上。　g 民間部門のみ。　h 一部の産業を除く。　j 政府管理地域のみ。　k 1,000人以上。　m 500人以上。　n 一部の地域を除く。　p 10日以上。　r 地方の管轄下分を除く。　s 暦日数。　t 自家使用生産労働者を除く。　u 2人以上。　v 5人以上。　w 施設にいる者、軍隊及び義務兵役にある者を除く。　x 1日以上。　y 1時間以上。　z 雇用者10人以上の事業所。　A 半日以上。　B 5日以上。

第13章　物価・家計

13-1　生産者物価指数
〔出典〕
UN, *Monthly Bulletin of Statistics Online*
2023年8月ダウンロード
〔解説〕
　生産者物価指数（PPI：Producer Price Index）：生産地から出荷される時点又は生産過程に入る時点における、財・サービス価格の変化を示す指数。通常「取引価格」であり、控除できない間接税を含み、補助金を除く。産業の範囲は国により異なるが、「農林水産業」、「鉱業及び採石業」、「製造業」及び「電気・ガス及び水供給業」などである。
　　　　ここでは次の分類による。
　　　　　国内供給品
　　　　　　国内市場向け国内生産品
　　　　　　　農林水産物
　　　　　　　工業製品
　　　　　輸入品

13-2　消費者物価指数
〔出典〕
IMF, *International Financial Statistics*
2023年8月ダウンロード
〔解説〕
　消費者が購入する財・サービスを一定量に固定し、これに要する費用の変化を指数値で示したもの。国により、対象とする地域、調査世帯等が限定される場合がある。

13-3　国際商品価格指数・主要商品価格
〔出典〕
The World Bank, *Commodity Price Data*
2023年10月ダウンロード
〔解説〕
　国際商品価格指数：ラスパイレス式による。国際的に取引される主要商品の市場価格に基づく。
　エネルギー：原油、石炭及び天然ガス。
　非エネルギー：燃料及び貴金属を除く以下の品目による。
　　飲料：ココア、コーヒー及び茶。
　　食料：植物油、豆類、穀類、果実類、肉類、魚介類、砂糖など。
　　農産原材料：たばこ、木材、綿花及びゴム。
　　肥料：リン酸塩岩、尿素、塩化カリウムなど。
　　金属：アルミニウム、鉄鉱石、銅、鉛、すず、ニッケル及び亜鉛。
　貴金属：金、プラチナ及び銀。
　価格／単位：取引市場で通常使用される数量単位当たりの価格。

13-4 赴任地別生計費指数（国連職員）
〔出典〕
UN, *Monthly Bulletin of Statistics Online*
2023年9月ダウンロード
〔解説〕
　国連本部（米国、ニューヨーク）から世界各国に派遣されている職員の赴任地別の生計費指数。職員が支出する、商品、サービス及び住宅の価格からそれぞれの赴任地において、ニューヨークと同等の生活をするために必要な生計費を毎年定期的に算出している。
　この生計費指数は、国連が職員の海外勤務手当の算出のために作成しているものであり、一般的な生計費の国際比較、内外価格差等を表すものではない。

13-1　生産者物価指数（2022年）

(2010年＝100)

国（地域）	国内供給品	国内生産品	農林水産物	工業製品	輸入品
アジア					
日本 ab	114.5	111.8	103.1	111.5	127.5
インド c	151.3	...	177.7	d 142.1	...
インドネシア c	...	...	162.0	d 161.0	...
韓国 b	125.4	123.3	136.5	d 122.9	...
シンガポール	111.1	e 104.3	...	...	f 106.5
タイ b	112.9	...	...	...	...
トルコ	...	...	b 521.9	950.6	...
フィリピン g	h 129.2	...	...	...	...
香港	...	...	...	d 113.5	...
マレーシア	...	120.8	...	...	...
北アメリカ					
アメリカ合衆国	...	143.2	j 166.0	142.2	...
カナダ	...	...	k 189.4	dm 128.0	...
メキシコ	n 188.0	n 172.3	194.8	d 175.6	138.8
南アメリカ					
エクアドル	...	124.7	116.9	d 128.3	...
コロンビア	184.2	201.4	272.1	d 174.9	178.6
チリ p	...	157.7	r 135.3	d 186.2	...
ヨーロッパ					
アイルランド b	...	...	147.1	194.6	...
イギリス b	...	...	158.4	d 132.1	140.5
イタリア	...	...	...	165.1	...
オーストリア	...	...	...	140.1	...
オランダ	...	...	...	162.3	...
スウェーデン	145.9	146.5	147.2	146.2	145.1
スペイン	...	...	...	170.1	...
スロバキア	...	...	st 152.6	159.7	...
スロベニア	...	...	159.8	140.8	...
チェコ	...	...	bt 137.4	143.5	128.6
デンマーク	137.1	...	...	...	134.2
ドイツ	...	...	k 164.5	158.4	bu 139.4
ノルウェー	165.5	179.8	157.1	d 164.0	...
フィンランド	147.4	...	...	de 147.8	...
フランス	v 140.2	...	kw 162.0	145.0	v 133.5
ベルギー	...	...	...	200.8	...
ポルトガル	...	...	...	135.0	...
ラトビア	...	...	...	201.3	...
ルクセンブルク	...	...	...	142.2	...
ロシア	...	...	201.4	265.3	...
アフリカ					
南アフリカ g	...	...	172.6	x 183.6	...
オセアニア					
オーストラリア	125.4	...	179.1	de 146.5	...
ニュージーランド	...	...	160.0	dey 137.6	...

a 企業物価指数。日本銀行「企業物価指数（2015年基準）」による。　b 2015年＝100。　c 2011年〜2012年＝100。　d 製造業のみ。　e 輸出品を含む。　f 再輸出品を含む。　g 2012年＝100。　h 総合卸売物価指数。　j 食料・飼料を除く。　k 農業のみ。　m 2020年1月＝100。　n 石油を除く。　p 2014年＝100。　r 漁業を除く。　s 2015年同月＝100。　t 林業を除く。　u 農林水産業、水供給業、下水処理並びに廃棄物管理及び浄化活動を除く。　v 農林水産業を除く。　w 海外県（仏領ギアナ、グアドループ島、マルチニーク島、マヨット島及びレユニオン）を含む。　x 最終製品。　y サービス業を含む。

13-2　消費者物価指数

国（地域）	総合指数（2010年=100）				対前年上昇率（%）			
	2019	2020	2021	2022	2019	2020	2021	2022
アジア								
日本 ab	100.0	100.0	99.8	102.3	0.5	0.0	-0.2	2.5
イラン	550.9	719.5	1,031.7	...	39.9	30.6	43.4	...
インド c	171.6	183.0	192.4	205.3	3.7	6.6	5.1	6.7
インドネシア c	151.2	154.1	156.5	163.1	3.0	1.9	1.6	4.2
韓国 c	115.2	115.8	118.7	124.7	0.4	0.5	2.5	5.1
サウジアラビア c	118.4	122.5	126.2	129.4	-2.1	3.4	3.1	2.5
シンガポール	114.4	114.2	116.8	124.0	0.6	-0.2	2.3	6.1
タイ	113.3	112.3	113.7	120.6	0.7	-0.8	1.2	6.1
中国	125.1	128.1	129.4	131.9	2.9	2.4	1.0	2.0
トルコ	234.4	263.2	314.8	542.4	15.2	12.3	19.6	72.3
フィリピン	129.6	132.7	137.9	146.0	2.4	2.4	3.9	5.8
香港	134.6	135.0	137.1	139.7	2.9	0.3	1.6	1.9
マレーシア	121.5	120.1	123.1	127.2	0.7	-1.1	2.5	3.4
北アメリカ								
アメリカ合衆国 c	117.2	118.7	124.3	134.2	1.8	1.2	4.7	8.0
カナダ	116.8	117.6	121.6	129.9	1.9	0.7	3.4	6.8
メキシコ c	141.5	146.4	154.7	166.9	3.6	3.4	5.7	7.9
南アメリカ								
エクアドル c	124.1	123.7	123.9	128.2	0.3	-0.3	0.1	3.5
コロンビア c	140.9	144.5	149.6	164.8	3.5	2.5	3.5	10.2
チリ	131.9	135.9	142.1	158.6	2.6	3.0	4.5	11.6
ブラジル	167.4	172.8	187.1	204.5	3.7	3.2	8.3	9.3
ペルー d	130.3	132.9	138.6	150.1	2.3	2.0	4.3	8.3
ヨーロッパ								
アイルランド	106.6	106.2	108.7	117.2	0.9	-0.3	2.4	7.8
イギリス	119.6	120.8	123.8	133.7	1.7	1.0	2.5	7.9
イタリア	110.6	110.5	112.5	121.8	0.6	-0.1	1.9	8.2
オランダ	115.9	117.4	120.5	132.6	2.6	1.3	2.7	10.0
スイス	99.5	98.8	99.4	102.2	0.4	-0.7	0.6	2.8
スウェーデン	110.5	111.1	113.5	123.0	1.8	0.5	2.2	8.4
スペイン	111.0	110.6	114.0	123.6	0.7	-0.3	3.1	8.4
スロバキア	115.3	117.6	121.3	136.8	2.7	1.9	3.1	12.8
チェコ	116.5	120.2	124.8	143.6	2.8	3.2	3.8	15.1
デンマーク	110.3	110.8	112.9	121.6	0.8	0.4	1.9	7.7
ドイツ	112.9	113.0	116.5	124.5	1.4	0.1	3.1	6.9
ノルウェー	120.3	121.8	126.1	133.3	2.2	1.3	3.5	5.8
フランス ce	110.0	110.6	112.4	118.3	1.1	0.5	1.6	5.2
ベルギー	117.1	118.0	120.9	132.5	1.4	0.7	2.4	9.6
ロシア	180.8	186.9	199.4	...	4.5	3.4	6.7	...
アフリカ								
エジプト c	288.6	303.1	318.9	363.3	9.2	5.0	5.2	13.9
南アフリカ	158.9	164.0	171.6	183.7	4.1	3.2	4.6	7.0
オセアニア								
オーストラリア c	119.8	120.8	124.3	132.5	1.6	0.8	2.9	6.6
ニュージーランド	114.2	116.2	120.8	129.4	1.6	1.7	3.9	7.2

a 総務省統計局「2020年基準消費者物価指数」による。　b 2020年=100。　c 一部地域を除く。　d 首都。　e 海外県（仏領ギアナ、グアドループ島、マルチニーク島及びレユニオン）を含む。

13-3　国際商品価格指数・主要商品価格

品目（産地・取引市場など）	価格/単位	2010	2019	2020	2021	2022
国際商品価格指数（2010年=100）						
総合（ウエイト：100.0）	—	100.0	79.3	63.1	101.0	143.3
エネルギー（ウエイト：67.0）	—	100.0	78.3	52.7	95.4	152.6
非エネルギー（ウエイト：33.0）	—	100.0	81.6	84.1	112.5	124.4
飲料　　　（ウエイト：8.4）a	—	100.0	76.1	80.4	93.5	106.3
食料　　　（ウエイト：40.0）a	—	100.0	87.0	93.1	121.8	143.7
農産原材料（ウエイト：16.5）a	—	100.0	77.3	75.8	82.9	80.3
肥料　　　（ウエイト：3.6）a	—	100.0	81.4	74.6	152.3	235.7
金属　　　（ウエイト：31.6）a	—	100.0	78.4	79.1	116.4	115.0
貴金属（ウエイト：100.0）	—	100.0	105.4	133.5	140.2	136.8
主要商品価格						
原油	ドル／バーレル	79.0	61.4	41.3	69.1	97.1
（ブレント・ドバイ・WTIのスポット平均価格）						
ココア（国際ココア機関）	ドル／キログラム	3.1	2.3	2.4	2.4	2.4
コーヒー（アラビカ；国際コーヒー機関）	ドル／キログラム	4.3	2.9	3.3	4.5	5.6
茶（コルカタ・コロンボ・モンバサの	ドル／キログラム	2.9	2.6	2.7	2.7	3.1
平均競売価格）						
落花生油（ロッテルダム）	ドル／トン	1,401.0	1,407.4	1,697.8	2,075.1	2,202.6
パーム油（マレーシア産）	ドル／トン	933.0	601.4	751.8	1,130.6	1,276.0
大豆（アメリカ産）	ドル／トン	447.1	368.9	406.6	583.3	675.4
大豆油（オランダ産）	ドル／トン	1,000.9	765.4	837.8	1,385.4	1,666.8
とうもろこし	ドル／トン	185.9	170.1	165.5	259.5	318.8
（アメリカ産；アメリカ湾岸港）						
米（5％砕米；タイ産；バンコク）	ドル／トン	488.9	418.0	496.3	458.3	436.8
米（25％砕米；タイ産；バンコク）	ドル／トン	441.5	410.4	481.8	448.3	429.7
米（100％砕米；タイ産；バンコク）	ドル／トン	383.7	393.5	474.6	436.1	417.7
小麦（軟質；アメリカ産；アメリカ輸出価格）	ドル／トン	229.7	211.3	227.7	281.7	381.9
小麦（硬質；アメリカ産；アメリカ輸出価格）	ドル／トン	223.6	201.7	231.6	315.2	430.0
バナナ（中南米産；アメリカ輸入価格）	ドル／キログラム	0.9	1.1	1.2	1.2	1.5
牛肉（オーストラリア・ニュージーランド産）	ドル／キログラム	3.4	4.8	4.7	5.4	5.8
羊肉（アメリカ産）	ドル／キログラム	6.0	8.1	7.8	11.5	11.9
砂糖（アメリカ産；先物取引）	ドル／キログラム	0.8	0.6	0.6	0.7	0.8
たばこ（アメリカ輸入価格；非加工品）	ドル／トン	4,333.2	4,579.4	4,336.3	4,154.7	4,269.9
製材（東南アジア産）	ドル／立方メートル	848.3	695.9	699.7	750.0	674.5
綿花（コットルックA指数）	ドル／キログラム	2.3	1.7	1.6	2.2	2.9
ゴム（シンガポール商品取引所）	ドル／キログラム	3.7	1.6	1.7	2.1	1.8
リン酸塩岩（北アフリカ産）	ドル／トン	105.3	88.0	76.1	123.2	266.2
アルミニウム（ロンドン金属取引所）	ドル／トン	2,173.1	1,794.5	1,704.0	2,472.8	2,705.0
鉄鉱石（中国産；スポット価格）	ドル／トン	145.9	93.8	108.9	161.7	121.3
銅（ロンドン金属取引所）	ドル／トン	7,534.8	6,010.1	6,173.8	9,317.1	8,822.4
鉛（ロンドン金属取引所）	ドル／トン	2,148.4	1,996.5	1,824.9	2,200.4	2,150.6
すず（ロンドン金属取引所）	ドル／トン	20,405.6	18,661.2	17,124.6	32,384.1	31,335.4
ニッケル（ロンドン金属取引所）	ドル／トン	21,808.9	13,913.9	13,787.3	18,465.0	25,833.7
亜鉛（ロンドン金属取引所）	ドル／トン	2,160.7	2,550.4	2,266.4	3,002.5	3,481.4
金（ロンドン；純度99.5％）	ドル／トロイオンス	1,224.7	1,392.5	1,770.3	1,799.6	1,800.6
銀（ロンドン；純度99.9％）	ドル／トロイオンス	20.2	16.2	20.5	25.2	21.8

a 非エネルギーのウエイトを100とした場合のウエイト。

13-4　赴任地別生計費指数（国連職員）（1）

(2023年6月現在)

赴任国	赴任都市	1米ドル当たり各国通貨	総合指数 (ニューヨーク=100)	家賃・公共料金・ 家事サービス除く
アジア				
日本	東京	139.930　円	89.9	79.9
アラブ首長国連邦	アブダビ	3.673　UAEディルハム	98.1	96.9
イスラエル	エルサレム	3.562　新シェケル	90.8	93.5
イラン	テヘラン	374,009.000　イランリアル	75.2	81.4
インド	ニューデリー	82.370　インドルピー	73.8	82.1
インドネシア	ジャカルタ	14,858.000　ルピア	78.3	81.8
カタール	ドーハ	3.647　カタールリヤル	89.1	91.5
韓国	ソウル	1,271.320　ウォン	85.1	92.2
カンボジア	プノンペン	4,106.000　リエル	81.8	87.6
クウェート	クウェート	0.307　クウェートディナール	80.4	86.0
サウジアラビア	リヤド	3.750　サウジアラビアリヤル	82.8	87.2
ジョージア	トビリシ	2.610　ラリ	71.7	79.1
シンガポール	シンガポール	1.341　シンガポールドル	93.6	90.6
スリランカ	コロンボ	304.920　スリランカルピー	78.7	83.1
タイ	バンコク	34.560　バーツ	77.3	83.3
中国	北京（ペキン）	7.153　人民元	90.7	88.5
トルコ	アンカラ	23.628　トルコリラ	71.7	79.4
ネパール	カトマンズ	131.727　ネパールルピー	73.0	77.6
バーレーン	マナマ	0.377　バーレーンディナール	86.4	92.5
パキスタン	イスラマバード	283.560　パキスタンルピー	73.8	80.7
バングラデシュ	ダッカ	107.000　タカ	81.3	89.9
フィリピン	マニラ	55.922　フィリピンペソ	79.9	83.6
ベトナム	ハノイ	23,490.000　ドン	74.3	81.2
マレーシア	クアラルンプール	4.612　リンギット	82.8	91.2
ミャンマー	ヤンゴン	2,100.000　チャット	77.7	84.2
モンゴル	ウランバートル	3,432.000　トグログ	78.8	85.4
ヨルダン	アンマン	0.708　ヨルダンディナール	76.4	82.7
ラオス	ビエンチャン	18,210.000　キープ	74.1	79.4
北アメリカ				
アメリカ合衆国	ワシントンD.C.	1.000　米ドル	90.4	94.9
カナダ	モントリオール	1.333　カナダドル	83.6	92.3
グアテマラ	グアテマラシティー	7.833　ケツァル	77.3	81.2
コスタリカ	サンホセ	543.800　コスタリカコロン	79.8	85.2
ジャマイカ	キングストン	153.203　ジャマイカドル	88.8	92.3
ドミニカ共和国	サントドミンゴ	54.314　ドミニカペソ	77.9	83.5
パナマ	パナマシティー	1.000　バルボア	77.6	83.6
メキシコ	メキシコシティ	17.280　メキシコペソ	87.2	91.9
南アメリカ				
アルゼンチン	ブエノスアイレス	247.257　アルゼンチンペソ	78.3	85.7
エクアドル	キト	1.000　米ドル	73.8	79.1
コロンビア	ボゴタ	4,189.000　コロンビアペソ	72.5	80.8
チリ	サンティアゴ	807.000　チリペソ	73.3	79.8
パラグアイ	アスンシオン	7,237.000　グアラニー	74.1	77.9

13-4　赴任地別生計費指数（国連職員）（2）

（2023年6月現在）

赴任国	赴任都市	1米ドル当たり各国通貨		総合指数 （ニューヨーク=100）	家賃・公共料金・ 家事サービス除く
ブラジル	ブラジリア	4.866	レアル	75.3	83.6
ペルー	リマ	3.636	ソル	78.1	85.2
ボリビア	ラパス	6.857	ボリビアーノ	71.2	78.4
ヨーロッパ					
アイルランド	ダブリン	0.927	ユーロ	93.2	79.7
イギリス	ロンドン	0.795	スターリングポンド	95.2	90.6
イタリア	ローマ	0.927	ユーロ	71.5	80.0
ウクライナ	キーウ	37.000	フリヴニャ	74.5	81.4
エストニア	タリン	0.927	ユーロ	97.2	113.8
オーストリア	ウィーン	0.927	ユーロ	82.8	91.1
オランダ	ハーグ	0.927	ユーロ	83.5	89.9
スイス	ジュネーブ	0.907	スイスフラン	98.9	102.6
スウェーデン	ストックホルム	10.751	スウェーデンクローナ	76.7	83.9
スペイン	マドリード	0.927	ユーロ	72.3	78.6
スロバキア	ブラチスラバ	0.927	ユーロ	80.1	87.6
チェコ	プラハ	22.060	チェココルナ	94.5	89.8
デンマーク	コペンハーゲン	6.911	デンマーククローネ	95.3	93.0
ドイツ	ボン	0.927	ユーロ	76.3	84.4
ノルウェー	オスロ	10.694	ノルウェークローネ	80.8	91.8
ハンガリー	ブダペスト	343.440	フォリント	86.0	93.2
フィンランド	ヘルシンキ	0.927	ユーロ	77.9	85.2
フランス	パリ	0.927	ユーロ	84.8	90.4
ベルギー	ブリュッセル	0.927	ユーロ	79.0	86.9
ポーランド	ワルシャワ	4.155	ズロチ	76.3	84.4
ポルトガル	リスボン	0.927	ユーロ	76.5	78.4
マルタ	バレッタ	0.927	ユーロ	74.8	80.3
ルーマニア	ブカレスト	4.600	レウ	74.0	83.5
ロシア	モスクワ	83.751	ルーブル	72.3	79.2
アフリカ					
ウガンダ	カンパラ	3,720.000	ウガンダシリング	78.0	84.2
エジプト	カイロ	30.861	エジプトポンド	72.1	78.9
ガーナ	アクラ	11.000	ガーナセディ	76.9	80.0
ケニア	ナイロビ	139.410	ケニアシリング	73.8	81.5
セネガル	ダカール	608.269	CFAフラン	76.5	83.4
タンザニア	ダルエスサラーム	2,376.370	タンザニアシリング	79.2	86.0
南アフリカ	プレトリア	18.592	ランド	67.9	76.6
モザンビーク	マプト	63.250	メティカル	78.7	83.8
モロッコ	ラバト	10.102	モロッコディルハム	72.8	79.9
オセアニア					
オーストラリア	シドニー	1.477	オーストラリアドル	77.1	81.8
ニュージーランド	オークランド	1.628	ニュージーランドドル	94.4	111.7
パプアニューギニア	ポートモレスビー	3.546	キナ	95.8	88.7
フィジー	スバ	2.240	フィジードル	76.9	82.9

第14章　国民生活・社会保障

14-1　死因別死亡率
〔出典〕
UN, *Demographic Yearbook system, Demographic Yearbook 2017, 2021*
2022年12月ダウンロード
〔解説〕
　疾病及び関連保健問題の国際統計分類（ICD：International Statistical Classification of Diseases and Related Health Problems）第10版による死因別の死亡数（人口10万人当たり）。
総数：他の死因を含む。
循環器系の疾患：心疾患、高血圧性疾患、脳血管疾患など。
呼吸器系の疾患：インフルエンザ、肺炎など。
消化器系の疾患：胃潰瘍、十二指腸潰瘍、肝疾患など。

14-2　医療費支出・医師数・病床数
〔出典〕
The World Bank, *World Development Indicators*
2023年9月ダウンロード
〔解説〕
医療費支出：医療費支出の推計は、その一年の間に消費されたヘルスケア商品及びサービスを含み、建物、機械、IT、緊急用又は感染症の流行に備えたワクチンの備蓄などの資本的医療費支出を除く。
公的医療費支出：医療費支出のうち、国内の公的資金源から支出されたもの。国内の公的資金源は、内部移転及び助成金としての国内収入、移転、任意の健康保険受益者、対家計非営利団体又は企業の資金調達スキームへの補助金並びに義務的な繰上げ返済及び社会保険料の拠出を含む。政府が医療に費やした外部資源を除く。
医師：総合医及び専門医を含む。
看護師・助産師：准看護師・補助助産師、歯科衛生士などを含む。
病床数：病院（公的・民間・総合・専門）及びリハビリテーション施設における入院患者用のベッド数。

14-3　交通事故
〔出典〕
OECD, *OECD. Stat, Transport*
2023年11月ダウンロード
〔解説〕
事故件数：道路上において、車両の交通によって発生した、人の死亡又は負傷を伴う事故の件数。極めて短い間隔で連続して起こる複数車両による衝突事故は、1件と数える。物的損害のみの事故を除く。
負傷者数：治療を必要とする負傷者数。
死者数：即死及び交通事故発生後30日以内の死亡者数。

14-4　１人当たり供給熱量

〔出典〕

FAO, *FAOSTAT: Food Balances*
2023年10月ダウンロード

〔解説〕

　国民に対して供給される総熱量を、当該年の人口及び日数で除したもの。FAO 推計値。

　各項目の内容は原則として以下のとおり。国によっては一部除かれる場合がある。

穀類：米、小麦、大麦、とうもろこし、ライ麦、えん麦及びその他の穀物。ビールを除く。

いも類：ばれいしょ、かんしょ、キャッサバ及びその他の塊根類。

砂糖類：砂糖、はちみつ及びその他の甘味料。

豆類：いんげん（乾燥豆）、えんどう及びその他の豆類。大豆及びナッツ類を除く。

肉類：牛肉、羊・山羊肉、豚肉、家きん肉及びその他の食肉。くず肉を含む。

乳製品：バターを除く。

魚介類：甲殻類、軟体動物などを含む。

14-5　生活時間

〔出典〕

OECD, *OECD. Stat, Social Protection and Well-being, Time Use*
2023年 9 月ダウンロード

〔解説〕

　人々が日々の活動にどのように時間を割り当てているかについて、24時間（1,440分）で記録したもの。

　推計の精度と方法は国によって異なる。

有償労働：有給の仕事、求職活動、通勤・通学、授業への出席、研究・宿題など。

無償労働：日常の家事、買い物、世帯員のケア、非世帯員のケア、ボランティア活動、家事活動に関連する移動など。

パーソナルケア：生理的に必要な活動（睡眠、食事、休息など）、個人・家族の健康管理、精神的・宗教的ケアに関する個人的ケア活動に関連する移動、めい想など。

余暇：社交、文化・娯楽・スポーツイベントへの参加、趣味など。

その他：精神的・宗教的活動、市民の義務、不特定の活動。

14-6　OECD 加盟国の国内総生産に対する社会支出

〔出典〕

OECD, *OECD. Stat, Social Protection and Well-being, Social Protection*
2023年10月ダウンロード

〔解説〕

　所得再配分機能を持ち、政策分野（高齢、遺族、障害・業務災害・傷病、保健、家族、積極的労働市場政策、失業、住宅、他の政策分野）のいずれかに該当し、資金管理が政府、社会保障基金又は非政府機関である支出。

14-1　死因別死亡率(1)

(単位：人口10万人当たり)

国（地域）	年次	総数（男）	結核	HIV	悪性新生物	循環器系の疾患	脳血管疾患	呼吸器系の疾患	消化器系の疾患	不慮の事故	交通事故	自殺 a
アジア												
日本	19	1,148.2	1.9	0.1	357.6	270.3	84.0	185.3	45.6	36.3	4.8	22.2
イスラエル	18	508.8	0.2	0.2	133.2	111.2	23.3	46.2	16.1	16.9	6.0	8.0
韓国	19	626.0	3.8	0.3	196.3	112.0	41.5	80.1	28.6	28.6	12.3	38.0
北アメリカ												
アメリカ合衆国	20	1,077.8	0.2	2.3	193.5	291.4	42.4	82.5	40.6	80.3	19.7	22.2
カナダ	19	779.1	0.3	0.4	229.3	197.3	31.9	68.5	34.1	41.2	6.6	16.4
キューバ	19	1,070.7	0.5	6.3	258.6	385.4	94.3	127.9	54.3	44.7	11.9	21.7
メキシコ	20	1,006.5	2.4	6.1	69.8	223.9	29.6	90.5	71.7	38.9	18.2	10.2
南アメリカ												
アルゼンチン	19	790.2	1.7	3.8	143.8	219.5	42.5	134.7	40.8	25.8	12.5	12.3
ウルグアイ	19	1,022.4	3.1	6.3	256.4	236.9	61.1	102.9	39.7	38.2	18.3	33.7
チリ	18	606.8	1.6	3.7	151.4	155.3	42.5	65.7	49.6	40.5	15.5	16.3
ブラジル	19	725.5	3.3	7.0	117.9	186.6	50.1	79.8	40.5	46.9	26.5	10.3
ヨーロッパ												
アイスランド	20	622.7	0.0	0.5	172.8	183.5	23.0	47.6	21.4	32.1	5.9	17.1
アイルランド	18	666.9	0.5	0.2	205.2	199.9	30.3	79.8	24.8	24.0	2.9	13.6
イギリス	19	912.1	0.3	0.3	271.6	235.9	45.3	120.6	44.4	32.5	3.8	13.1
イタリア	17	1,054.8	0.5	1.1	322.4	342.8	80.5	94.7	39.0	35.7	10.0	10.4
ウクライナ	17	1,427.2	15.4	12.1	219.2	846.2	159.1	44.7	69.1	...	17.4	27.0
オーストリア	20	1,036.2	0.5	0.6	260.0	335.9	47.1	59.0	39.8	38.1	6.3	19.1
オランダ	20	975.0	0.1	0.2	281.4	201.2	44.2	62.6	28.1	33.5	5.4	14.2
ギリシャ	19	1,212.1	0.5	0.5	346.7	410.1	105.6	126.0	35.3	43.3	14.1	8.4
スイス	18	767.9	0.3	0.4	226.3	223.2	34.2	56.8	27.9	33.4	5.3	16.9
スウェーデン	18	894.3	0.1	0.1	233.4	293.5	51.4	65.1	29.0	39.8	5.5	17.4
スペイン	20	1,075.7	0.5	1.3	280.0	241.1	48.5	102.7	48.0	30.0	5.9	12.6
スロベニア	20	1,112.7	0.3	0.2	338.1	297.1	74.3	42.9	47.4	54.3	8.5	28.0
チェコ	20	1,263.3	0.3	0.2	295.1	452.1	63.7	88.8	56.3	44.1	9.6	19.1
デンマーク	18	964.2	0.2	0.4	282.5	219.4	52.1	113.0	39.4	26.7	4.6	14.8
ドイツ	20	1,200.8	0.3	0.6	306.8	383.9	56.8	82.6	55.2	35.7	5.7	16.9
ノルウェー	16	747.9	0.0	0.2	218.3	195.8	38.1	79.0	22.7	40.5	6.1	15.9
ハンガリー	19	1,343.3	0.9	0.2	368.5	601.6	106.5	92.8	79.0	45.3	13.0	24.8
フィンランド	19	994.7	0.3	0.1	254.3	342.2	65.7	44.2	51.7	54.1	7.2	20.7
フランス	16	925.0	0.4	0.8	293.2	208.0	41.4	65.2	40.6	45.3	7.2	20.6
ブルガリア	19	1,659.0	2.2	0.2	311.5	980.9	276.3	75.4	80.9	34.0	12.2	13.2
ベラルーシ	18	1,371.5	4.6	4.2	254.4	739.0	130.2	40.2	46.4	101.8	12.9	33.4
ベルギー	18	960.9	0.3	0.3	256.8	234.9	48.0	116.7	44.8	41.0	6.8	22.8
ポーランド	19	1,150.3	2.0	0.4	295.8	410.0	70.6	82.0	56.2	47.6	15.9	21.5
ラトビア	20	1,511.2	4.1	4.2	351.2	722.3	201.0	52.2	57.6	68.9	12.0	27.9
リトアニア	20	1,634.5	6.3	1.5	345.6	744.8	142.5	62.0	89.4	79.1	11.4	36.3
ルーマニア	19	1,434.1	7.8	1.1	308.1	711.4	180.1	114.2	103.5	60.4	18.9	15.8
ルクセンブルク	19	649.8	0.0	0.0	188.2	173.6	23.6	60.9	35.3	21.1	4.5	15.2
ロシア	12	1,474.8	21.7	9.6	231.3	714.7	187.6	74.2	75.2	...	33.3	36.6
アフリカ												
エジプト	19	612.6	0.2	0.0	34.2	322.2	28.6	51.7	46.0	16.1	10.8	0.1
オセアニア												
オーストラリア	20	664.1	0.2	0.3	209.5	160.3	31.2	52.8	25.6	36.1	7.9	18.7
ニュージーランド	16	688.5	0.1	0.3	214.4	213.3	39.5	61.0	21.6	32.7	12.8	18.0

14-1　死因別死亡率(2)

(単位：人口10万人当たり)

国（地域）	年次	総数(女)	結核	HIV	悪性新生物	循環器系の疾患	脳血管疾患	呼吸器系の疾患	消化器系の疾患	不慮の事故	交通事故	自殺 a
アジア												
日本	19	1,036.1	1.4	0.0	240.0	281.9	84.3	121.6	38.0	25.8	2.0	8.9
イスラエル	18	494.1	0.1	0.1	125.1	109.0	24.3	44.9	17.6	10.1	1.8	2.1
韓国	19	523.9	2.5	0.0	120.2	122.7	42.6	62.7	18.1	12.7	4.1	15.8
北アメリカ												
アメリカ合衆国	20	964.7	0.1	0.8	170.1	259.5	54.2	80.8	34.3	40.2	7.2	5.6
カナダ	19	732.2	0.1	0.1	197.2	183.1	40.7	66.8	32.2	30.9	2.8	5.0
キューバ	19	878.1	0.1	1.4	193.6	337.2	87.0	110.0	32.1	31.3	2.8	4.6
メキシコ	20	674.1	0.9	1.2	69.4	176.3	27.1	59.1	38.6	9.8	3.7	2.2
南アメリカ												
アルゼンチン	19	726.5	0.9	1.8	132.2	212.0	41.6	140.0	29.0	10.6	3.4	2.5
ウルグアイ	19	958.0	0.9	2.5	204.8	239.1	74.4	98.7	35.8	24.9	6.0	8.2
チリ	18	533.1	0.8	0.8	133.7	145.6	43.2	64.7	35.0	15.6	4.4	3.3
ブラジル	19	562.2	1.0	3.3	102.3	160.5	46.2	74.5	25.3	15.4	5.2	2.7
ヨーロッパ												
アイスランド	20	642.2	0.0	0.0	168.7	190.2	42.9	52.5	19.2	25.4	0.6	8.5
アイルランド	18	615.8	0.3	0.0	176.3	174.4	37.9	86.9	20.8	13.1	0.8	4.5
イギリス	19	894.8	0.2	0.1	232.1	205.4	57.3	121.4	43.3	22.8	1.4	3.8
イタリア	17	1,091.8	0.3	0.4	242.8	424.1	117.1	81.8	37.9	27.9	2.6	2.8
ウクライナ	17	1,279.9	3.0	6.1	149.8	953.3	194.0	14.7	36.6	...	4.7	5.1
オーストリア	20	1,022.2	0.3	0.2	212.0	394.4	59.2	50.1	32.4	31.1	1.9	5.2
オランダ	20	963.1	0.0	0.1	237.1	204.2	57.4	58.1	28.0	40.4	1.9	6.8
ギリシャ	19	1,121.9	0.2	0.1	216.4	414.7	135.4	127.4	31.7	21.6	2.7	1.7
スイス	18	809.0	0.2	0.1	182.2	260.7	47.3	52.0	30.1	31.1	1.9	6.8
スウェーデン	18	928.9	0.2	0.1	211.9	305.2	60.7	73.2	27.7	26.4	1.8	7.6
スペイン	20	1,010.9	0.2	0.3	180.4	264.7	60.3	77.0	43.2	19.1	1.3	4.2
スロベニア	20	1,174.7	0.1	0.1	269.0	438.1	110.5	33.3	41.5	63.5	2.2	7.0
チェコ	20	1,156.2	0.1	0.1	230.2	489.0	77.4	66.6	39.1	25.3	3.0	4.0
デンマーク	18	933.9	0.1	0.2	248.0	197.9	58.2	116.6	35.0	19.2	2.1	5.4
ドイツ	20	1,169.7	0.2	0.1	250.1	428.3	71.2	65.1	47.1	29.9	1.7	5.4
ノルウェー	16	811.2	0.1	0.1	196.6	224.2	54.3	87.7	25.6	32.1	1.0	7.5
ハンガリー	19	1,310.9	0.2	0.1	290.1	696.4	127.8	78.0	52.2	27.8	4.7	7.7
フィンランド	19	961.6	0.3	0.0	213.8	322.7	78.8	27.3	34.6	31.0	1.6	6.4
フランス	16	872.1	0.1	0.1	207.5	226.6	55.0	60.5	32.9	37.0	2.3	6.0
ブルガリア	19	1,446.2	0.6	0.1	212.8	992.4	315.0	45.7	38.3	12.3	3.8	3.4
ベラルーシ	18	1,186.3	0.8	1.6	147.7	706.4	149.4	9.2	32.9	25.3	3.9	6.8
ベルギー	18	976.3	0.2	0.2	201.7	266.2	65.1	109.5	42.0	38.5	2.4	8.8
ポーランド	19	1,012.1	0.5	0.1	234.5	439.2	81.2	62.0	37.1	19.7	4.3	3.1
ラトビア	20	1,487.8	1.1	1.3	282.6	881.0	326.2	24.8	46.7	22.8	4.5	5.1
リトアニア	20	1,492.2	1.0	0.5	248.2	887.7	226.0	26.8	66.7	31.8	4.5	8.9
ルーマニア	19	1,247.2	1.8	0.3	202.0	783.6	217.5	69.5	59.1	17.9	5.5	2.4
ルクセンブルク	19	656.0	0.0	0.0	159.9	185.8	38.0	64.9	25.2	23.6	1.6	6.9
ロシア	12	1,207.6	4.7	3.4	174.8	756.5	258.3	21.0	50.7	...	10.2	7.1
アフリカ												
エジプト	19	539.0	0.1	0.0	29.1	296.5	23.8	46.4	33.9	4.5	2.7	0.0
オセアニア												
オーストラリア	20	591.9	0.1	0.1	160.4	153.3	42.4	46.2	25.0	23.1	2.4	5.8
ニュージーランド	16	650.1	0.2	0.0	186.1	204.8	59.1	62.7	21.3	21.1	4.7	6.1

a 自傷行為及び自殺未遂を含む。

14-2　医療費支出・医師数・病床数(1)

国（地域）	医療費支出（2020年）			人口1,000人当たり		
	対GDP比 (%)	公的医療費 支出の割合 (%)	1人当たり (米ドル)	医師数 a	看護師・ 助産師数 a	病床数 a
アジア						
日本	10.9	84.2	4,388.1	2.5	11.9	13.0
アラブ首長国連邦	5.7	61.0	2,191.8	2.6	5.7	1.4
イエメン	b 4.3	b 10.2	b 63.3	0.5	0.8	0.7
イスラエル	8.3	70.8	3,867.4	3.6	5.6	3.0
イラク	5.1	54.8	202.3	0.7	2.0	1.3
イラン	5.3	53.9	573.4	1.6	2.1	1.6
インド	3.0	36.6	56.6	0.7	1.7	0.5
インドネシア	3.4	55.0	133.0	0.5	3.8	1.0
オマーン	5.3	90.3	844.6	1.9	4.1	1.5
カザフスタン	3.8	66.2	341.5	4.0	7.3	6.1
韓国	8.4	61.0	2,642.4	2.5	8.2	12.4
カンボジア	7.5	27.7	115.8	0.2	1.0	0.9
クウェート	6.3	89.9	1,532.6	2.6	7.4	2.0
サウジアラビア	5.5	70.3	1,291.1	2.8	5.8	2.2
シリア	…	…	…	1.3	1.5	1.4
シンガポール	6.1	52.4	3,537.0	2.5	6.2	2.5
スリランカ	4.1	45.8	151.1	1.2	2.3	4.2
タイ	4.4	70.4	305.1	0.9	3.2	…
中国	5.6	54.7	583.4	2.2	3.1	4.3
トルコ	4.6	78.8	395.2	1.9	3.0	2.9
パキスタン	3.0	35.2	38.2	1.1	0.5	0.6
バングラデシュ	2.6	18.0	50.7	0.6	0.4	0.8
フィリピン	5.1	44.6	164.7	0.6	5.4	1.0
ベトナム	4.7	45.1	166.2	0.8	1.4	2.6
マレーシア	4.1	52.8	418.7	2.1	3.5	1.9
ミャンマー	4.6	15.9	72.1	0.7	1.1	1.0
モンゴル	4.9	63.9	199.8	3.9	4.2	8.0
ヨルダン	7.5	49.7	298.6	2.7	3.3	1.5
レバノン	8.0	33.1	994.5	2.2	1.7	2.7
北アメリカ						
アメリカ合衆国	18.8	56.8	11,702.4	2.6	15.7	2.9
エルサルバドル	9.9	59.2	385.7	2.9	1.8	1.2
カナダ	12.9	75.0	5,619.4	2.4	11.4	2.6
キューバ	12.5	91.0	1,186.2	8.4	7.6	5.3
グアテマラ	6.5	38.3	289.1	0.4	1.3	0.4
コスタリカ	7.9	71.8	953.1	2.9	3.4	1.1
ジャマイカ	6.6	68.0	325.7	0.5	0.9	1.7
ドミニカ共和国	4.9	65.7	354.1	1.5	1.5	1.6
トリニダード・トバゴ	7.3	46.2	1,030.7	4.5	4.1	3.0
パナマ	9.7	60.7	1,214.5	1.6	3.2	2.3
ホンジュラス	9.0	38.0	212.7	0.3	0.7	0.6
メキシコ	6.2	52.9	538.6	2.4	2.8	1.0
南アメリカ						
アルゼンチン	10.0	66.3	863.7	4.1	2.6	5.0
ウルグアイ	9.2	71.8	1,429.5	4.9	7.2	2.4
エクアドル	8.5	58.6	478.5	2.2	2.5	1.4
コロンビア	9.0	72.7	477.3	2.3	1.4	1.7
チリ	9.8	56.4	1,278.2	2.7	4.8	2.1
ブラジル	10.3	44.8	700.7	2.3	7.4	2.1

14-2 医療費支出・医師数・病床数(2)

国（地域）	医療費支出（2020年）			人口1,000人当たり		
	対GDP比 （%）	公的医療費 支出の割合 （%）	1人当たり （米ドル）	医師数 a	看護師・ 助産師数 a	病床数 a
ベネズエラ	3.8	43.9	142.5	1.7	2.1	0.9
ペルー	6.3	67.9	388.5	1.4	3.0	1.6
ヨーロッパ						
アイルランド	7.1	78.8	6,092.2	3.4	13.0	3.0
イギリス	12.0	83.7	4,926.6	2.9	8.6	2.5
イタリア	9.6	76.1	3,057.0	4.0	6.4	3.1
ウクライナ	7.6	49.3	269.7	3.0	6.7	7.5
オーストリア	11.5	76.4	5,585.1	5.3	7.1	7.3
オランダ	11.1	68.8	5,846.2	3.8	11.1	3.2
ギリシャ	9.5	54.0	1,675.1	6.3	3.7	4.2
クロアチア	7.8	81.9	1,094.5	3.5	6.2	5.5
スイス	11.8	35.7	10,309.8	4.3	18.3	4.6
スウェーデン	11.4	85.9	6,028.0	4.4	11.9	2.1
スペイン	10.7	73.3	2,900.6	4.4	6.1	3.0
スロベニア	9.5	72.2	2,417.2	3.3	10.5	4.4
セルビア	8.7	61.0	672.3	2.5	6.1	5.6
チェコ	9.2	87.4	2,119.8	4.1	8.9	6.6
デンマーク	10.5	84.9	6,438.4	4.2	10.5	2.4
ドイツ	12.8	78.4	5,930.3	4.4	14.2	8.0
ノルウェー	11.4	85.7	7,704.4	4.9	18.3	3.5
ハンガリー	7.3	71.1	1,163.2	3.5	6.9	7.0
フィンランド	9.6	81.3	4,726.1	4.6	22.3	3.6
フランス	12.2	76.7	4,768.7	3.3	11.8	5.9
ブルガリア	8.5	59.8	856.7	4.2	4.8	7.5
ベラルーシ	6.4	70.9	408.1	4.5	11.0	10.8
ベルギー	11.1	79.2	5,009.5	3.1	11.7	5.6
ポーランド	6.5	71.9	1,026.0	2.4	5.7	6.5
ポルトガル	10.5	64.4	2,341.6	5.5	7.4	3.5
ルーマニア	6.3	80.1	809.6	3.0	6.1	6.9
ロシア	7.6	70.5	773.9	4.2	8.5	7.1
アフリカ						
アルジェリア	6.3	62.6	214.9	1.7	1.5	1.9
ウガンダ	4.0	17.0	33.9	0.4	1.2	...
エジプト	4.4	31.9	150.9	0.7	1.9	1.4
エチオピア	3.5	28.2	28.7	0.1	0.7	0.3
ガーナ	4.0	49.7	85.0	0.1	2.7	...
ケニア	4.3	47.4	83.4	0.2	1.2	...
コンゴ民主共和国	4.1	16.1	21.3	0.4	1.1	...
ザンビア	5.6	43.5	53.8	0.1	1.0	...
タンザニア	3.7	42.8	39.3	0.1	0.6	...
チュニジア	6.3	58.7	221.7	1.3	2.5	2.2
ナイジェリア	3.4	15.0	68.5	0.4	1.5	...
マラウイ	5.4	36.3	33.0	0.2	0.4	...
南アフリカ	8.6	62.1	489.6	0.8	5.0	...
モロッコ	6.0	43.5	187.4	0.7	1.4	1.0
オセアニア						
オーストラリア	10.6	75.1	5,901.1	3.9	13.1	3.8
ニュージーランド	10.0	77.2	4,201.6	3.5	11.2	2.6
パプアニューギニア	2.5	68.1	63.9	0.1	0.5	...

a 2014～2019年の最新年次データ。　b 2015年。

14-3　交通事故（2020年）

国（地域）	事故件数	死傷者数	負傷者数	死者数	人口10万人当たり死者数	自動車10万台当たり死者数
アジア						
日本	309,178	372,315	368,899	3,416	2.7	3.7
イスラエル	10,836	18,226	17,921	305	3.3	8.3
インド a	464,910	618,888	470,975	147,913	...	...
韓国	209,654	309,275	306,194	3,081	6.0	11.2
中国 b	247,646	318,864	256,101	62,763	...	...
トルコ	150,275	231,132	226,266	4,866	...	...
北アメリカ						
アメリカ合衆国	5,251,006	2,321,216	2,282,209	39,007	11.8	13.1
カナダ	79,990	106,032	104,286	1,746	* 4.6	* 6.9
コスタリカ	...	...	...	...	* 11.2	* 22.3
メキシコ	11,449	9,428	6,706	2,722	...	...
南アメリカ						
アルゼンチン	...	...	...	...	* 7.7	13.7
コロンビア	...	...	...	...	10.8	34.1
チリ	28,870	43,634	41,840	1,794	* 9.2	32.7
ヨーロッパ						
アイスランド	727	1,015	1,007	8	2.2	2.3
アイルランド *	4,428	5,740	5,593	147	3.0	5.2
イギリス	95,422	122,071	120,555	1,516	2.3	3.8
イタリア	118,298	161,644	159,249	2,395	4.0	4.3
ウクライナ a	27,220	38,109	34,677	3,432	...	...
エストニア	1,368	1,637	1,577	60	...	...
オーストリア	30,670	38,074	37,730	344	3.9	4.9
オランダ	...	...	...	610	3.0	4.4
ギリシャ	9,083	11,402	10,818	584	5.4	5.9
スイス	16,897	20,022	19,795	227	2.6	3.5
スウェーデン	12,243	15,558	15,354	204	2.0	3.2
スペイン	72,959	95,932	94,562	1,370	2.9	3.7
スロバキア	4,555	5,623	5,376	247	...	...
スロベニア	4,780	5,775	5,695	80	3.8	5.1
チェコ	18,419	23,205	22,687	518	4.8	6.6
デンマーク	...	...	...	163	2.8	4.9
ドイツ	264,499	330,269	327,550	2,719	3.3	4.7
ノルウェー	3,585	4,529	4,436	93	1.7	2.3
ハンガリー	13,778	18,176	17,716	460	4.7	9.7
フィンランド	3,608	4,634	4,411	223	4.0	4.5
フランス	45,121	58,377	55,836	2,541	3.9	5.3
ベルギー	30,251	37,150	36,651	499	4.3	6.5
ポーランド	23,540	28,954	26,463	2,491	6.6	7.6
ポルトガル	27,725	34,471	33,935	536	5.2	...
ラトビア	3,414	4,205	4,064	141	...	...
リトアニア	2,788	3,337	3,161	176	6.3	9.8
ルクセンブルク	...	...	...	26	4.2	5.1
ロシア	145,073	199,192	183,040	16,152	...	...
アフリカ						
モロッコ c	...	...	...	3,485	...	...
オセアニア						
オーストラリア	...	...	...	1,094	4.3	5.5
ニュージーランド	10,325	13,192	12,872	320	* 6.2	8.4

a 2017年。　b 2019年。　c 2018年。

14-4　1人当たり供給熱量（2020年）

（1人1日当たりkcal）

国（地域）	計	穀類	いも類	砂糖類	豆類	野菜類	肉類	卵類	乳製品	魚介類	その他
アジア											
日本	2,679	1,028	56	263	12	73	217	79	121	127	703
イラン	3,089	1,545	94	321	42	91	168	34	71	25	698
インド	2,599	1,401	57	209	139	66	19	15	163	15	515
インドネシア	2,924	1,607	201	262	9	44	74	63	20	85	559
韓国	3,443	1,154	43	447	13	164	356	49	53	112	1,052
サウジアラビア	3,312	1,601	42	312	51	67	223	40	154	21	801
タイ	2,855	1,401	31	397	26	35	183	51	44	68	619
中国	3,344	1,536	158	81	13	250	476	88	55	56	631
トルコ	3,753	1,524	99	306	130	154	136	40	351	10	1,003
パキスタン	2,470	1,205	31	223	49	25	87	14	364	3	469
フィリピン	2,856	1,773	44	232	13	48	223	20	28	53	422
マレーシア	3,010	1,176	45	412	26	58	281	71	74	97	770
北アメリカ											
アメリカ合衆国	3,926	845	87	586	48	74	562	61	377	37	1,249
カナダ	3,583	934	115	410	81	80	359	58	249	35	1,262
メキシコ	3,174	1,345	32	415	92	44	378	75	164	27	602
南アメリカ											
アルゼンチン	3,338	1,079	91	444	57	54	645	60	234	11	663
コロンビア	2,960	898	197	526	55	38	271	53	183	18	721
ブラジル	3,343	912	111	410	122	35	488	47	265	13	940
ヨーロッパ											
アイルランド	3,857	977	113	427	15	77	395	37	523	53	1,240
イギリス	3,381	1,011	130	257	23	74	442	43	340	45	1,016
イタリア	3,563	1,076	71	335	73	64	311	44	321	57	1,211
オーストリア	3,698	863	104	361	15	79	341	54	315	30	1,536
オランダ	3,521	811	172	431	27	70	314	85	530	44	1,037
ギリシャ	3,337	811	87	332	31	98	290	34	396	38	1,220
スイス	3,399	754	87	448	18	70	416	42	468	29	1,067
スウェーデン	3,252	875	107	339	22	72	323	53	441	58	962
スペイン	3,354	787	104	290	49	75	408	58	270	87	1,226
デンマーク	3,453	794	121	494	14	73	304	62	472	75	1,044
ドイツ	3,628	794	124	445	6	76	327	60	470	37	1,289
ノルウェー	3,446	999	103	290	148	61	391	47	326	103	978
フィンランド	3,363	884	119	343	34	60	476	44	491	62	840
フランス	3,538	1,050	95	345	11	71	435	54	407	62	1,008
ポーランド	3,593	1,115	185	456	9	76	463	34	345	43	867
ポルトガル	3,524	986	111	240	37	89	421	40	283	105	1,212
ロシア	3,407	1,216	160	383	26	68	338	63	274	52	827
アフリカ											
アルジェリア	3,487	1,621	125	294	59	161	93	21	254	8	851
エジプト	3,326	2,122	70	274	34	103	103	12	67	48	493
ナイジェリア	2,587	1,082	674	98	101	47	35	9	9	16	516
南アフリカ	2,857	1,378	67	308	11	34	333	29	84	12	601
オセアニア											
オーストラリア	3,422	739	83	421	73	68	524	30	385	40	1,059
ニュージーランド	3,214	956	90	546	34	62	399	47	137	44	899

14-5　生活時間(1)

(単位：分)

国（地域）	調査年次	15〜64歳								
		有償労働			無償労働			パーソナルケア		
		計	男	女	計	男	女	計	男	女
アジア										
日本 a	21	368	442	292	125	47	208	640	632	647
インド	98/99	295	391	185	191	52	352	687	703	670
韓国	14	344	419	269	132	49	215	678	676	680
中国 b	08	340	390	291	164	91	234	694	696	692
トルコ	14/15	246	358	134	186	68	305	682	679	685
北アメリカ										
アメリカ合衆国	19	289	332	247	219	166	271	652	635	667
カナダ	15	305	341	268	186	148	224	637	622	653
メキシコ b	14	349	478	236	264	131	331	634	624	642
ヨーロッパ										
アイルランド	05	268	341	195	210	127	293	609	595	623
イギリス	14/15	262	309	216	195	140	249	645	635	655
イタリア	13/14	177	221	133	219	131	306	708	710	705
エストニア	09/10	256	264	245	208	160	249	663	664	663
オーストリア	08/09	306	365	249	202	135	269	632	624	641
オランダ	15/16	243	285	201	186	145	225	682	666	697
ギリシャ	13	228	274	185	180	95	259	685	689	679
スウェーデン	10	293	313	275	196	171	220	622	611	633
スペイン	09/10	202	236	167	217	146	289	692	697	687
スロベニア	00/01	265	300	234	231	166	286	628	632	630
デンマーク	01	225	260	195	217	186	243	659	643	673
ドイツ	12/13	248	290	205	196	150	242	648	638	659
ノルウェー	10/11	241	277	200	196	168	227	627	615	642
ハンガリー	10	238	273	203	229	162	294	683	686	679
フィンランド	09/10	229	249	210	197	157	236	640	630	651
フランス	09/10	204	235	175	181	135	224	752	743	761
ベルギー	13	236	274	199	192	144	237	664	648	677
ポーランド	13	260	315	203	226	159	295	657	645	667
ポルトガル	99	295	372	231	223	96	328	676	677	674
ラトビア	03	330	377	288	196	130	253	641	640	644
リトアニア b	03	315	354	279	224	152	292	646	644	645
ルクセンブルク	13	285	330	239	179	121	240	686	677	694
アフリカ										
南アフリカ	10	241	294	195	182	103	250	695	695	695
オセアニア										
オーストラリア b	06	238	304	172	243	172	311	657	649	666
ニュージーランド	09/10	270	338	205	204	141	264	648	639	656

14-5　生活時間(2)

(単位：分)

国（地域）	調査年次	15～64歳					
		余暇			その他		
		計	男	女	計	男	女
アジア							
日本 a	21	269	284	254	c 37	c 34	c 40
インド	98/99	254	283	221	12	12	13
韓国	14	258	272	244	28	24	32
中国 b	08	228	248	211	15	15	12
トルコ	14/15	286	301	270	40	34	46
北アメリカ							
アメリカ合衆国	19	286	306	266	24	20	28
カナダ	15	279	298	260	34	32	36
メキシコ b	14	172	187	159	21	19	23
ヨーロッパ							
アイルランド	05	312	338	287	41	40	42
イギリス	14/15	306	327	285	32	30	35
イタリア	13/14	323	366	281	13	12	14
エストニア	09/10	309	345	278	5	6	4
オーストリア	08/09	291	308	274	8	8	7
オランダ	15/16	315	330	300	15	14	17
ギリシャ	13	341	375	311	6	6	7
スウェーデン	10	321	338	306	6	7	5
スペイン	09/10	316	347	284	13	14	13
スロベニア	00/01	311	337	283	6	5	6
デンマーク	01	329	340	320	10	11	10
ドイツ	12/13	331	346	316	17	16	18
ノルウェー	10/11	368	370	366	7	9	5
ハンガリー	10	281	308	257	9	11	8
フィンランド	09/10	331	359	304	43	45	40
フランス	09/10	294	319	270	9	8	10
ベルギー	13	339	365	317	9	8	9
ポーランド	13	286	311	262	11	10	13
ポルトガル	99	241	289	200	6	5	7
ラトビア	03	269	290	249	4	3	5
リトアニア b	03	247	282	215	8	8	9
ルクセンブルク	13	276	299	253	14	13	15
アフリカ							
南アフリカ	10	306	334	...	16	13	19
オセアニア							
オーストラリア b	06	281	297	269	20	18	22
ニュージーランド	09/10	301	306	295	17	16	19

a 総務省統計局「令和3年社会生活基本調査結果」による。　　b 定義が異なる。　　c 通勤・通学を除く全ての移動時間を含む。

14-6　OECD加盟国の国内総生産に対する社会支出

(単位：%)

国（地域）	1990	1995	2000	2005	2010	2015	2016	2017	2018	2019
アジア										
日本	10.6	13.0	15.4	17.3	21.5	22.4	22.4	22.4	22.5	23.1
イスラエル	...	16.0	17.1	15.5	15.5	15.5	15.5	16.1	16.1	16.3
韓国	2.9	3.3	5.2	6.4	8.4	10.5	10.8	10.9	11.8	13.3
トルコ	3.8	3.4	7.5	9.9	12.2	11.5	12.5	12.0	11.8	12.4
北アメリカ										
アメリカ合衆国	13.7	15.4	14.5	15.8	19.3	24.2	24.5	24.3	24.1	24.0
カナダ	17.4	18.2	15.6	16.0	17.6	17.9	18.3	18.0	18.0	18.8
コスタリカ	...	...	...	...	...	12.9	12.6	12.5	12.8	12.7
メキシコ	3.1	3.7	4.4	6.1	7.3	7.7	7.5	7.4	7.1	7.4
南アメリカ										
コロンビア	...	...	...	...	13.8	15.9	15.5	15.6	15.2	15.8
チリ	10.3	12.1	12.7	11.3	13.2	13.9	14.1	14.5	14.6	15.0
ヨーロッパ										
アイスランド	16.3	18.2	18.5	20.3	23.0	22.8	22.8	24.1	24.6	25.6
アイルランド	16.9	17.6	13.1	15.8	24.1	15.2	15.1	14.2	13.5	12.9
イギリス	15.1	16.8	17.2	19.7	23.8	22.1	21.4	21.0	20.4	20.1
イタリア	22.1	22.6	23.7	25.2	28.2	29.4	28.9	28.6	28.5	28.7
エストニア	...	...	13.9	12.8	18.1	17.3	17.5	17.0	17.5	17.9
オーストリア	24.4	27.6	27.0	27.2	28.9	29.1	29.0	28.6	28.4	28.6
オランダ	24.1	22.9	19.9	20.7	23.6	24.0	23.8	23.3	22.9	22.9
ギリシャ	15.7	16.6	17.8	19.5	25.7	26.2	26.6	25.7	25.5	25.6
スイス	15.1	20.7	21.9	24.7	24.3	26.1	26.5	26.9	26.3	26.8
スウェーデン	26.9	30.5	26.9	27.5	26.2	26.5	26.9	26.3	26.0	25.5
スペイン	19.1	20.6	19.5	20.5	24.9	24.7	24.2	23.9	24.0	24.6
スロバキア	...	18.5	17.8	15.5	17.5	17.4	17.7	17.6	17.3	17.6
スロベニア	...	5.7	22.1	21.5	23.4	22.7	22.2	21.5	21.3	21.5
チェコ	14.0	16.0	18.1	18.1	20.0	19.7	19.3	19.4	19.5	19.9
デンマーク	21.9	25.5	23.8	25.2	32.0	32.6	31.6	31.2	30.8	30.8
ドイツ	22.9	26.8	26.8	27.4	28.2	27.5	27.7	27.7	27.8	28.2
ノルウェー	22.7	23.4	21.7	22.0	23.3	26.0	27.3	26.4	25.4	26.5
ハンガリー	...	...	20.1	21.8	22.8	20.3	20.2	19.4	18.6	17.6
フィンランド	23.3	28.9	22.8	24.0	27.5	30.6	30.5	29.7	29.4	29.5
フランス	24.4	28.5	27.7	28.8	31.0	32.5	32.6	32.2	31.7	31.5
ベルギー	24.6	25.3	23.7	24.7	27.7	29.1	28.4	28.3	28.4	28.2
ポーランド	14.2	21.8	20.2	20.9	20.7	20.2	21.2	20.8	20.5	21.2
ポルトガル	12.4	16.3	19.0	22.8	24.6	24.2	23.7	23.0	22.7	22.6
ラトビア	...	0.0	15.3	12.2	19.1	15.7	16.0	15.8	16.1	16.5
リトアニア	...	...	15.4	13.8	19.6	16.0	15.8	15.6	16.6	17.3
ルクセンブルク	19.0	20.6	18.8	22.8	22.5	21.4	21.1	21.5	21.9	22.5
オセアニア										
オーストラリア	13.1	19.0	21.1	18.5	19.9	23.0	22.4	21.7	21.1	24.2
ニュージーランド	20.2	17.6	18.3	19.9	23.4	20.0	19.7	18.7	19.5	23.6

第15章　教育・文化

15-1　教員1人当たり生徒数
〔出典〕
UNESCO Institute for Statistics, *UIS. Stat*
2023年10月ダウンロード
〔解説〕
　国・公・私立学校の合計。原則として学校やその他の教育機関の行政記録に基づくが、UNESCO Institute for Statistics（UIS）などによる推計値の場合もある。学校教育の制度及び年限は国により異なる。
　教員：特定の国において特定の教育水準で指導するために必要な最低限の学歴を有する者。パートタイム教員はフルタイム換算されている。また、2交代制の教員は2人として扱われている。
　初等教育：一般的には5・6・7歳から始まり、6年間の基礎的な教育を与えるプログラム。
　前期中等教育：幅広い基礎的な学習教科、専門的な学習の前段階として構成される。
　後期中等教育：前期中等教育より更に専門化された学習教科で構成される。

15-2　男女別教員の比率
〔出典〕
OECD, *OECD. Stat, Education and Training, Education at a Glance*
2023年9月ダウンロード

15-3　男女別在学率
〔出典〕
UNESCO Institute for Statistics, *UIS. Stat*
2023年10月ダウンロード
〔解説〕
　就学年齢人口に対する在学者（国・公・私立学校及びその他の教育機関の合計）の割合。原則として各国の調査、行政記録などに基づくが、UIS 及び各国による推計値の場合もある。

15-4　在学者1人当たり学校教育費
〔出典〕
OECD, *OECD. Stat, Education and Training, Education at a Glance*
2023年10月ダウンロード
〔解説〕
　各教育段階別に、公財政教育支出及び私費負担教育費の合計を在学者数（フルタイム換算）で除したもの。
　高等教育以外の中等後教育：一般的に、後期中等教育の範囲で、幅広い知識を得るプログラム。学究よりも就職を意識したプログラム又はその両方が含まれる（日本では、高等学校専攻科と大学・短期大学の別科が相当）。
　高等教育：大学、専門学校などにおける、高度かつ専門的に学ぶプログラム。学問的な分野のみならず、職業的な分野も含む。

15-5　国内総生産に対する学校教育費の比率
〔出典〕
OECD, *OECD. Stat, Education and Training, Education at a Glance*
2023年10月ダウンロード

15-6　男女別識字率
〔出典〕
UNESCO Institute for Statistics, *UIS. Stat*
2023年10月ダウンロード
〔解説〕
　　15歳以上人口に対する識字（読み書きができる）人口の割合。データは主に各国が実施した人口センサスなどに基づくが、UIS などによる推計値の場合もある。「識字」の定義は国により異なる。

15-7　学習到達度
〔出典〕
OECD, *PISA Database*
2023年10月ダウンロード
〔解説〕
　　15歳の生徒を対象とした3年ごとの調査で、社会的、経済的生活に不可欠な重要な知識やスキルをどの程度習得しているかを測るもの。読解力、数学的リテラシー、科学的リテラシーの3分野について、1分野を順に中心分野として重点的に調査。中心分野として実施した最初の年の OECD 加盟国平均得点を基準値（500点）とし、異なる実施年の結果が比較できるよう調整し、各国、各年の平均得点を算出。
読解力：自らの目標を達成し、自らの知識と可能性を発達させ、社会に参加するために、テキストを理解し、利用し、評価し、熟考し、これに取り組むこと。
数学的リテラシー：様々な文脈の中で数学的に定式化し、数学を活用し、解釈する個人の能力。数学的に推論することや、数学的な概念・手順・事実・ツールを使って事象を記述し、説明し、予測することを含む。
科学的リテラシー：科学的な考えを持ち、科学に関連する諸問題に関与する能力として、「現象を科学的に説明する」こと、「科学的探究を評価して計画する」こと、「データと証拠を科学的に解釈する」こと。

15-8　新聞発行部数
〔出典〕
世界ニュース発行者協会（WAN-IFRA）が外部委託した部数調査
2023年10月ダウンロード
〔解説〕
　　有料日刊紙の発行部数。電子版は含まない。

15-9　映画
〔出典〕
UNESCO Institute for Statistics, *UIS. Stat*
2020年7月ダウンロード
〔解説〕
UIS などによる推計値の場合もある。
制作本数：商業上映用に制作された映画数。国際共同作品を含む。
映画館数：映画を商業上映する常設映画館数。その他、アートシアター、移動映画
館及び屋外映画館（ドライブイン映画館など）を含む。

15-10　テレビ
〔出典〕
ITU, *Yearbook of Statistics, Telecommunication/ICT Indicators 2009-2018*
〔解説〕
テレビ保有世帯率は、その国における最も新しい年次を掲載。
IPTV 契約数：インターネットプロトコルテレビ（IP ネットワークを用いて提供され
るテレビ）の契約数。ストリーミング配信のビデオ、ネット配信動画を除く。

15-1　教員1人当たり生徒数

（単位：人）

国（地域）	初等教育		前期中等教育		後期中等教育	
	2015	2022	2015	2022	2015	2022
アジア						
日本 a	15.7	b 14.7	13.7	b 13.0	14.1	b 13.3
ウズベキスタン	19.6	20.6	11.9	10.3	18.9	3.4
カタール	11.6	12.7	11.4	14.3	10.0	11.2
韓国	16.6	b 16.1	15.1	b 13.1	13.9	b 10.6
サウジアラビア	10.9	15.6	10.3	13.8	10.3	14.6
タイ	16.9	14.0	25.5	21.6	31.2	22.4
中国	17.1	16.4	12.8	12.7	18.9	16.0
ネパール	24.6	b 17.8	43.0	b 35.3	28.4	b 31.6
バーレーン	12.3	13.3	11.1	13.5	9.4	11.9
ブータン	40.0	25.5	13.3	32.2	9.9	4.6
ブルネイ	10.0	c 9.3	11.3	d 10.1	8.6	d 8.1
マカオ	14.1	13.4	11.7	11.6	11.2	9.4
ラオス	28.0	e 24.8	21.2	e 19.6	30.7	f 31.5
北アメリカ						
エルサルバドル	29.7	e 26.9	32.5	e 27.8	28.6	e 27.2
キューバ	10.8	11.8	11.0	11.7	11.0	11.5
グレナダ	17.0	e 16.4	11.9	e 12.8	11.9	e 12.8
コスタリカ	13.0	c 11.7	14.2	c 12.9	14.1	c 12.8
ドミニカ共和国	21.0	18.7	23.9	35.1	28.7	6.1
パナマ	24.3	f 24.4	16.9	f 17.5	14.6	f 14.6
バハマ	23.5	b 18.8	17.0	b 13.7	11.7	b 11.2
バルバドス	13.4	11.1	20.7	17.0	14.3	13.5
プエルトリコ	13.9	g 13.5	22.0	g 19.3	16.4	g 15.5
ベリーズ	71.0	154.1	40.7	56.1	25.9	51.5
南アメリカ						
エクアドル	29.5	25.1	27.2	24.1	23.0	18.9
コロンビア	24.4	b 24.7	26.9	b 29.1	26.1	b 22.7
ヨーロッパ						
アルバニア	24.7	b 20.2	12.8	b 11.1	16.5	b 64.1
スペイン	13.2	b 11.8	12.3	b 10.7	11.7	b 11.2
セルビア	15.2	13.7	8.4	7.2	8.6	7.9
ベラルーシ	17.6	20.1	8.3	10.2	8.7	8.6
アフリカ						
エリトリア	57.3	d 45.3	48.3	e 46.1	44.9	e 34.4
ガーナ	57.2	b 41.8	22.1	b 18.0	24.0	b 25.9
カメルーン	54.4	f 60.8	50.0	g 47.3	23.6	g 22.8
ジブチ	33.0	28.0	28.0	26.5	17.2	14.1
ニジェール	37.0	b 40.5	33.4	f 34.7	16.6	f 18.1
ブルンジ	43.2	58.2	56.9	37.6	37.4	17.8
南スーダン	55.4	...	55.4	...	30.2	...
オセアニア						
ニウエ	17.3	b 17.8	23.8	b 18.5	3.5	d 3.1
バヌアツ	37.0	26.2	23.4	...	39.2	...

a 総務省統計局「社会生活統計指標」による。　b 2021年。　c 2020年。　d 2019年。　e 2018年。　f 2017年。
g 2016年。

15-2　男女別教員の比率 (2021年)

（単位：%）

国（地域）	初等教育		前期中等教育		後期中等教育	
	男	女	男	女	男	女
アジア						
日本	36.1	63.9	56.5	43.5	a 68.3	a 31.7
イスラエル	13.9	86.1	21.1	78.9	29.0	71.0
韓国	22.8	77.2	28.6	71.4	44.2	55.8
トルコ	35.9	64.1	41.3	58.7	48.8	51.2
北アメリカ						
アメリカ合衆国	12.5	87.5	33.1	66.9	41.6	58.4
カナダ	a 25.0	a 75.0	b …	b …	25.0	75.0
コスタリカ	21.1	78.9	42.2	57.8	41.9	58.1
メキシコ	30.3	69.7	45.5	54.5	50.4	49.6
南アメリカ						
コロンビア	22.2	77.8	46.8	53.2	54.5	45.5
チリ	18.5	81.5	30.9	69.1	42.8	57.2
ブラジル	12.1	87.9	34.5	65.5	42.9	57.1
ヨーロッパ						
アイスランド	17.5	82.5	17.5	82.5	…	…
アイルランド	15.4	84.6	b …	b …	a 31.4	a 68.6
イギリス	13.7	86.3	34.9	65.1	a 37.9	a 62.1
イタリア	4.6	95.4	23.3	76.7	a 33.4	a 66.6
エストニア	9.8	90.2	18.2	81.8	a 30.1	a 69.9
オーストリア	8.1	91.9	28.0	72.0	44.3	55.7
オランダ	12.7	87.3	44.5	55.5	43.7	56.3
ギリシャ	26.0	74.0	31.6	68.4	42.5	57.5
クロアチア	6.3	93.7	26.2	73.8	32.4	67.6
スイス	16.6	83.4	43.3	56.7	a 53.8	a 46.2
スウェーデン	18.4	81.6	34.6	65.4	46.0	54.0
スペイン	22.5	77.5	38.2	61.8	43.3	56.7
スロバキア	9.0	91.0	23.0	77.0	28.2	71.8
スロベニア	a 11.7	a 88.3	b …	b …	34.2	65.8
チェコ	5.8	94.2	22.7	77.3	41.5	58.5
デンマーク	31.7	68.3	38.0	62.0	49.0	51.0
ドイツ	12.6	87.4	33.6	66.4	42.8	57.2
ノルウェー	25.6	74.4	25.3	74.7	43.8	56.2
ハンガリー	4.5	95.5	24.2	75.8	37.2	62.8
フィンランド	20.2	79.8	25.9	74.1	39.6	60.4
フランス	15.9	84.1	39.9	60.1	39.9	60.1
ブルガリア	6.7	93.3	20.2	79.8	23.4	76.6
ベルギー	17.1	82.9	33.7	66.3	38.0	62.0
ポーランド	12.6	87.4	24.0	76.0	34.4	65.6
ポルトガル	18.6	81.4	28.4	71.6	a 31.2	a 68.8
ラトビア	7.8	92.2	16.1	83.9	20.2	79.8
リトアニア	3.7	96.3	17.6	82.4	21.7	78.3
ルーマニア	8.2	91.8	26.2	73.8	27.8	72.2
ルクセンブルク	24.8	75.2	40.5	59.5	48.6	51.4
オセアニア						
ニュージーランド	15.4	84.6	32.5	67.5	39.3	60.7

a 他のカテゴリーを含む。　b 他のカテゴリーに含まれる。

15-3　男女別在学率

(単位：%)

国（地域）	初等教育			前期中等教育			後期中等教育		
	年次	男	女	年次	男	女	年次	男	女
アジア									
日本	20	…	…	20	…	…	20	98.0	99.2
アラブ首長国連邦	17	…	…	17	…	…	17	61.1	95.8
イラン	20	98.2	97.7	20	96.5	93.7	20	81.8	80.4
インド	21	94.2	95.6	22	85.4	87.7	22	56.4	56.5
インドネシア	18	95.4	90.5	22	91.5	98.0	22	83.9	79.7
韓国	21	98.6	98.5	21	99.0	98.9	21	97.3	96.4
タイ	23	98.6	96.7	23	97.6	98.5	22	87.2	96.6
パキスタン	21	78.0	68.3	21	79.2	65.3	21	55.0	46.1
バングラデシュ	22	…	…	22	75.9	89.3	22	82.7	75.2
フィリピン	22	89.5	91.2	22	86.4	91.3	22	77.7	86.3
マレーシア	22	94.7	96.0	22	87.6	90.3	22	63.5	70.4
ミャンマー	18	…	…	18	84.7	90.7	18	57.2	69.1
北アメリカ									
アメリカ合衆国	21	96.0	95.8	21	…	…	21	98.1	99.6
グアテマラ	22	92.4	92.2	22	64.3	60.9	22	34.6	36.2
メキシコ	21	…	…	21	90.8	93.1	21	67.1	73.6
南アメリカ									
アルゼンチン	20	…	…	20	…	…	20	89.0	98.6
コロンビア	21	92.6	93.4	21	97.1	98.3	21	85.1	87.2
チリ	21	98.4	97.3	21	99.1	97.8	21	97.0	96.1
ブラジル	21	95.2	94.3	21	95.4	96.3	21	86.1	91.1
ペルー	19	98.2	98.4	22	97.6	97.8	22	84.1	83.2
ヨーロッパ									
イギリス	20	97.0	97.0	21	98.3	98.3	21	93.6	96.1
イタリア	21	98.5	98.3	21	98.8	98.6	21	95.2	95.5
オーストリア	21	99.2	98.9	21	99.0	98.9	21	92.7	94.4
オランダ	21	99.7	99.9	21	99.4	99.8	21	94.1	95.9
スイス	21	99.7	99.8	21	99.7	99.8	21	92.3	91.6
スウェーデン	21	99.5	99.5	21	99.7	99.5	21	97.2	97.7
スペイン	21	98.1	98.2	21	97.0	97.5	21	93.5	95.7
チェコ	21	98.3	98.6	21	97.5	97.5	21	94.8	95.4
デンマーク	21	99.5	99.6	21	99.4	99.4	21	92.6	93.5
ドイツ	21	98.3	98.8	21	98.8	99.9	21	90.1	88.7
ノルウェー	21	99.0	99.1	21	99.7	99.5	21	94.1	95.3
ハンガリー	21	96.2	96.1	21	94.7	94.5	21	86.1	87.2
フィンランド	21	98.7	98.6	21	98.8	98.7	21	95.6	96.7
フランス	16	99.7	100.0	20	99.8	99.9	21	95.9	96.7
ベルギー	21	98.5	98.5	21	99.0	98.7	21	99.0	98.9
ポーランド	21	99.8	99.8	21	96.0	96.1	21	95.3	96.2
ポルトガル	19	99.6	98.9	18	99.2	99.3	18	99.1	99.6
ロシア	16	99.0	99.6	19	99.3	99.8	19	94.5	95.3
アフリカ									
エジプト	21	99.4	99.7	21	94.9	94.9	21	74.2	70.5
南アフリカ	21	86.8	88.7	21	92.4	97.8	21	92.3	96.6
モロッコ	19	97.9	98.3	22	96.8	94.1	22	77.7	76.8
オセアニア									
オーストラリア	21	99.5	99.8	21	98.6	99.4	21	93.4	97.8
ニュージーランド	21	98.6	98.7	21	98.3	98.5	21	94.2	95.2

15-4　在学者1人当たり学校教育費（2020年）

（単位：購買力平価による米ドル）

国（地域）	初等教育	前期中等教育	後期中等教育	高等教育以外の中等後教育	高等教育
アジア					
日本	10,057	11,618	a 12,458	b …	a 19,676
イスラエル	10,182	b …	a 9,562	523	12,314
韓国	13,278	14,805	19,239	–	12,225
トルコ	4,108	4,037	5,109	–	9,288
北アメリカ					
アメリカ合衆国	14,321	15,302	16,775	15,774	36,172
カナダ	a 11,533	b …	14,520	…	24,363
メキシコ	2,750	2,411	3,296	–	5,887
南アメリカ					
コロンビア	4,364	4,335	4,357	…	4,981
チリ	5,917	6,153	5,720	–	10,458
ヨーロッパ					
アイスランド	15,206	17,077	13,822	18,191	16,128
アイルランド	9,589	11,880	10,891	37,694	17,400
イギリス	12,513	12,716	14,539	–	29,534
イタリア	12,008	9,760	a 11,059	b …	12,663
エストニア	10,309	10,563	6,584	9,686	17,930
オーストリア	14,029	17,307	17,695	4,626	21,753
オランダ	11,188	15,364	16,324	–	21,642
ギリシャ c	7,467	7,364	6,458	…	4,300
スウェーデン	13,997	13,857	13,939	8,263	26,215
スペイン	9,077	10,658	a 11,668	b …	14,361
スロバキア	8,853	7,949	9,436	10,751	14,637
スロベニア	10,714	11,398	9,752	–	17,795
チェコ	8,466	12,760	12,374	2,221	16,237
デンマーク	14,273	17,402	11,344	–	23,432
ドイツ	11,587	14,197	a 18,098	13,788	20,760
ノルウェー	15,631	15,631	18,527	24,488	24,374
ハンガリー	7,928	7,155	8,409	10,269	12,098
フィンランド	11,212	17,726	a 10,238	b …	19,583
フランス	9,673	12,139	16,266	11,787	18,880
ベルギー	12,813	16,635	a 16,543	b …	22,555
ポーランド	11,872	8,696	8,251	5,841	14,488
ポルトガル	9,340	11,715	a 11,032	b …	12,104
ラトビア	7,142	7,157	9,460	11,433	13,043
リトアニア	8,173	8,128	9,260	12,535	13,629
ルクセンブルク	22,990	27,112	26,182	3,607	53,421
オセアニア					
オーストラリア	12,673	15,714	14,947	10,167	22,204
ニュージーランド	8,438	9,286	11,425	8,067	19,567

a 他のカテゴリーを含む。　b 他のカテゴリーに含まれる。　c 2019年。

15-5　国内総生産に対する学校教育費の比率（2020年）

(単位：%)

国（地域）	公財政支出教育費 a	私費負担教育費 b	初等・中等教育、高等教育以外の中等後教育		高等教育	
			公財政支出教育費 a	私費負担教育費 b	公財政支出教育費 a	私費負担教育費 b
アジア						
日本	3.0	1.1	2.5	0.2	c 0.5	c 0.9
イスラエル	5.4	1.0	4.6	0.4	0.8	0.6
韓国	4.0	c 1.1	3.3	c 0.2	0.7	c 0.9
トルコ	3.5	1.2	2.4	0.8	1.1	0.5
北アメリカ						
アメリカ合衆国	4.2	1.9	3.3	0.3	0.9	1.6
カナダ	c 4.6	c 1.4	c 3.4	c 0.3	1.2	c 1.2
コスタリカ	5.8	…	4.4	…	1.4	0.1
メキシコ	3.7	0.8	2.8	0.4	0.8	0.4
南アメリカ						
アルゼンチン	4.5	…	3.4	…	1.1	…
コロンビア	4.6	2.0	4.1	1.0	0.5	1.0
チリ	4.2	2.3	3.1	0.7	1.1	1.6
ブラジル	4.6	…	3.6	…	1.0	…
ヨーロッパ						
アイスランド	6.0	0.3	4.8	0.2	1.2	0.1
アイルランド	2.7	0.5	2.1	0.3	0.6	0.2
イギリス	4.2	2.0	3.7	0.5	0.5	1.5
イタリア	3.6	0.5	3.0	0.1	0.6	0.4
エストニア	4.3	0.3	3.2	0.1	1.1	0.2
オーストリア	4.6	0.3	3.0	0.1	1.6	0.2
オランダ	4.3	1.0	3.0	0.4	1.2	0.5
クロアチア	3.7	0.5	2.8	0.1	0.9	0.3
スウェーデン	5.4	0.2	4.1	0.0	1.3	0.2
スペイン	4.0	0.9	3.1	0.4	1.0	0.5
スロバキア	3.8	0.5	3.0	0.2	0.8	0.3
スロベニア	4.1	0.4	3.1	0.3	1.0	0.2
チェコ	4.0	0.4	3.1	0.2	0.8	0.2
デンマーク	5.3	0.4	3.7	0.2	1.6	0.2
ドイツ	4.0	0.6	2.9	0.4	1.1	0.2
ノルウェー	6.5	0.3	4.7	0.1	1.8	0.1
ハンガリー	3.0	0.6	2.4	0.4	0.6	0.2
フィンランド	5.3	0.1	3.8	0.0	1.4	0.1
フランス	4.7	0.7	3.5	0.3	1.2	0.4
ブルガリア	3.0	0.5	2.3	0.1	0.7	0.4
ベルギー	5.6	0.3	4.2	0.1	1.4	0.2
ポーランド	4.0	0.6	2.9	0.4	1.0	0.2
ポルトガル	4.1	0.8	3.4	0.5	0.8	0.4
ラトビア	3.6	0.6	2.8	0.2	0.8	0.5
リトアニア	3.4	0.5	2.5	0.1	0.9	0.3
ルーマニア	2.6	0.0	1.9	0.0	0.7	0.0
ルクセンブルク	3.2	0.1	2.8	0.1	0.4	0.0
アフリカ						
南アフリカ	6.2	…	5.3	…	0.9	…
オセアニア						
オーストラリア	4.4	c 1.9	3.7	0.7	0.7	c 1.2
ニュージーランド	4.3	1.1	3.4	0.4	1.0	0.7

a 教育機関への家計支出に対する公的補助及び国際財源からの直接教育支出を含む。　b 教育機関への家計支出に対する公的補助を含む。　c 他のカテゴリーを含む。

15-6　男女別識字率

（単位：%）

国（地域）	年次	計	男	女	国（地域）	年次	計	男	女
アジア					ウガンダ	22	80.6	84.9	76.5
アフガニスタン	21	37.3	52.1	22.6	エジプト	22	74.5	80.0	69.0
イラク	17	85.6	91.2	79.9	エチオピア	17	51.8	59.2	44.4
イラン	22	89.0	93.0	84.9	エリトリア	18	76.6	84.4	69.0
インド	22	76.3	83.5	69.1	ガーナ	20	80.4	84.5	76.2
カンボジア	22	83.8	88.1	79.7	カメルーン	20	78.2	83.4	73.1
スリランカ	21	92.4	93.3	91.6	ガンビア	22	58.7	65.3	52.3
タイ	21	94.1	95.5	92.8	ギニア	21	45.3	61.2	31.3
ネパール	21	71.2	81.0	63.3	ギニアビサウ	22	53.9	67.6	41.0
パキスタン	19	58.0	69.3	46.5	ケニア	22	82.9	85.6	80.3
バングラデシュ	20	74.9	77.8	72.0	コモロ	22	61.7	66.6	56.9
東ティモール	20	69.9	73.3	66.5	コンゴ共和国	21	80.6	85.9	75.4
ブータン	22	72.1	79.2	63.9	コンゴ民主共和国	22	80.5	89.6	71.7
ベトナム	19	95.8	97.0	94.6	シエラレオネ	22	48.6	56.0	41.3
ミャンマー	19	89.1	92.4	86.3	スーダン	18	60.7	65.4	56.1
ラオス	22	87.5	91.6	83.4	セネガル	22	57.7	69.1	47.1
レバノン	19	95.3	97.0	93.6	ソマリア	22	41.0	54.0	28.0
北アメリカ					タンザニア	22	82.0	85.5	78.7
エルサルバドル	20	90.0	91.7	88.5	チャド	22	27.3	35.8	18.9
グアテマラ	22	84.3	88.3	80.4	中央アフリカ	20	37.5	49.2	26.2
ドミニカ共和国	22	95.5	95.4	95.6	チュニジア	22	83.6	89.5	77.9
ニカラグア	15	82.6	82.4	82.8	トーゴ	19	66.5	80.0	55.1
ハイチ	16	61.7	65.3	58.3	ナイジェリア	18	62.0	71.3	52.7
パナマ	19	95.7	96.1	95.4	ニジェール	22	38.1	46.3	29.7
プエルトリコ	21	92.4	92.4	92.4	ブルキナファソ	22	34.5	40.1	29.1
ホンジュラス	19	88.5	88.3	88.7	ブルンジ	22	75.5	81.8	69.4
メキシコ	20	95.3	96.1	94.5	ベナン	22	47.1	57.9	36.4
南アメリカ					マダガスカル	22	77.5	78.9	76.0
エクアドル	22	94.0	94.9	93.1	マラウイ	22	68.1	71.4	65.1
ガイアナ	22	90.0	90.4	89.7	マリ	20	30.8	40.4	22.1
パラグアイ	20	94.5	94.9	94.2	南スーダン	18	34.5	40.3	28.9
ブラジル	22	94.7	94.5	94.9	モーリタニア	21	67.0	71.8	62.2
ペルー	20	94.5	97.0	92.0	モザンビーク	20	59.8	72.5	48.6
ボリビア	20	93.9	97.4	90.5	モロッコ	22	77.4	85.6	69.1
ヨーロッパ					リベリア	17	48.3	62.7	34.1
マルタ	21	94.9	93.4	96.4	ルワンダ	21	75.9	78.7	73.3
アフリカ					レソト	22	82.0	73.9	89.8
アルジェリア	18	81.4	87.4	75.3	**オセアニア**				
アンゴラ	22	72.4	82.8	62.5	バヌアツ	21	89.1	89.8	88.4

15-7　学習到達度

(単位：点)

国（地域）	読解力			数学的リテラシー			科学的リテラシー		
	2012	2015	2018	2012	2015	2018	2012	2015	2018
OECD加盟国平均	496	493	487	494	490	489	501	493	489
アジア									
日本	538	516	504	536	532	527	547	538	529
イスラエル	486	479	470	466	470	463	470	467	462
韓国	536	517	514	554	524	526	538	516	519
トルコ	475	428	466	448	420	454	463	425	468
北アメリカ									
アメリカ合衆国	498	497	505	481	470	478	497	496	502
カナダ	523	527	520	518	516	512	525	528	518
メキシコ	424	423	420	413	408	409	415	416	419
南アメリカ									
コロンビア	...	...	412	...	...	391	...	...	413
チリ	441	459	452	423	423	417	445	447	444
ヨーロッパ									
アイスランド	483	482	474	493	488	495	478	473	475
アイルランド	523	521	518	501	504	500	522	503	496
イギリス	499	498	504	494	492	502	514	509	505
イタリア	490	485	476	485	490	487	494	481	468
エストニア	516	519	523	521	520	523	541	534	530
オーストリア	490	485	484	506	497	499	506	495	490
オランダ	511	503	485	523	512	519	522	509	503
ギリシャ	477	467	457	453	454	451	467	455	452
スイス	509	492	484	531	521	515	515	506	495
スウェーデン	483	500	506	478	494	502	485	493	499
スペイン	488	496	...	484	486	＊ 481	496	493	＊ 483
スロバキア	463	453	458	482	475	486	471	461	464
スロベニア	481	505	495	501	510	509	514	513	507
チェコ	493	487	490	499	492	499	508	493	497
デンマーク	496	500	501	500	511	509	498	502	493
ドイツ	508	509	498	514	506	500	524	509	503
ノルウェー	504	513	499	489	502	501	495	498	490
ハンガリー	488	470	476	477	477	481	494	477	481
フィンランド	524	526	520	519	511	507	545	531	522
フランス	505	499	493	495	493	495	499	495	493
ベルギー	509	499	493	515	507	508	505	502	499
ポーランド	518	506	512	518	504	516	526	501	511
ポルトガル	488	498	492	487	492	492	489	501	492
ラトビア	...	488	479	...	482	496	...	490	487
リトアニア	...	...	476	...	...	481	...	...	482
ルクセンブルク	488	481	470	490	486	483	491	483	477
オセアニア									
オーストラリア	512	503	503	504	494	491	521	510	503
ニュージーランド	512	509	506	500	495	494	516	513	508

15-8　新聞発行部数

（単位：1,000部）

国（地域）	発行部数			国（地域）	発行部数		
	2019	2020	2021		2019	2020	2021
アジア				**ヨーロッパ**			
日本 a	37,811	35,092	33,027	アイルランド	377	299	306
アラブ首長国連邦	847	748	761	イギリス	8,208	6,620	6,780
イスラエル	665	551	565	イタリア	1,746	1,466	1,250
インド	144,723	127,346	131,336	オーストリア	2,138	1,705	1,748
インドネシア	5,671	4,549	4,629	オランダ	2,256	2,007	1,911
韓国	7,162	5,782	5,913	ギリシャ	624	501	512
サウジアラビア	2,113	1,886	1,916	スイス	2,063	1,663	1,704
シンガポール	595	463	476	スウェーデン	1,495	1,158	1,191
タイ	7,686	6,657	6,757	スペイン	1,540	1,133	1,190
台湾	3,257	2,779	2,832	チェコ	914	768	782
中国	154,828	140,563	142,739	デンマーク	584	482	492
トルコ	4,548	3,968	4,107	ドイツ	18,305	15,407	15,701
パキスタン	6,607	5,767	5,864	ノルウェー	1,385	1,095	1,122
フィリピン	3,376	2,881	2,944	ハンガリー	904	759	774
ベトナム	4,229	3,658	3,811	フィンランド	903	680	702
香港	3,648	3,051	3,109	フランス	4,670	4,127	4,471
マレーシア	2,147	1,779	1,818	ベルギー	1,211	1,007	1,026
北アメリカ				ポーランド	1,616	1,349	1,371
アメリカ合衆国	33,830	28,144	28,703	ポルトガル	184	141	145
カナダ	3,817	3,094	3,186	ルーマニア	164	129	133
メキシコ	7,061	6,155	6,267	ロシア	6,886	4,987	5,465
南アメリカ				**アフリカ**			
アルゼンチン	921	766	768	エジプト	4,631	4,225	4,296
コロンビア	1,018	851	868	ケニア	208	191	193
チリ	471	385	394	ナイジェリア	491	446	450
ブラジル	7,731	6,177	6,373	南アフリカ	941	735	752
ペルー	1,944	1,698	1,725	**オセアニア**			
				オーストラリア	939	695	716
				ニュージーランド	266	200	206

a 日本新聞協会経営業務部調べによる。

15-9　映画（2017年）

国（地域）	制作本数	総数	映画館数				1人当たり入場回数
			屋内	スクリーン数			
				8以上	2〜7	1	
アジア							
日本	594	…	…	…	…	…	1.6
イスラエル	28	…	…	…	…	…	2.2
イラン	98	…	339	6	85	248	0.3
インド	…	…	…	…	…	…	1.6
インドネシア	117	…	…	…	…	…	…
韓国	494	…	…	…	…	…	4.7
カンボジア	34	…	12	−	11	1	…
シンガポール	13	35	35	17	16	2	…
中国	874	…	…	…	…	…	1.3
トルコ	148	…	…	…	…	…	1.0
香港	53	…	…	…	…	…	…
マレーシア	85	…	151	…	…	…	2.5
北アメリカ							
アメリカ合衆国	a 660	…	5,747	…	…	…	4.2
カナダ	92	…	…	…	…	…	…
コスタリカ	13	36	33	27	4	2	1.7
メキシコ	176	1,315	816	454	269	24	2.9
南アメリカ							
アルゼンチン	220	…	240	25	72	143	1.6
コロンビア	49	…	…	…	…	…	1.4
チリ	49	…	65	17	45	3	1.7
ブラジル	160	…	782	92	524	166	1.0
ヨーロッパ							
アイルランド	…	…	…	…	…	…	3.8
イギリス	285	…	774	197	322	255	2.9
イタリア	173	…	1,204	130	425	649	1.8
エストニア	18	89	53	1	13	39	3.0
オーストリア	44	160	139	23	78	38	1.9
オランダ	92	…	260	28	148	84	2.4
スイス	118	280	271	14	84	173	1.8
スペイン	241	739	739	227	183	329	2.4
スロバキア	27	151	121	4	20	97	1.4
チェコ	54	…	288	b 31	c 19	203	1.6
デンマーク	54	…	166	8	79	79	2.3
ドイツ	233	…	1,612	152	702	758	1.6
ノルウェー	38	…	204	7	80	117	2.5
ハンガリー	37	190	169	12	46	111	1.7
フィンランド	41	…	174	5	47	122	1.8
フランス	300	…	2,046	218	669	1,159	3.6
ベルギー	87	…	…	…	…	…	1.9
ポーランド	52	497	491	59	127	305	1.6
ポルトガル	38	173	173	19	58	96	1.7
ラトビア	21	…	23	3	8	12	1.4
ロシア	128	…	1,596	…	…	…	1.6
アフリカ							
エジプト	…	…	…	…	…	…	0.1
モロッコ	37	…	28	3	3	22	0.1
オセアニア							
オーストラリア	d 55	…	513	e 131	f 96	g 286	3.7
ニュージーランド	20	…	118	…	…	…	3.7

a ドキュメンタリーを除く。　b スクリーン数3以上。　c スクリーン数2以上。　d イベント又はライブ映画を含む。
e スクリーン数7以上。　f スクリーン数4〜6。　g スクリーン数1〜3。

15-10　テレビ（2018年）

国（地域）	年次	テレビ保有世帯率 (%)	ケーブルテレビ契約数 (1,000)	IPTV契約数 (1,000)	衛星放送契約数 (1,000)
アジア					
日本	18	...	29,610	940	3,163
インド	18	...	10,300	...	...
韓国	18	97.1	13,804	15,657	3,263
タイ	11	98.1	1,596	...	17,148
中国	18	...	223,000	255,060	140,000
トルコ	18	...	1,248	1,335	4,473
パキスタン	09	68.0	* 106,535	* 315	...
バングラデシュ	13	46.2	14,100	...	30
マレーシア	18	98.6	...	1,652	5,668
北アメリカ					
アメリカ合衆国	18	...	50,505	10,334	29,127
カナダ	09	98.9	6,070	2,807	1,929
メキシコ	18	92.9	8,316	803	12,614
南アメリカ					
ウルグアイ	18	96.6	a 418	...	a 198
コロンビア	18	90.7	4,010	...	1,599
チリ	18	...	1,704	...	1,626
ブラジル	18	95.6	7,398	617	9,500
ベネズエラ	12	96.3	* 1,520	* 0	* 3,104
ヨーロッパ					
アイルランド	18	...	335	89	1,011
イギリス	18	...	3,816	...	8,456
ウクライナ	18	94.7	2,200	325	133
オーストリア	18	...	1,566	308	...
ギリシャ	09	* 100.0	...	163	890
スイス	13	94.2	* 2,246	* 1,688	...
スウェーデン	18	...	2,431	1,283	518
スペイン	17	99.2	1,356	4,570	674
セルビア	18	99.1	1,162	466	227
チェコ	18	...	769	567	1,097
デンマーク	18	74.1	a 1,380	a 744	a 193
ドイツ	09	* 95.0	16,180	* 3,400	17,490
ノルウェー	18	...	722	b 760	469
フランス	09	* 98.6	...	17,914	...
ベルギー	18	...	2,891	1,596	105
ポーランド	18	...	3,943	875	6,084
ポルトガル	18	...	1,343	2,091	499
ロシア	10	87.0	19,058	8,109	...
アフリカ					
エジプト	17	98.8	...	7	...
ケニア	15	32.0	155	23	1,111
南アフリカ	17	81.5	...	...	7,304
モロッコ	09	c 93.0	...	16	...
オセアニア					
ニュージーランド	09	96.9	*a 30	*a 10	a 706

a 2017年。　b ファイバー及びDSL利用契約数。　c 電化地域の世帯。

第 16 章　環境

16-1　大気汚染物質の排出量
〔出典〕
OECD, *OECD. Stat, Environment, Air and Climate*
2023年9月ダウンロード
〔解説〕
　人為的に排出された硫黄酸化物、窒素酸化物、一酸化炭素及び非メタン炭化水素の排出量。定義、測定法は国により異なる。
硫黄酸化物（SOx）：大気汚染や酸性雨などの原因となる酸化物。石油や石炭など硫黄分が含まれる化石燃料の燃焼により発生する。
窒素酸化物（NOx）：光化学スモッグや酸性雨などの原因となる酸化物。主な発生源は自動車の排気ガス。
非メタン炭化水素（NMVOC）：メタン以外の炭化水素の総称。非メタン揮発性有機化合物ともいう。
GDP 単位当たり排出量：購買力平価による GDP1,000 米ドルを産出するために排出した大気汚染物質の量。

16-2　大気汚染物質の発生源別排出量の変化
〔出典〕
OECD, *OECD. Stat, Environment, Air and Climate*
2023年10月ダウンロード
〔解説〕
移動発生源：自動車、船舶、航空機など。
固定発生源：発電所、工場など。

16-3　温室効果ガス排出量の推移
〔出典〕
OECD, *OECD. Stat, Environment, Air and Climate*
2023年10月ダウンロード
〔解説〕
　人為的に排出された二酸化炭素、メタン、一酸化二窒素、ハイドロフルオロカーボン、パーフルオロカーボン、六ふっ化硫黄及び三ふっ化窒素の量。

16-4　燃料燃焼による二酸化炭素排出量
〔出典〕
IEA, *CO2 Emissions from Fuel Combustion Highlights 2020*
2020年11月ダウンロード
IEA, *Greenhouse Gas Emissions from Energy Highlights*
2022年10月、2023年10月ダウンロード
〔解説〕
　データは燃料燃焼によるもののみであるため、「16-3　温室効果ガス排出量の推移」の内訳の「二酸化炭素排出量」とは異なる。

16-5　河川の水質
〔出典〕
OECD, *OECD. Stat, Environment, Water*
2018年10月ダウンロード
〔解説〕
河川：流域面積の広い主要河川における河口又は国境内の下流地点で測定。

　生物化学的酸素要求量（BOD）：河川の水質の汚染度合いを示す指標（年平均値）。
　　水中の微生物（バクテリア）が有機物の分解に要する酸素量で、値が大きいほど
　　汚染が進んでいる。国により測定方法が異なる。

16-6　湖沼の水質
〔出典〕
　OECD, *OECD. Stat, Environment, Water*
　2018年10月ダウンロード
〔解説〕
　　各湖沼におけるリン及び窒素の濃度の年平均値。国及び調査年により測定方法が
　異なる。
　全リン：水中に存在する無機及び有機リン化合物中のリンの総量。
　全窒素：水中に存在する無機態窒素（アンモニウム態窒素、亜硝酸態窒素、硝酸態
　　窒素）及び有機態窒素の合計。

16-7　絶滅・絶滅危惧生物
〔出典〕
　IUCN, *IUCN Red List of Threatened Species, Version 2022.2*
　2023年10月ダウンロード
〔解説〕
　絶滅種：絶滅種（既に絶滅したと考えられる種）及び野生絶滅種（野生では絶滅し
　　ているが、飼育・栽培下、又は過去の分布域外に個体（個体群）が帰化して生息
　　している状態でのみ生存している種）。
　絶滅危惧種：野生での絶滅の危険性が極めて高い種、絶滅の危険性が高いと考えら
　　れる種及び絶滅の危険が増大している種。

16-8　下水処理施設利用人口の割合
〔出典〕
　OECD, *OECD. Stat, Environment, Water*
　2023年10月ダウンロード
〔解説〕
　　公共下水道及び下水処理施設を利用している人口の割合。下水処理施設における
　処理方法、対象地域などは国により異なる。
　一次処理：固形物を除去する処理。
　二次処理：微生物を利用し、有機物を除去する処理。
　三次処理：一次及び二次処理では十分に除去できなかった有機物や窒素、リンを除
　　去する処理。

16-9　一般廃棄物排出量の推移
〔出典〕
　OECD, *OECD. Stat, Environment, Waste*
　2023年10月ダウンロード
〔解説〕
　一般廃棄物排出量：地方自治体（地方自治体の委任を受けたものも含む。）及び民
　　間の一般廃棄物処理業者により収集された廃棄物の重量。家庭、商店、事務所、
　　学校・病院・政府機関の施設からの廃棄物で、くず及び粗大ごみを含む。廃棄物
　　の定義は国により異なる。
　リサイクル率：各国内消費量に対し、リサイクルするために収集された量の比率。
　　工場内での再使用及び燃料としての再使用は除く。国により定義が異なる。

16-1　大気汚染物質の排出量（2021年）

国（地域）	総排出量（1,000トン）				1人当たり排出量（kg）				GDP単位当たり排出量（1,000米ドル当たりkg）			
	硫黄酸化物	窒素酸化物	一酸化炭素	非メタン炭化水素	硫黄酸化物	窒素酸化物	一酸化炭素	非メタン炭化水素	硫黄酸化物	窒素酸化物	一酸化炭素	非メタン炭化水素
アジア												
日本	337	1,044	2,760	823	2.7	8.3	22.0	6.6	0.1	0.2	0.5	0.2
イスラエル a	29	77	122	...	3.1	8.4	13.2	...	0.1	0.2	0.4	...
韓国 a	180	926	632	947	3.5	17.9	12.2	18.3	0.1	0.4	0.3	0.4
中国 b	2,748	9,727	...	...	...	...	...	...	...	...	...	...
トルコ	2,697	977	1,784	1,166	32.1	11.6	21.2	13.9	1.0	0.4	0.7	0.4
北アメリカ												
アメリカ合衆国	1,703	6,922	39,728	10,890	5.1	20.9	119.7	32.8	0.1	0.3	1.9	0.5
カナダ	641	1,320	4,594	1,400	16.7	34.5	120.1	36.6	0.4	0.8	2.7	0.8
コスタリカ c	...	66	475	119	...	13.4	96.0	24.1	...	0.7	5.1	1.3
メキシコ d	1,707	2,301	8,359	2,759	13.6	18.4	66.7	22.0	0.7	1.0	3.5	1.2
南アメリカ												
コロンビア d	481	387	1,806	687	9.6	7.8	36.2	13.8	0.7	0.6	2.7	1.0
チリ	70	259	3,020	1,532	3.6	13.2	153.5	77.9	0.2	0.6	6.6	3.3
ヨーロッパ												
アイスランド	61	19	112	5	162.5	52.0	300.6	14.8	3.2	1.0	5.9	0.3
アイルランド	12	99	123	115	2.3	19.8	24.6	22.9	0.0	0.2	0.2	0.2
イギリス	125	678	1,271	781	1.9	10.1	18.9	11.6	0.0	0.2	0.4	0.3
イタリア	78	608	2,042	868	1.3	10.3	34.6	14.7	0.0	0.3	0.9	0.4
エストニア	12	22	109	27	8.9	16.9	82.1	19.9	0.2	0.5	2.3	0.5
オーストリア	11	121	522	111	1.2	13.5	58.3	12.4	0.0	0.3	1.1	0.2
オランダ	21	194	433	276	1.2	11.1	24.7	15.8	0.0	0.2	0.5	0.3
ギリシャ	47	221	424	146	4.4	20.8	39.8	13.7	0.2	0.7	1.4	0.5
スイス	4	51	151	75	0.4	5.8	17.4	8.6	0.0	0.1	0.3	0.1
スウェーデン	15	115	276	138	1.5	11.0	26.5	13.3	0.0	0.2	0.5	0.3
スペイン	123	618	1,635	549	2.6	13.0	34.5	11.6	0.1	0.4	1.0	0.3
スロバキア	14	58	334	92	2.6	10.7	61.4	17.0	0.1	0.3	1.8	0.5
スロベニア	4	26	87	30	1.9	12.2	41.4	14.3	0.1	0.3	1.1	0.4
チェコ	69	159	790	187	6.6	15.2	75.2	17.8	0.2	0.4	2.0	0.5
デンマーク	9	89	192	107	1.5	15.2	32.8	18.2	0.0	0.3	0.6	0.3
ドイツ	254	963	2,583	1,044	3.1	11.6	31.1	12.6	0.1	0.2	0.6	0.3
ノルウェー	15	140	427	145	2.7	26.0	78.9	26.9	0.0	0.4	1.3	0.4
ハンガリー	14	110	345	114	1.4	11.3	35.5	11.8	0.0	0.3	1.1	0.4
フィンランド	24	97	329	82	4.3	17.6	59.4	14.8	0.1	0.4	1.3	0.3
フランス	89	751	2,704	1,164	1.3	11.1	39.9	17.2	0.0	0.3	0.9	0.4
ベルギー	23	139	288	122	2.0	12.0	25.0	10.5	0.0	0.2	0.5	0.2
ポーランド	392	589	2,520	715	10.3	15.4	66.0	18.7	0.3	0.5	2.0	0.6
ポルトガル	41	135	259	149	4.0	13.1	25.2	14.5	0.1	0.4	0.8	0.5
ラトビア	4	34	102	37	1.9	17.8	54.1	19.5	0.1	0.6	1.8	0.6
リトアニア	11	52	112	48	4.1	18.6	40.1	17.1	0.1	0.5	1.1	0.5
ルクセンブルク	1	13	19	11	1.2	20.9	30.0	17.5	0.0	0.2	0.3	0.2
ロシア d	3,703	3,519	16,596	2,892	25.2	24.0	113.0	19.7	1.0	0.9	4.5	0.8
オセアニア												
オーストラリア	2,222	2,800	2,584	1,143	86.3	108.8	100.4	44.4	1.7	2.2	2.0	0.9
ニュージーランド	72	164	670	179	14.1	32.1	131.1	35.0	0.4	0.8	3.2	0.9

a 2020年。　b 中国国家統計局「中国統計年鑑2022」による。　c 2017年。　d 2018年。

16-2　大気汚染物質の発生源別排出量の変化（1）

(単位：1,000 t)

国（地域）	硫黄酸化物			窒素酸化物			一酸化炭素			非メタン炭化水素		
	1990	2010	2021	1990	2010	2021	1990	2010	2021	1990	2010	2021
アジア												
日本	1,252	776	337	1,961	1,586	1,044	4,371	3,296	2,760	2,188	1,072	823
移動発生源	461	250	80	1,023	735	495	2,298	1,153	673	308	123	61
固定発生源	792	526	257	938	851	549	2,072	2,143	2,087	1,880	949	762
発電所	207	206	77	230	250	123	40	51	102	2	2	15
燃料燃焼過程	512	274	144	579	508	356	1,794	1,950	1,868	19	59	56
工業プロセス	48	25	17	92	53	37	0	0	...	1,700	724	567
イスラエル	...	145	a 29	...	163	a 77	...	186	a 122	...	268	a ...
移動発生源	...	2	a 1	...	51	a 28	...	176	a 106	...	190	a ...
固定発生源	...	143	a 27	...	113	a 49	...	10	a 16	...	77	a ...
発電所	...	118	a 19	...	98	a 38	...	8	a 10	...	3	a ...
燃料燃焼過程	...	21	a 6	...	14	a 11	...	2	a 6	...	0	a ...
工業プロセス	...	4	a 2	...	1	a 0	...	0	a 0	...	74	a ...
韓国	...	402	a 180	...	1,061	a 926	...	760	a 632	...	830	a 947
移動発生源	...	64	a 17	...	591	a 605	...	587	a 336	...	91	a 96
固定発生源	...	338	a 163	...	470	a 321	...	172	a 296	...	739	a 851
発電所	...	82	a 31	...	153	a 53	...	51	a 62	...	7	a 8
燃料燃焼過程	...	162	a 37	...	261	a 208	...	101	a 60	...	6	a 5
工業プロセス	...	93	a 94	...	49	a 44	...	20	a 25	...	689	a 722
トルコ	572	2,473	2,697	131	979	977	2,022	3,399	1,784	717	1,098	1,166
移動発生源	5	11	8	23	444	179	6	884	330	2	108	54
固定発生源	567	2,462	2,689	109	535	798	2,016	2,515	1,454	715	990	1,111
発電所	139	1,373	1,770	33	316	360	37	115	45	0	2	4
燃料燃焼過程	424	1,087	914	74	216	433	1,954	2,384	1,397	101	293	171
工業プロセス	4	3	5	1	3	5	9	7	11	252	328	377
北アメリカ												
アメリカ合衆国	20,925	6,282	1,703	22,830	13,883	6,922	129,789	53,161	39,728	20,979	11,991	10,890
移動発生源	793	150	27	12,132	9,036	3,616	119,480	38,097	24,430	10,932	3,795	1,923
固定発生源	20,132	6,132	1,676	10,698	4,847	3,306	10,309	15,064	15,298	10,047	8,196	8,967
発電所	14,433	4,692	911	6,045	1,950	819	329	696	362	43	37	26
燃料燃焼過程	3,974	818	251	3,838	1,639	1,354	4,670	3,847	3,920	869	506	546
工業プロセス	1,680	524	406	723	1,046	891	4,262	1,946	1,443	6,820	4,799	5,382
カナダ	3,013	1,295	641	2,250	1,894	1,320	13,053	6,742	4,594	2,292	1,837	1,400
移動発生源	97	41	3	1,254	960	528	8,449	3,808	2,237	559	303	155
固定発生源	2,917	1,253	638	996	934	792	4,604	2,934	2,357	1,732	1,534	1,245
発電所	603	325	164	257	233	101	50	44	38	2	2	2
燃料燃焼過程	784	377	252	592	621	617	3,552	2,286	1,752	297	312	190
工業プロセス	1,416	482	153	120	67	61	517	522	503	620	488	374
コスタリカ	...	...	b ...	25	55	b 66	177	391	b 475	32	84	b 119
移動発生源	...	...	b ...	17	44	b 56	87	285	b 377	16	54	b 71
固定発生源	1	5	b 5	8	10	b 9	90	105	b 98	15	30	b 48
発電所	0	1	b 0	0	1	b 0	0	0	b 0	0	0	b 0
燃料燃焼過程	1	3	b 4	6	8	b 8	47	51	b 32	9	12	b 9
工業プロセス	0	0	b 1	...	...	b ...	...	...	b ...	6	18	b 39
メキシコ	...	...	c 1,707	...	...	c 2,301	...	...	c 8,359	...	...	c 2,759
移動発生源	...	...	c 256	...	...	c 1,553	...	...	c 5,208	...	...	c 553
固定発生源	...	...	c 1,451	...	...	c 748	...	...	c 3,152	...	...	c 2,206
発電所	...	...	c 747	...	...	c 207	...	...	c 64	...	...	c 3
燃料燃焼過程	...	...	c 534	...	...	c 456	...	...	c 1,296	...	...	c 495
工業プロセス	...	...	c 157	...	...	c 17	...	...	c 32	...	...	c 110

16-2　大気汚染物質の発生源別排出量の変化(2)

(単位：1,000 t)

国（地域）	硫黄酸化物			窒素酸化物			一酸化炭素			非メタン炭化水素		
	1990	2010	2021	1990	2010	2021	1990	2010	2021	1990	2010	2021
南アメリカ												
コロンビア	...	502	c 481	...	349	c 387	...	1,790	c 1,806	...	606	c 687
移動発生源	...	6	c 6	...	193	c 222	...	816	c 926	...	254	c 293
固定発生源	...	496	c 475	...	157	c 165	...	974	c 880	...	352	c 394
発電所	...	130	c 123	...	19	c 16	...	5	c 3	...	0	c 0
燃料燃焼過程	...	351	c 335	...	73	c 75	...	889	c 797	...	148	c 146
工業プロセス	...	2	c 3	...	4	c 5	...	2	c 3	...	79	c 101
チリ	...	303	70	...	228	259	...	4,911	3,020	...	2,404	1,532
移動発生源	...	0	0	...	65	55	...	469	156	...	43	23
固定発生源	...	303	70	...	163	204	...	4,441	2,864	...	2,362	1,509
発電所	...	43	0	...	35	95	...	6	17	...	2	0
燃料燃焼過程	...	50	66	...	98	83	...	4,307	2,708	...	2,319	1,503
工業プロセス	...	204	3	...	16	23	...	9	87	...	1	3
ヨーロッパ												
アイスランド	23	74	61	29	24	19	69	117	112	10	6	5
移動発生源	4	3	0	24	20	15	55	18	11	5	2	1
固定発生源	19	72	60	4	4	4	14	99	101	4	4	4
発電所	0	0	0	0	0	0	0	0	0	0	0	0
燃料燃焼過程	2	1	0	2	1	1	1	0	0	0	0	0
工業プロセス	3	12	12	1	2	2	11	99	101	2	2	2
アイルランド	183	27	12	168	119	99	560	215	123	154	114	115
移動発生源	8	1	0	70	56	38	237	78	19	38	12	6
固定発生源	175	26	12	98	64	62	323	137	104	116	102	109
発電所	103	10	3	46	12	9	18	16	13	0	0	0
燃料燃焼過程	72	16	8	18	20	17	304	120	91	37	16	13
工業プロセス	0	0	0	1	0	0	0	0	0	33	38	48
イギリス	3,580	464	125	3,044	1,259	678	8,492	1,939	1,271	2,902	913	781
移動発生源	186	46	8	1,718	675	329	6,285	1,193	589	1,128	121	49
固定発生源	3,393	419	118	1,326	584	348	2,207	746	682	1,774	792	732
発電所	2,531	173	10	719	249	68	113	72	45	7	3	2
燃料燃焼過程	763	209	90	535	298	246	1,506	497	486	75	29	34
工業プロセス	69	16	9	16	4	3	304	125	108	929	459	452
イタリア	1,783	224	78	2,122	938	608	6,793	3,051	2,042	1,981	1,112	868
移動発生源	227	32	8	1,256	609	372	5,353	952	470	900	236	139
固定発生源	1,556	192	71	866	329	236	1,440	2,099	1,572	1,081	877	729
発電所	769	33	5	409	54	25	22	26	20	4	3	3
燃料燃焼過程	638	116	43	363	212	145	1,137	1,907	1,424	114	225	184
工業プロセス	69	11	6	25	6	5	220	110	73	680	442	373
エストニア	278	83	12	75	42	22	246	147	109	64	22	27
移動発生源	5	0	0	34	16	8	148	28	10	20	4	2
固定発生源	273	83	12	41	26	14	99	118	99	44	18	25
発電所	234	80	9	25	15	5	11	2	3	0	1	1
燃料燃焼過程	39	3	2	11	9	6	86	115	95	7	6	3
工業プロセス	0	0	0	4	0	0	1	1	1	24	6	15
オーストリア	74	16	11	218	204	121	1,248	580	522	334	137	111
移動発生源	6	0	0	132	141	66	586	141	76	108	16	6
固定発生源	68	16	11	86	63	55	662	439	446	226	121	104
発電所	12	2	1	12	11	8	1	4	4	0	0	0
燃料燃焼過程	52	13	9	56	41	35	612	415	425	40	32	28
工業プロセス	2	1	1	4	1	0	37	14	14	119	49	38

16-2　大気汚染物質の発生源別排出量の変化(3)

(単位：1,000 t)

国（地域）	硫黄酸化物			窒素酸化物			一酸化炭素			非メタン炭化水素		
	1990	2010	2021	1990	2010	2021	1990	2010	2021	1990	2010	2021
オランダ	197	35	21	656	343	194	1,181	703	433	605	278	276
移動発生源	26	2	0	375	209	103	812	451	266	208	49	27
固定発生源	171	33	20	281	134	91	370	252	167	397	229	250
発電所	48	7	3	83	26	14	8	5	5	1	1	1
燃料燃焼過程	112	25	17	142	75	43	344	234	150	20	26	14
工業プロセス	10	1	1	5	1	1	10	4	4	229	104	139
ギリシャ	512	233	47	408	363	221	1,238	611	424	321	219	146
移動発生源	52	29	4	227	167	111	922	359	171	181	68	42
固定発生源	460	205	43	181	196	111	316	252	252	140	151	104
発電所	314	166	23	70	114	56	20	21	7	1	2	1
燃料燃焼過程	141	37	19	75	53	30	171	102	120	32	21	22
工業プロセス	4	1	1	2	1	1	26	27	31	71	90	57
スイス	37	10	4	144	83	51	817	252	151	302	100	75
移動発生源	5	0	0	92	53	29	644	149	81	103	18	9
固定発生源	32	10	4	52	30	22	174	103	70	199	82	66
発電所	4	0	0	6	2	2	1	1	1	0	0	0
燃料燃焼過程	26	9	3	40	23	16	158	92	62	15	8	5
工業プロセス	2	1	0	0	0	0	11	7	6	150	48	37
スウェーデン	102	28	15	289	169	115	1,093	405	276	367	177	138
移動発生源	14	2	0	193	104	57	902	259	161	161	43	21
固定発生源	89	26	15	95	65	58	191	146	115	205	134	118
発電所	15	6	3	14	15	13	3	7	6	1	4	3
燃料燃焼過程	35	6	4	50	24	18	166	115	80	28	14	16
工業プロセス	34	12	8	13	13	12	22	24	29	104	70	66
スペイン	2,049	245	123	1,310	932	618	4,102	1,858	1,635	1,025	601	549
移動発生源	121	10	4	740	504	284	2,154	422	274	350	58	39
固定発生源	1,929	235	119	570	428	333	1,948	1,436	1,361	676	543	510
発電所	1,407	60	6	208	84	31	7	14	29	1	2	10
燃料燃焼過程	435	132	75	212	206	154	654	609	433	67	70	54
工業プロセス	18	18	15	11	5	4	182	156	149	418	326	297
スロバキア	140	68	14	136	88	58	1,033	447	334	255	117	92
移動発生源	3	0	0	61	42	22	214	99	21	28	12	4
固定発生源	137	67	14	75	46	36	818	348	313	227	105	89
発電所	61	43	2	21	10	3	3	2	2	0	0	0
燃料燃焼過程	65	17	5	34	23	19	730	251	205	141	54	44
工業プロセス	11	7	8	7	6	7	85	94	106	46	28	26
スロベニア	203	10	4	75	48	26	290	142	87	65	40	30
移動発生源	8	0	0	40	25	14	185	42	18	25	6	4
固定発生源	195	10	4	35	23	12	105	101	69	40	34	26
発電所	148	6	2	18	11	3	1	2	1	0	0	0
燃料燃焼過程	45	3	1	15	9	6	91	94	63	11	11	8
工業プロセス	1	1	1	0	0	0	13	4	5	18	15	11
チェコ	1,754	164	69	760	254	159	2,036	927	790	554	255	187
移動発生源	8	0	0	205	98	62	485	225	100	72	30	16
固定発生源	1,746	164	69	555	156	97	1,552	702	690	482	226	171
発電所	1,166	104	24	325	81	33	28	9	11	9	6	5
燃料燃焼過程	564	54	33	199	55	42	1,509	653	580	184	83	61
工業プロセス	13	1	9	3	2	3	6	31	91	194	88	61

16-2　大気汚染物質の発生源別排出量の変化(4)

(単位：1,000 t)

国 (地域)	硫黄酸化物			窒素酸化物			一酸化炭素			非メタン炭化水素		
	1990	2010	2021	1990	2010	2021	1990	2010	2021	1990	2010	2021
デンマーク	178	15	9	294	144	89	716	347	192	212	131	107
移動発生源	15	2	1	150	85	44	541	208	107	75	21	9
固定発生源	163	14	8	144	59	45	175	139	85	138	110	97
発電所	126	4	2	91	19	11	8	11	16	0	2	1
燃料燃焼過程	28	6	3	26	22	15	152	122	63	17	19	9
工業プロセス	4	2	1	1	0	0	14	3	4	42	30	33
ドイツ	5,464	403	254	2,840	1,450	963	13,316	3,524	2,583	3,948	1,363	1,044
移動発生源	108	3	1	1,566	772	401	7,991	1,506	1,076	1,622	163	107
固定発生源	5,356	400	253	1,274	678	562	5,324	2,018	1,507	2,326	1,200	936
発電所	2,435	173	96	464	261	203	176	110	90	7	9	7
燃料燃焼過程	2,689	142	84	557	229	190	3,840	1,020	576	407	62	51
工業プロセス	176	78	66	101	68	58	1,249	861	828	1,292	760	550
ノルウェー	49	18	15	196	199	140	792	468	427	325	167	145
移動発生源	8	2	1	132	118	73	477	150	115	86	24	17
固定発生源	42	16	13	64	81	68	314	318	311	239	142	128
発電所	1	2	2	1	2	2	1	8	11	0	2	2
燃料燃焼過程	10	4	2	38	58	46	118	157	119	24	30	22
工業プロセス	27	10	9	14	13	10	168	149	179	58	47	59
ハンガリー	829	30	14	246	148	110	1,451	552	345	311	130	114
移動発生源	23	0	0	103	71	47	750	189	77	131	27	15
固定発生源	807	30	14	144	77	62	701	362	268	180	104	99
発電所	418	12	5	35	25	9	25	12	7	0	3	1
燃料燃焼過程	379	17	7	72	31	27	628	323	250	45	36	31
工業プロセス	4	1	0	8	1	1	11	2	1	71	31	36
フィンランド	250	67	24	298	179	97	725	434	329	232	113	82
移動発生源	12	3	1	167	74	34	515	130	63	81	18	8
固定発生源	238	64	23	132	105	64	211	304	266	152	95	74
発電所	70	32	7	56	45	20	4	20	23	0	1	1
燃料燃焼過程	102	18	8	70	56	40	203	282	243	32	35	24
工業プロセス	66	14	8	2	2	1	0	0	0	71	30	27
フランス	1,286	269	89	2,178	1,229	751	10,706	4,701	2,704	2,926	1,465	1,164
移動発生源	172	9	2	1,504	756	403	6,398	1,103	617	1,000	173	73
固定発生源	1,114	260	87	673	473	348	4,307	3,599	2,088	1,927	1,292	1,090
発電所	326	65	11	125	66	25	12	12	24	1	1	1
燃料燃焼過程	654	146	57	325	233	165	3,340	2,402	1,572	539	369	190
工業プロセス	35	10	10	25	8	7	788	1,058	389	760	472	473
ベルギー	364	59	23	419	245	139	1,505	495	288	353	145	122
移動発生源	16	1	0	225	139	62	759	126	85	114	21	16
固定発生源	348	59	23	194	106	76	746	369	203	240	124	105
発電所	94	3	1	60	16	8	2	3	2	0	1	0
燃料燃焼過程	178	30	7	69	44	33	422	149	86	20	18	14
工業プロセス	67	24	14	43	31	22	316	215	114	141	66	54
ポーランド	2,553	825	392	1,121	843	589	3,659	3,407	2,520	841	776	715
移動発生源	61	1	1	269	304	223	1,222	546	311	165	77	56
固定発生源	2,493	824	392	851	539	366	2,437	2,861	2,209	676	700	659
発電所	2,088	455	165	565	274	131	101	65	59	5	3	3
燃料燃焼過程	388	352	210	168	174	142	2,252	2,730	2,071	187	221	202
工業プロセス	7	9	10	13	15	18	56	40	48	138	269	242

16-2　大気汚染物質の発生源別排出量の変化(5)

(単位：1,000 t)

国（地域）	硫黄酸化物			窒素酸化物			一酸化炭素			非メタン炭化水素		
	1990	2010	2021	1990	2010	2021	1990	2010	2021	1990	2010	2021
ポルトガル	318	62	41	258	202	135	758	354	259	246	150	149
移動発生源	20	2	2	120	112	69	495	148	63	96	27	13
固定発生源	298	60	39	138	90	65	263	206	197	151	123	136
発電所	181	18	13	83	29	12	2	5	4	0	2	2
燃料燃焼過程	104	33	17	40	46	37	251	133	123	37	27	28
工業プロセス	12	6	5	3	5	6	2	6	6	81	66	79
ラトビア	100	4	4	99	42	34	405	153	102	86	40	37
移動発生源	4	1	1	54	27	17	253	36	16	30	6	2
固定発生源	97	4	3	45	15	16	152	117	86	56	34	34
発電所	36	1	1	10	3	4	3	1	3	0	0	0
燃料燃焼過程	57	3	2	24	7	6	137	110	75	18	14	10
工業プロセス	4	0	0	1	1	2	0	1	3	14	10	16
リトアニア	218	18	11	151	57	52	385	159	112	128	53	48
移動発生源	7	0	0	94	31	28	230	41	14	35	7	2
固定発生源	211	18	11	57	26	24	155	118	98	93	46	46
発電所	82	3	1	20	7	6	9	5	9	1	0	1
燃料燃焼過程	129	6	4	22	9	7	143	108	81	12	11	8
工業プロセス	0	2	1	0	1	1	1	2	5	17	10	14
ルクセンブルク	16	2	1	41	39	13	469	29	19	28	12	11
移動発生源	1	0	0	27	31	8	87	18	8	18	2	1
固定発生源	15	2	1	14	8	5	382	11	11	10	10	10
発電所	0	0	0	0	1	1	0	0	2	0	0	0
燃料燃焼過程	15	2	1	12	6	3	382	10	9	1	1	1
工業プロセス	0	0	0	0	0	0	0	0	0	5	4	5
ロシア	...	4,512 c	3,703	...	3,735 c	3,519	...	15,363 c	16,596	...	2,894 c	2,892
移動発生源	...	127 c	86	...	1,880 c	1,748	...	9,798 c	11,728	...	1,289 c	1,556
固定発生源	9,427	4,385 c	3,617	3,029	1,855 c	1,771	8,126	5,565 c	4,868	1,864	1,605 c	1,336
発電所	...	1,607 c	1,119	...	1,263 c	1,090	...	1,162 c	1,109	...	... c	...
工業プロセス	...	2,778 c	2,497	...	592 c	680	...	4,403 c	3,754	...	... c	...
オセアニア												
オーストラリア	1,585	2,378	2,222	1,620	2,341	2,800	5,729	2,993	2,584	1,515	1,195	1,143
移動発生源	39	33	35	549	628	678	3,978	1,760	1,041	404	297	261
固定発生源	1,546	2,345	2,187	1,071	1,713	2,123	1,751	1,234	1,543	1,111	899	882
発電所	392	610	476	398	755	609	47	96	128	3	17	12
燃料燃焼過程	129	116	78	604	930	1,474	1,214	837	911	212	182	240
工業プロセス	1,025	1,619	1,632	38	9	7	10	24	17	218	238	180
ニュージーランド	59	69	72	102	153	164	604	717	670	144	181	179
移動発生源	7	15	16	49	92	102	396	487	437	78	98	90
固定発生源	51	53	56	53	61	62	208	231	233	65	82	89
発電所	2	5	10	13	21	17	2	2	1	0	0	0
燃料燃焼過程	38	32	32	37	37	41	158	169	179	16	19	22
工業プロセス	8	11	12	2	2	3	30	39	37	35	46	53

a　2020年。　　b　2017年。　　c　2018年。

16-3　温室効果ガス排出量の推移

(単位：CO₂換算100万 t)

国（地域）	1990	2000	2010	2021	二酸化炭素	メタン	一酸化二窒素
アジア							
日本	1,269.3	1,373.3	1,300.0	1,168.1	1,062.1	27.4	19.5
イスラエル	...	67.2	75.2	a 77.7	a 62.7	a 7.4	a 1.8
韓国	292.1	502.7	656.1	a 656.2	a 599.8	a 27.1	a 14.1
中国	...	...	10,543.3	b 12,300.2	b 10,274.9	b 1,125.0	b 609.8
トルコ	219.5	298.9	398.8	564.4	452.7	64.0	40.3
北アメリカ							
アメリカ合衆国	6,487.3	7,369.2	7,058.2	6,340.2	5,032.2	727.4	393.3
カナダ	588.6	719.5	701.9	670.4	537.2	90.5	30.2
コスタリカ	8.2	9.9	12.9	c 14.5	c 8.7	c 4.2	c 1.0
メキシコ	467.4	587.8	719.7	d 736.6	d 497.7	d 175.6	d 41.2
南アメリカ							
コロンビア	101.9	120.6	155.1	e 180.7	e 90.4	e 73.6	e 13.4
チリ	48.8	71.5	87.0	a 105.6	a 79.8	a 14.9	a 6.2
ブラジル	552.6	725.2	921.1	f 1,014.7	f 478.1	f 348.5	f 177.3
ヨーロッパ							
アイスランド	3.7	4.2	4.9	4.7	3.5	0.7	0.2
アイルランド	55.6	69.7	63.0	62.1	37.5	17.6	6.1
イギリス	806.3	723.9	615.7	429.5	348.4	51.7	17.9
イタリア	521.5	560.0	523.5	417.6	337.2	47.1	17.2
エストニア	40.3	17.5	21.1	12.6	10.4	1.2	0.8
オーストリア	79.0	80.6	84.7	77.5	66.0	6.5	3.1
オランダ	221.8	219.5	214.2	167.2	139.9	18.7	7.2
ギリシャ	104.0	126.7	119.2	77.5	57.6	11.3	3.8
スイス	54.9	53.8	55.3	45.1	35.8	5.1	2.8
スウェーデン	71.5	68.3	64.4	47.8	38.5	4.5	3.9
スペイン	287.7	383.3	354.7	288.8	230.3	41.5	11.8
スロバキア	73.7	49.0	45.8	41.2	35.2	3.7	1.7
スロベニア	18.8	18.8	19.8	16.1	13.1	2.1	0.7
チェコ	198.8	151.1	140.2	118.4	96.7	13.2	4.7
デンマーク	71.8	72.7	65.9	45.5	31.3	8.6	5.2
ドイツ	1,251.2	1,040.2	932.4	760.4	678.8	45.7	24.8
ノルウェー	50.7	54.1	54.9	48.9	40.7	5.3	2.1
ハンガリー	95.0	75.4	66.5	64.2	48.6	9.2	4.5
フィンランド	71.1	70.1	75.6	47.8	37.9	4.8	4.2
フランス	540.8	548.7	511.2	420.1	320.9	62.2	26.0
ベルギー	145.8	148.9	133.6	111.0	95.7	7.9	4.7
ポーランド	474.6	394.0	407.2	399.4	331.1	42.7	20.6
ポルトガル	59.5	82.4	69.5	56.4	39.9	10.3	2.9
ラトビア	26.0	10.2	11.9	10.7	7.2	1.9	1.3
リトアニア	48.1	19.5	20.7	20.3	13.8	3.3	2.6
ルクセンブルク	12.7	9.6	12.2	9.4	8.4	0.7	0.2
ロシア	3,166.6	1,895.0	2,019.4	2,156.6	1,712.0	314.8	88.4
オセアニア							
オーストラリア	438.1	501.6	547.2	528.6	388.8	109.9	18.1
ニュージーランド	64.7	74.9	77.3	76.8	34.3	33.0	7.9

a 2020年。　b 2014年。　c 2017年。　d 2019年。　e 2018年。　f 2016年。

16-4　燃料燃焼による二酸化炭素排出量

（単位：100万 t ）

国（地域）	1990	2000	2010	2020	2021
世界 a	20,516.0	23,241.2	30,582.4	31,665.4	33,572.1
アジア					
日本	1,053.9	1,147.9	1,131.8	989.6	998.1
イスラエル	32.8	54.8	68.4	57.4	57.0
インド	530.1	889.8	1,572.1	2,075.0	2,279.0
韓国	231.8	431.9	550.9	546.8	558.6
中国	2,088.9	3,099.7	7,831.0	10,081.3	10,648.5
トルコ	128.8	201.2	267.8	366.6	400.8
北アメリカ					
アメリカ合衆国	4,803.1	5,729.9	5,352.1	4,257.7	4,549.3
カナダ	409.3	503.5	526.2	508.1	505.6
コスタリカ	2.6	4.5	6.6	6.6	7.5
メキシコ	257.0	359.7	440.5	350.3	375.5
南アメリカ					
コロンビア	45.8	54.2	59.6	73.2	77.3
チリ	29.4	48.6	68.6	83.9	85.0
ブラジル	184.5	292.8	372.0	388.8	439.1
ヨーロッパ					
アイスランド	1.9	2.2	1.9	1.4	1.6
アイルランド	30.1	40.9	39.5	32.0	33.7
イギリス	549.4	520.6	476.6	302.6	320.8
イタリア b	389.4	420.4	392.0	274.2	309.7
エストニア	35.0	14.4	18.6	7.1	8.3
オーストリア	56.2	61.8	68.3	57.3	60.5
オランダ	147.8	161.3	170.8	130.3	134.4
ギリシャ	69.9	87.9	83.4	48.0	49.7
スイス	40.7	42.0	43.3	33.2	34.8
スウェーデン	52.1	52.0	46.8	32.3	34.4
スペイン	202.6	278.6	262.1	194.5	211.5
スロバキア	54.8	36.9	34.6	27.6	30.6
スロベニア	13.5	14.1	15.4	12.0	12.3
チェコ	150.2	121.2	112.5	86.9	92.3
デンマーク	51.0	50.8	47.3	25.9	27.6
ドイツ	940.0	812.3	758.8	590.0	624.1
ノルウェー	27.5	31.9	40.0	35.1	36.2
ハンガリー	65.7	53.3	47.1	43.8	45.1
フィンランド	53.8	54.6	62.0	35.8	35.9
フランス c	345.6	364.7	340.1	260.9	291.8
ベルギー	106.5	114.0	103.9	82.7	86.4
ポーランド	344.8	289.6	307.5	271.5	299.3
ポルトガル	37.9	57.9	47.6	36.7	35.0
ラトビア	18.8	6.8	8.1	6.4	6.6
リトアニア	32.2	10.2	12.3	11.1	11.5
ルクセンブルク	10.7	8.1	10.7	7.5	7.9
ロシア	2,163.5	1,474.4	1,529.2	1,551.6	1,677.6
オセアニア					
オーストラリア	259.7	334.6	383.4	374.2	360.9
ニュージーランド	21.7	28.9	30.2	30.8	31.0

a 国際輸送燃料（海運及び航空部門）を含む。　b サンマリノ及びバチカンを含む。　c モナコを含む。

16-5　河川の水質

(単位：mg O₂/L)

国（地域）	河川	生物化学的酸素要求量（BOD）					
		1985	1990	1995	2000	2005	2013
アジア							
日本	石狩川	1.5	1.2	1.3	1.0	0.9	0.9
	筑後川	2.2	1.7	1.5	1.5	1.4	1.4
	利根川	2.6	2.3	1.9	1.7	1.6	1.8
	淀川	3.4	2.5	2.3	1.5	1.3	1.2
韓国	錦江（クムガン）	…	…	4.5	3.5	a 3.7	…
	洛東江(ナクトンガン)	…	3.0	5.1	2.7	2.6	2.3
	漢江(ハンガン)	…	3.4	3.8	2.7	3.1	2.1
	栄山江(ヨンサンガン)	…	6.7	7.0	6.5	5.3	3.7
トルコ	ゲディズ川	2.3	10.6	b 31.0	3.7	c 4.0	d 5.2
	サカリヤ川	3.6	2.7	4.1	3.1	a 3.2	d 4.0
	ポルスク川	2.0	1.1	1.6	1.1	a 1.3	d 2.5
北アメリカ							
アメリカ合衆国	デラウェア川	2.1	1.2	2.6	3.7	3.2	e 1.7
	ミシシッピ川	1.2	1.9	1.1	1.5	1.9	d 8.8
メキシコ	グリハルバ川	1.5	2.2	2.0	1.8	2.2	8.7
	ブラーボ川	2.5	3.6	3.1	2.2	a 3.0	5.3
	レルマ川	f 2.6	13.5	b 9.6	30.0	4.2	11.3
ヨーロッパ							
アイルランド	クレア川	…	…	g 1.5	1.5	0.6	h 0.8
	バロー川	…	…	j 2.7	1.5	1.4	h 1.8
	ブラックウォーター川	…	…	…	2.0	2.1	h 1.6
	ボイン川	…	…	…	2.1	1.5	h 2.3
イギリス	クライド川	3.2	3.5	2.9	2.3	c 2.4	…
	セバーン川	1.7	2.8	2.4	k 1.9	c 2.2	…
	テムズ川	2.4	2.9	1.8	1.7	a 5.2	…
オーストリア	イン川	…	…	2.8	0.8	0.6	h 1.2
オランダ	マース川	2.9	1.6	2.0	2.2	c 2.6	…
	ライン川	2.3	1.6	1.9	m 5.0	c 1.2	…
スペイン	エブロ川	…	4.0	9.2	8.1	2.3	n 0.8
	グアダルキビール川	…	9.8	77.1	5.9	3.9	n 6.4
	ドウロ川	…	3.0	5.4	3.1	2.5	p 2.6
チェコ	オドラ川	10.1	5.9	7.1	5.8	4.3	d 3.7
	モラバ川	…	…	4.6	2.9	3.0	p 2.6
	ラーベ川	6.6	6.8	3.7	3.9	2.9	d 3.3
デンマーク	グデナ川	2.5	2.0	2.4	1.9	1.5	r 1.2
	スキャーン川	5.5	2.3	b 2.3	1.2	0.8	r 1.0
ドイツ	ドナウ川	…	…	…	…	1.7	h 1.6
ハンガリー	ティサ川	…	3.3	3.8	2.5	3.0	n 3.0
	ドナウ川	…	3.8	3.1	2.7	3.1	n 2.6
	ドラーヴァ川	…	3.4	3.3	2.9	2.1	e 3.5
フランス	セーヌ川	4.3	5.6	4.4	3.2	s 2.7	r 1.1
	ローヌ川	5.0	1.4	1.3	2.0	c 1.4	r 1.0
	ロワール川	6.0	7.0	4.0	4.3	c 3.8	r 1.7
ベルギー	スケルデ川	…	…	5.2	7.0	6.2	h 2.8
	ムーズ川	…	…	1.6	2.2	1.0	h 1.0
ポーランド	ヴィスワ川	…	…	…	4.7	4.3	h 4.1
	オドラ川	…	…	…	5.2	5.5	h 3.5
ルクセンブルク	シュール川	…	…	2.7	3.2	1.2	h 1.5
	モーゼル川	…	…	…	…	…	r 2.5

a 2004年。　b 1994年。　c 2003年。　d 2011年。　e 2006年。　f 1984年。　g 1992年。　h 2012年。　j 1991年。
k 1999年。　m 1997年。　n 2007年。　p 2008年。　r 2010年。　s 2001年。

16-6　湖沼の水質

国（地域）	湖沼	全リン （mgP/L）			全窒素 （mgN/L）		
		1990	2000	2013	1990	2000	2013
アジア							
日本	霞ケ浦	0.060	0.110	0.080	0.93	0.97	1.10
	琵琶湖(北湖)	0.010	0.010	0.010	0.33	0.32	0.27
	琵琶湖(南湖)	0.080	0.040	0.030	0.81	0.53	0.41
韓国	忠州湖(チュンジュホ)	0.044	0.025	0.021	0.62	2.27	2.48
	春川湖(チュンチョンホ)	0.014	0.015	0.017	0.60	1.43	1.51
	八堂湖(パルダンホ)	0.048	0.029	0.037	1.36	1.96	2.20
トルコ	アルトゥンアパ湖	0.110	a 0.110	...	b 1.81	c 1.64	...
	ガラ湖	0.680	a 0.280	...	b 0.71	c 0.93	...
	サパンジャ湖	0.030	a 0.040	...	b 0.37	a 0.17	...
北アメリカ							
カナダ	オンタリオ湖	0.010	c 0.008	0.006	1.59	c 1.91	1.75
	スペリオル湖	0.003	d 0.004	0.002	1.48	e 1.57	1.71
	ヒューロン湖	0.005	0.004	f 0.004	1.52	1.53	f 1.45
メキシコ	カテマコ湖	b 0.200	0.070	0.046	0.08	0.22	0.59
	チャパラ湖	0.240	0.570	0.510	0.15	0.20	1.34
ヨーロッパ							
イギリス	ネイ湖	...	...	g 0.142	...	...	...
	ローモンド湖	0.019	a 0.009	...	0.13	c 0.37	...
イタリア	ガルダ湖	...	...	h 0.017	...	...	h 0.35
	コモ湖	...	...	h 0.027	...	...	h 0.93
	マッジョーレ湖	...	...	j 0.008	...	...	j 1.07
オーストリア	オシアッハ湖	...	0.011	f 0.011	...	...	...
	モント湖	...	0.008	f 0.006	...	...	...
スイス	レマン湖	0.055	0.036	k 0.030	0.69	0.68	m 0.68
スウェーデン	ヴェッテルン湖	0.007	0.003	f 0.003	0.69	0.73	f 0.67
	ヴェーネルン湖	0.009	0.006	f 0.006	0.79	0.82	f 0.61
	メーラレン湖	0.025	0.024	f 0.022	0.58	0.66	f 0.52
デンマーク	アレッソ湖	0.514	0.194	f 0.094	3.50	2.61	f 1.39
	フレソ湖	0.169	0.097	f 0.074	0.97	0.82	f 0.68
ドイツ	ボーデン湖	0.021	0.011	g 6.117	...	...	...
ノルウェー	ミョーサ湖	...	...	n 0.003	...	...	n 0.46
	ランズフィヨルド湖	...	...	p 0.003	...	...	p 0.48
ハンガリー	バラトン湖	0.036	0.086	r 0.025	0.78	0.79	n 13.94
フィンランド	パー湖	0.027	0.024	h 0.026	0.93	0.89	h 1.01
	パイエンネ湖	0.014	0.013	h 0.010	0.62	0.78	h 0.83
	ユリキトカ湖	0.017	0.014	h 0.006	0.45	0.54	h 0.23
フランス	アヌシー湖	0.010	a 0.008	...	0.07	a 0.27	...
	パランティ・ビスカロス湖	...	...	g 0.015	...	...	...
ルクセンブルク	エヒテルナッハ湖	b 0.800	c 0.370	...	...	c 0.02	...
オセアニア							
ニュージーランド	タウポ湖	...	0.007	g 0.005	...	0.07	g 0.08

a 1995年。　b 1989年。　c 1999年。　d 1998年。　e 1992年。　f 2012年。　g 2011年。　h 2010年。　j 2008年。
k 2004年。　m 2001年。　n 2007年。　p 2005年。　r 2006年。

16-7　絶滅・絶滅危惧生物（2022年）（1）

国（地域）	絶滅種数		絶滅危惧種数										
				脊椎動物					無脊椎動物			
	動物	植物	計	哺乳類	鳥類	は虫類	両生類	魚類	軟体動物	その他	植物	菌類
アジア												
日本	15	–	612	29	50	26	45	166	61	145	75	15
イエメン	2	3	337	12	17	7	–	68	2	66	165	–
イスラエル	4	–	247	16	18	11	1	84	12	64	40	1
インド	–	4	1,355	99	91	106	83	292	7	135	539	3
インドネシア	3	3	2,282	213	161	77	30	369	42	341	1,047	2
カンボジア	–	–	339	45	32	23	8	94	1	81	55	–
シンガポール	1	–	365	18	24	8	–	69	1	176	69	–
スリランカ	18	1	820	30	14	113	71	137	–	153	302	–
タイ	2	–	802	65	67	42	12	154	16	198	247	1
台湾	–	1	425	12	24	14	10	144	2	129	88	2
中国	7	4	1,419	78	94	55	148	208	15	93	720	8
トルコ	4	–	451	18	21	20	10	148	47	43	136	8
フィリピン	15	–	1,624	43	91	37	27	145	3	347	930	1
ブルネイ	–	–	359	38	40	10	2	61	–	18	190	–
ベトナム	1	1	933	64	51	75	75	142	30	161	335	–
マレーシア	1	2	2,090	81	68	60	39	182	45	280	1,331	4
ミャンマー	–	–	445	54	58	38	5	99	3	75	113	–
ラオス	1	–	292	49	30	35	10	56	16	7	88	1
北アメリカ												
アメリカ合衆国	235	40	1,960	43	87	38	59	284	320	347	695	87
キューバ	7	9	420	10	17	44	49	66	–	38	196	–
グアテマラ	3	–	698	16	19	39	96	97	2	34	394	1
コスタリカ	4	–	655	12	25	16	55	145	2	53	342	5
ジャマイカ	4	2	359	7	10	29	20	48	–	30	215	–
ドミニカ共和国	8	–	304	6	17	59	35	47	–	36	104	–
ハイチ	9	–	450	3	17	66	45	61	–	30	228	–
パナマ	2	–	561	18	19	16	77	128	–	39	262	2
ホンジュラス	4	–	480	10	18	60	69	89	–	36	196	2
メキシコ	29	7	2,437	97	68	105	232	308	14	129	1,478	6
南アメリカ												
アルゼンチン	6	1	375	39	54	29	33	106	–	19	74	21
ウルグアイ	2	–	137	9	22	7	4	69	–	3	22	1
エクアドル	7	9	2,692	49	83	93	247	100	49	27	2,036	a 8
ガイアナ	–	–	202	11	11	6	21	68	–	1	83	1
コロンビア	1	6	1,711	63	97	39	292	183	4	77	950	6
チリ	1	4	283	18	34	28	34	43	1	13	93	19
ブラジル	13	7	2,229	97	153	94	41	367	22	82	1,337	36
ベネズエラ	1	–	868	37	40	32	128	105	1	59	464	2
ペルー	1	3	985	51	92	33	139	90	4	7	568	1
ボリビア	–	5	452	24	47	14	53	13	2	1	298	–
ヨーロッパ												
アルバニア	1	–	157	4	8	5	2	59	51	23	5	–
イギリス	3	1	200	4	11	1	–	61	7	23	53	40
イタリア	3	–	558	9	18	4	11	72	86	189	122	47
オーストリア	3	–	227	5	13	1	–	13	43	64	38	50

16-7　絶滅・絶滅危惧生物（2022年）（2）

国（地域）	絶滅種数		絶滅危惧種数									
			計	脊椎動物					無脊椎動物		植物	菌類
	動物	植物		哺乳類	鳥類	は虫類	両生類	魚類	軟体動物	その他		
北マケドニア	2	–	147	7	13	2	1	13	70	28	6	7
ギリシャ	4	–	601	12	19	10	5	97	179	184	86	9
クロアチア	1	1	244	10	16	4	2	80	50	45	11	26
スイス	6	–	171	5	10	–	1	9	10	73	20	43
スペイン	2	2	854	18	23	19	7	98	167	185	290	47
スロベニア	–	–	211	8	11	2	2	52	33	69	13	21
ドイツ	4	–	256	7	12	–	–	35	30	68	51	53
フランス	8	2	466	13	19	5	4	76	95	130	65	59
ポルトガル	6	3	540	15	17	5	2	88	87	169	145	12
モンテネグロ	1	–	165	7	13	4	2	51	23	55	6	4
ルーマニア	2	–	170	14	18	2	–	21	25	67	14	9
ロシア	3	–	316	33	57	8	–	65	7	37	68	41
アフリカ												
アンゴラ	–	–	229	24	33	10	–	82	7	4	69	–
ウガンダ	–	–	313	32	33	8	2	56	17	17	148	–
エチオピア	–	–	237	40	35	4	12	16	4	11	115	–
ガーナ	–	–	292	23	25	9	9	87	9	3	127	–
ガボン	–	–	610	18	5	8	5	97	2	2	473	–
カメルーン	–	1	1,250	49	30	24	60	148	14	14	911	–
ギニア	–	–	422	34	22	10	7	117	6	5	221	–
ケニア	1	1	697	32	45	16	15	88	20	79	402	–
コートジボワール	–	2	333	34	26	9	7	89	8	2	158	–
コンゴ共和国	–	–	235	18	6	8	1	83	7	–	112	–
コンゴ民主共和国	–	2	746	48	40	18	13	128	45	9	445	–
シエラレオネ	–	1	295	26	17	10	1	87	7	5	142	–
セーシェル	20	2	461	7	13	12	6	40	37	285	61	–
赤道ギニア	–	–	297	24	3	8	6	82	2	2	170	–
ソマリア	–	–	232	18	20	5	–	59	2	60	68	–
タンザニア	3	–	1,591	45	47	41	61	218	11	137	1,031	–
ナイジェリア	1	–	461	36	22	15	13	102	5	10	258	–
ブルンジ	–	–	218	16	18	1	1	17	3	3	159	–
マダガスカル	13	1	3,747	133	37	139	145	112	35	248	2,897	1
南アフリカ	6	6	905	33	54	25	16	153	23	173	428	–
モーリシャス	45	2	292	7	12	15	–	29	33	93	103	–
モザンビーク	1	–	545	19	32	15	7	105	–	67	300	–
モロッコ	4	–	278	9	21	13	3	85	39	34	58	6
リベリア	–	–	294	27	14	9	2	93	5	7	137	–
オセアニア												
オーストラリア	43	4	1,871	69	66	76	46	216	182	412	791	13
ソロモン諸島	2	–	303	24	20	7	3	43	2	148	56	–
ニューカレドニア	5	4	1,002	8	18	72	–	51	28	102	719	4
ニュージーランド	23	6	277	9	66	52	3	48	39	26	21	13
パプアニューギニア	1	–	1,133	51	37	13	28	134	24	182	661	3
パラオ	1	–	198	5	6	4	–	29	40	109	5	–
フィジー	1	1	357	7	14	16	–	33	84	108	95	–

a　クロミスタを含む。

16-8　下水処理施設利用人口の割合

(単位：%)

国（地域）	調査年	公共下水道接続あり	下水処理施設あり	一次処理	二次処理	三次処理
アジア						
日本	21	80.6	80.6	0.0	45.1	35.5
イスラエル	21	99.2	97.0	3.1	35.0	57.5
韓国	21	94.8	94.4	0.0	0.8	93.5
中国	04	45.7	32.6	...	...	...
トルコ	20	89.3	74.0	12.9	22.6	38.5
北アメリカ						
アメリカ合衆国	12	75.5	75.5	1.3	28.5	40.6
カナダ	17	85.7	84.0	13.6	42.6	27.8
コスタリカ	21	24.1	7.1	4.3	2.7	...
メキシコ	21	...	67.5	...	...	...
南アメリカ						
コロンビア	21	59.6	20.2	10.0	7.3	0.2
チリ	21	100.0	100.0	27.1	4.0	68.9
ブラジル	19	66.3	52.0	...	...	...
ヨーロッパ						
アイスランド	10	...	...	...	* 0.0	* 1.0
アイルランド	21	64.2	* 63.6	* 0.7	* 32.4	* 29.9
イギリス	14	...	100.0	* 0.0	* 43.0	* 57.0
イタリア	20	88.7	...	...	...	...
エストニア	21	82.0	82.0	0.0	2.0	80.0
オーストリア	21	96.0	96.0	0.0	1.2	94.9
オランダ	21	99.5	99.5	0.0	* 0.0	* 99.5
ギリシャ	21	94.7	94.7	0.0	6.4	88.3
スイス	13	98.3	* 98.0	* 0.0	* 11.0	* 87.0
スウェーデン	20	88.0	88.0	0.0	3.0	85.0
スペイン	20	...	88.8	1.9	29.4	57.6
スロバキア	21	70.6	70.2	0.3	68.2	1.7
スロベニア	21	67.6	67.6	0.0	33.7	32.9
チェコ	21	87.5	84.7	0.1	6.6	78.1
デンマーク	21	...	92.1	0.1	0.9	91.0
ドイツ	19	97.3	97.3	0.0	1.7	94.6
ノルウェー	21	88.2	86.7	25.9	6.9	53.9
ハンガリー	21	100.0	* 97.9	* 0.1	* 6.9	* 77.4
フィンランド	21	85.0	85.0	0.0	0.0	85.0
フランス	20	82.0	82.0	0.0	11.0	68.8
ベルギー	21	87.7	* 84.0	0.0	4.5	* 79.5
ポーランド	21	75.9	75.2	0.0	14.3	60.9
ポルトガル	20	85.0	...	...	...	...
ラトビア	21	76.9	76.9	0.7	17.6	58.6
リトアニア	21	77.0	77.0	0.1	7.1	69.9
ルクセンブルク	21	100.0	* 99.4	* 0.9	* 12.9	* 85.6
オセアニア						
オーストラリア	21	92.9	92.9	16.7	26.1	50.0
ニュージーランド	16	...	84.1	...	...	...

16-9　一般廃棄物排出量の推移

国（地域）	一般廃棄物排出量								
	総量（1,000 t）			1人当たり（kg）			リサイクル率（%）		
	2000	2010	2021	2000	2010	2021	2000	2010	2021
アジア									
日本	54,833	45,359	a 41,669	432	354	a 330	14.3	19.1	a 19.4
イスラエル	3,968	4,623	6,152	631	606	657	…	…	7.2
韓国	16,950	17,943	a 22,545	361	362	a 435	…	59.9	a 56.5
中国	…	…	b …	92	115	b 151	…	…	b …
トルコ	* 30,617	# 29,733	#a 34,581	476	407	a 415	…	…	a 12.8
北アメリカ									
アメリカ合衆国	220,854	227,749	c 265,225	783	736	c 811	21.8	26.0	c 23.6
カナダ	…	…	c …	…	…	c …	18.3	18.5	c 19.6
コスタリカ	…	* 1,506	1,619	…	332	313	…	…	3.9
メキシコ	30,733	40,059	d 42,103	311	352	d 360	2.4	4.2	d 5.0
南アメリカ									
コロンビア	…	8,980	c 12,083	…	197	c 242	…	…	c …
チリ	4,520	5,936	c 8,177	295	348	c 436	…	…	c 0.4
ブラジル	…	…	d …	331	272	d 292	* 1.4	…	d …
ヨーロッパ									
アイスランド	130	154	a 225	462	484	a 614	12.6	15.6	a 17.7
アイルランド	2,279	# 2,846	#a 3,210	601	625	a 645	…	34.7	a 29.9
イギリス	33,954	31,955	31,237	577	509	464	8.4	25.3	26.0
イタリア	28,959	32,440	a 28,945	509	542	a 487	10.2	20.0	a 30.4
エストニア	633	# 406	# 525	453	305	394	2.1	12.0	27.4
オーストリア	4,646	4,701	#a 7,438	580	562	a 834	22.3	27.8	a 40.6
オランダ	9,529	9,484	* 9,034	598	571	515	…	24.8	27.9
ギリシャ	4,447	5,917	e 5,613	412	532	e 524	8.1	14.7	e 16.0
スイス	4,731	5,565	6,130	659	711	704	31.7	33.7	30.1
スウェーデン	3,773	4,140	# 4,352	425	441	418	…	34.2	19.9
スペイン	26,505	23,774	* 22,374	654	511	473	…	17.6	…
スロバキア	1,369	# 1,719	2,702	253	317	497	2.5	5.8	33.9
スロベニア	* 1,020	# 1,004	# 1,077	512	490	511	…	25.2	58.5
チェコ	3,434	# 3,334	# 5,991	334	317	571	…	14.2	30.1
デンマーク	3,546	* 4,206	# 4,601	664	759	786	21.3	31.1	11.3
ドイツ	* 52,810	49,237	* 53,748	642	602	647	…	45.7	46.3
ノルウェー	2,755	# 2,295	# 4,320	613	469	799	22.0	26.9	28.6
ハンガリー	4,552	4,033	4,042	446	403	416	…	15.9	25.5
フィンランド	2,600	2,519	3,376	502	470	609	…	19.7	24.6
フランス	31,232	* 34,609	* 38,013	514	534	561	…	20.0	25.2
ベルギー	4,831	4,972	#* 8,795	471	456	761	26.4	34.7	30.8
ポーランド	12,226	#* 12,032	# 13,674	320	312	358	0.1	17.8	26.9
ポルトガル	4,705	# 5,457	# 5,311	457	516	516	3.3	11.3	…
ラトビア	* 642	# 680	869	271	324	461	…	8.8	…
リトアニア	1,276	1,253	1,345	354	399	483	…	3.8	27.5
ルクセンブルク	285	344	# 508	653	679	794	…	27.0	30.0
ロシア	51,829	69,257	d 80,564	354	486	d 563	…	…	d …
オセアニア									
オーストラリア	13,200	13,561	e 12,572	694	615	e 496	…	32.3	e 22.4
ニュージーランド	…	2,532	c 3,705	…	582	c 756	…	…	c …

a 2020年。　b 2017年。　c 2018年。　d 2012年。　e 2019年。

主要出典資料名一覧
（日本語の資料名は仮訳を含む。*はホームページ。）

国際連合及びその関連機関の資料

UN: United Nations（国際連合）

World Population Prospects（世界の推計人口）*

Demographic Yearbook system（人口統計年鑑システム）*
- Demographic Yearbook（人口統計年鑑）
- Population Censuses' Datasets（人口センサスデータセット）

Population and Vital Statistics Report（人口・人口動態報告）*

National Accounts - Analysis of Main Aggregates (AMA)（国民経済計算データベース）*

Industrial Commodity Statistics Database（鉱工業製品統計データベース）*

Energy Statistics Yearbook（エネルギー統計年鑑）*

Monthly Bulletin of Statistics Online（統計月報オンライン）*

Statistical Yearbook（統計年鑑）*

Monthly Bulletin of Statistics Analytical Trade Tables（統計月報貿易分析表）*

Comtrade Database（貿易統計データベース）*

FAO: Food and Agriculture Organization of the United Nations（国連食糧農業機関）
Global Forest Resources Assessment（世界森林資源評価）*

FAOSTAT（FAO 統計データベース）*
- Land, Inputs and Sustainability（土地・インプッツ・持続可能性）
- Production（生産）
- Food Balances（食糧需給）
- Forestry（林業）

FishStat（漁業・養殖業統計）*

ILO: International Labour Organization（国際労働機関）
ILOSTAT Database（労働統計総合データベース）*

IMF: International Monetary Fund（国際通貨基金）
The Principal Global Indicators（主要経済国データベース）*
Balance of Payments and International Investment Position Statistics（国際収支と国際投資ポジション統計）*
International Financial Statistics（国際金融統計）*

ITU: International Telecommunication Union（国際電気通信連合）
ICT Statistics Home Page（ICT 統計ホームページ）*
Yearbook of Statistics（統計年報）

UNDP: United Nations Development Programme（国連開発計画）
Human Development Report（人間開発報告）*

UNESCO Institute for Statistics:
United Nations Educational, Scientific and Cultural Organization Institute for Statistics
（国連教育科学文化機関統計研究所）
　　UIS. Stat（統計）＊

UNHCR: The Office of the United Nations High Commissioner for Refugees
（国連難民高等弁務官事務所）
　　Global Trends（グローバルトレンド）＊

UNIDO: United Nations Industrial Development Organization（国連工業開発機関）
　　UNIDO Data Portal（データポータル）＊
　　International Yearbook of Industrial Statistics（国際工業統計年鑑）

The World Bank（世界銀行）
　　World Development Indicators（世界開発指標）＊
　　Commodity Price Data（商品価格データ）＊

WHO: World Health Organization（世界保健機関）
　　Global Health Observatory（国際健康観測）＊

その他の国際機関の資料

IEA: International Energy Agency（国際エネルギー機関）
　　CO_2 Emissions from Fuel Combustion Highlights（燃料燃焼による二酸化炭素排出量）＊
　　Greenhouse Gas Emissions from Energy Highlights（エネルギーの温室効果ガス排出量）＊

IUCN: International Union for Conservation of Nature and Natural Resources
（国際自然保護連合）
　　IUCN Red List of Threatened Species（絶滅危惧種レッドリスト）＊

OECD: Organisation for Economic Co-operation and Development（経済協力開発機構）
　　OECD. Stat（統計）＊
　　Broadband Portal（ブロードバンドポータル）＊
　　Statistics on Resource Flows to Developing Countries（開発途上国への資金の流れ）＊
　　PISA Database（PISA データベース）＊

WAN-IFRA: World Association of News Publishers（世界ニュース発行者協会）
　　外部委託した部数調査＊

国内機関の資料

財務省
財政関係基礎データ*

出入国在留管理庁
出入国管理統計*

在留外国人統計*

特許庁
特許行政年次報告書*

自然科学研究機構　国立天文台
理科年表

国立社会保障・人口問題研究所
人口統計資料集*

公益財団法人　日本生産性本部
労働生産性の国際比較*

公益財団法人　矢野恒太記念会
世界国勢図会

一般社団法人　日本新聞協会
経営業務調べ*

一般社団法人　日本船主協会
海運統計要覧*

（2024年1月1日現在）

世界の国の数　196（日本が承認している国の数195か国と日本）
国連加盟国数　193

本書で掲載している地域経済機構加盟国一覧

機構	加盟国	設立・加盟・離脱	加盟国数
ASEAN Association of Southeast Asian Nations 東南アジア諸国連合 （10か国）	インドネシア、シンガポール、タイ、フィリピン、マレーシア	1967年8月設立	5
	ブルネイ	1984年1月加盟	6
	ベトナム	1995年7月	7
	ミャンマー、ラオス	1997年7月	9
	カンボジア	1999年4月	10
EU European Union 欧州連合（27か国）	イタリア、オランダ、ドイツ、フランス、ベルギー、ルクセンブルク	1952年7月設立	6
	アイルランド、イギリス、デンマーク	1973年1月加盟	9
	ギリシャ	1981年1月	10
	スペイン、ポルトガル	1986年1月	12
	オーストリア、スウェーデン、フィンランド	1995年1月	15
	エストニア、キプロス、スロバキア、スロベニア、チェコ、ハンガリー、ポーランド、マルタ、ラトビア、リトアニア	2004年5月	25
	ブルガリア、ルーマニア	2007年1月	27
	クロアチア	2013年7月	28
	イギリス	2020年1月離脱	27
ユーロ参加国 （20か国）	アイルランド、イタリア、オーストリア、オランダ、スペイン、ドイツ、フィンランド、フランス、ベルギー、ポルトガル、ルクセンブルク	1999年1月	11
	ギリシャ	2001年1月	12
	スロベニア	2007年1月	13
	キプロス、マルタ	2008年1月	15
	スロバキア	2009年1月	16
	エストニア	2011年1月	17
	ラトビア	2014年1月	18
	リトアニア	2015年1月	19
	クロアチア	2023年1月	20

本書で掲載している地域経済機構加盟国一覧（続き）

機構	加盟国	設立・加盟・離脱	加盟国数
OECD Organisation for Economic Co-operation and Development 経済協力開発機構 （38 か国） 下線は DAC 加盟国 Development Assistance Committee 開発援助委員会 （31 か国）	アイスランド、アイルランド、アメリカ合衆国、イギリス、イタリア、オーストリア、オランダ、カナダ、ギリシャ、スイス、スウェーデン、スペイン、デンマーク、ドイツ、トルコ、ノルウェー、フランス、ベルギー、ポルトガル、ルクセンブルク	1961 年 9 月設立	20
	日本	1964 年 4 月加盟	21
	フィンランド	1969 年 1 月	22
	オーストラリア	1971 年 6 月	23
	ニュージーランド	1973 年 5 月	24
	メキシコ	1994 年 5 月	25
	チェコ	1995 年 12 月	26
	ハンガリー	1996 年 5 月	27
	ポーランド	1996 年 11 月	28
	韓国	1996 年 12 月	29
	スロバキア	2000 年 12 月	30
	チリ	2010 年 5 月	31
	スロベニア	2010 年 7 月	32
	イスラエル	2010 年 9 月	33
	エストニア	2010 年 12 月	34
	ラトビア	2016 年 7 月	35
	リトアニア	2018 年 7 月	36
	コロンビア	2020 年 4 月	37
	コスタリカ	2021 年 5 月	38

〔出典〕外務省 (https://www.mofa.go.jp/mofaj/)

ASEAN (https://asean.org/)

EU (https://european-union.europa.eu/index_en)

OECD (https://www.oecd.org/)

総務省統計局が編集・刊行する総合統計書

　総務省統計局では、国勢調査などの調査報告書のほか、次のような総合統計書を編集・刊行しています。

　これらの総合統計書は、電子媒体でも提供しています。

日本統計年鑑
　我が国の国土、人口、経済、社会、文化などの広範な分野にわたる基本的な統計を網羅的かつ体系的に収録した総合統計書。約540の統計表を収録

第 73 回日本統計年鑑

日本の統計
　我が国の国土、人口、経済、社会、文化などの広範な分野に関して、よく利用される基本的な統計を選んで体系的に編成し、ハンディで見やすい形に取りまとめた統計書。約370の統計表を収録

世界の統計
　世界各国の人口、経済、文化などに関する主要な統計を、国際機関の統計年鑑など多数の国際統計資料から選んで収録した統計書。約130の統計表を収録

社会生活統計指標　－都道府県の指標－
　都道府県の経済、社会、文化、生活などあらゆる分野に関する主要な統計を幅広く、体系的に収録した統計書。約560の統計指標は、原則として2015年度、2020年度及び最新年度の数字を収録

統計でみる都道府県のすがた
　「社会生活統計指標」に収録された統計データの中から主なものを選び、各指標における都道府県別の順位を参考として掲載している。

統計でみる市区町村のすがた
　市区町村の経済、社会、文化、生活などあらゆる分野に関する主要な統計を幅広く、体系的に収録した統計書。約100の基礎データの数字を収録

Statistical Handbook of Japan
　我が国の最近の実情を統計表、グラフを交え、英文で紹介

「世界の統計」の利用案内

「世界の統計」は、次の方法により利用（閲覧・入手など）することができます。

「世界の統計」の閲覧

国立国会図書館及び各支部、都道府県統計主管課、都道府県立図書館で閲覧できます。

◇　総務省統計図書館

〒162-8668　東京都新宿区若松町19-1

図書閲覧係　　TEL：03-5273-1132

統計相談係　　TEL：03-5273-1133

刊行物の入手

一般財団法人　日本統計協会を通じて入手できます。また、全国各地の官報販売所でも取り扱っています。

◇　一般財団法人　日本統計協会

〒169-0073　東京都新宿区百人町2-4-6　メイト新宿ビル6階

TEL：03-5332-3151

https://www.jstat.or.jp/

◇　全国官報販売協同組合（政府刊行物センター（霞が関））

〒100-0013　東京都千代田区霞が関1-4-1　日土地ビル1階

TEL：03-3504-3885

https://www.gov-book.or.jp/

ホームページ

総務省統計局では、インターネットを通じて統計データや各種統計関連情報を提供しています。　https://www.stat.go.jp/

また、政府統計の総合窓口（e-Stat）でも、統計データなどの各種統計情報が御覧いただけます。　https://www.e-stat.go.jp/

世 界 の 統 計 2024年版

令和6年3月　発行

編　集　　総 務 省 統 計 局

発行所　　一般財団法人　　日 本 統 計 協 会

〒169-0073　東京都新宿区百人町2丁目4番6号メイト新宿ビル6F

TEL　(03)5332-3151　　　E-mail：jsa@jstat.or.jp

FAX　(03)5389-0691　　　http://www.jstat.or.jp

振　替　00120-4-1944

印　刷　　勝美印刷株式会社

ISBN978-4-8223-4220-3　C0033　¥2200E